„Wo man Bücher verbrennt…“

Verbrannte Bücher, verbannte und ermordete Autoren Hamburgs

Uwe Franzen • Wilfried Weinke

„Wo man Bücher verbrennt…“

Verbrannte Bücher, verbannte und ermordete Autoren Hamburgs

Editorial

Diese Veröffentlichung dokumentiert die Ausstellung „<Wo man Bücher verbrennt...> Verbrannte Bücher, verbannte und ermordete Autoren Hamburgs“, die erstmals vom 15. Mai bis zum 28. Juni 2013 in der Staats- und Universitätsbibliothek Hamburg - Carl von Ossietzky - gezeigt wurde.

Eine weitere Präsentation fand vom 4. Mai bis zum 29. Mai 2015 im Audimax der Universität Hamburg statt.

Die Reihe der 18 gewürdigten Personen wurde um die Biografien von:

- Philipp Berges,
- Alice Ekert-Rotholz und
- Max Halberstadt

erweitert.

Auch diese Ergänzung stellt noch keinen Schlusspunkt in der Erforschung und Würdigung der Lebenswege derjenigen dar, die diese Stadt nach 1933 haben verlassen müssen.

Die Drucklegung dieser Dokumentation wurde großzügig unterstützt von:

Stiftung Irène Bollag-Herzheimer, Basel

Herbert und Elsbeth Weichmann-Stiftung

Hamburgische Wissenschaftliche Stiftung

Stiftung Mara & Holger Cassens

Inhalt

Prof. Dr. Gabriele Beger

Wir sind froh und stolz, die Ausstellung „Wo man Bücher verbrennt..." in unserem Haus zeigen zu können.

Die Ausstellung befindet sich im Lichthof der heutigen Staats- und Universitätsbibliothek.
Das Gebäude wurde einst für das Wilhelm-Gymnasium erbaut, dessen Schüler unter anderen der in die USA geflohene Hamburger Verleger Kurt Enoch und der ebenfalls in die USA geflohene Buchillustrator Hans A. Reyersbach, Schöpfer des „Curious George", waren. Ebenso Bernhard Karlsberg, der die deutsche Judenverfolgung in der Illegalität in den besetzten Niederlanden überlebt hat.

Sie alle standen in ihren Schulpausen in diesem Lichthof. Nach dem Ende des Zweiten Weltkrieges zog hier die Staatsbibliothek ein, die selbst hohe Verluste in der Bombennacht im Jahr 1943 an ihren Bibliotheksbeständen erlitt.

1945 war der Lichthof viele Monate ein Ort für die sogenannten herrenlosen Bestände, die zwischen den Trümmern entdeckt und von Bürgerinnen und Bürgern gerettet wurden. Zuvor aber war die Staatsbibliothek auch ein Ort, der enteignete Sammlungen von politisch Verfolgten und jüdische Mitbürgern, die flohen oder deportiert wurden, aufnahm.

Die Staatsbibliothek sieht es als ihre Verpflichtung an, diese bedenklichen Zugänge aufzufinden, zu dokumentieren, zu kennzeichnen und möglichst den Eigentümern bzw. deren Erben zurückzugeben.

In einem ersten Schritt wurden zunächst die Zugangsjournale 1940-1944 gesichtet.

Eine kontinuierliche, systematische und langfristige Einbindung in das Tagesgeschäft hat sich angeschlossen. Die Kollegen handeln in dem Bewusstsein, dass dieses Thema Teil der Geschichte unseres Hauses ist und damit alle angeht.

Sichtung, Auffindung und Identifikation, Erfassung, Provenienzforschung, Meldung in den nationalen Nachweiskatalog „Lost-Art-Datenbank“ und Restitution sind die folgerichtigen Schritte.

Kein anderer Ort in dieser Stadt ist deshalb besser geeignet als der Lichthof unserer Bibliothek, um den Umgang mit Büchern als Zeichen der politischen Diktatur des Nationalsozialismus aufzuzeigen.
Und nicht zuletzt die Nähe zum Grindel verpflichtet, das jüdische Viertel Hamburgs, in dem einst viele jüdische Autorinnen und Autoren lebten und wirkten und das sich heute wieder dem jüdischen Leben widmet.

Nichts was geschehen ist, können wir ungeschehen machen. Aber dass das unfassbare menschenverachtende Geschehene nicht noch einmal geschehen kann, dafür kann und muss jeder etwas tun.

Die Ausstellung „Wo man Bücher verbrennt...“ ist ein eindrucksvolles Zeugnis dafür. Dem Historiker und Kurator Wilfried Weinke sei dafür großen Dank gesagt.

Prof. Dr. Gabriele Beger

Dr. Dorothee Stapelfeldt

„Dort wo man Bücher verbrennt, verbrennt man auch am Ende Menschen."

Dieses Zitat von Heinrich Heine, auf das sich die Ausstellung Wilfried Weinkes in der Staats- und Universitätsbibliothek Hamburg bezieht, war eine furchtbare Prophezeiung. Als hätte Heine das Terrorregime der Nationalsozialisten und den Holocaust vorausgeahnt.

Diese Hellsichtigkeit ist rückblickend erschreckend. Dies führt vor Augen, wie sehr bereits Heine aufgrund seiner jüdischen Herkunft von Ausgrenzung und Diskriminierung betroffen war. Die Wurzeln des Antisemitismus reichen weit in die deutsche Geschichte zurück.

Als Schriftsteller wusste Heine:
Ein Buch ist der gedankliche Leib eines Autors.
Ein Künstler, eine Künstlerin legt immer ein Stück von sich selbst in das eigene Werk.
Wird es verbrannt, brennt ein Stück vom Künstler selbst. Dies ist immer ein erster Schritt der Enthemmung.

Es war nur eine Frage der Zeit, wann nach den ersten Bücherverbrennungen vor achtzig Jahren auch Menschen in Deutschland ermordet und verbrannt würden. Die „Newsweek" bezeichnete die Vorgänge in Deutschland damals als „holocaust of books".

Wieder so eine Vorahnung.

Der Historiker und Publizist Wilfried Weinke rekonstruiert mit seiner Ausstellung die Geschichte der Bücherverbrennungen der Nationalsozialisten in Hamburg.

Und er erinnert an Autorinnen und Autoren, die das geistige Leben der Stadt bis dahin mitgeprägt hatten: 18 jüdische und nichtjüdische Literaturwissenschaftler, Kinderbuchautoren, Rabbiner, Verleger, Journalisten, Illustratoren und Fotografen.

Sie wurden ausgegrenzt, ihrer beruflichen Existenz beraubt, ins Exil getrieben oder deportiert und getötet.

Mit dieser Ausstellung hält Weinke die Erinnerung an fast vergessene Kulturschaffende Hamburgs wach und zeigt auf, welch' unermesslichen Verlustes mit der Verfolgung und Ermordung ideologisch unliebsamer Autoren und Schriftstellerinnen Deutschland gewahr wurde.

Wilfried Weinke fügt der Erinnerung der Stadt damit einen weiteren wichtigen Baustein regionaler Geschichtsforschung hinzu.
Ihm ist es unter anderem zu verdanken, dass sich Hamburg Mitte der achtziger Jahre endlich des jüdischen Lebens im Grindelviertel erinnerte.

Seitdem hat er durch zahlreiche Veröffentlichungen, Ausstellungen und Lesungen gerade jüngeren Menschen die Geschichte von Terror und Entrechtung während des Nationalsozialismus näher gebracht.

Dafür danke ich ihm im Namen des Senats!

Dorothee Stapelfeldt

Dr. Dorothee Stapelfeldt
Zweite Bürgermeisterin und
Senatorin für Wissenschaft
und Forschung Hamburgs

Dr. Dieter Graumann

Lechol Isch Jesch Schem (hebr.)

„Jeder Mensch hat einen Namen".

Dieses vielleicht bekannteste Gedicht der israelischen Dichterin Zelda (1914–1984) wird an Shoa-Gedenktagen häufig zitiert.
Ich stelle es hier voran, weil dieser so simpel klingende Ausruf so viel mehr bedeutet:

Es ist eine Aufforderung zum Gedenken an das Geschehene und zum anderen aber eben auch ein Appell zur Betrachtung des einzelnen Menschen: jeder mit seinem individuellen Leben, mit seinen eigenen Wünschen und Träumen, mit seinem eigenen Namen.
In Anbetracht der hier vorgestellten jüdischen und nichtjüdischen Verfolgten wird dies besonders deutlich.

In gewisser Hinsicht wurden diese Menschen mehrfach und auf unterschiedlichen Ebenen namenlos gemacht: als Individuen, als Autoren mitsamt ihrem Werk, und in einigen Fällen bis hin zur Ermordung.

In der Ausstellung werden 18 Autoren vorgestellt, die hier in Hamburg nicht hätten vorgestellt werden müssen - wenn sie nicht im nationalsozialistischen Deutschland ins Exil beziehungsweise in den Tod getrieben worden wären.

Einige der Porträtierten wurden rasch „wiederentdeckt" z.B. Joseph Carlebach sel.A, aus einer der angesehensten Rabbinerfamilien in Deutschland, andere erst in den letzten Jahrzehnten.

Einige der hier vorgestellten Autoren waren mir jedoch kaum bekannt.
Der Moment des Wiederentdeckens einer Person und ihres Werkes, die gezielt aus der Erinnerung getilgt werden sollte, verdeutlicht immer wieder das Ausmaß des Verlustes, welches wir noch heute in Deutschland spüren.

In Hamburg fanden Bücherverbrennungen gleich an mehreren Terminen statt. Wir wissen heute alle, dass dieses Spektakel nur der Anfang war und ein eindeutiges Fanal.

Wie muss das wohl für die betroffenen Menschen gewesen sein?

Ins Exil zu gehen – wenn man denn die Möglichkeit dazu hatte – ist eine nicht nachzuempfindende Anstrengung für jeden Menschen.

Wir verdrängen.

Wir wollen es nicht wahrhaben, dass wir von den uns umgebenden Menschen bedroht sein könnten aufgrund unserer Religion oder Geburt oder unseren Einstellungen.

Für die Autoren damals noch erschwerend, dass die deutsche Sprache nicht nur Heimat, sondern auch Arbeitsmittel war. Ein Wegzug aus dem bekannten Umfeld, da muss schon viel zusammenkommen, dass Menschen – auch heute ! – dieses Wagnis auf sich nehmen.

Einen Weg mit dem Unfassbaren umzugehen hat Wilfried Weinke für sich gefunden. Er begibt sich immer wieder auf die Suche nach ehemaligen Hamburgern, um einige von ihnen mithilfe seiner Ausstellungen wieder „unter die Leute" zu bringen und ihren Werken neues Leben zu verleihen.

Und so komme ich abschließend doch wieder auf das Thema „Namen" zurück. Viel ist zu der sogenannten Vergangenheitsbewältigung in Deutschland mit Recht kritisch gesagt worden, und die Geschichtsschreibung wird mit Sicherheit noch einige Versäumnisse aufzeigen; aber ein vorbildliches Phänomen möchte ich hier hervorheben:

In Deutschland haben sich in den letzten Jahrzehnten sehr viele Einzelpersonen um die Lokalgeschichten und die ehemaligen jüdischen Nachbarn mit großem persönlichen Engagement bemüht und verdient gemacht.

Hier sind bemerkenswerte Werke entstanden, die vor Ort die Geschichte und vor allem die Geschichten der Menschen, die dort einmal lebten, bewahren. Die Namen derer, die hier nicht leben durften, kehren somit zurück in ihre Heimat.

Die Arbeit von Herrn Weinke trägt entscheidend dazu bei, dem ich hier auch stellvertretend für viele andere einmal danken möchte.

Herzlichen Dank!

Dr. Dieter Graumann

Wilfried Weinke

„Wir sind im nüchternen Hamburg. Hier in Hamburg steht jetzt – mit gutem Recht – die ernste, eindringliche Ausstellung ‚Verboten und verbrannt' als warnendes Fanal. Mit gutem Recht, weil hier in Hamburg weder am 10. Mai noch an irgendeinem anderen Tag des Jahres 1933 Scheiterhaufen errichtet oder Bücher verbrannt worden sind."

Mit diesen Worten eröffnete im Mai 1958 Hamburgs Schulsenator Heinrich Landahl (SPD) eine Ausstellung in der Staatsbibliothek Hamburg anlässlich des 25. Jahrestages der Bücherverbrennung.

Wie wir heute wissen, irrte er sich gewaltig. Es gab in Hamburg nicht nur eine, sondern gleich zwei, manche Quellen sprechen sogar von vier Bücherverbrennungen.
Nun soll nicht unterstellt werden, Heinrich Landahl hätte bewusst mit dieser falschen Behauptung an jener Legendenbildung mitwirken wollen, nach der in Hamburg in der Zeit des Nationalsozialismus alles nicht so schlimm gewesen sei. Doch brauchte es Jahre, gar Jahrzehnte, bis auch in Hamburg bezogen auf die Bücherverbrennungen deutlich andere erinnerungspolitische Akzente gesetzt wurden.

Am 10. Mai 1983 fand im großen Festsaal des Hamburger Rathauses eine Gedenkveranstaltung anlässlich des 50. Jahrestages der Bücherverbrennung statt. Damals sprach neben Walter Jens und Armin Sandig der damalige Bürgermeister Klaus von Dohnanyi. Ausdrücklich wandte er sich an die anwesende Rosalinde von Ossietzky-Palm, die Tochter Carl von Ossietzkys. Hatte doch der Senat der Freien und Hansestadt Hamburg beschlossen, die Staats- und Universitätsbibliothek Hamburg nach dem in Hamburg geborenen, im besten Sinne streitbaren Publizisten Carl von Ossietzky zu benennen, dessen Schriften im Mai 1933 verbrannt worden waren. Ossietzky selbst war schon in der Nacht des Reichstagsbrandes verhaftet und in nationalsozialistischen Konzentrationslagern brutal misshandelt worden. An den Folgen dieser Torturen war er 1938 gestorben.

Ein Jahr vor der Umbenennung der Staatsbibliothek war in Hamburg eines anderen vermeintlichen „Nestbeschmutzers" gedacht worden. Auch er zählte zu den von den Bücherverbrennungen betroffenen deutschen Dichtern, seine Bücher waren verboten, sein Name geächtet worden. Die Geschichte seiner Denkmäler in Hamburg war eine sehr eigene. Schon 1929 hatte Kurt Tucholsky den Satz geprägt:

„Die Zahl der deutschen Kriegerdenkmäler zur Zahl der deutschen Heine-

Denkmäler verhält sich hierzulande wie die Macht zum Geist."

Um so begrüßenswerter, dass am 11. Mai 1982 die Errichtung und Enthüllung eines neuen Heinrich-Heine-Denkmals durch den damaligen Kultursenator Wolfgang Tarnowski auf dem Rathausmarkt erfolgte. Tausende Menschen kamen damals zur Einweihung. Unter der Skulptur des nachdenklichen Heine erinnern seitdem Bronzereliefs und Texte auch an die Bücherverbrennung.

Diesem ersten Denkmal folgte im Herbst 1985 die Errichtung einer Gedenkanlage am historischen Ort, dem Kaiser-Friedrich-Ufer im Bezirk Eimsbüttel, wo am 15. Mai 1933 die erste Hamburger Bücherverbrennung stattgefunden hatte. Auf einer der Texttafeln der Gedenkanlage steht der aus Heines 1821 veröffentlichten Tragödie „Almansor" stammende Satz:

„Das war ein Vorspiel nur; dort, wo man Bücher verbrennt, verbrennt man auch am Ende Menschen."

Diese Denkmalsetzungen scheinen wichtige Impulse für eine eingehendere Beschäftigung mit der Geschichte der Bücherverbrennungen in Hamburg gewesen zu sein. So begann auch die Hamburger Universität seit Mitte der achtziger Jahre die intensive Auseinandersetzung mit dem „Hochschulalltag im Dritten Reich", um 1991 in einer dreibändigen Darstellung der Universitätsgeschichte einen ersten fundierten Artikel zur Bücherverbrennung in Hamburg zu veröffentlichen. Zum 60. Jahrestag zeigten sowohl der Fachbereich Bibliothek und Information der Fachhochschule Hamburg als auch die Hamburger Öffentlichen Bücherhallen eigene Ausstellungen zum Thema.

Genauestens untersuchten Literaturwissenschaftler wie Bibliothekare die von der „Deutschen Studentenschaft" getragene Aktion „Wider den undeutschen Geist", deren Durchführung, die beteiligten Gruppen, die Biografien der Redner vor den lodernden Feuern sowie das willfährige Verhalten vieler Bibliothekare.

Die Darstellung der Auswirkungen der Bücherverbrennungen auf die damals in Hamburg lebenden Autorinnen und Autoren blieb jedoch eher eine Randnotiz. Zudem wurden die Hamburger Ereignisse vom Mai 1933 im Vergleich zu Aktionen in anderen deutschen Großstädten als „Provinzpossen" bezeichnet. Eine Verniedlichung, die sich mit dem Wissen um die politischen Konsequenzen und die jeweiligen Schicksale der betroffenen Autoren nicht verträgt.

Zehn Namen wurden auf einer der Gedenktafeln am Kaiser-Friedrich-Ufer eingemeißelt. Es sind die Namen von zehn Schriftstellern aus Hamburg, deren Bücher im Mai 1933 an diesem Ort verbrannt wurden.

Ausdrücklich steht auf der Tafel, dass ihre Namen nur stellvertretend für alle anderen genannt wurden.

Auch 80 Jahre nach den Bücherverbrennungen gilt der Satz des 1940 auf der Flucht vor nationalsozialistischer Verfolgung gestorbenen Schriftstellers Walter Benjamin:

„Schwerer ist es, das Gedächtnis der Namenlosen zu ehren als das der Berühmten. Dem Gedächtnis der Namenlosen ist die historische Konstruktion geweiht."

Dieser Aufgabe stellt sich die Ausstellung „Wo man Bücher verbrennt... Verbrannte Bücher, verbannte und ermordete Autoren Hamburgs."

Sie erinnert an Literaturwissenschaftler, Lyriker, Dramaturgen, Journalisten, Kinderbuchautoren, Buchillustratoren, Rabbiner, Verleger und Fotografen.

Die Ausstellung zeigt Biografien von Menschen, die in Hamburg geboren wurden, hier lange Zeit lebten und veröffentlichten, nach 1933 wegen ihrer pazifistischen, sozialistischen oder kommunistischen Einstellungen, ihrer jüdischen Herkunft, ihrer Homosexualität ausgegrenzt und verfolgt wurden. An die zerstörte Vielfalt literarischen wie künstlerischen Schaffens möchte diese Ausstellung erinnern.

Es war erklärtes Ziel der nationalsozialistischen Buch- und späteren Mordbrenner, Namen wie Menschenleben auszulöschen.

Wenn es der Ausstellung gelänge, die Namen der Autorinnen und Autoren dem Vergessen zu entreißen und sie im Gedächtnis der Stadt zu verankern, wäre viel erreicht.

Wilfried Weinke

Mechthild Führbaum

Liebe Frau Bejarano,
sehr geehrte Damen und Herren.

Sie alle hier begrüßen zu dürfen, ist für mich eine ganz außerordentlich große Ehre.
Anlass ist die Ausstellung „<Wo man Bücher verbrennt ...> Verbrannte Bücher, verbannte und ermordete Autoren Hamburgs“, die Herr Weinke kuratiert hat und die wir heute in Eimsbüttel hier an der Universität im Rahmen des Monats des Gedenkens ein zweites Mal zeigen können, in lobenswerter Zusammenarbeit des AStA der Universität, des Kurators und des Arbeitskreises „Bücherverbrennung – nie wieder!“.

Ich begrüße Sie hier nicht nur in meiner Eigenschaft als Vorsitzende der Bezirksversammlung.

Geboren 1942 in München, hatte ich das große Glück, in einer Familie aufzuwachsen, die uns Kinder mit der Wahrheit nicht verschonte – so klein wie wir waren – und sie erzählten uns „Unfassbares, Schreckliches, Unmenschliches“.
Wir wussten, dass es wahr war und wir haben / ich habe es nie vergessen.

Was geblieben ist, ist die tiefe Erinnerung an die Schilderungen der grauenhaften Ereignisse, aber auch das Wissen darum, wie wichtig es ist hinzuschauen. Wie wichtig es ist, sich darüber klar zu werden, dass es Mut und Verantwortung braucht, um in Freiheit leben zu können.

„Das Geheimnis des Glücks ist die Freiheit und das Geheimnis der Freiheit ist der Mut“, ein Satz, der dem großen Staatsmann des klassischen Athens, Perikles, zugeschrieben wird.

Mit diesen Worten möchte ich schließen und uns den Mut wünschen, den wir dringend benötigen.
Vielen Dank.

Mechthild Führbaum

Mechthild Führbaum

Oliver Vornfeld

Liebe Kommilitoninnen und Kommilitonen, liebe Gäste, liebe Frau Führbaum, liebe Esther Bejarano, lieber Herr Professor Fischer-Appelt, liebe Frau Doktorin Venske.

Im Namen des Allgemeinen Studierendenausschusses der Universität Hamburg begrüße ich Sie und euch ganz herzlich zu der Ausstellung „‚Wo man Bücher verbrennt...' Verbrannte Bücher, verbannte und ermordete Autoren Hamburgs".

Herzlichen Dank an Wilfried Weinke (Kurator) und Helga Obens (AK Bücherverbrennung nie wieder!).

Am 15. Mai 1933 fand am Kaiser-Friedrich-Ufer eine Bücherverbrennung statt, die vom „Nationalsozialistischen Deutschen Studentenbund" organisiert worden war. Die Bücher jüdischer, sozialistischer, pazifistischer und humanistischer Autorinnen und Autoren wurden verbrannt.

Daraus ergibt sich die Verantwortung der Studierendenschaft für ein „Nie wieder!" einzutreten und zu kämpfen. In Heinrich Heines Theaterstück Almansor von 1821 heißt es vor dem Hintergrund von Koranverbrennungen in Granada an der Schwelle zur Neuzeit: *„Das war ein Vorspiel nur, dort wo man Bücher verbrennt/ Verbrennt man auch am Ende Menschen."*

Ein Vorspiel nur ... Noch vor dem Vernichtungskrieg, vor der sog. Endlösung der Judenfrage, vor Massendeportationen, vor dem Überfall auf Polen und vor der Reichspogromnacht brannten im Mai 1933 reichsweit die Bücher.

Arnold Zweig, einer der Autoren, dessen Bücher verbrannt worden sind, resümierte später: *„Wer Bücher verbrennt, verbrennt auch Bibliotheken, bombardiert offene Städte, schießt mit Ferngeschützen oder Fliegerbomben Gotteshäuser ein."*

Diese Ausstellung hält die Erinnerung an die Autorinnen und Autoren und ihre Werke wach.
„Nicht gedacht wird deiner werden" heißt es bei dem Propheten Ezechiel in der Hebräischen Bibel als Androhung und Fluch. *„Sein Name soll ausradiert werden"* ist einer der schlimmsten Flüche in der Hebräischen Sprache. Diese Ausstellung hilft dabei, dass diese Flüche nicht in Erfüllung gehen.
Dem Schrecken der Bücherverbrennungen zu gedenken bedeutet auch, die Ideen und Ideale, für die die Autorinnen und Autoren einstanden und deren Auslöschung mit der Verbrennung ihrer Bücher einhergehen sollte, wieder aufleben zu lassen.
So schreibt Arnold Zweig weiter:
„Die Drohung, mit der die Fackel in den Bücherstapel fliegt, gilt nicht dem Juden Freud, Marx oder Einstein, sie gilt der europäischen Kultur, sie gilt den Werten, die die Menschheit mühsam hervorgebracht und die der Barbar

anhaßt, weil er halt barbarisch ist, unterlegen, roh, infantil."

Die Ausstellung leistet einen Beitrag zur Aufarbeitung der Vergangenheit. Aber: *„Aufgearbeitet wäre die Vergangenheit erst dann"*, so schreibt Theodor W. Adorno 1955, *„wenn die Ursachen des Vergangenen beseitigt wären. Nur weil die Ursachen fortbestehen, ward sein Bann bis heute nicht gebrochen."* Oder mit den Worten der kürzlich verstorbenen Steffi Wittenberg: *„Gedenken an die Naziverbrechen allein reicht nicht, es geht auch um den Aufbau einer besseren Welt".*

Die „Erziehung zur Mündigkeit", wie Adorno es nennt, ist die Aufgabe der Universität, daran mitzuarbeiten also, dass die Welt von Menschen als Gleiche und in Frieden bewohnt werden kann. Das muss ihr Maßstab sein.

Joseph Carlebach – Hamburger Oberrabbiner und in dieser Ausstellung zu sehen – schreibt dazu 1934: *„Aber ihr [d.h. der Menschen, OV] gemeinschaftlicher Ursprung von demselben, im Ebenbild Gottes geschaffenen Ahnherrn muß in ihnen stets das Bewusstsein lebendig erhalten, daß keine Völkerfamilie einen Vorzug, keine eine Prädestination zum Guten oder zum Bösen hat."* Und Carlebach weiter: *„Wer Blut und Rasse als einzige Faktoren in der Bewertung des Menschentums betrachtet, leugnet das Prinzip der Freiheit und Göttlichkeit im Menschen; er verkennt den Adel der freien menschlichen Persönlichkeit."*

Das bedeutet aktives Handeln. Um nochmals Carlebach zu zitieren: *„Diese Wehen, diese Not sind nicht ein Schicksal nicht ein Chaos, dem gegenüber wir machtlos abwarten, in Zurückgezogenheit, das Heil passiv hinnehmend, sondern die Gestaltung des Ziels ist in unsere Hand gegeben. Wir selber sind ihre Schöpfer."*

Diese Ausstellung zeigt das reiche kulturelle Erbe auf, auf dem wir aufbauen können und müssen, um für eine bessere Welt zu kämpfen. Somit trägt sie zu dem bei, was Carl von Ossietzky – auch hier ausgestellt – schon 1930 vorhersagte:

Dass die „nationalsozialistische Bewegung [. . .] aber gar keine Zukunft [hat]."

Oliver Vornfeld

Dr. Regula Venske

Liebe, verehrte Esther Bejarano,
liebe Helga Obens, die du mich eingeladen hast, lieber Wilfried Weinke, liebe Vorredner - Prof. Fischer-Appelt, Mechthild Führbaum-, meine Damen und Herren,

mit Scham bewahren wir nachgeborenen Deutschen die Erinnerung an die Gräuel und Verbrechen, derer sich die Generation unserer Eltern und Großeltern im Namen des deutschen Volks schuldig gemacht hat, mit Scham und Trauer gedenken wir der Opfer dieser unfassbaren Verbrechen.
Mit Scham, aber auch großer Dankbarkeit und Freude begegnen wir den Überlebenden und ihren Nachfahren, wohl wissend, dass die Freundschaften, die uns heutzutage vielfältig verbinden, keinesfalls selbstverständlich sind, sondern ein kostbares Geschenk.
Scham, Trauer, Dankbarkeit, all diese – wichtigen – Gefühle taugen nichts, und selbst die Erinnerung, die Forschung und Aufarbeitung wären wertlos, wenn wir daraus nicht für die Gegenwart Handlungsmaximen ableiten würden. Darauf will ich gleich noch zu sprechen kommen. Werfen wir aber zuvor noch einen Blick auf das Jahr 1933 und die Rolle, die der deutsche PEN damals spielte.

Die erste deutsche PEN-Gruppe war am 15. Dezember 1924 gegründet worden, nachdem sich 3 Jahre zuvor der PEN-Club in London konstituiert hatte, ein Schriftstellerclub, der die Worte humanitär und elitär noch nicht als Gegensätze begriff und dessen Gründer der Meinung waren, mit dem Slogan „No Politics in the PEN“ durchs 20. Jahrhundert steuern zu können. Dieses Motto sollte sich spätestens mit der Ernennung Adolf Hitlers zum Kanzler als Illusion erweisen.
Alfred Kerr, der die NS-Umtriebe seit Jahren publizistisch scharf kritisiert hatte, floh, als er hörte, dass ihm der Reisepass entzogen werden sollte, am 15. Februar 1933 außer Landes. Mit ihm hatte der deutsche PEN seinen Vorsitzenden verloren, am selben Tag übrigens, an dem Hanns Johst, der spätere Präsident der Reichsschrifttumskammer, abgedruckt in einem Artikel in der „Deutsche(n) Kulturwacht“, „erste namentliche Ächtungen aussprach: ´Thomas Mann, Heinrich Mann, Werfel, Kellermann, Fulda, Döblin, Unruh usw. <seien> liberal-reaktionäre Schriftsteller, die mit dem deutschen Begriff Dichtung in amtlicher Eignung keineswegs mehr in Berührung zu kommen haben.´“ Soweit Hanns Johst.

„Die meisten der Genannten“, schreibt Ernst Fischer, dessen Darstellung ich hier folge, „waren PEN-Mitglieder, und tatsächlich ging mit Heinrich Mann, zum Austritt aus der Preußischen Akademie der Künste genötigt, bereits einige Tage später (...) ein weiteres prominentes Mitglied ins Exil. (...) In den nachfolgenden Wochen erfolgte die ´Gleichschaltung` der Schriftstellerorganisationen.“

Ernst Fischer zufolge verlief die Gleichschaltung des PEN am „dramatischsten und am wenigsten störungsfrei“, handelte es sich doch nicht nur um eine nationale Institution, sondern um „ein internationales Organisationsnetzwerk“.

„Als dann kurz nach den deutschen Bücherverbrennungen, noch im Mai, der XI. Internationale PEN-Kongress in Ragusa (Dubrovnik) stattfand, stießen die bereits ins Exil geflohenen deutschen Autoren auf eine aus Deutschland angereiste Delegation, die kritische Fragen nicht hören wollte und schon nicht mehr bereit oder fähig war, den international gültigen Anspruch der PEN-Charta anzuerkennen“, so resümiert Herbert Wiesner die Vorgänge.

Die kritischen Fragen, die man nicht hören wollte, waren:

„Had the German P.E.N. Centre protested against the ill-treatment of German intellectuals and the burning of books?

Was it true that the Berlin Centre has issued a notice to its members depriving those of Communist or ´similar` views of their rights of membership, thereby violating the first rule of the P.E.N. that it should stand aside from politics?“

Helmut Peitsch zufolge zeigte sich in der Konfrontation zwischen dem Internationalen PEN und dem nazifizierten deutschen PEN-Zentrum ein interessantes Paradox: „Der internationale Sekretär Hermon Ould <er war es, der in der Sitzung in Ragusa die oben zitierten Fragen vortrug> warf den Berlinern vor, durch die Ausschlüsse den ´unpolitischen` Charakter des PEN zu verletzen“, während diese umgekehrt argumentierten, den ´unpolitischen` Charakter des PEN zu retten; ihnen zufolge hätten im Gegenteil die Ausgeschlossenen den PEN politisiert.

„Mitglieder des PEN sollen jederzeit ihren ganzen Einfluss für das gute Einvernehmen und die gegenseitige Achtung der Nationen einsetzen. Sie verpflichten sich, mit äußerster Kraft für die Bekämpfung von Rassen-, Klassen- und Völkerhass und für das Ideal einer einigen Welt und einer in Frieden lebenden Menschheit zu wirken."

So steht es in der Charta des PEN International geschrieben, und wer das ernst nimmt, der kommt gar nicht umhin, sich im Engagement für das Grundrecht auf freie Meinungsäußerung auch politisch einzumischen. Nicht parteipolitisch, aber im Sinne dessen, was der PEN auch immer war und ist: die erste internationale NGO, sieht man einmal von der Abolitionisten-Bewegung, der Antisklaverei-Bewegung des 19. Jahrhunderts ab.

Wenn wir also heute zurückblicken auf die Bücherverbrennungen und die damit einhergehenden Verfolgungen, wenn wir zurückblicken auf Barbarei und Brutalität, auf Feigheit und Opportunismus, wenn wir *„Nie wieder!"* rufen, so müssen wir zusätzlich zu dem rückwärtsgewandten *„Nie wieder"* doch stets ein *„Aber dieses jetzt!"* hinzufügen.

„Dieses jetzt!": So ist unsere Resolution „Schutz in Europa" zu verstehen, in der wir ein menschenwürdiges, gesamteuropäisches Asylrecht und eine menschenwürdige, europäische Flüchtlingspolitik fordern.

Wir können nicht weggucken, und wir können auch nicht zusehen, wenn im Mittelmehr hunderte von Menschen ertrinken.

Etwa 1.200 europäische Autorinnen und Autoren haben mittlerweile die Resolution des deutschen PEN unterzeichnet, die im vorigen November anlässlich der Feier des 90. Jahrestags der Gründung des ersten deutschen PEN-Zentrums von Hamburg aus ihren Ausgang nahm.

Wir haben die Resolution unserem Innenministerium sowie Martin Schulz in Brüssel überreicht und setzen uns zusammen mit befreundeten europäischen PEN-Zentren und PEN International weiter dafür ein.

„Dieses jetzt!“: Das bedeutet, offen zu sein für Diskussionen, für die Standpunkte der anderen. Wenn derzeit 200 PEN-Autoren die Entscheidung des amerikanischen PEN kritisieren, die französische Satirezeitschrift „Charlie Hebdo“ mit dem PEN/Toni and James C. Goodale Freedom of Expression Courage Award auszuzeichnen, so zeigt dies, dass das Recht auf freie Meinungsäußerung kein einfaches ist.

Es steht in der Spannung zwischen Freiheit einerseits – bis hin zur Blasphemie – und Verantwortung andererseits – die sich mitunter in selbstauferlegter Zurückhaltung ausdrücken mag.

Wir nachgeborenen Deutschen haben das Glück, in einer historischen (und geographischen) Situation zu leben, in der wir diskutieren, uns austauschen, uns auch mal irren und korrigieren, voneinander lernen können.

Was für ein Glück: verschiedener Meinung zu sein. Wissen wir es immer zu schätzen? Ahnen wir, wie zerbrechlich es ist? Die Ausstellung von Wilfried Weinke und die Lebensgeschichten von Miriam Gillis-Carlebach und Esther Bejarano lehren uns, hellhörig und wachsam zu sein.

Regula Venske

Esther Bejarano

Sehr geehrte Damen und Herren,
liebe Freundinnen und Freunde,

schon als Kind habe ich gerne gelesen. Und wenn ich ein neues Buch bekam, hab ich immer sofort meinen Namen hineingeschrieben, damit keines meiner Geschwister mir das Buch wegnehmen konnte. Anfang der 1930er Jahre muss es gewesen sein, als ich das Bändchen „Rabbinischer Humor" geschenkt bekam, vermutlich von meinem Vater. Und sofort habe ich meinen Namen hineingeschrieben: „Esther Loewy". Vor kurzem entdeckte ein Berliner Sammler dieses Buch – und fand heraus, dass das mein Mädchenname war.
Fast 80 Jahre später fand das Buch so zu mir zurück. Es ist das einzige, das mir aus meinem Elternhaus geblieben ist. Es wird nicht zu klären sein, ob das Buch auf der Verbotsliste der Nazis stand. Aber es ist zu vermuten.

Und die beschlagnahmten Bücher aus jüdischen Haushalten haben die Nazis oft ins Ausland verkauft, um „Kasse" zu machen, um daran zu verdienen.

Heute, 82 Jahre nach der Bücherverbrennung im Mai 1933, stehen wir hier, um an diese schreckliche Tat zu erinnern. Leider müssen wir immer wieder und wieder an die Verbrechen der Nazis erinnern, weil (vor allem nach der Bücherverbrennung) auch Menschen verbrannt, erschlagen, erschossen und durch harte Zwangsarbeit umgebracht wurden.

Ich weiß, wovon ich rede. Als ich 16 Jahre alt war im Jahr 1941, wurden meine Eltern von Breslau aus nach Kowno, Litauen verbracht, wo sie mit fast 1.000 jüdischen Menschen erschossen und in einen Graben geworfen wurden.

1942 wurde meine Schwester Ruth auf der Flucht an der Schweizer Grenze von deutschen Grenzern erschossen. Am 20. April 1943 wurde ich im Viehwaggon von Berlin nach Auschwitz-Birkenau verschleppt.

Nach schwerer Zwangsarbeit – ich musste ganz schwere Steine schleppen – hatte ich das Glück, in das Mädchenorchester aufgenommen zu werden. Und ich hatte noch einmal Überlebens-Glück: als sogenannter „Mischling" – ich hatte eine christliche Großmutter – durch ein Gesetz für diese Personengruppe und den Einsatz des Internationalen Roten Kreuzes wurde ich im November 1943 von Auschwitz in das Frauenstraflager Ravensbrück verbracht, weil dieses damals noch kein Vernichtungslager wie Auschwitz war. Bis 1945 leistete ich Zwangsarbeit bei der Firma Siemens, die billige Arbeitskräfte aus dem KZ beschäftigte und sich dadurch enorm bereicherte.

Dem Todesmarsch 1945 konnte ich mit sechs Freundinnen entkommen. Wir trafen auf amerikanische Soldaten, die uns auf ihren Tanks mitnahmen ins kleine Städtchen Lübz in Mecklenburg.

Dort traf dann auch die Rote Armee ein. Die Soldaten verkündeten, dass die Nazis kapituliert hatten, dass Hitler tot sei. Das war am 8. Mai 1945. Ich sage immer: das war mein zweiter Geburtstag.

Dieser 8. Mai, das Ende des nationalsozialistischen Terrorregimes, müsste hier ein gesetzlicher Feiertag sein!

Liebe Freundinnen und Freunde, wenn wir unsere heutige Situation betrachten, so haben wir zwar einiges erreicht, aber noch immer entziehen sich Mörder und Handlanger von damals ihrer Strafverfolgung.

Noch immer sind Opfer deutscher Verbrechen in Europa ohne Entschädigung und noch immer und wieder vermehrt werden Menschen, die damals verfolgt wurden, diskriminiert, an den Rand gedrängt und abgeschoben.
Aber gerade wir Überlebende von Auschwitz haben die Pflicht, daran zu erinnern.
Und ganz besonders an die Sinti und Roma. Die Nazis hatten ihnen dasselbe Schicksal zugedacht wie den Juden.

Was für eine schreckliche Asylpolitik herrscht hier und in ganz Europa. Lampedusaflüchtlinge werden unmenschlich behandelt, wie viele Menschen kamen zu Tode, sie ertranken im Meer, weil man sie nicht aufgenommen hat.
Noch immer werden Menschen von Neonazis totgeprügelt, noch immer bekommen Antifaschisten von Neonazis Morddrohungen in übelster Weise.

Wir Antifaschistinnen und Antifaschisten fordern unsere Regierung auf, dass sie endlich nach unserem Grundgesetz handelt, indem sie sämtliche nazistischen Parteien und Verbände verbietet, damit nie wieder geschehe, was damals geschah. Und unter den Augen des Verfassungsschutzes mordete der NSU, der „Nationalsozialistische Untergrund".

Wir sind es allen Ermordeten der Shoa schuldig, dass wir weiter für Gerechtigkeit, für Frieden und Freiheit in der ganzen Welt, für die Freundschaft der Völker, gegen Rassismus und Antisemitismus weiterkämpfen.

Damit nie wieder Bücher verbrannt, Autorinnen und Autoren verbannt und ermordet werden.

Esther Bejarano

Bücherverbrennung
am Kaiser-Friedrich-Ufer,
Hamburg, am 15.5.1933.
Fotograf: Joseph Schorer, Hamburg.
(Bildarchiv Preußischer Kulturbesitz, Berlin)

Die Bücherverbrennungen vom Mai 1933

Die Bücherverbrennungen stellten einen weiteren Schritt zur Ausgrenzung und Verfolgung demokratischer und freiheitlicher Kultur im nationalsozialistischen Deutschland dar.

Die Reichstagsbrandverordnung vom 28. Februar 1933, das „Ermächtigungsgesetz", der Boykott jüdischer Geschäfte, Ärzte und Anwälte am 1. April 1933, das „Gesetz zur Wiederherstellung des Berufsbeamtentums" vom 7. April 1933 sowie die Zerschlagung der Gewerkschaften am 2. Mai 1933 waren den Bücherverbrennungen vorausgegangen.

Die für jedermann sichtbaren Scheiterhaufen standen am Ende einer vierwöchigen reichsweiten Kampagne. Sie wurde von der „Deutschen Studentenschaft" organisiert, die wesentlich vom „Nationalsozialistischen Deutschen Studentenbund" dominiert war. An der Durchführung der inszenierten Bücherverbrennungen beteiligten sich als gleichrangige Träger die „Hitler-Jugend", weiterhin der „Kampfbund für deutsche Kultur", der „Deutsche Handlungsgehilfen-Verband" sowie rechte Hochschulgruppen.

Mit ihren seit April 1933 in fast allen deutschen Hochschulen verbreiteten Plakaten „Wider den undeutschen Geist" verfolgte die „Deutsche Studentenschaft" nicht nur die Verbrennung missliebiger Literatur. Die massive antisemitische Propaganda war Teil eines nationalsozialistischen Vernichtungsfeldzuges, der die Eliminierung des Judentums in allen kulturellen Erscheinungsformen zum Ziel hatte.

An die Bücherverbrennungen schlossen sich Berufs- und Veröffentlichungsverbote an. Wem die Flucht aus Deutschland nicht gelang, wer nicht rechtzeitig emigrieren konnte oder mochte, kam ins Konzentrationslager, wurde deportiert, in einem der Gettos oder Vernichtungslager ermordet.

Während deutsche Zeitungen widerspruchslos über die Vorgänge berichteten, kommentierten amerikanische Zeitungen die Bücherverbrennungen vom Mai 1933 mit deutlichen Worten: das „Time Magazine" sprach von einem „bibliocaust", „Newsweek" bezeichnete die Vorgänge als „holocaust of books".

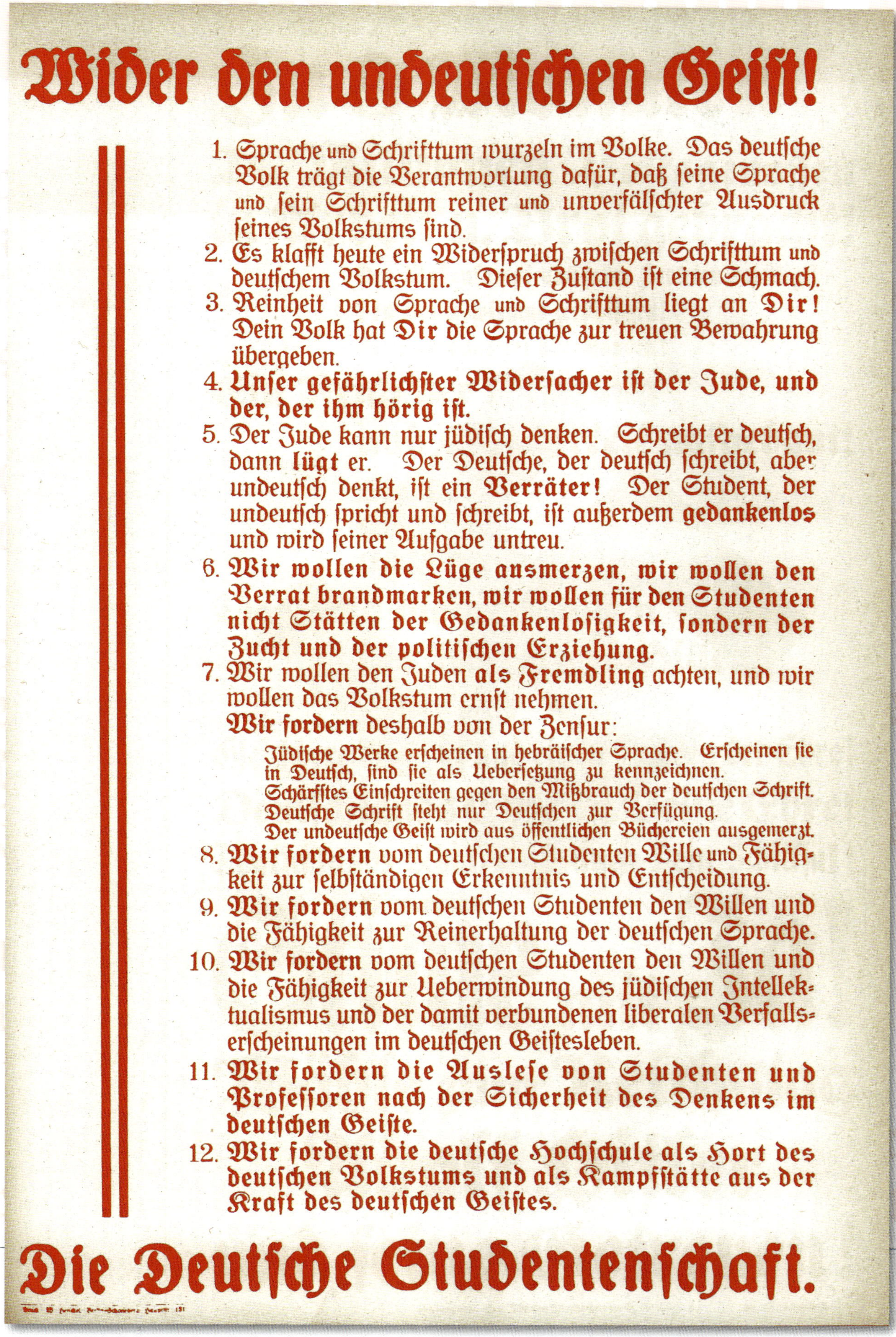

Wider den undeutschen Geist!

1. Sprache und Schrifttum wurzeln im Volke. Das deutsche Volk trägt die Verantwortung dafür, daß seine Sprache und sein Schrifttum reiner und unverfälschter Ausdruck seines Volkstums sind.
2. Es klafft heute ein Widerspruch zwischen Schrifttum und deutschem Volkstum. Dieser Zustand ist eine Schmach.
3. Reinheit von Sprache und Schrifttum liegt an **Dir!** Dein Volk hat **Dir** die Sprache zur treuen Bewahrung übergeben.
4. **Unser gefährlichster Widersacher ist der Jude, und der, der ihm hörig ist.**
5. Der Jude kann nur jüdisch denken. Schreibt er deutsch, dann **lügt** er. Der Deutsche, der deutsch schreibt, aber undeutsch denkt, ist ein **Verräter!** Der Student, der undeutsch spricht und schreibt, ist außerdem **gedankenlos** und wird seiner Aufgabe untreu.
6. **Wir wollen die Lüge ausmerzen, wir wollen den Verrat brandmarken, wir wollen für den Studenten nicht Stätten der Gedankenlosigkeit, sondern der Zucht und der politischen Erziehung.**
7. Wir wollen den Juden **als Fremdling** achten, und wir wollen das Volkstum ernst nehmen.
   Wir fordern deshalb von der Zensur:
   Jüdische Werke erscheinen in hebräischer Sprache. Erscheinen sie in Deutsch, sind sie als Uebersetzung zu kennzeichnen.
   Schärfstes Einschreiten gegen den Mißbrauch der deutschen Schrift.
   Deutsche Schrift steht nur Deutschen zur Verfügung.
   Der undeutsche Geist wird aus öffentlichen Büchereien ausgemerzt.
8. **Wir fordern** vom deutschen Studenten Wille und Fähigkeit zur selbständigen Erkenntnis und Entscheidung.
9. **Wir fordern** vom deutschen Studenten den Willen und die Fähigkeit zur Reinerhaltung der deutschen Sprache.
10. **Wir fordern** vom deutschen Studenten den Willen und die Fähigkeit zur Ueberwindung des jüdischen Intellektualismus und der damit verbundenen liberalen Verfallserscheinungen im deutschen Geistesleben.
11. **Wir fordern die Auslese von Studenten und Professoren nach der Sicherheit des Denkens im deutschen Geiste.**
12. **Wir fordern die deutsche Hochschule als Hort des deutschen Volkstums und als Kampfstätte aus der Kraft des deutschen Geistes.**

Die Deutsche Studentenschaft.

Plakat „Wider den undeutschen Geist!" der „Deutschen Studentenschaft" vom 13.4.1933.
(Akademie der Künste, Berlin)

Bücherverbrennungen in Hamburg

Die neue gleichgeschaltete Bürgerschaft trat am 10. Mai 1933 zu ihrer ersten konstituierenden Sitzung zusammen.
Aus diesem Grund musste die für diesen Tag auch in Hamburg geplante Bücherverbrennung verschoben werden.
Nicht die ursprünglich vorgesehene, zentral gelegene Moorweide, sondern ein Platz am Kaiser-Friedrich-Ufer in Eimsbüttel wurde Ort des Geschehens.

Träger der hamburgischen Aktion „Wider den undeutschen Geist" waren die „Deutsche Studentenschaft", der SA-Studentensturm 6/76, Angehörige der „Stahlhelm-Hochschulgruppe" und verschiedene Korporationen.
Die von den Studenten in Leihbüchereien beschlagnahmten rund 1.000 Bücher ergänzte die Geheime Staatspolizei Hamburg um weitere 1.000 konfiszierte Bücher, die ebenso wie eine Fahne des „Roten Frontkämpferbundes" (RFB) auf dem Scheiterhaufen am Kaiser-Friedrich-Ufer verbrannt wurden.
Noch im gleichen Monat, am 30. Mai 1933, fand in Hamburg eine zweite Bücherverbrennung statt.

Äußerer Anlass und Gegenstand verklärender Reden war der 17. Todestag des unter seinem Pseudonym Gorch Fock bekannten Schriftstellers Johann Wilhelm Kinau.
Sein Tod in der Seeschlacht am Skagerrak stilisierten die Redner zum opferbereiten Heldentod und vereinnahmten das Werk des Schriftstellers als lobenswertes Beispiel deutscher Volkskultur.

Auch wenn die Zahl der in Hamburg verbrannten Bücher im Vergleich zu Berlin oder München niedriger ausfiel, die Berichte bezogen auf die Anzahl der Teilnehmer und Zuschauer beider Ereignisse in den damaligen Zeitungen unpräzise blieben, waren die Bücherverbrennungen keineswegs „Provinzpossen".

Für die noch in Hamburg lebenden Autorinnen und Autoren waren sie bedrohliche Fanale. Sie führten ihnen drastisch vor Augen, dass für sie im nationalsozialistischen Deutschland kein Platz mehr war.
In ihrer Existenz bedroht, sahen sie sich unmittelbar zur Flucht gezwungen.

„Wir hier Versammelten sind berufen, die gespenstischen Szenen zu beschwören, die sich am Abend des 10. Mai 1933 vor einer Reihe deutscher Universitäten abspielten. Professoren und Studenten warfen Bücher von deutschen und ausländischen Dichtern, Denkern und Gelehrten in das lodernde Feuer von Scheiterhaufen.
In der Verblendung ihrer Sinne, in der Verstopfung ihres Denkens wüteten sie gegen sich selbst und die ihnen eigentümlichen Existenzbedingungen...

Wir sind im nüchternen Hamburg. Hier in Hamburg steht jetzt – mit gutem Recht – die ernste, eindringliche Ausstellung ‚Verboten und verbrannt' als warnendes Fanal. Mit gutem Recht, weil hier in Hamburg weder am 10. Mai noch an irgendeinem anderen Tag des Jahres 1933 Scheiterhaufen errichtet oder Bücher verbrannt worden sind."

Ansprache von Heinrich Landahl anlässlich der Ausstellung „Verboten und verbrannt" in der Staats- und Universitätsbibliothek Hamburg im Rahmen der Tagung des Deutschen P.E.N.-Zentrums des Bundesrepublik am 10. Mai 1958, abgedruckt in: Neues Hamburg, XIII: Die Türen nach draußen, hrsg. von Erich Lüth. Hamburg: Verlag Hammerich & Lesser 1959, S.84–85.

Bücherverbrennung am Kaiser-Friedrich-Ufer,
Hamburg, am 15.5.1933. Fotograf: Joseph Schorer, Hamburg.
(Bildarchiv Preußischer Kulturbesitz, Berlin)

„Ein Jahrestag unseligen Angedenkens: Heute, den 10. Mai, vor 50 Jahren loderten die Scheiterhaufen, verbrannten Studenten in vielen deutschen Universitätsstädten Bücher. Hamburg folgte mit leichter Verspätung, glich das Versäumnis dann aber dadurch aus, daß es gleich zwei Bücherverbrennungen durchführte. Fackelzüge, Bücher auf Ochsenkarren, markig-pathetische Sprüche - welch ein Triumph des Irrationalismus des Wahns. Dennoch: In diesem Feuerzauber, diesem Rückfall ins Inquisitionsunwesen, dieser Beschwörung der finsteren Kehrseite des Mittelalters lag Methode. Man täusche sich nicht! Mit der Vernichtung und dem Verbot mißliebiger Publikationen, mit der Vertreibung aller den Herrschenden nicht genehmen Schriftstellern war die Unterdrückung jeder freien Meinungsäußerung, die Ausschaltung jeder Kritik, die Unterwerfung der Vernunft und des Geistes unter die politische Ideologie spektakulär eingeleitet."

Begrüßung von Armin Sandig. In: Klaus von Dohnanyi, Walter Jens, Armin Sandig, Zum 50. Jahrestag der Bücherverbrennung. Ansprachen anläßlich der Gedenkveranstaltung am 10. Mai 1983 im großen Festsaal des Hamburger Rathauses... Hamburg: Hans Christians Druckerei 1983, S. 3-4. (Schriften der Freien Akademie der Künste).

„Studenten entzünden jetzt überall in Deutschland gewaltige Scheiterhaufen. Es dürfte ganz lehrreich sein, einmal in vergangene Zeitalter zurückzublicken - und siehe da: auch in ihnen loderten Scheiterhaufen von Büchern…

Zwischen der Vergangenheit und heute besteht eben nur ein Unterschied, daß seiner Zeit die Herrscher sich mißliebiger Bücher mit allen zur Verfügung stehenden Machtmitteln entledigten - Daß jedoch das Volk selbst die Scheiterhaufen errichtete und entzündete, geschah erstmalig durch die nationale Revolution in Deutschland: nicht ein oder das andere ‚mißliebige' Buch wird hingerichtet, sondern der Weg zur neuen, eigenen Kultur wird freigemacht vom Schutt des Vergangenen."

Walter Persich,
Bücher auf dem Scheiterhaufen.
In: Hamburger Tageblatt,
31.5.1933.

Hamburger Anzeiger vereinigt mit Neue Hamburg…

Studenten verbrennen Bücher

Phot.: Schorer.

Feuer zieht die Menschen an. Ob es ein Schadenfeuer ist, ein Freudenfeuer oder ein solches, wie es die Studenten Hamburgs gestern abend am Kaiser-Friedrich-Ufer veranstalteten. Tausende von Zuschauern hatten sich gegen 11 Uhr eingefunden, um dieser symbolischen Handlung beizuwohnen. Handelte es sich doch um Bücher marxistischen Inhalts, die, aus Leihbüchereien und Schulbibliotheken stammend, von der Polizeibehörde zur Verfügung gestellt worden waren. Ein gut zwei Meter hoher Stoß war aufgeschichtet worden.

Pünktlich zum akademischen Viertel erklang das Kommando „Feuer an!" Im Nu prasselte die Flamme hoch und beleuchtete das große Rund, in dessen inneren Kreis sich die Chargierten einiger Korporationen sowie der gesamte Studentensturm und die Hochschulabteilung des Stahlhelms eingefunden hatten. Drei Korporationsfahnen standen im Lichte des Feuerscheins.

Sowie das Feuer entfacht war, ergriff der Kreisführer des Kreises Nord der Deutschen Studentenschaft, Pg. Reinhold Schulze, das Wort. Er wies auf die geistige Umstellung des jungen deutschen Studenten hin, der sich früher um Deutschlands Zukunft wenig Sorgen gemacht habe. Im Gegensatz zu unserer Zeit, in der der Student gezwungen ist, sich als Teilglied des deutschen Volkskörpers mehr denn je zu betrachten. Der Wandervogel habe zum erstenmal wieder die Verbindung des jungen Deutschen mit seinem Volke gebracht. Heute habe der Student eingesehen, daß es in dem Kampfe zwischen Bürgertum und Proletariat nur einen Toten gegeben habe, nämlich die Nation selbst. Auf den Hochschulen habe man dem Studenten bislang eine voraussetzungslose Wissenschaft gelehrt, ohne Verbindung zum Volksganzen. Als Zeichen der geistigen Erneuerung verbrenne heute die Studentenschaft eine Reihe von Büchern undeutschen Inhalts.

Nach dem Liede „Burschen heraus", ergriff Pg. Wolf Meyer das Wort. Die Verbrennung von Büchern sei kein Gedanke von heute. Zum erstenmal habe die deutsche Studentenschaft, als sie sich in der deutschen Burschenschaft geeinigt hatte, im Jahre 1817 auf der Wartburg die Zeichen der Reaktion verbrannt. Zum erstenmal in unserer Zeit verbrannte Hamburger Jugend 1929 die Zeichen der Knechtschaft: den Versailler Vertrag, den Young-Plan, den Dawes-Plan und die Ausführungsbestimmungen des Versailler Diktates, die Verfassung von Weimar. Unsere Aufgabe sei es, das neue Reich mit dem Geiste des Nationalsozialismus zu erfüllen. Die Aufgabe hieße aber nicht nur, Bücher zu verbrennen, sondern den Geist dieser Bücher aus unseren Herzen zu reißen.

Während des Gesanges des Horst-Wessel-Liedes wurde still die Gaufahne des Rotfrontkämpferbundes von Hamburg den Flammen übergeben: zur Ehrung des deutschen Arbeiters, der einst den Irrlehren marxistischen Klassenkampfes gefolgt sei, heute aber zu seinem Volke zurückgefunden habe.

Anschließend wurde eine weitere Anzahl von Büchern den Flammen übergeben; Werke von Lion Feuchtwanger, Emil Ludwig (Cohn), den Gebrüdern Mann, Arnold und Stephan Zweig und der „Jahrgang 02" von Gläser.

Zum Abschluß sang die Menge das Deutschlandlied. dt.

Hamburger Nachrichten

Studentenschaft wider den undeutschen Gei

Verbrennung zersetzender Schriften.

Anläßlich der Hamburger Kundgebung gegen den undeutschen Geist fand am Kaiser-Friedrich-Ufer eine Verbrennung von Büchern und Fahnen statt. phot. Webe

Eine unübersehbare Menschenmenge hatte sich Montagabend am Kaiser-Friedrich-Ufer versammelt, um dabei zu sein, wenn die Hamburger Studentenschaft die Bücher und Schriften jener Menschen dem verzehrenden Feuer übergab, die in langen, ehrlosen Jahren versucht haben, den deutschen Geist auszulöschen. Die gesamte Studentenschaft hatte sich um den aufragenden Scheiterhaufen gruppiert: voran der Sturm 6/76 der SA., der sich ausschließlich aus Studenten zusammensetzt und vom Appell im Studentenhaus geschlossen angerückt war, dann die Hochschulgruppe des Stahlhelms und die Chargierten der Korporationen.

Um 23 Uhr schlugen die ersten Flammen aus dem Haufen der endlich verwiesenen Bücher empor und zugleich hallten die Worte des Kreisleiters Dipl.-Ing. Reinhold Schulze über den Platz. Er gab in treffender Zusammenfassung einen Überblick über die Entwicklung der Jugend, besonders der studentischen Jugend vom Typ des Menschen einer materiellen Verelendung mit geistiger Erstarrung zum kämpfenden Studenten, der wieder mit glühendem Herzen um die Zukunft Deutschlands ringt. Hier zeigt die Jugend, die verleitet und beraubt werden sollte, wie sie allen antwortet, die den deutschen Geist zerstören wollten: in den Flammen sollen ihre Machwerke aufgehen. Burschen heraus!

Dann nahm Pg. Assessor W. Meyer, einer der Gründer des Nationalsozialistischen Studentenbundes in Hamburg, das Wort an Stelle des erkrankten Pg. A. E. Günther. Nicht das erstemal ist es, daß die studentische Jugend das Feuer anfacht, um Schmachvolles zu vernichten: schon auf dem Wartburgfest flam… Schriften der Unterdrückung auf, schon einmal 1929 … Flammen jene Schandverträge, hineingeschleudert von de… nalen und studentischen Jugend, zerstören: den Versailler … den Dawesplan, den Youngplan und hinterher das Gebilde … listischen Geistes, das Machwerk einer Zeit der nationa… niedrigung, die Weimarer Verfassung. So soll auch jetzt … nichtungsfeuer endgültig den undeutschen Geist vertilgen, … Deutschen Reich, das der Volkskanzler und Führer Ado… politisch erobert hat, ein reines, ungetrübtes Geistesleben … Die studentische Jugend steht in vorderster Linie im Kampf … Ideen des neuen Deutschlands, dem Vorbild getreu, dem … Horst Wessel.

Als sein Lied über den Platz dröhnte und alle die M… solcher Geister wie Emil Ludwig Cohn, Remarque, Lion … wanger, Tucholsky in Flammen aufgingen, leuchtete noch ein … die Lohe auf, als die Fahne des Roten Frontkämpferbun… in Moskau im Kreml aufgehängt werden sollte für „Held… internationaler Horden, vom Sturm der Studenten … wurde: Nie mehr soll es heißen: Proletarier aller Länd… euch die Hände, sondern: Deutscher Arbeiter und deutscher … Volksgenossen, steht zusammen für Deutschland.

Mit dem Deutschlandlied wurde eine eindrucksvolle … gebung beendet.

„Die Bücherverbrennung in Hamburg am Kaiser-Friedrich-Ufer 15. Mai, nachts 11. Uhr.

In: Hamburger Anzeiger, 27.5.1933. Illustrierte Beilage.

Flammentod undeutschen Schrifttums

Hauptschriftleiter Dr. Schlotterer hält die Feuerrede

Hamburgs revolutionäre Jugend marschiert wider den undeutschen Geist.

Auf der Moorweide sammeln sich die Scharen, Jungvolk, Hitlerjugend und Jungmannschaft des DHV., treten unter den Sturmbannern der Revolution zu mächtigen Kolonnen zusammen, um zu später Stunde ein glühendes Bekenntnis zu Deutschland, zu Volk und Kultur abzulegen. Fest geschlossen, in Zucht und einigem Willen, steht die Front der jungen Revolutionäre.

Auf dem Lübeckertorfeld erwarten schwarze Menschenmauern die jungen Kämpfer. Weithin lodern die Scheite, Funken sprühen durch die Nacht. Vor dem Scheiterhaufen türmt sich ein Berg undeutscher Zersetzungsschriften; Lastautos bringen neue Massen dieses Schrifttums, türmen den Stapel höher und höher. In trautem Verein liegen hier die Vertreter einer überwundenen Geistesepoche beieinander. Bannführer Kollmeyer spricht mitreißende Eingangsworte. Seine Rede ist eine knappe und klare Abrechnung mit den [illegible] deutschen Geistes, den wurzellosen [illegible] einer überwundenen Weltanschauung.

Photo Schorer

Pg. Zeiger, [illegible] des DHV, knüpft an die Worte des [illegible] an und betont, daß die Verlage des [illegible]verbandes schon seit Jahren den [illegible] Schrifttum führen. Nach dem Liede [illegible] heraus . . .“ nimmt der

Hauptschriftleiter des Hamburger Tageblattes

Pg. Dr. Schlotterer

das Wort zur Feuerrede:

„Im Angesicht dieses Feuers, das die Erzeugnisse undeutschen, zersetzenden, marxistischen Geistes der Vernichtung anheimgeben soll, bekennen wir: **Wir sind keine Feinde der deutschen Kultur, keine Gegner deutschen Geistes.** Unsere Tat soll heute eine Abrechnung mit den Gegnern und Zerstörern deutscher Kultur sein, ein Bekenntnis zum Morgen einer wahren deutschen Volkskultur. Wir ziehen den Trennungsstrich zwischen uns und einem Zeitalter, das kein rechtes Verhältnis zur Kultur finden konnte. Wir klagen die, deren Erzeugnisse hier dem Flammentod überantwortet sind, an, eine Schranke zwischen Volk und Kultur aufgerichtet zu haben. Wir klagen sie an, das deutsche Kulturgut zerstört und mißbraucht zu haben.

Wir Jungen bekennen uns zur Einheit zwischen Volk und Kultur. Wir wollen, daß der Dichter und Denker das Volk nicht in das Reich des Niedrigen, der Gemeinheit und Niedertracht geleite, sondern daß er es innerlich zu Größe, Ehre, Härte, Lebensbejahung führe.

Unsere deutsche Kultur soll uns auf die Höhen der Menschheit und nicht in ihre Tiefen und Niederungen tragen. Vor unseren Augen taucht ein Dichter auf, der wie wenige diese hohe Aufgabe erfüllte. Wir grüßen vor diesem flammenden Feuer

die Gestalt Gorch Focks,

die wir Jungen lieben und ver[illegible]. Gorch Fock ist für uns das Beispiel des Dichters, durch den der Pulsschlag des Volkes geht. Gorch Fock war **nicht nur der Dichter und Sänger, sondern auch der Kämpfer der See.**

In Gorch Fock aber grüßen wir auch ein neues Zeitalter deutscher Volkskultur, die wieder im Volk ihre Wurzeln hat und dem Volk dient. Wir gedenken in dieser Stunde auch des Mannes, der mit der Herstellung der Einheit und Stärke unseres Reichs die deutschen kulturellen Grundlagen neu geschaffen hat: unseres Führers Adolf Hitler. Unser fester Glaube ist, daß wir unter seiner Führung nicht nur politisch, sondern auch kulturell einem neuen Zeitalter entgegengehen.“

Dr. Schlotterer hat geendet. Tiefe Stille liegt nach seinen Worten über der Menge. Nur das Feuer knistert und sprüht.

Als letzter Redner spricht Gebietsführer Oldigs und dann geloben die Tausende im Liede Horst Wessels, diese Treue zu halten, diesen Kampf zu fechten, bis der Sieg der deutschen Sozialisten errungen ist.

Das Feuer sprüht und frißt mit gierigen Zungen die Berge verhängnisvoller Literatur, die nun endgültig der Vergangenheit angehört. Langsam sinkt der Scheiterhaufen in sich zusammen, die Flammen werden kleiner, zucken nur noch hier und dort, bis sich schwarze Nacht über die Weite des Feldes legt. Unter klingendem Spiel rücken die Scharen geschlossen ab.

Wir haben den Geist der Vergangenheit brennen gesehen und die züngelnden Flammen in uns aufgenommen. Der Weg ist frei. Die Zukunft und ihren Geist werden wir gestalten.

„Als am 10. Mai 1933 die deutschen Studenten in allen Universitätsstädten unsere Bücher tonnenweise ins Feuer warfen, spürten wir: Hier vollzieht sich Politik, und hier ereignet sich Geschichte. Die Flammen dieser politischen Brandstiftung würden sich nicht löschen lassen.
Sie würden weiterzüngeln, um sich fressen, auflodern und Deutschland, wenn nicht ganz Europa in verbrannte Erde verwandeln.
Es würde so kommen und kam so. Es lag in der Unnatur der Sache…

Die Ereignisse von 1933 bis 1945 hätten spätestens 1928 bekämpft werden müssen. Später war es zu spät. Man darf nicht warten, bis der Freiheitskampf Landesverrat genannt wird. Man darf nicht warten, bis aus dem Schneeball eine Lawine geworden ist.“

Erich Kästner, Über das Verbrennen von Büchern. Ansprache auf der Hamburger P.E.N.-Tagung am 10. Mai 1958.
Erstdruck: Süddeutsche Zeitung, 10./11. Mai 1958. Erneut abgedruckt in: Erich Kästner, Über das Verbrennen von Büchern. Zürich: 2013, S. 13-26.

Ein Feuer brennt auf dem Lübeckertorfeld

Schon einmal hat das Lübeckertorfeld deutsche Jugend im Kampfe gegen Entehrung und Schmach gesehen. Das war vor Jahren, als Deutschlands Jugend sich aufbäumte gegen Versklavung und Knechtschaft. Der Young-Plan, das Diktat von Versailles und seine Ausführungsbestimmungen, die Weimarer Verfassung, wurden den Flammen übergeben. Deutschlands Jugend wollte frei sein. Sie gab den „Staatsmännern“ jener Tage nicht das Recht, das deutsche Volk auf Generationen hinaus durch einen neuen Vertrag in die Knechtschaft zu führen. Dafür wurde die Polizei auf die Spuren dieser Jugend gehetzt. Die Kundgebung, die ursprünglich auf der

allem, was uns hemmt, so zu sein, wie wir sein müssen. Wir reißen die Herzen und Fahnen empor und geloben mit noch einmal soviel Hingabe und Opfermut für Deutschland zu kämpfen. Nur dann, wenn wir treu uns selbst, unserem Volke und unserem Führer sind, wird das Deutschland, das wir ersehnen, erstehen. Mit einem Siegheil auf Volk, Nation und Führer, das von den Massen mit Jubel aufgenommen wurde, und dem Gesang des Horst-Wessel- und des Deutschlandliedes schloß die Kundgebung, nachdem die Schar Altstadt der Hitler-Jugend die Fahne der KPD, Altstadt, den Flammen übergeben hatte. dt.

Die Selbstgleichschaltung der Schriftsteller

„Im Schutzverband deutscher Schriftsteller war Hochbetrieb. Früher erschienen von den Mitgliedern des deutschen Nordwestgaus in den monatlichen Versammlungen immer nur dreißig oder vierzig; heute aber waren beinahe hundert gekommen. Es fehlten eigentlich nur diejenigen, die im Zuchthaus oder Konzentrationslager waren oder die fürchten mussten, hineinzukommen, wenn sie sich sehen ließen...

Erwartungsvoll saßen die Verbandsmitglieder und warteten. Die Dichter und Denker. Es erhob sich plötzlich ein unscheinbarer alter Herr, ein Lehrer, wie es sich bald herumsprach, und erklärte, dass er nun Vorsitzender der Schriftsteller sei, und nun höre es auf im deutschen Schrifttum mit dem demokratischen und pazifistischen Gewinsel. In Deutschland würden in Zukunft nur noch Bücher deutschblütiger und nationaler Autoren erscheinen!

Ein Jahr lag zwischen den beiden Wohltätigkeitsfesten, die der SDS, der „Schutzverband deutscher Schriftsteller", Nordwestgau Hamburg, unter dem Titel „Nacht der Fantasten" im April 1932 und 1933 ausrichtete.
Doch waren die gewaltigen politischen Veränderungen deutlich ablesbar.

Am 27. Januar 1933, noch vor der Machtübertragung an die Nationalsozialisten, begann in Hamburg auch das Künstlerfest „Himmel auf Zeit", das an mehreren Tagen und bis zum 18. Februar 1933 im Curio-Haus in der Rothenbaumchaussee durchgeführt wurde.

Es sollte das letzte Künstlerfest sein, an dem jüdische Künstler teilnehmen konnten. Textbeiträge des zum Künstlerfest erschienenen Almanachs stammten von Alice Ekert-Rotholz, die 1939 nach Bangkok emigrierte, von Hans Henny Jahnn, der ab 1934 auf Bornholm in Dänemark lebte, von Heinz Liepman, der im Sommer 1933 über Frankreich und England in die USA emigrierte und von Oswald Pander, der 1943 in Theresienstadt ermordet wurde.

Eine Illustration des Almanachs schuf der 1939 nach England emigrierte Künstler Kurt Löwengard. Als Raumkünstler und -gestalter wirkte Professor Friedrich Adler, der 1942 in Auschwitz ermordet wurde. Den Auftakt des Festprogramms bildeten Tänze von Erika Milee, die 1939 nach Südamerika floh und 1959 nach Hamburg zurückkehrte.

Das am 8. April 1933 im Uhlenhorster Fährhaus vom SDS veranstaltete Wohltätigkeitsfest „Nacht der Fantasten" fand erneut „zugunsten notleidender Hamburger Schriftsteller" statt. Der Festleiter Walter Persich hatte zuvor bekanntgegeben, dass das Fest nach Rücksprache mit der Staatspolizei genehmigt worden sei, die gestifteten „Bücher von Staatsfeinden" (d.h. Sozialdemokraten, Kommunisten und Juden) aus der Tombola entfernt worden waren.

Ein Beispiel eilfertiger Anpassungsbereitschaft lieferte Walter Persich nur einen Tag nach der zweiten Bücherverbrennung in Hamburg. In einem Artikel für das nationalsozialistische „Hamburger Tageblatt" charakterisierte er die Scheiterhaufen als Stationen auf dem „Weg zur neuen, eigenen Kultur". Nach 1945 bezeichnete sich Walter Persich als unpolitischen Menschen.

Nacht der Fantasten. Wohltätigkeitsfest des Schutzverbandes deutscher Schriftsteller (SDS) Nordwestgau zu Gunsten notleidender Hamburger Schriftsteller am Donnerstag, 14. April 1932 bei Heinze am Millerntor. Festalmanach. Herausgegeben von Hans Harbeck und Heinz Liepmann. Hamburg: Verlag Conrad Kayser o.J. (1932).

Zum Festausschuß zählten u.a. Hans Harbeck, Hans Henny Jahnn, Heinz Liepmann, Walter Anatole Persich. Beiträge für den Almanach lieferten u.a. Hans Leip, Walter Anatole Persich, Alice Ekert-Rotholz, Oswald Pander, Justin Steinfeld.

Nacht der Fantasten. Wohltätigkeitsfest des SDS. Schutzverband deutscher Schriftsteller Nordwestgau e.V. zu Gunsten notleidender Hamburger Schriftsteller am Sonnabend, dem 8. April 1933 im Uhlenhorster Fährhaus. Festalmanach. Hamburg: Turm Verlag o.J. (1933).

Für den Festalmanach waren Hans Harbeck und Walter Persich verantwortlich. Die Festleitung lag ebenfalls in den Händen von Walter Persich.

Schweigen! Die Nachfolger Goethes, Kants und Kleists schwiegen. Ein paar nickten, - Der Dichter Serpich holte ein Hakenkreuz aus der Tasche, seine kurzsichtigen Augen blinzelten es an, dann steckte er es sich an den Rock.- „Ich dachte. Sie hätten jüdische Freunde, und schreiben für Links-Zeitungen?" fragte ihn ein bewundernder Nachbar. „Früher!" sagte Serpich. „Es war ein Irrtum! Jetzt habe ich eingesehen, dass—"

Heinz Liepmann, Das Vaterland. Ein Tatsachen Roman aus dem heutigen Deutschland. Amsterdam: P.N. Van Kampen & Zoon 1933, S. 133f..

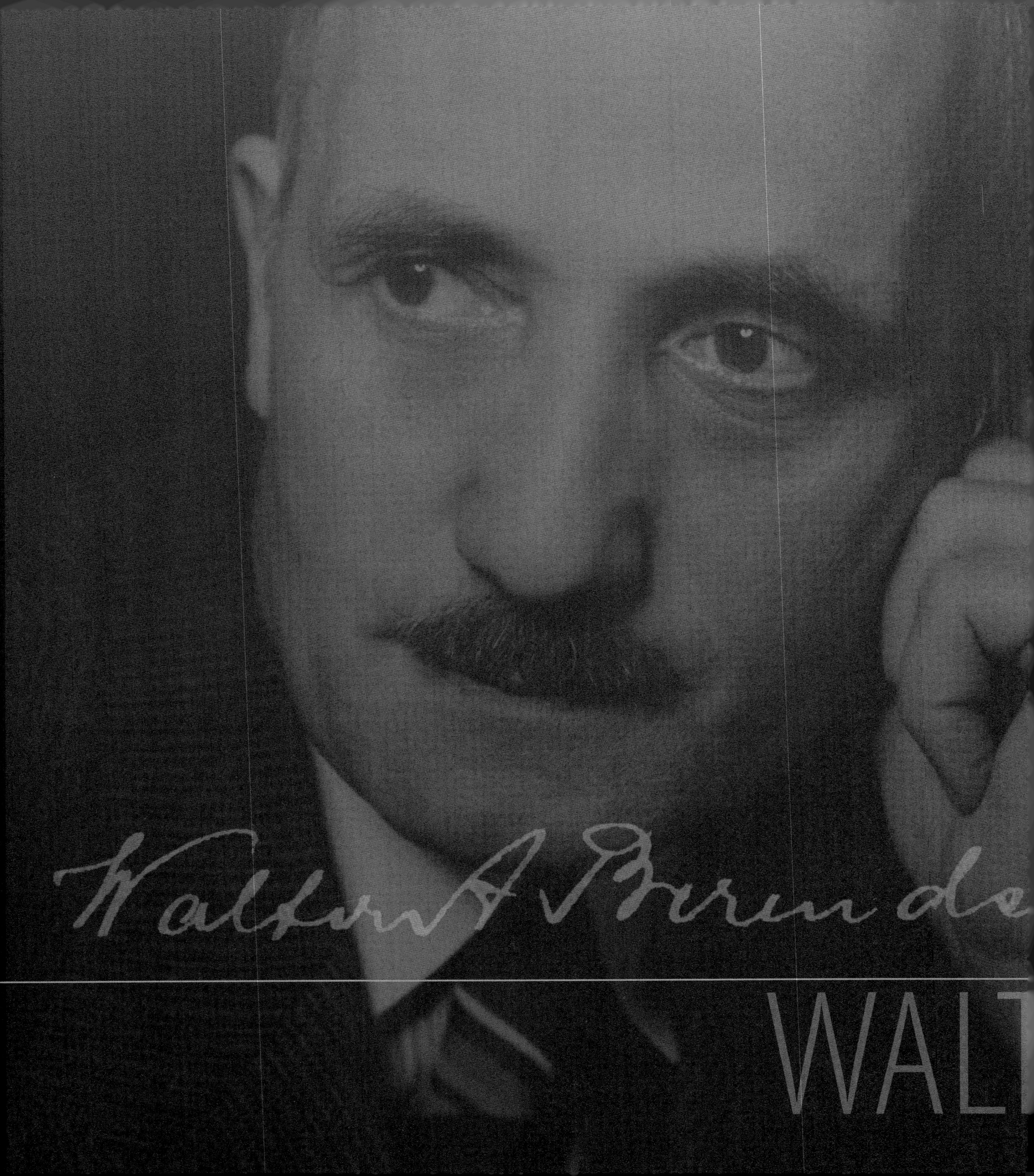
WALT

1884 – 1984

Walter A. Berendsohn

ER A. BERENDSOHN

Walter A. Berendsohn in Schweden, undatiert. Fotografin: Anna Riwkin-Brick, Stockholm.
(Privatbesitz)

Walter A. Berendsohn, undatiert. Fotograf: Emil Bieber, Hamburg.
(Privatbesitz)

Walter A. Berendsohn, undatiert. Dieses Foto zierte den Titel seines Buches „Die humanistische Front. Einführung in die deutsche Emigranten-Literatur (II. Teil)".

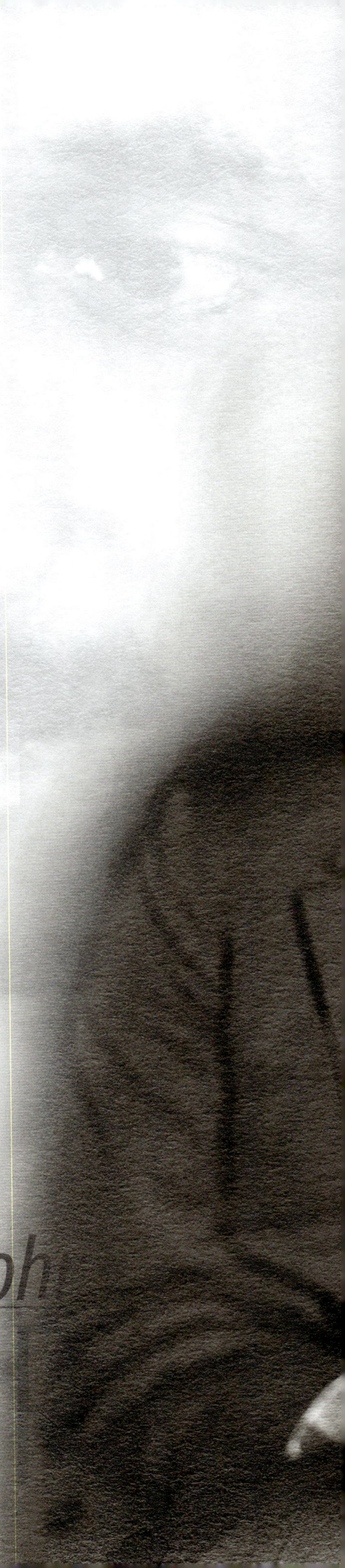

Walter A. Berendsohn in Hamburg, undatiert.
(Privatbesitz)

lter A. Berendsoh

A. BE

10.9.1884	*Geburt in Hamburg; nach dem Realschulabschluss kaufmännische Lehre*
1905 - 1911	*Studium in Berlin, Freiburg, München und Kiel*
1907	*Abitur als Externer in Berlin*
1911	*Promotion in Kiel*
1914 - 1918	*Teilnahme am Ersten Weltkrieg*
27.6.1918	*Heirat mit Dorothea Eggert*
1920	*Habilitation in Hamburg*
1920 - 1926	*Privat-Dozent an der Universität Hamburg*
1926 - 1933	*außerordentlicher Professor für schwedische Sprache, skandinavische und deutsche Literaturgeschichte an der Universität Hamburg*
Juli 1933	*Emigration nach Dänemark*
31.8.1933	*Entzug der Lehrbefugnis und Entlassung aus der Universität Hamburg*
Juli 1936	*Aberkennung der deutschen Staatsangehörigkeit*
1937	*Aberkennung des Doktortitels*
1936 - 1943	*Privatgelehrter in Dänemark*
1943	*Flucht nach Schweden*
1943 - 1970	*Archivarbeiter am Nobelinstitut der Schwedischen Akademie*
1952 - 1971	*Lehrbeauftragter für deutsche Literatur an der Universität Stockholm*
30.1.1984	*Tod in Stockholm*

Walter A. Berendsohn

Seit dem fünften Lebensjahr verwaist, absolvierte Walter A. Berendsohn nach dem Realschulabschluss eine kaufmännische Lehre. In Berlin holte er als Externer das Abitur nach.
Sein Studium der Germanistik und Klassischen Philologie schloss er 1911 in Kiel mit der Promotion ab.

Nach Teilnahme am Ersten Weltkrieg und mehrfacher Verwundung kehrte Walter A. Berendsohn nach Hamburg zurück, arbeitete zuerst als Privatgelehrter, habilitierte und erhielt 1926 den Titel eines nichtbeamteten außerordentlichen Professors. Seine Lehrtätigkeit umfasste deutsche wie skandinavische Literaturgeschichte. Zeitlebens galt sein besonderes Interesse der nordischen Literatur.

Walter A. Berendsohn war Mitglied im „Freimaurerbund zur aufgehenden Sonne“ sowie der „Liga für Menschenrechte“.

Politisch engagierte er sich seit 1926 in der SPD sowie für die Volks-, Arbeiter- und Jugendbildung.

Wenige Wochen nach der Machtübernahme wurde Walter A. Berendsohn als Jude und Marxist diffamiert und von der Universität entlassen.
Noch im Juli 1933 floh er gemeinsam mit seiner Frau und den beiden Töchtern nach Dänemark.

Im Juli 1936 wurde er aus Deutschland ausgebürgert, sein Doktortitel ein Jahr später aberkannt.

Nach der Besetzung Dänemarks konnte er untertauchen und im September 1943 nach Schweden fliehen.
Hier fand er zunächst eine Anstellung im Archiv des Nobelinstituts der Schwedischen Akademie.
Seine wissenschaftliche Arbeit konnte er ab 1952 als Lehrbeauftragter für deutsche Literatur an der Universität Stockholm fortsetzen.

Die dortige Gründung einer Forschungsstelle für deutsche Exilliteratur und sein unermüdliches Engagement für deutschsprachige Literatur des Exils ließen Walter A. Berendsohn zum Nestor der Exilforschung werden.

Nach 1945 diffamierte die Philosophische Fakultät der Hamburger Universität seine wissenschaftliche Reputation und verweigerte eine erneute Berufung.

Die erst zwei Jahre vor seinem Tod verliehene Ehrenpromotion und die posthume Benennung der „Hamburger Arbeitsstelle für deutsche Exilliteratur“ in „Walter A. Berendsohn Forschungsstelle für deutsche Exilliteratur“ blieben symbolische Handlungen, die die erlittene, zweifache Vertreibung und Ausgrenzung von Walter A. Berendsohn nicht ungeschehen machen können.

Orphaned at the age of five, Walter A. Berendsohn completed a commercial apprenticeship after finishing secondary school.
In Berlin, he then acquired the school leaving qualifications needed to study. He finished his studies in German and classical philology with a thesis at the University in Kiel in 1911.

After serving in World War I, where he incurred numerous injuries, Walter A. Berendsohn returned to Hamburg and worked initially as a private tutor; he then qualified as a professor and was given the title of a non-permanent associate professor. His teaching activities included German and Scandinavian history of literature. Throughout his life, he was particularly interested in Nordic literature.

Walter A. Berendsohn was a member of the „Freimaurerbund zur aufgehenden Sonne" as well as the „Liga für Menschenrechte".
In 1926, he became politically involved in the SPD, as well as in the Volks-, Arbeiter- and Jugendbildung.

Walter A. Berendsohn was defamed as a Jew and a Marxist, and dismissed by the university just a few weeks after the seizure of power by the National Socialists. He fled to Denmark together with his wife and their two daughters in July 1933. In July 1936, Berendsohn was expatriated by Germany and stripped of his doctorate title.
He went into hiding after Germany occupied Denmark, and escaped to Sweden in September 1943.

He was initially able to find employment in the archives of the Nobel Institute of the Swedish Academy.
He resumed his academic work in 1952, as an associate professor for German literature at Stockholm University.
With the foundation of a research site for German exile literature and his tireless commitment on behalf of German language exile literature, Walter A. Berendsohn became the „Nestor" of exile research.

After the war, the Philosophical Faculty of the Hamburg University discredited his academic reputation and refused his renewed appointment. The honorary doctorate he received just two years before his death in 1984, and the posthumous designation of the „Hamburger Arbeitsstelle für Exilliteratur" remain symbolic acts that cannot undo the two-fold expulsion and marginalisation Walter A. Berendsohn suffered.

Berendsohn

BERENDSOHN

Hamburger Universitäts-Zeitung. Zugleich Organ des Bundes Deutscher Akademiker.
1. Jg., 1./2. (Doppel=) Heft, April, Sommer=Semester 1919. 40 S., broschiert, 222 x 142 mm. Druck: Druckereigesellschaft Meißner & Heimberg, Hamburg.

Die Zeitung enthielt Berendsohns Beitrag „Die Ethik des studentischen Lebens."

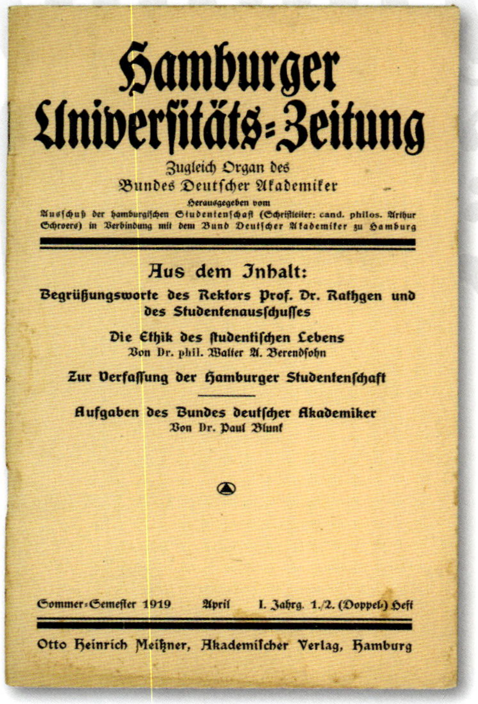

Walter A. Berendsohn: Der Stil Carl Spittelers. Zur Frage des Versepos in neuerer Zeit.
Zürich: Verlag Seldwyla 1923. 49 S., broschiert, 232 x 150 mm. Druck: Friedrich Andreas Perthes AG, Gotha.

Auf dem Vorsatz steht die handschriftliche Widmung: „Herrn Prof Dr Conrad Borchling in aller Hochschätzung Walter A Berendsohn". Bei Conrad Borchling hatte Walter A. Berendsohn 1914 und erneut nach dem Ersten Weltkrieg als Assistent am Germanischen Seminar der Universität Hamburg gearbeitet.

Der Kreis. Zeitschrift für künstlerische Kultur.
Hamburg, Jg. III, Heft 12, Dezember 1926, broschiert, 232 x 156 mm. Druck: Gerhard Stalling, Oldenburg i.O./Hamburg.

In seinem Beitrag „Herbsttage in Stockholm" hielt Berendsohn Impressionen und Begegnungen während einer Studienreise in die schwedische Hauptstadt fest.

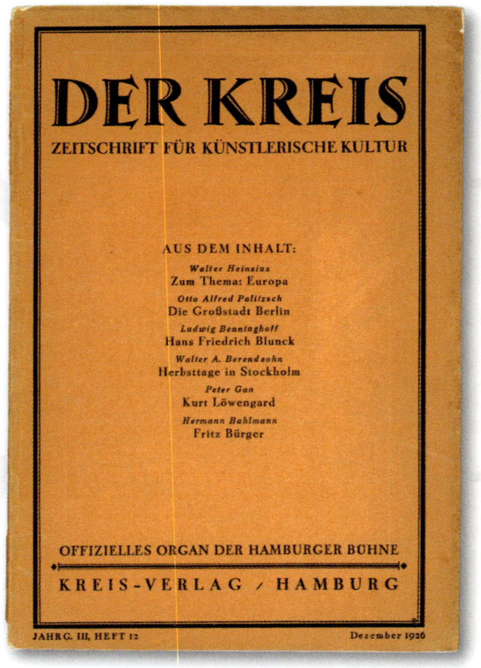

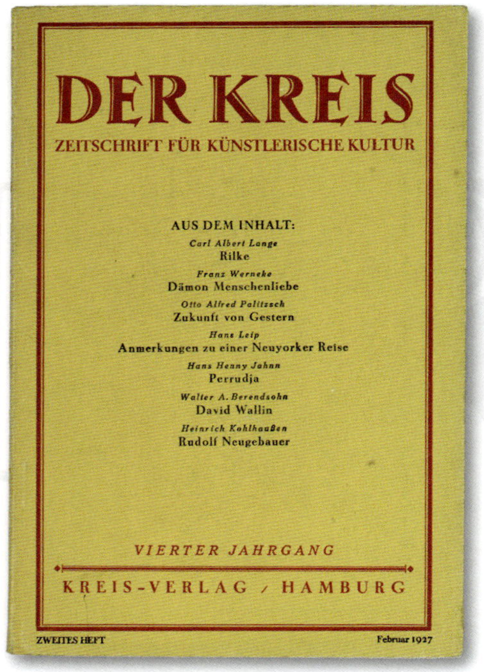

Der Kreis. Zeitschrift für künstlerische Kultur.
Hamburg, Vierter Jahrgang, Zweites Heft, Februar 1927, broschiert, 232 x 156 mm. Druck: Gerhard Stalling, Oldenburg i.O./Hamburg.

Berendsohns Beitrag galt dem schwedischen Künstler David Wallin (1876-1957), dem er in Stockholm persönlich begegnet war. Vier Gemälde Wallins illustrierten diese Ausgabe der Hamburger Kulturzeitschrift.

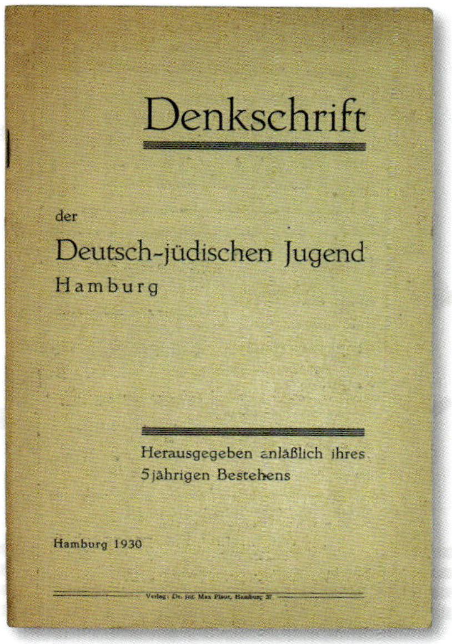

Denkschrift der Deutsch-jüdischen Jugend Hamburg. Herausgegeben anläßlich ihres 5jährigen Bestehens.
Hamburg: Verlag Dr.jur. Max Plaut 1930.
48 S., broschiert,
133 x 155 mm.
Druck: Buchdruckerei H. Hammer, Hamburg.

Neben Beiträgen von Max Eichholz, Max Leuteritz, Senta Meyer, Max Plaut, Sidonie Werner und Alfred Wiener enthielt die Broschüre Walter A. Berendsohns Artikel „Wie schützen wir unsere Menschenrechte ?". Darin hieß es: „Es kann kein Zweifel darüber bestehen, daß die nationalsozialistische Bewegung die grundlegenden Menschenrechte der Juden in Deutschland schwer bedroht. Nach ihrem Programm sollen die Juden als Fremde unter ein Sondergesetz gestellt werden, daß sie von allen öffentlichen Stellungen ausschließt und ihre Freiheit auch sonst stark einschränkt...
Nur wenn die deutschen Juden einen erheblichen Teil ihrer geistigen Begabung, ihrer zähen Tatkraft, ihres unermüdlichen Fleißes, statt in den Beruf und Erwerb, einsetzen in diesen Kampf um Humanität auf allen Gebieten, nur wenn sie sich verbünden mit all denen, deren Menschenrechte wie die ihren bedroht sind, wächst die Aussicht, daß sich die ‚Koalition aller Vernünftigen' bildet und wir von einer Gewaltherrschaft der Unmenschlichkeit bewahrt bleiben. Wer als Jude überall furchtlos für Menschlichkeit und Gerechtigkeit eintritt, der schützt wirksam seine Menschenrechte."

Walter A. Berendsohn: Selma Lagerlöf. Heimat und Leben/ Künstlerschaft/ Werke/ Wirkung und Wert.
München: Albert Langen 1927.
374 S., gebunden, 227 x 158 mm.
Druck: Hesse & Becker, Leipzig.

Die gedruckte Widmung lautet: „Meinen schwedischen Freunden". Noch vor 1933 erschienen Übersetzungen dieses Buches in Schweden, Dänemark, England und den USA.

„Ob noch jüdische Professoren an deutschen Hochschulen werden wirken können, ist sehr fraglich geworden. Die meisten werden ins Ausland gehen müssen, um dort zu leben und zu lehren. Aber bis zum letzten Tage werde ich gern jede Gelegenheit ergreifen, um Zeugnis abzulegen für meine Liebe zur deutschen Heimat und zur deutschen Kultur...

Wir deutschen Juden können mit Fug und Recht stolz sein auf unseren Anteil am Aufbau deutscher Kultur seit Lessings Zeiten. Nie werden wir uns die Liebe zu ihr, die ein Stück unseres eigenen Wesens geworden ist, rauben lassen. So lange wir atmen, bleiben wir Bekenner jener Religion der Menschlichkeit, deren adelige Vorkämpfer Lessing und Mendelssohn waren. Aus ihr gewinnen wir Kraft auch in dieser Zeit."

In: Walter A. Berendsohn, Rede auf dem Lessing-Abend der Jüdischen Künstlerhilfe in Hamburg am 26.6.1933. (Deutsches Exilarchiv 1933-1945 der Deutschen Nationalbibliothek, Frankfurt am Main). Auf dem in Frankfurt archivierten Typoskript gibt es handschriftliche Ergänzungen. Der Text trägt die Überschrift „Abschied von Deutschland"; unter dem Namen Walter A. Berendsohn steht „früher Professor a. d. Universität Hamburg".

Walter A. Berendsohn: Sozialismus als Weltanschauung. Diesseits- oder Jenseitsglaube. Vortrag, gehalten im Rahmen der öffentlichen Bildungsveranstaltungen des Bildungsausschusses.

Hamburg: Verlag des Bildungsausschusses der SPD 1932 (Hamburger Arbeiterbibliothek, Nr. 10). 16 S., broschiert, 196 x 133 mm. Druck: Auer & Co., Hamburg.

Walter A. Berendsohn: Der lebendige Heine im Germanischen Norden. Mit einem einleitenden Beitrag von Johannes V. Jensen. Mit 4 Bildern. Kopenhagen: Det Schønbergske Forlag 1935. 158 S., broschiert, 215 x 140 mm. Druck: H. P. Hansens Bogtrykkeri.

Diese Veröffentlichung aus dem dänischen Exil trägt die handschriftliche Widmung „In Dankbarkeit Walter A. Berendsohn".

Walter A. Berendsohn

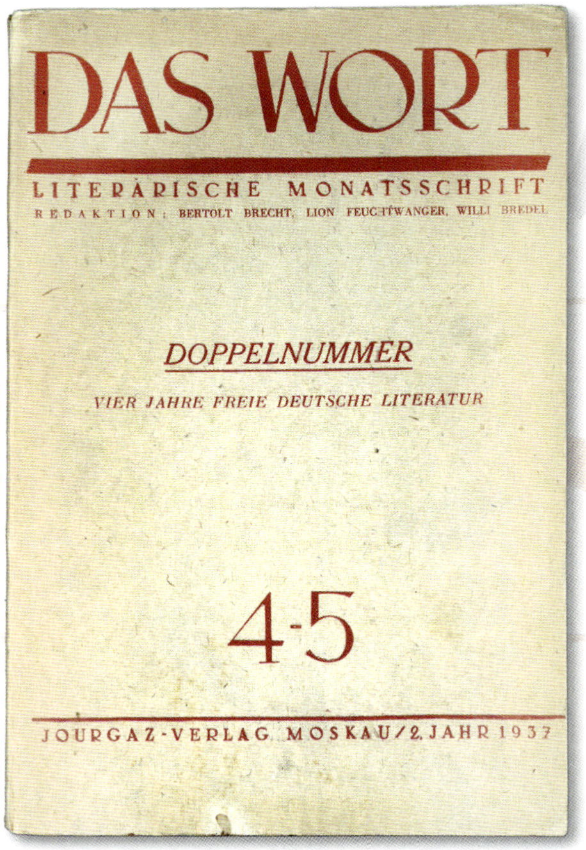

Das Wort. Literarische Monatsschrift. Redaktion: Bertolt Brecht, Lion Feuchtwanger, Willi Bredel. Heft 4-5, April-Mai 1937. Doppelnummer: Vier Jahre Freie Deutsche Literatur. Moskau: Jourgaz-Verlag (1937). 224 S., broschiert, 215 x 140 mm. Druck: 7. Druckerei, Moskau, Glawlit B-13355.

Diese deutschsprachige Exil-Zeitschrift erschien anlässlich des vierten Jahrestages der Bücherverbrennung. Neben Texten von Bertolt Brecht, Oskar Maria Graf, Rudolf Olden, Anna Seghers und Arnold Zweig veröffentlichte die Redaktion Walter A. Berendsohns Beitrag „Das Nationalzuchthaus", in dem er sich mit Büchern über deutsche Konzentrationslager beschäftigte.

Freies Deutschland. Schriftenreihe des Freien Deutschen Kulturbundes. Stockholm, Jg. 1. Heft 1, Mai 1944. 32 S., broschiert, 240 x 159 mm. Druck: Appelbergs Boktryckeri A.-B., Uppsala.

In dieser Schrift erschien Walter A. Berendsohns Vortrag „Der Humanist Thomas Mann", den er am 28.1.1944 in Stockholms Borgarskolan sowie am 24.2.1944 in der Universität Uppsala gehalten hatte.

Alva und Gunnar Myrdal: Kontakt mit Amerika. Aus dem Schwedischen übertragen und bearbeitet von Prof. Walter A. Berendsohn.

Stockholm: Bermann-Fischer Verlag 1944 (Bücher zur Weltpolitik). 354 S., gebunden, 196 x 140 mm. Druck: ÅetÅ tryckeri, Stockholm.

Walter A. Berendsohn: Die Humanistische Front. Einführung in die deutsche Emigranten-Literatur. Erster Teil. Von 1933 bis zum Kriegsausbruch 1939. Zürich: Europa Verlag 1946. 204 S., gebunden, 218 x 154 mm. Druck: Druckereigenossenschaft Aarau.

Das Buch trägt die handschriftliche Widmung:

„Herrn cand. Phil. Walter Erben mit guten Wünschen Walter A. Berendsohn".

Im Vorwort schrieb Berendsohn:

„Das Erscheinen dieser Arbeit, die 1939 abgeschlossen war, wurde durch die Besetzung Dänemarks am 9. April 1940 verhindert. Ich habe sie überarbeitet, aber keinen Anlass gefunden, wesentliche Änderungen vorzunehmen."

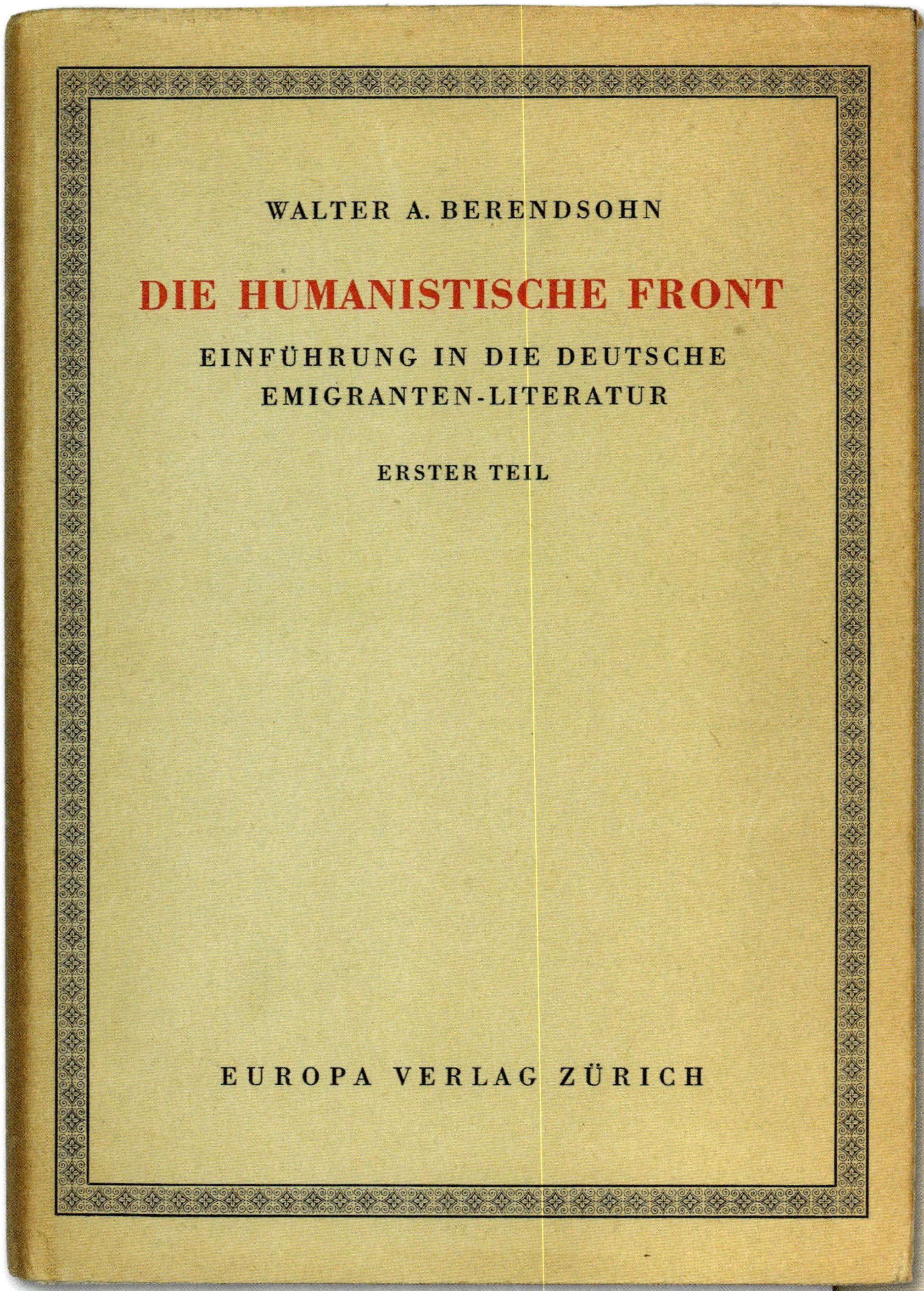

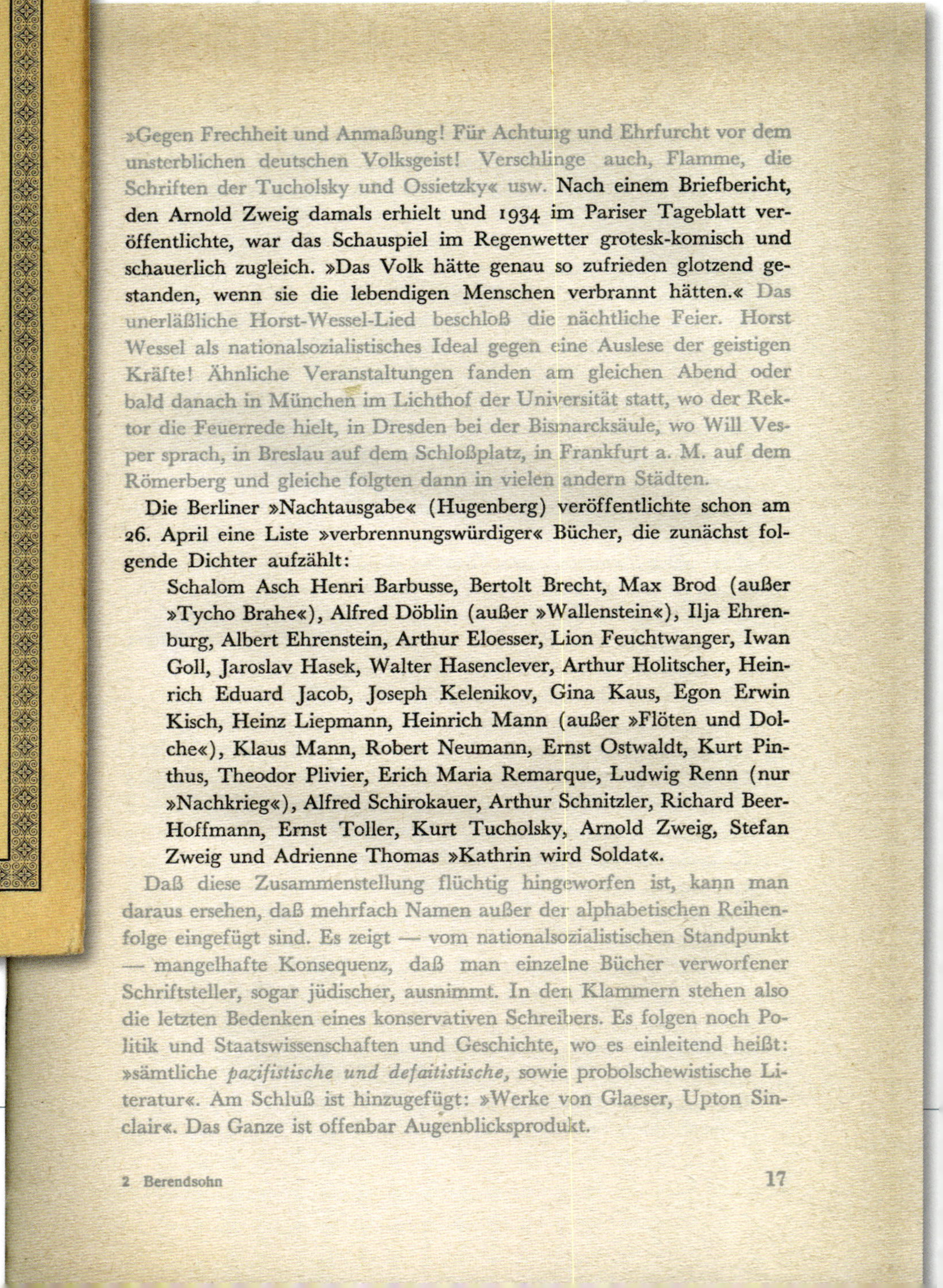
»Gegen Frechheit und Anmaßung! Für Achtung und Ehrfurcht vor dem unsterblichen deutschen Volksgeist! Verschlinge auch, Flamme, die Schriften der Tucholsky und Ossietzky« usw. Nach einem Briefbericht, den Arnold Zweig damals erhielt und 1934 im Pariser Tageblatt veröffentlichte, war das Schauspiel im Regenwetter grotesk-komisch und schauerlich zugleich. »Das Volk hätte genau so zufrieden glotzend gestanden, wenn sie die lebendigen Menschen verbrannt hätten.« Das unerläßliche Horst-Wessel-Lied beschloß die nächtliche Feier. Horst Wessel als nationalsozialistisches Ideal gegen eine Auslese der geistigen Kräfte! Ähnliche Veranstaltungen fanden am gleichen Abend oder bald danach in München im Lichthof der Universität statt, wo der Rektor die Feuerrede hielt, in Dresden bei der Bismarcksäule, wo Will Vesper sprach, in Breslau auf dem Schloßplatz, in Frankfurt a. M. auf dem Römerberg und gleiche folgten dann in vielen andern Städten.

Die Berliner »Nachtausgabe« (Hugenberg) veröffentlichte schon am 26. April eine Liste »verbrennungswürdiger« Bücher, die zunächst folgende Dichter aufzählt:

> Schalom Asch Henri Barbusse, Bertolt Brecht, Max Brod (außer »Tycho Brahe«), Alfred Döblin (außer »Wallenstein«), Ilja Ehrenburg, Albert Ehrenstein, Arthur Eloesser, Lion Feuchtwanger, Iwan Goll, Jaroslav Hasek, Walter Hasenclever, Arthur Holitscher, Heinrich Eduard Jacob, Joseph Kelenikov, Gina Kaus, Egon Erwin Kisch, Heinz Liepmann, Heinrich Mann (außer »Flöten und Dolche«), Klaus Mann, Robert Neumann, Ernst Ostwaldt, Kurt Pinthus, Theodor Plivier, Erich Maria Remarque, Ludwig Renn (nur »Nachkrieg«), Alfred Schirokauer, Arthur Schnitzler, Richard Beer-Hoffmann, Ernst Toller, Kurt Tucholsky, Arnold Zweig, Stefan Zweig und Adrienne Thomas »Kathrin wird Soldat«.

Daß diese Zusammenstellung flüchtig hingeworfen ist, kann man daraus ersehen, daß mehrfach Namen außer der alphabetischen Reihenfolge eingefügt sind. Es zeigt — vom nationalsozialistischen Standpunkt — mangelhafte Konsequenz, daß man einzelne Bücher verworfener Schriftsteller, sogar jüdischer, ausnimmt. In den Klammern stehen also die letzten Bedenken eines konservativen Schreibers. Es folgen noch Politik und Staatswissenschaften und Geschichte, wo es einleitend heißt: »sämtliche *pazifistische und defaitistische*, sowie probolschewistische Literatur«. Am Schluß ist hinzugefügt: »Werke von Glaeser, Upton Sinclair«. Das Ganze ist offenbar Augenblicksprodukt.

2 Berendsohn 17

Walter A. Berendsohn: Die humanistische Front. Einführung in die deutsche Emigranten-Literatur. Zweiter Teil: Vom Kriegsausbruch 1939 bis Ende 1946. Worms: Verlag Georg Heintz 1976 (Deutsches Exil 1933-45. Eine Schriftenreihe. Herausgegeben von Georg Heintz, Bd. 6). 236 S., broschiert, 230 x 155 mm. Druck: Hain-Druck KG, Meisenheim.

In seinem Ende September 1973 in Stockholm verfassten Vorwort schrieb Berendsohn: „Dieser zweite Teil meiner Arbeit ‚Die humanistische Front', abgeschlossen im Januar 1949, blieb durch eine Verkettung ungünstiger Umstände ungedruckt, vor allem durch den starken Widerstand gegen die Emigranten in der Bundesrepublik und den Tod Dr. Emil Oprechts vom Europa-Verlag, Zürich, 1950."

humanistische Front

Walter A. Berendsohn:
Das Volk der Bibel im Land der Väter.
Der junge Staat Israel.
Ausstattung von Hela Seewald.

Stuttgart: Seewald Verlag 1962.
316 S., Leinen, 209 x 137 mm.
Druck: Buchdruckerei Eugen Göbel, Tübingen.

Die gedruckte Widmung lautet: „Meinen beiden tapferen Töchtern in Israel".

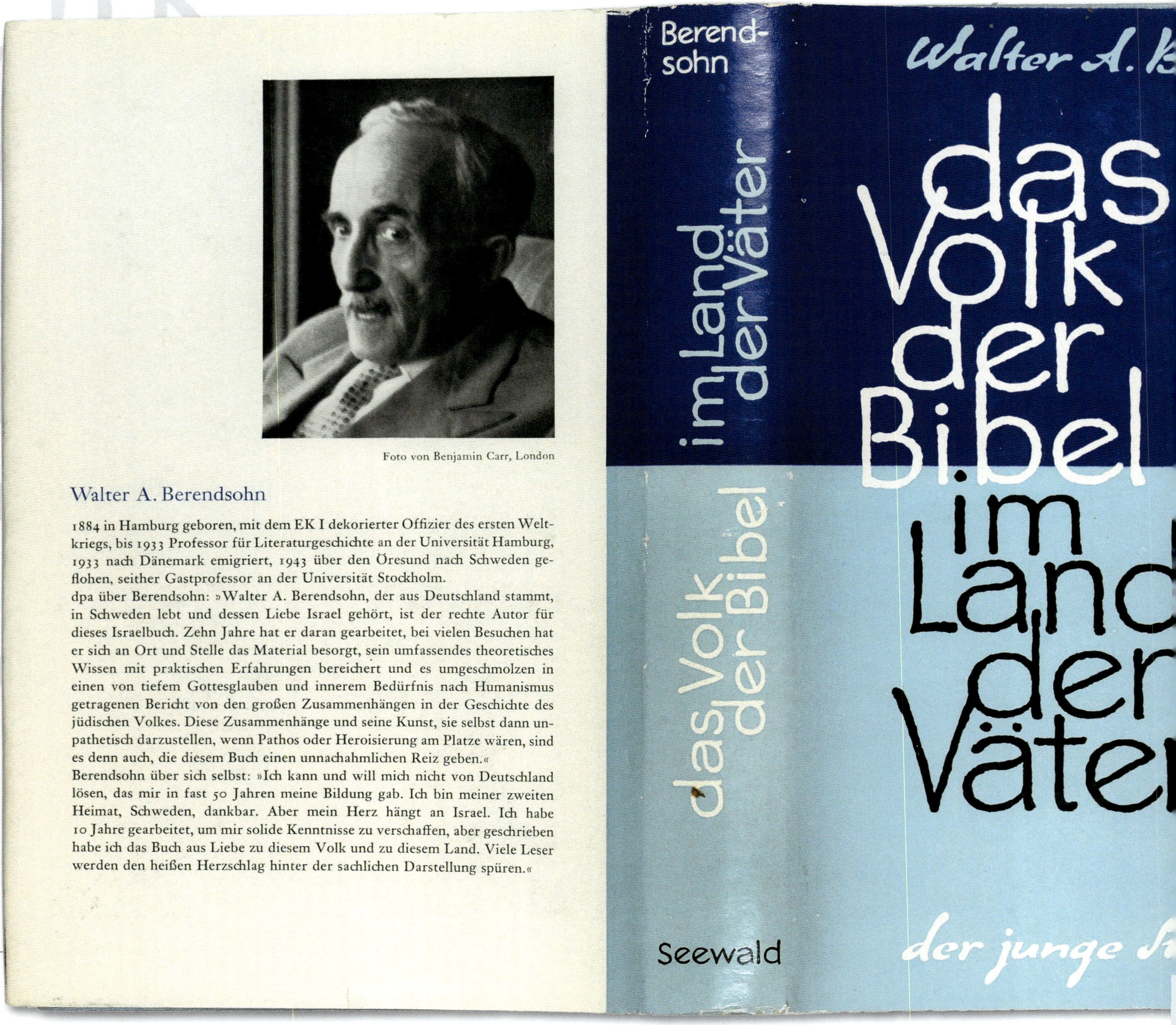

1884 in Hamburg geboren, mit dem EK I dekorierter Offizier des ersten Weltkriegs, bis 1933 Professor für Literaturgeschichte an der Universität Hamburg, 1933 nach Dänemark emigriert, 1943 über den Öresund nach Schweden geflohen, seither Gastprofessor an der Universität Stockholm.
dpa über Berendsohn: »Walter A. Berendsohn, der aus Deutschland stammt, in Schweden lebt und dessen Liebe Israel gehört, ist der rechte Autor für dieses Israelbuch. Zehn Jahre hat er daran gearbeitet, bei vielen Besuchen hat er sich an Ort und Stelle das Material besorgt, sein umfassendes theoretisches Wissen mit praktischen Erfahrungen bereichert und es umgeschmolzen in einen von tiefem Gottesglauben und innerem Bedürfnis nach Humanismus getragenen Bericht von den großen Zusammenhängen in der Geschichte des jüdischen Volkes. Diese Zusammenhänge und seine Kunst, sie selbst dann unpathetisch darzustellen, wenn Pathos oder Heroisierung am Platze wären, sind es denn auch, die diesem Buch einen unnachahmlichen Reiz geben.«
Berendsohn über sich selbst: »Ich kann und will mich nicht von Deutschland lösen, das mir in fast 50 Jahren meine Bildung gab. Ich bin meiner zweiten Heimat, Schweden, dankbar. Aber mein Herz hängt an Israel. Ich habe 10 Jahre gearbeitet, um mir solide Kenntnisse zu verschaffen, aber geschrieben habe ich das Buch aus Liebe zu diesem Volk und zu diesem Land. Viele Leser werden den heißen Herzschlag hinter der sachlichen Darstellung spüren.«

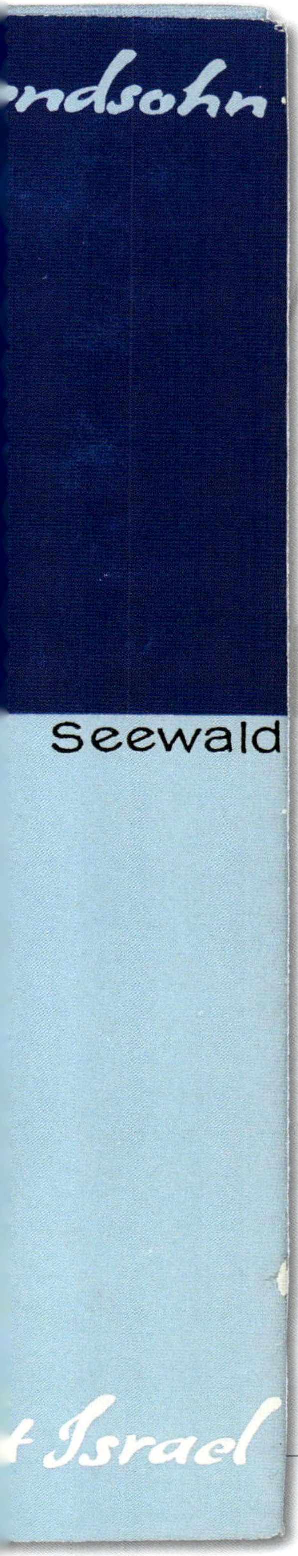

Walter A. Berendsohn:
Martin Andersen Nexös Weg
in die Weltliteratur.
Gestaltung und Typographie:
Dietz-Entwurf.

Berlin: Dietz Verlag 1949.
151 S., gebunden,
210 x 137 mm.
Druck: Paul Dünnhaupt,
Köthen (Sachsen-Anhalt).

Das Buch war ein Jahr zuvor
in dänischer Sprache erschienen.

Walter A. Berendsohn:
Die Idee der Humanität
in Vergangenheit und Gegenwart.
Essays.

Hamburg - Gr. Flottbek:
Akazien Verlag Alfred Buss 1961.
75 S., broschiert, 210 x 147 mm.
Herstellung: Ludwig Appel, Hamburg.

Die Veröffentlichung trägt die hand-
schriftliche Widmung: „Friedel Rutis-
hauser als mein Weihnachtsgruß
vom Verfasser".

Walter A. Berendsohn: Nelly Sachs.
Einführung in das Werk der Dichterin
jüdischen Schicksals.
Mit einem Prosatext „Leben unter
Bedrohung", einer Auswahl von 30
Briefen aus den Jahren 1946-1958
und einem Bericht über die Nelly-
Sachs-Sammlung in Dortmund.
Kommentiert von Manfred Schlösser.
Umschlagentwurf:
Monika Schlösser-Fischer.

Darmstadt: Agora Verlag 1974
(Editio - Quellen und Interpre-
tationen zu Literatur, Kunst und
Musik. Herausgeber: Leonhard M.
Fiedler und Manfred Schlösser).
184 S., gebunden, 216 x 131 mm.
Druck: P. Reinheimer, Darmstadt.

Walter A. Berendsohn war nicht
nur der Biograf und Förderer der
in Berlin geborenen und in Stock-
holm verstorbenen Schriftstellerin
Nelly Sachs (1891-1970).
Dank seiner wiederholten
Initiativen wurde ihr 1965 der
Literaturnobelpreis verliehen.

Wiedergutmachung im Universitätsbereich?
„Zwei führende Dozenten unserer Universität, beide Juden, die noch vor den antisemitischen Terror-Taten der Nazis zu emigrieren vermochten, betraten in der vergangenen Woche wieder das alte Podium.
Prof. Walter A. Berendsohn war einst Vertreter der in Hamburg von der Entstehung der Universität an besonders gepflegten nordischen Germanistik. Prof. Eduard Heimann lehrte Gesellschaftswissenschaft.
B. war nach Norden ausgewichen, zuerst nach Dänemark, und als die Nazis auch dieses friedlichste aller Nachbarländer überliefen, nach Schweden. H. hatte in den USA Zuflucht gefunden...
Wir grüßen beide in Hamburg: Ein Stück Wiedergutmachung ist geschehen. Um sie vollständig sein zu lassen, ist noch manches nachzuholen. Man vergesse nicht, daß noch andere Inhaber von Lehrstühlen emigrierten, die nicht wiederkehren (z.B. Cassirer, Stern), an deren Stelle man andere namhafte Männer der Emigration berufen sollte. Im übrigen wissen wir nicht, ob man auch an Berendsohn einen endgültigen Rückruf richtete oder ob er nur keine Neigung zeigt, wieder nach Hamburg zu kommen."

In: Hamburger Volkszeitung, Nr. 42, 22.6.1948.

Urkunde der Philosophischen Fakultät, der Christian-Albrechts-Universität Kiel über die Erneuerung des Doktorgrades, für Walter A. Berendsohn, 50 Jahre nach dessen Verleihung am 29.4.1912. (299 x 419 mm). (Privatbesitz)

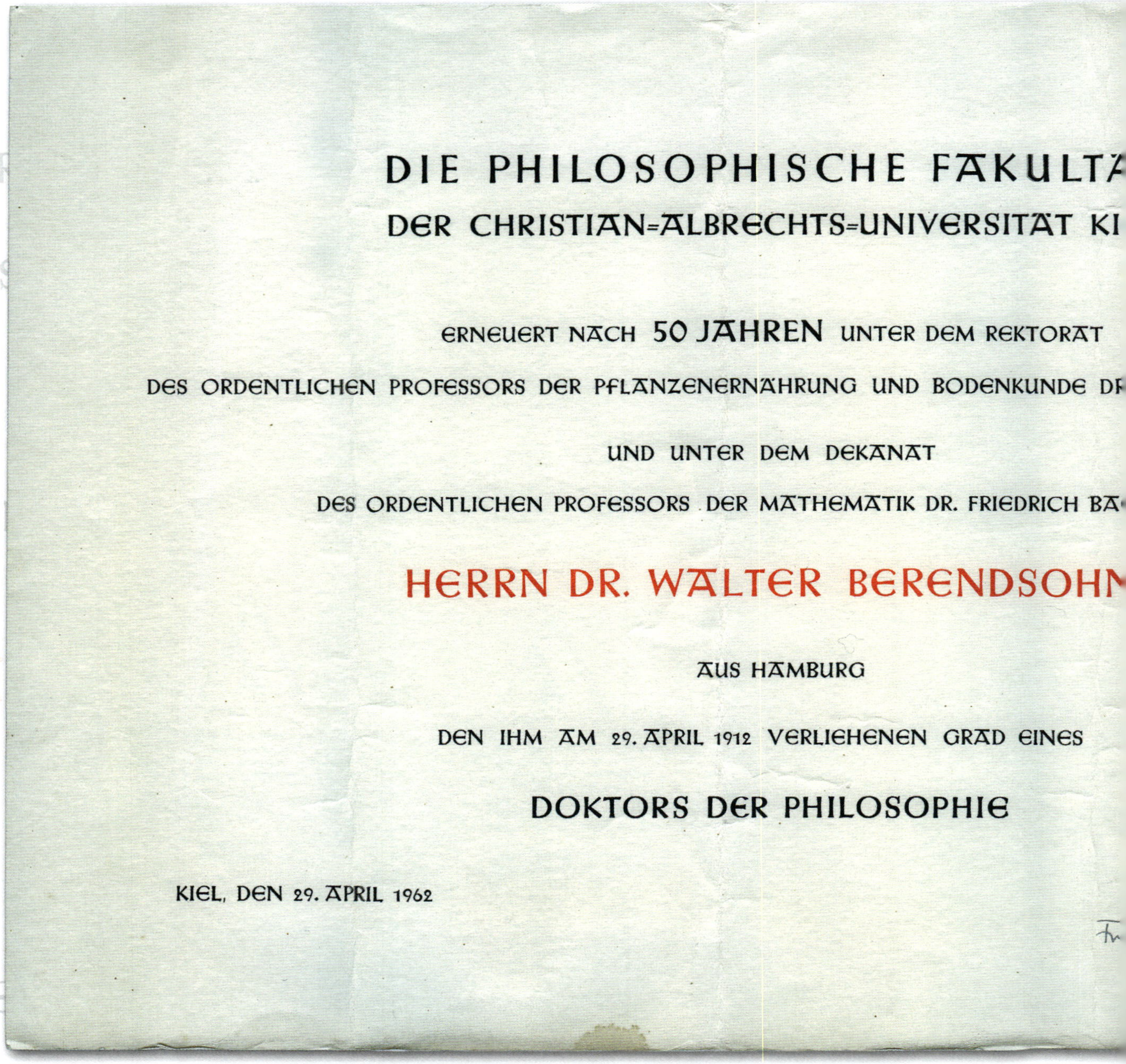
DIE PHILOSOPHISCHE FAKULTÄ
DER CHRISTIAN=ALBRECHTS=UNIVERSITÄT KI

ERNEUERT NACH 50 JAHREN UNTER DEM REKTORAT
DES ORDENTLICHEN PROFESSORS DER PFLANZENERNÄHRUNG UND BODENKUNDE DR
UND UNTER DEM DEKANAT
DES ORDENTLICHEN PROFESSORS DER MATHEMATIK DR. FRIEDRICH BA

HERRN DR. WALTER BERENDSOHN
AUS HAMBURG
DEN IHM AM 29. APRIL 1912 VERLIEHENEN GRAD EINES
DOKTORS DER PHILOSOPHIE

KIEL, DEN 29. APRIL 1962

Walter A. Berendsohn

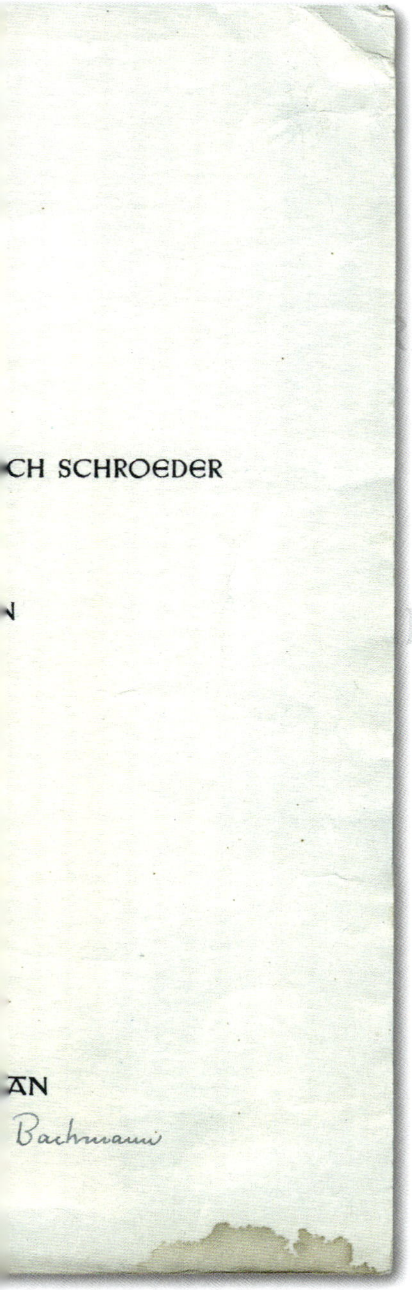

Walter A. Berendsohn. Verzeichnis seiner 1908-1978 erschienenen Veröffentlichungen anlässlich seines 94. Geburtstages am 10. September 1978. Zusammengestellt von Brita von Garaguly.
Mit einem Vorwort von Gustav Korlén.

Stockholm 1978
(Acta Bibliothecae Regiae Stockholmiensis, XXXI).
103 S., broschiert, 240 x 155 mm.

Walter A. Berendsohn 1884-1984.
Chronik und Dokumentation.
Zusammenstellung von Arie Goral.
Gedenkausstellung Walter A. Berendsohn 1884-1984. Manuskripte, Briefe und Fotos aus der Zeit vor 1933 und der Zeit des Exils. Dokumente des Widerstands.

Veranstalter: Heine-Ossietzky-Initiative Hamburg, Kulturbehörde in Hamburg, in Zusammenarbeit mit VS Verband deutscher Schriftsteller und lit. In der Staats- und Universitätsbibliothek Hamburg Carl von Ossietzky 10. September bis 10. Oktober 1984. 125 S., broschiert, 292 x 205 mm.

Diese hektografierte Dokumentation stammte von dem Maler, Schriftsteller und Publizisten Arie Goral-Sternheim (1909-1996), der selbst nach 1933 aus Hamburg fliehen konnte und 1953 hierhin zurückkehrte.

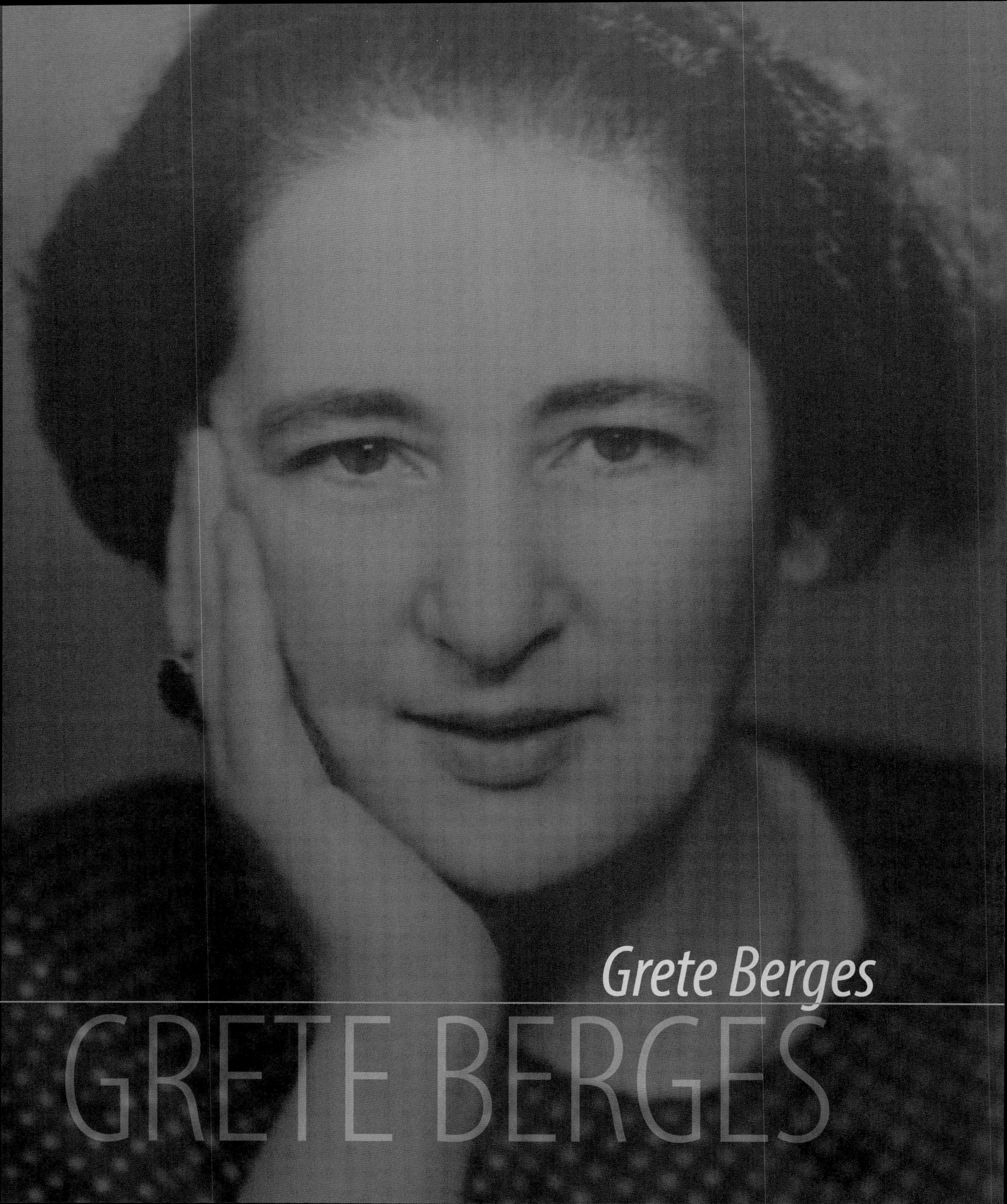
Grete Berges
GRETE BERGES

1895 - 1957

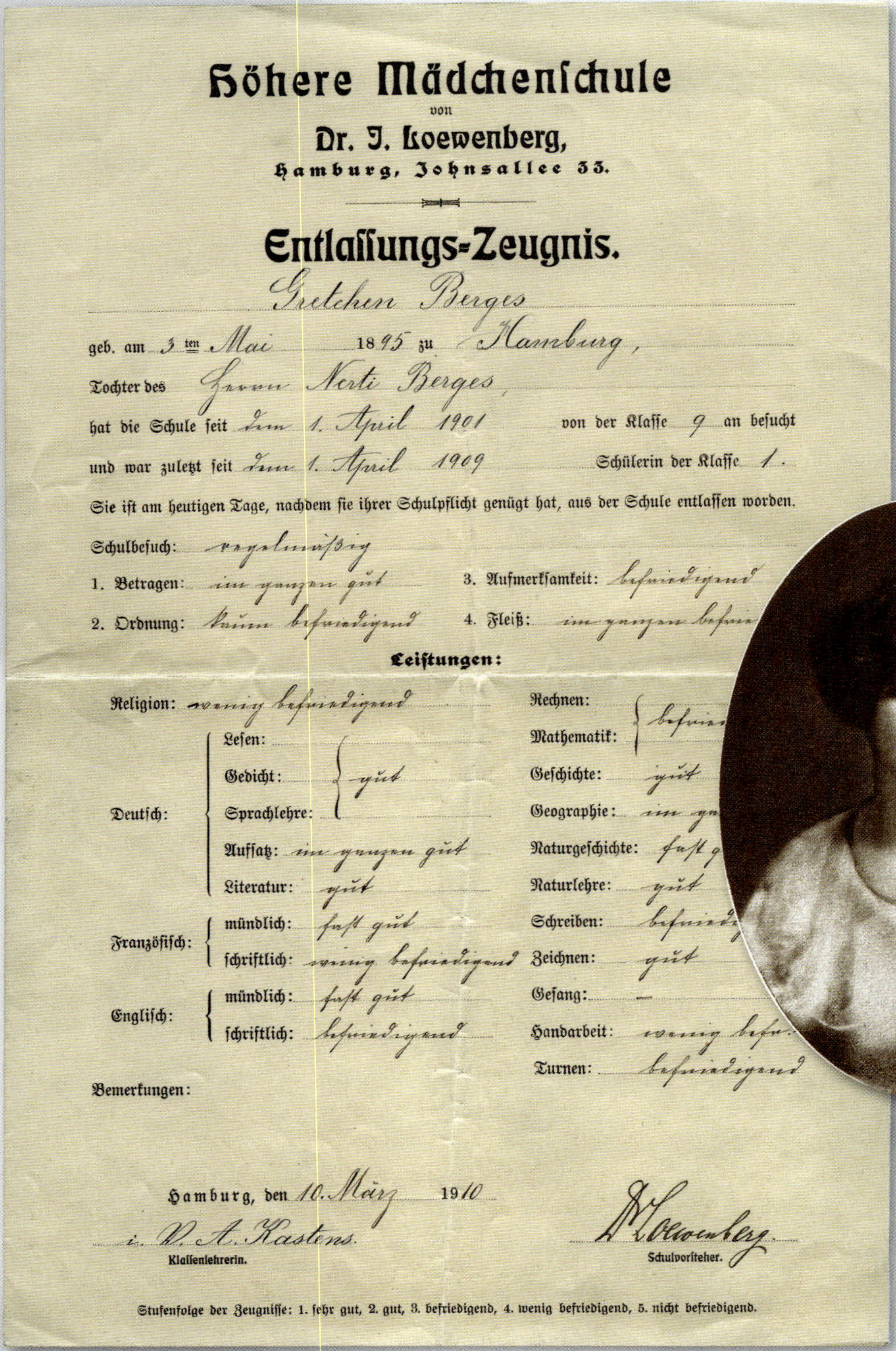

Höhere Mädchenschule
von
Dr. J. Loewenberg,
Hamburg, Johnsallee 33.

Entlassungs-Zeugnis.

Gretchen Berges

geb. am 3ten Mai 1895 zu Hamburg,

Tochter des Herrn Merti Berges,

hat die Schule seit dem 1. April 1901 von der Klasse 9 an besucht

und war zuletzt seit dem 1. April 1909 Schülerin der Klasse 1.

Sie ist am heutigen Tage, nachdem sie ihrer Schulpflicht genügt hat, aus der Schule entlassen worden.

Schulbesuch: regelmäßig

1. Betragen: im ganzen gut 3. Aufmerksamkeit: befriedigend

2. Ordnung: kaum befriedigend 4. Fleiß: im ganzen befr[…]

Leistungen:

Religion:		wenig befriedigend	Rechnen:	befrie[…]
Deutsch:	Lesen:	gut	Mathematik:	
	Gedicht:		Geschichte:	gut
	Sprachlehre:		Geographie:	im ga[…]
	Aufsatz:	im ganzen gut	Naturgeschichte:	fast g[…]
	Literatur:	gut	Naturlehre:	gut
Französisch:	mündlich:	fast gut	Schreiben:	befried[…]
	schriftlich:	wenig befriedigend	Zeichnen:	gut
Englisch:	mündlich:	fast gut	Gesang:	—
	schriftlich:	befriedigend	Handarbeit:	wenig befr.
			Turnen:	befriedigend

Bemerkungen:

Hamburg, den 10. März 1910

i. V. A. Kastens. Klassenlehrerin.

Dr Loewenberg Schulvorsteher.

Stufenfolge der Zeugnisse: 1. sehr gut, 2. gut, 3. befriedigend, 4. wenig befriedigend, 5. nicht befriedigend.

Zeugnis für Gretchen Berges
vom 10.3.1910,
unterschrieben von
Dr. Jakob Loewenberg.
330 x 210 mm.

Grete Berges, um 1930.
In: Der Ring.
Illustrierte der Altonaer Nachrichten,
26.4.1930. (Staatsarchiv Hamburg).

Die damalige Bildunterschrift lautete: „Grete Berges, die bekannte Schriftstellerin, hielt auf literarischen Morgenveranstaltungen im Altonaer Stadttheater die einleitenden Vorträge über Hermann Boßdorf und H. Chr. Andersen."

Grete Berges

GRETE BERGES

Grete Berges in Schweden, um 1943. Fotografin: Anna Riwkin-Brick, Stockholm. (Privatbesitz)

Grete Berges und der schwedische Schriftsteller Per Olof Ekström (1926-1981), um 1953. (Privatbesitz)

3. 5.1895	*Geburt in Hamburg*
1901 - 1909	*Besuch der Höheren Mädchenschule Dr. J. Loewenberg, danach Besuch einer Handelsschule*
1915 - 1918	*Sekretärin im Richard Hermes Verlag; Beginn der literarischen Tätigkeit*
10.5.1921	*während der kurzen Ehe mit Wilhelm Hertel Geburt der Tochter Anna*
1928 - 1933	*Mitarbeiterin der „Nordischen Rundfunk Aktiengesellschaft" (Norag) in Hamburg*
April 1933	*Entlassung durch die „Norag"*
Herbst 1936	*Ausreise nach Kopenhagen; Kontakt zu Selma Lagerlöf*
Sommer 1937	*Aufenthaltsgenehmigung für Schweden*
seit 1938	*Arbeit als Übersetzerin und Literaturagentin*
seit 1948	*schwedische Staatsbürgerin*
Juli 1953	*Reise nach Hamburg*
9.1.1957	*Tod in Stockholm*

Grete Berges

Nach ihrer Schulzeit an der Mädchenschule von Dr. Jakob Loewenberg arbeitete Grete Berges in mehreren Hamburger Im- und Exportfirmen als Deutsch- und Fremdsprachenkorrespondentin.
Seit 1918 widmete sie sich ihrer literarischen Laufbahn. In den Tages- und Theaterzeitungen Hamburgs erschienen erste journalistische Arbeiten. Gleichzeitig suchte sie sich als Vortragende und Rezitatorin, als Verfasserin von Theaterstücken, einen Namen zu machen.

1932 veröffentlichte sie ihr in Hamburg-Eppendorf spielendes Jugendbuch „Liselott diktiert den Frieden".

Die Machtübertragung an die Nationalsozialisten unterband Grete Berges' Karriere als Jugendbuchautorin.
Nach vierjähriger Tätigkeit wurde sie im April 1933 von der „Nordischen Rundfunk Aktiengesellschaft" (Norag) entlassen, weil sie Jüdin war.

Pläne, in die USA zu emigrieren, scheiterten. 1936 verließ sie Hamburg, lebte fortan ohne Arbeitserlaubnis in Kopenhagen.
Durch Kontakte zu der Schriftstellerin und Nobelpreisträgerin Selma Lagerlöf und deren Fürsprache floh sie 1937 nach Schweden.

Stockholm wurde ihr neuer Lebensmittelpunkt, wo sie zuerst als Übersetzerin, später als Literaturagentin arbeitete. Sie schrieb Artikel für Schweizer Zeitungen, lieferte Beiträge für den in New York herausgegebenen „Aufbau".

Grete Berges wurde in Schweden eine angesehene und wichtige Kulturvermittlerin.
Dennoch waren ihre letzten Lebensjahre von materieller Not und Sorge geprägt.
Die Vertreibung aus ihrem Heimatland blieb bis zu ihrem Tod 1957 die schmerzlichste Erfahrung ihres Lebens.

GRETE

Grete Berges

After completing her education at the Dr. Jakob Loewenberg school for girls, Grete Berges worked in numerous import and export companies as a German and multilingual administrative assistant.
In 1918, she dedicated herself to her literary career. Initial journalistic works appeared in Hamburg's daily newspapers and theater journals.

At the same time she attempted to make a name for herself as a speaker and narrator, and as a playwright.
In 1932, she published her youth novel, „Liselott diktiert den Frieden“, which was set in Hamburg-Eppendorf.

The transfer of power to the National Socialists brought Grete Berges' career as a youth author to a halt. After four years with the „Nordischer Rundfunk Aktiengesellschaft“ (Norag), she was dismissed in April 1933, because she was Jewish.

Plans to immigrate to the United States fell through. She left Hamburg in 1936 and lived without work permit in Copenhagen. She was able to flee to Sweden in 1937 with the assistance of the writer and Nobel Prize winner, Selma Lagerlöf who interceded on her behalf. Stockholm became the new centre of her life; she worked there as a translator and later as a literary agent.

Grete Berges wrote articles for Swiss newspapers, and contributed to the „Aufbau“, which was published in New York.

She became a well-known and respected cultural mediator in Sweden. However, the last years of her life were marked by poverty and hardship.

Until her death in 1957, the forced migration from her native country remained the most painful experience in her life.

HAMBURGER
THEATER-ZEITUNG
1. Jahrgang Nr. 19 | Preis 40 Pf | 1. Oktober 1919
Josè Eibenschütz

Hamburger Theater-Zeitung, 1. Jg., Nr. 19, 1.10.1919. 305 x 228 mm. Druck: Verlag der Hamburger Theaterzeitung.

Diese Ausgabe der wöchentlich erschienenen Theaterzeitung enthielt Grete Berges' Artikel „Sachliche Kritik", eine Auseinandersetzung mit der Literatur-, Theater- und Kunstkritik.

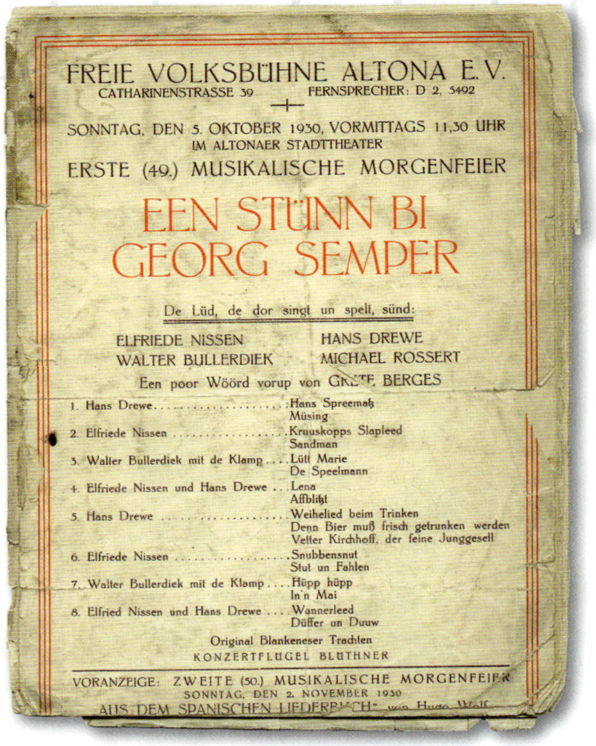
FREIE VOLKSBÜHNE ALTONA E.V.
CATHARINENSTRASSE 39 FERNSPRECHER: D 2, 5492
SONNTAG, DEN 5. OKTOBER 1930, VORMITTAGS 11,30 UHR
IM ALTONAER STADTTHEATER
ERSTE (49.) MUSIKALISCHE MORGENFEIER
EEN STÜNN BI
GEORG SEMPER
De Lüd, de dor singt un spelt, sünd:
ELFRIEDE NISSEN HANS DREWE
WALTER BULLERDIEK MICHAEL ROSSERT
Een poor Wöörd vorup von GRETE BERGES
1. Hans Drewe .... Hans Spreemab / Müsing
2. Elfriede Nissen .... Kruuskopps Slapleed / Sandman
3. Walter Bullerdiek mit de Klamp ... Lütt Marie / De Speelmann
4. Elfriede Nissen und Hans Drewe ... Lena / Affblüht
5. Hans Drewe .... Weihelied beim Trinken / Denn Bier muß frisch getrunken werden / Vetter Kirchhoff, der feine Junggesell
6. Elfriede Nissen .... Snubbensnut / Stut un Fahlen
7. Walter Bullerdiek mit de Klamp .... Höpp hüpp / In'n Mai
8. Elfried Nissen und Hans Drewe .... Wannerleed / Düffer un Duuw
Original Blankeneser Trachten
KONZERTFLÜGEL BLÜTHNER
VORANZEIGE: ZWEITE (50.) MUSIKALISCHE MORGENFEIER
SONNTAG, DEN 2. NOVEMBER 1930
AUS DEM SPANISCHEN LIEDERBUCH

Einladungsblatt zur musikalischen Morgenfeier der „Freien Volksbühne Altona" im Altonaer Stadttheater am 5.10.1930. Die einleitenden Worte sprach Grete Berges. 210 x 155 mm.

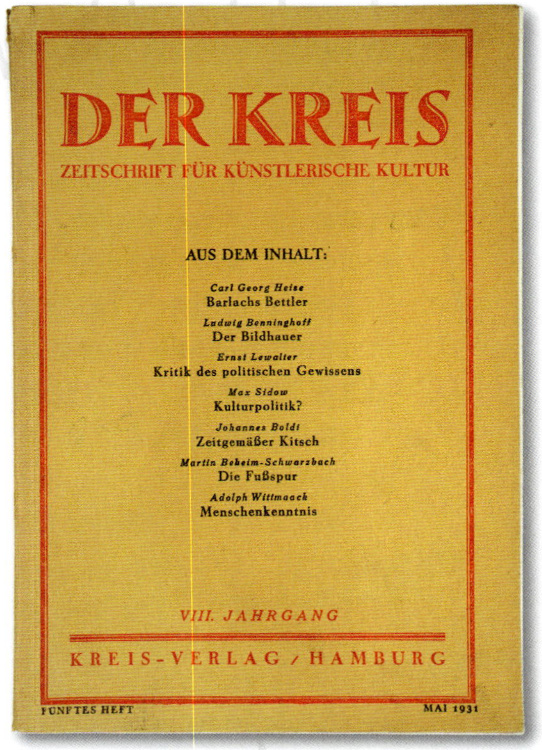
DER KREIS
ZEITSCHRIFT FÜR KÜNSTLERISCHE KULTUR
AUS DEM INHALT:
Carl Georg Heise
Barlachs Bettler
Ludwig Benninghoff
Der Bildhauer
Ernst Lewalter
Kritik des politischen Gewissens
Max Sidow
Kulturpolitik?
Johannes Boldt
Zeitgemäßer Kitsch
Martin Beheim-Schwarzbach
Die Fußspur
Adolph Wittmaack
Menschenkenntnis
VIII. JAHRGANG
KREIS-VERLAG / HAMBURG
FÜNFTES HEFT MAI 1931

Der Kreis. Zeitschrift für künstlerische Kultur. Hrsg.: Ludwig Benninghoff und Wilhelm Postulart. Hamburg, VIII. Jg., 5. Heft, Mai 1931. 320 S, broschiert, 233 x 158 mm.

In dieser Ausgabe der über Hamburg hinaus angesehenen Kulturzeitschrift erschien Grete Berges' Rezension von Edna Ferbers Roman „Cimarron". Das Buch wurde vom Gebrüder Enoch Verlag, Hamburg, veröffentlicht. Weitere Beiträge stammen u.a. von Ernst Barlach, Martin Beheim-Schwarzbach, Hans Harbeck und Carl Georg Heise.

(Einladungs-) Postkarte zum „Robert Walther Abend“ des „Sphynx“, dem „Verein jüngerer Buchhändler Hamburg-Altonas“, am 18.1.1929. 105 x 149 mm.

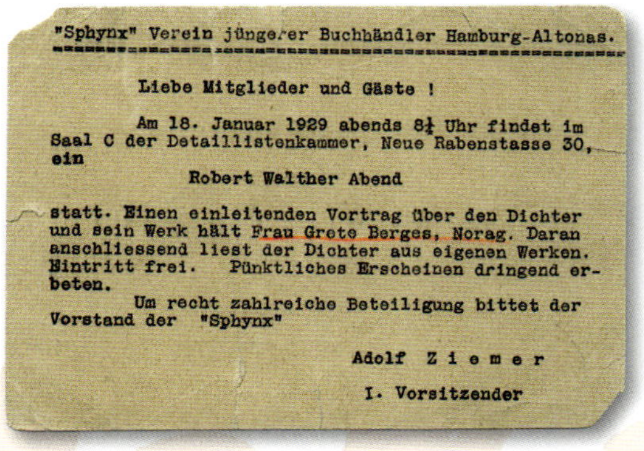

"Sphynx" Verein jüngerer Buchhändler Hamburg-Altonas.

Liebe Mitglieder und Gäste !

Am 18. Januar 1929 abends 8¼ Uhr findet im Saal C der Detaillistenkammer, Neue Rabenstasse 30, ein

Robert Walther Abend

statt. Einen einleitenden Vortrag über den Dichter und sein Werk hält Frau Grete Berges, Norag. Daran anschliessend liest der Dichter aus eigenen Werken. Eintritt frei. Pünktliches Erscheinen dringend erbeten.

Um recht zahlreiche Beteiligung bittet der Vorstand der "Sphynx"

Adolf Ziemer

I. Vorsitzender

Grete Berges:
Liselott diktiert den Frieden.
Eine Geschichte mit heiteren Zwischenfällen.
Stuttgart, Berlin, Leipzig: Union Deutsche Verlagsgesellschaft o.J. (1932).
98 S., gebunden, 213 x 160 mm.
Druck: Union Deutsche Verlagsgesellschaft, Stuttgart.

Zu den Illustrationen informierte der Verlag: „Der vorliegende Band enthält 25 Textzeichnungen und ein farbiges Titelbild von Hilde Weber sowie einen mehrfarbigen Deckenüberzug von Emmerich Huber.

Die gedruckte Widmung lautet: „Meiner Tochter Anna zugeeignet“.

„Aber in Hamburg, da bin ich zu Hause. Dort leben wir, meine Tochter und ich, unweit des lieblichen Alsterflusses, in dem schönen grünen Vorort Eppendorf. Darum spielt unsere Geschichte in Hamburg-Eppendorf.

Manche von Euch, meine lieben Leser und Leserinnen, werden Hamburg gar nicht kennen. Aber gehört habt ihr sicher alle schon von der Welthafenstadt, wo die Schiffe aus aller Herren Länder ein- und ausfahren. Hamburg hat aber auch ganz wunderschöne, stille Vororte mit blühenden Gärten und alten Bäumen. In einem dieser Vororte, eben in Eppendorf, hat sich alles zugetragen, was ich Euch nachher erzählen werde. Das meiste geschah in der Hainstraße. Da wohnen wir beide, meine Tochter Anna, genannt Annchen, und ich, und eine Oma und Opa sind auch dabei.“

In: Grete Berges: Liselott diktiert den Frieden. Eine Geschichte mit heiteren Zwischenfällen. Stuttgart, Berlin, Leipzig 1932, S.11.

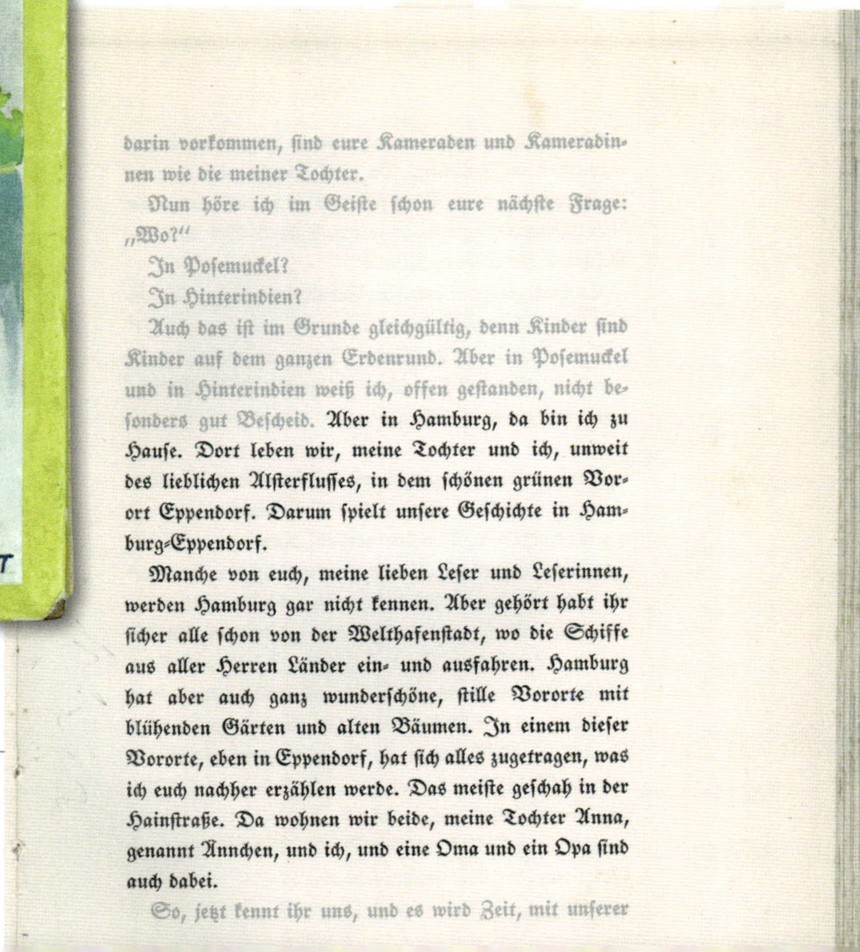

darin vorkommen, sind eure Kameraden und Kameradinnen wie die meiner Tochter.

Nun höre ich im Geiste schon eure nächste Frage: „Wo?“

In Posemuckel?

In Hinterindien?

Auch das ist im Grunde gleichgültig, denn Kinder sind Kinder auf dem ganzen Erdenrund. Aber in Posemuckel und in Hinterindien weiß ich, offen gestanden, nicht besonders gut Bescheid. Aber in Hamburg, da bin ich zu Hause. Dort leben wir, meine Tochter und ich, unweit des lieblichen Alsterflusses, in dem schönen grünen Vorort Eppendorf. Darum spielt unsere Geschichte in Hamburg-Eppendorf.

Manche von euch, meine lieben Leser und Leserinnen, werden Hamburg gar nicht kennen. Aber gehört habt ihr sicher alle schon von der Welthafenstadt, wo die Schiffe aus aller Herren Länder ein- und ausfahren. Hamburg hat aber auch ganz wunderschöne, stille Vororte mit blühenden Gärten und alten Bäumen. In einem dieser Vororte, eben in Eppendorf, hat sich alles zugetragen, was ich euch nachher erzählen werde. Das meiste geschah in der Hainstraße. Da wohnen wir beide, meine Tochter Anna, genannt Annchen, und ich, und eine Oma und ein Opa sind auch dabei.

So, jetzt kennt ihr uns, und es wird Zeit, mit unserer

Briefumschlag von
Staatsrat Alexander Zinn.
113 x 162 mm.

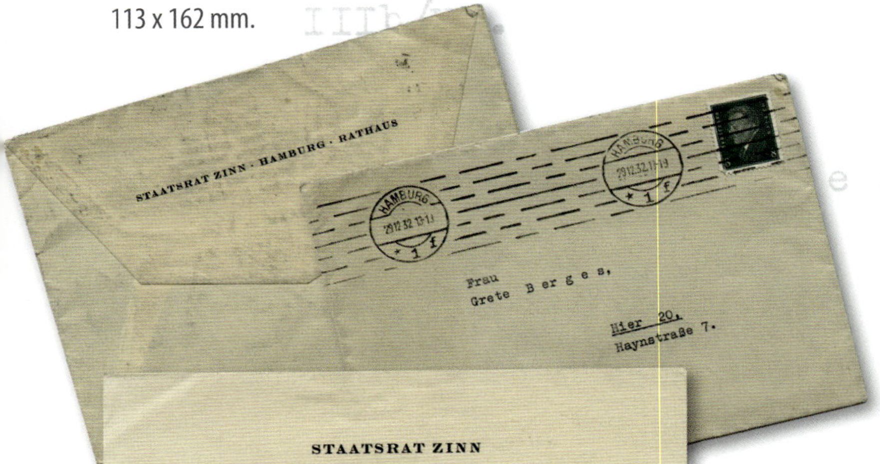

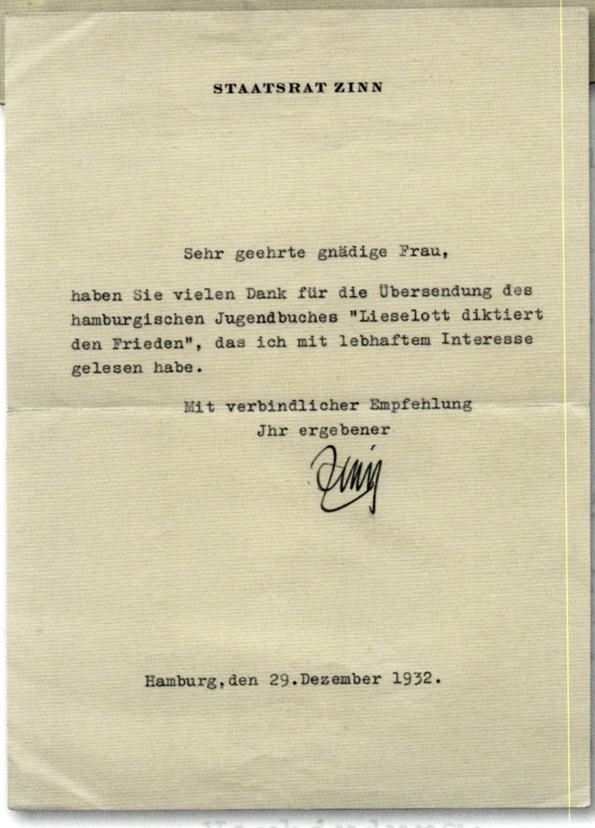

STAATSRAT ZINN

Sehr geehrte gnädige Frau,

haben Sie vielen Dank für die Übersendung des hamburgischen Jugendbuches "Lieselott diktiert den Frieden", das ich mit lebhaftem Interesse gelesen habe.

Mit verbindlicher Empfehlung
Jhr ergebener
Zinn

Hamburg, den 29.Dezember 1932.

Dankschreiben von Staatsrat Alexander Zinn (1880-1941) an Grete Berges vom 29.12.1932.
210 x 149 mm.

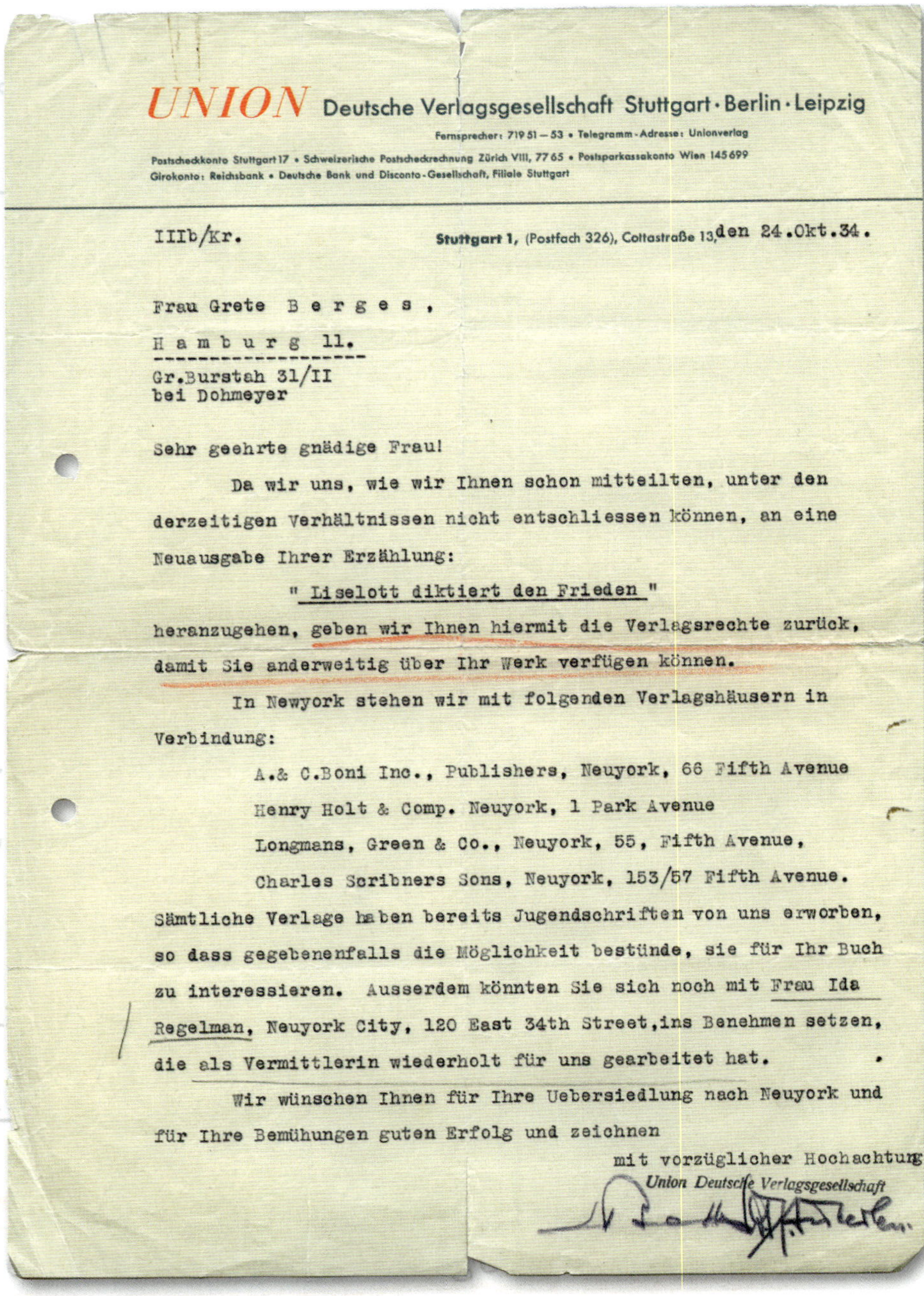

UNION Deutsche Verlagsgesellschaft Stuttgart · Berlin · Leipzig
Fernsprecher: 719 51 – 53 • Telegramm-Adresse: Unionverlag
Postscheckkonto Stuttgart 17 • Schweizerische Postscheckrechnung Zürich VIII, 7765 • Postsparkassakonto Wien 145699
Girokonto: Reichsbank • Deutsche Bank und Disconto-Gesellschaft, Filiale Stuttgart

IIIb/Kr.   Stuttgart 1, (Postfach 326), Cottastraße 13, den 24.Okt.34.

Frau Grete B e r g e s ,
H a m b u r g 11.
Gr.Burstah 31/II
bei Dohmeyer

Sehr geehrte gnädige Frau!

Da wir uns, wie wir Ihnen schon mitteilten, unter den derzeitigen Verhältnissen nicht entschliessen können, an eine Neuausgabe Ihrer Erzählung:

" Liselott diktiert den Frieden "

heranzugehen, geben wir Ihnen hiermit die Verlagsrechte zurück, damit Sie anderweitig über Ihr Werk verfügen können.

In Newyork stehen wir mit folgenden Verlagshäusern in Verbindung:

A.& C.Boni Inc., Publishers, Neuyork, 66 Fifth Avenue
Henry Holt & Comp. Neuyork, 1 Park Avenue
Longmans, Green & Co., Neuyork, 55, Fifth Avenue,
Charles Scribners Sons, Neuyork, 153/57 Fifth Avenue.

Sämtliche Verlage haben bereits Jugendschriften von uns erworben, so dass gegebenenfalls die Möglichkeit bestünde, sie für Ihr Buch zu interessieren. Ausserdem könnten Sie sich noch mit Frau Ida Regelman, Neuyork City, 120 East 34th Street, ins Benehmen setzen, die als Vermittlerin wiederholt für uns gearbeitet hat.

Wir wünschen Ihnen für Ihre Uebersiedlung nach Neuyork und für Ihre Bemühungen guten Erfolg und zeichnen

mit vorzüglicher Hochachtung
Union Deutsche Verlagsgesellschaft

Schreiben der Union Deutsche Verlagsgesellschaft an Grete Berges vom 24. Oktober 1934.
295 x 210 mm.

Noch im Dezember 1932 hatte Grete Berges' Verlag Interesse an einer Fortsetzung von „Liselott diktiert den Frieden" bekundet. Im Oktober 1934 konnte der Verlag sich „unter den derzeitigen Verhältnissen" nicht mehr zu einer Neuauflage entschließen.

Grete Berges

GRETE BERGES

Grete Berges: Britta Ordnar Gänget.
Översättning och bearbetning av Hillewi Paulin.
Med tickningar av Gerd J:son Nyqvist.
Stockholm: Hugo Gebers Förlag 1939.
112 S., gebunden, 200 x 135 mm.
Druck: Almquist & Wiksells Boktryckeri, Uppsala.

MÅRBACKA OCH ÖVRALID.
Minnen av Selma Lagerlöf och Verner von Heidenstam av 41 författare under redaktion av Sven Thulin.
Omslagsteckning an Gunnar Lindvall.
Uppsala: J.A. Lindblads Förlag 1941 (Hågkomster och Livsintryck XXII).
578 S., Ledergebunden, 210 x 150 mm.
Druck: Wretmans Boktryckeri Artibolag, Uppsala. Friedrich Andreas Perthes AG, Gotha.

Der Titel dieses Buches nennt die Wohnsitze der schwedischen Autoren Selma Lagerlöf (1858- 1940) und Verner von Heidenstam (1859-1940). Beide waren Träger des Nobelpreises für Literatur. Der ein Jahr nach dem Tod der Autoren erschienene Sammelband enthält Grete Berges' Beitrag „Den goda feen på Mårbacka. Hur Selma Lagerlöf skänkte en jagad och förtvivlad människa ny frid, ny tro och nytt liv." (Die gute Fee von Mårbacka. Wie Selma Lagerlöf einem gejagten und verzweifeltem Menschen neuen Frieden, neuen Glauben und ein neues Leben schenkte.).

Sven Svenson: Folke Bernadotte. Ein Kämpfer für Freiheit und Frieden. Aus dem Schwedischen übertragen von Grete Berges.
Basel: Friedrich Reinhardt AG o.J. (1953).
118 S., gebunden, 193 x 132 mm.
Druck: Friedrich Reinhardt AG, Basel.

Das Buch würdigt Folke Bernadotte Graf von Wisborg (1895-1948), der zuerst Vize-, schließlich Präsident des Schwedischen Roten Kreuzes war. Im Mai 1948 wurde er als Vermittler der Vereinten Nationen in Palästina eingesetzt und im September 1948 in Jerusalem von Angehörigen einer jüdischen Terroristen-Gruppe erschossen.

Carl-Adam Nycop: Die grossen Kanonen. Die Geschichte des Zweiten Weltkrieges in Kurzbiographien der militärischen Führer. Aus dem Schwedischen übertragen von Grete Berges. Schutzumschlag: Rolf Bangerter.

Zürich, New York: Europa-Verlag 1944.
235 S., kartoniert, 218 x 152 mm.
Druckereigenossenschaft Aarau.

Torsten Holm: Krieg und Kultur. Entwicklung aus historischer Perspektive. Aus dem Schwedischen übersetzt von Grete Berges, Stockholm. Umschlag: Rob. S. Gessner.

Zürich, New York: Europa Verlag 1942.
188 S., gebunden, 220 x 153 mm.
Druck: Druckereigenossenschaft Aarau.

Visitenkarte von Grete Berges.
In Stockholms Bokbindarvägen 51
lebte sie von 1946 bis zu ihrem Tod.
60 x 96 mm.

Pipaluk Freuchen: Ivik, der Vaterlose. Einzig berechtigte Übersetzung von Grete Berges. Zeichnungen von Ingrid Vang Nyman. Zürich: Speer-Verlag 1948. 135 S., kartoniert, 187 x 125 mm.

Die schwedische Schriftstellerin Pipaluk Freuchen (1918-1999) war die Tochter des dänischen Polarforschers Peter Freuchen (1886-1957). In Grönland geboren, lebte sie nach dem Tod ihrer Mutter in Dänemark, von wo sie 1944 gemeinsam mit ihrem Vater nach Schweden floh.

Pipaluk Freuchen: Ivik, der Vaterlose. Einzig berechtigte Übersetzung von Grete Berges. Zeichnungen von Ingrid Vang Nyman. Berlin: Der Kinderbuchverlag o.J. (1948). 104 S., kartoniert, 170 x 120 mm. Druck: Sachsendruck Plauen.

„Warum müssen wir soviel nachweisen, genügt es nicht, dass wir Juden und unserer Stellungen durch Hitler beraubt sind?

Wegen Kriegsverbrechen verurteilte SS-Generäle bekommen doch nach dem Gesetz ohne weiteres Versorgung...

Das ist viel einfacher als bei uns, den Opfern. Sie müssen verstehen, dass man nach dem namenlosen, seelischen Leid, den materiellen u. anderen Schwierigkeiten, schon zu einer Zeit, da viele Deutsche im 3. Reich sehr gut lebten u. sich den Dreck um uns kümmerten – ihre Leiden kamen viel später u. sind durch das Regime verschuldet, dem sie sich verschrieben – innerlich verbittert wird, wenn man so um etwas Hilfe in älteren Tagen... bitten und betteln muß.“

Schreiben von Grete Berges an das Amt für Wiedergutmachung, Hamburg, vom 21.4.1956.
(Staatsarchiv Hamburg)

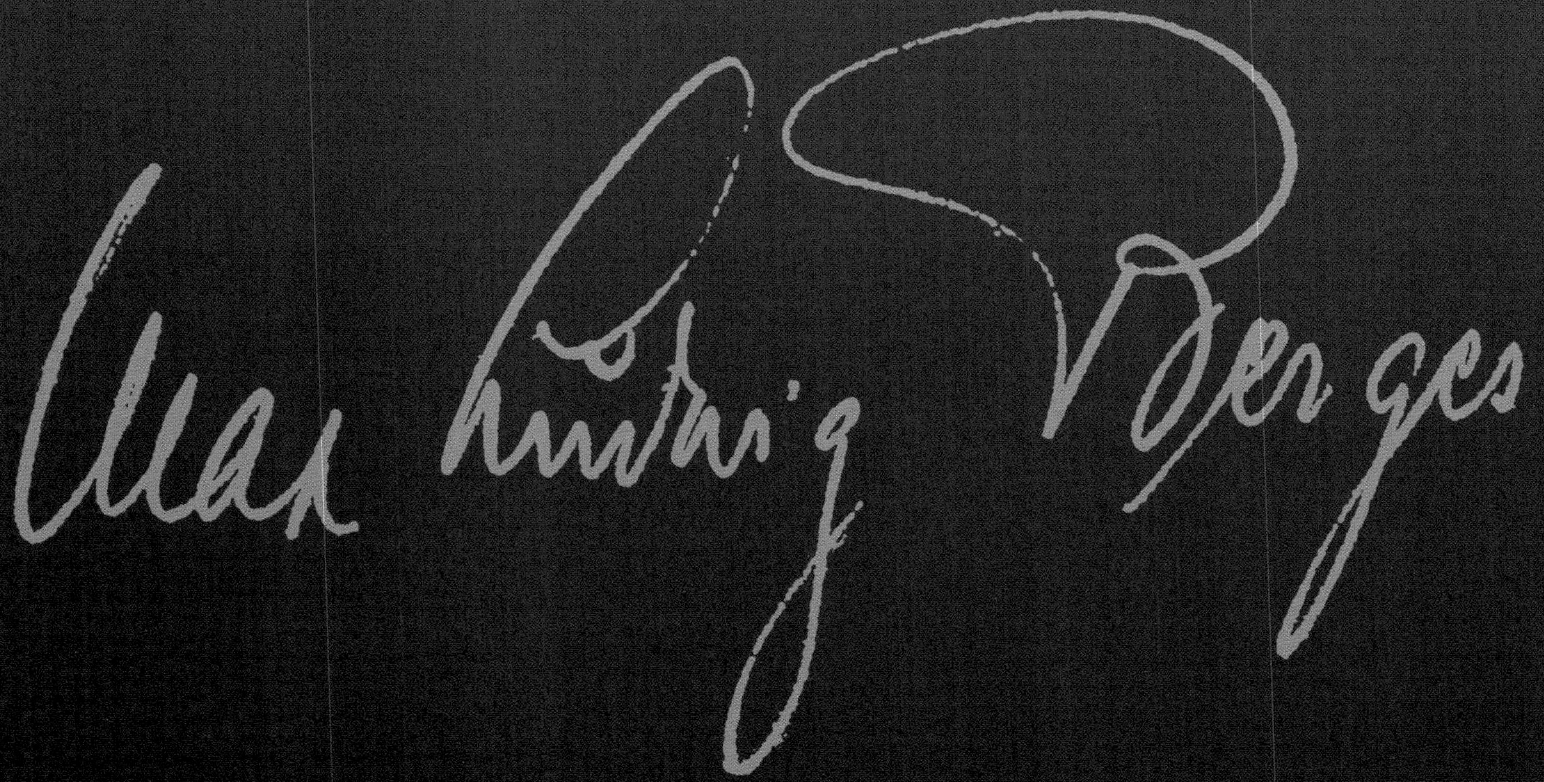

MAX LUDWIG

1899 - 1973

Max Ludwig Berges

BERGES

Max Ludwig Berges

MAX LUDWIG BER

19.11.1899	*Geburt in Hamburg*
1924	*Heirat mit Anna Josephine Milde*
	Oberspielleiter, Schauspieler und Dramaturg, zeitweilig Sprecher innerhalb der „Nordischen Rundfunk Aktiengesellschaft“ (Norag)
1933	*Mitbegründer der „Gemeinschaft Jüdischer Künstler“; Mitarbeit im „Jüdischen Kulturbund Hamburg“*
18.10.1935	*Flucht über Berlin, Russland, Sibirien nach Shanghai; für sieben Monate Manager des Ballhauses „Cassanova“*
1937	*nach Beginn des japanisch-chinesischen Krieges Flucht aus Shanghai, über Kobe, Hongkong nach Manila; zeitweise Hotelmanager, später Manager eines Einheitspreisgeschäftes in Iloilo in der Provinz Visaya*
19.11.1938	*Abreise von Manila, über Southampton nach New York*
1940	*Umzug nach Kalifornien; Arbeit als Packer und Lagerverwalter*
28.10.1971	*Tod der Ehefrau*
4.1.1973	*Selbstmord in North Hollywood*

GES

Max Ludwig Berges

Nach der Teilnahme am Ersten Weltkrieg arbeitete Max Ludwig Berges als Schauspieler, Dramaturg und Oberspielleiter. Ende der Zwanziger Jahre war er ohne festes Engagement und schrieb freiberuflich für das sozialdemokratische „Hamburger Echo“. Die „Nordische Rundfunk Aktiengesellschaft“ (Norag) beschäftigte ihn als Sprecher. Wie seine ältere Schwester Grete verfolgte er literarische Ambitionen; allerdings fand er für seinen Roman „Mut zum Frieden“ 1932 keinen Verlag.

Als Jude und Sozialdemokrat gab es für ihn nach der Machtübernahme der Nationalsozialisten keine weitere berufliche Perspektive.

Im Frühjahr 1933 war Max Berges Mitbegründer der „Gemeinschaft Jüdischer Künstler“, engagierte sich innerhalb des „Jüdischen Kulturbundes Hamburg“.

Von Verhaftung bedroht, floh er 1935 gemeinsam mit seiner Frau Anna über Russland, Sibirien nach Shanghai, wo beide zu den frühen Shanghai-Emigranten zählten.

Weitere Exilstationen des Ehepaares wurden Hongkong und die Philippinen, bevor sie dank der Fürsprache Albert Einsteins 1938 in die USA emigrieren konnten. In mehreren Zeitungsartikeln für die in New York publizierte, deutsch-jüdische Zeitung „Aufbau“ berichtete Max Berges über seinen Emigrationsweg.

1939 erschien als sein literarisches Erstlingswerk der Roman „Cold Pogrom“, die Geschichte der Verfolgung einer wohlhabenden jüdischen Familie in Deutschland.

Ein Jahr später zog das Ehepaar von New York nach Kalifornien. Erst 1959 erschien Max Berges’ zweites Buch „The Trial or Tanya Semonowa“, das auch unter dem Titel „Woman of Shanghai“ publiziert wurde. Die deutsche Übersetzung trug den Titel „Das Girl von Shanghai“. Max Berges gelang es aber nicht, seine literarische Arbeit erfolgreich fortzusetzen. Seinen Lebensunterhalt verdiente er als Packer und Lagerverwalter.

Knapp zwei Jahre nach dem Tod seiner Frau beging er 1973 Selbstmord.

After serving in World War I, Max Ludwig Berges worked as an actor, dramaturg and artistic director. At the end of the Twenties, he had no permanent theater engagement and wrote for the social democratic „Hamburger Echo" as a freelancer.

The „Nordische Rundfunk Aktiengesellschaft" (Norag) hired him as a speaker. He had literary ambitions similar to those of his older sister, Grete. However, in 1932 he was unable to find a publisher for his novel „Mut zum Frieden".

A Jew and a social democrat, he lost any further professional prospects after the National Socialists seized power. In the spring of 1933, Max Berges became the cofounder of the „Gemeinschaft Jüdischer Künstler" and was actively involved in the „Jüdischer Kulturbund Hamburg".

Threatened by arrest, he and his wife Anna fled in 1935. Their journey took them through Russia and Sibiria to Shanghai, where they were among the first Shanghai emigrants.

Their exile continued in Hongkong and the Philippines; in 1938, thanks to Albert Einstein who interceded on their behalf, they finally reached the United States. Max Berges wrote about the journey of his immigration in many newspaper articles published by the German-Jewish „Aufbau" newspaper in New York.

His literary debut novel, „Cold Pogrom", appeared in 1939; it was the story of the persecution of a wealthy Jewish family in Germany.

The couple moved to California one year later. Max Berges second book, „The Trial or Tanya Semonowa" appeared in 1959; it was also published under the title „Woman of Shanghai". The German translation was titled „Das Girl von Shanghai". However, Max Berges' literary work did not do well and he was forced to earn a living working as a packer and stock clerk.

He committed suicide in 1973, not even two years after the death of his wife.

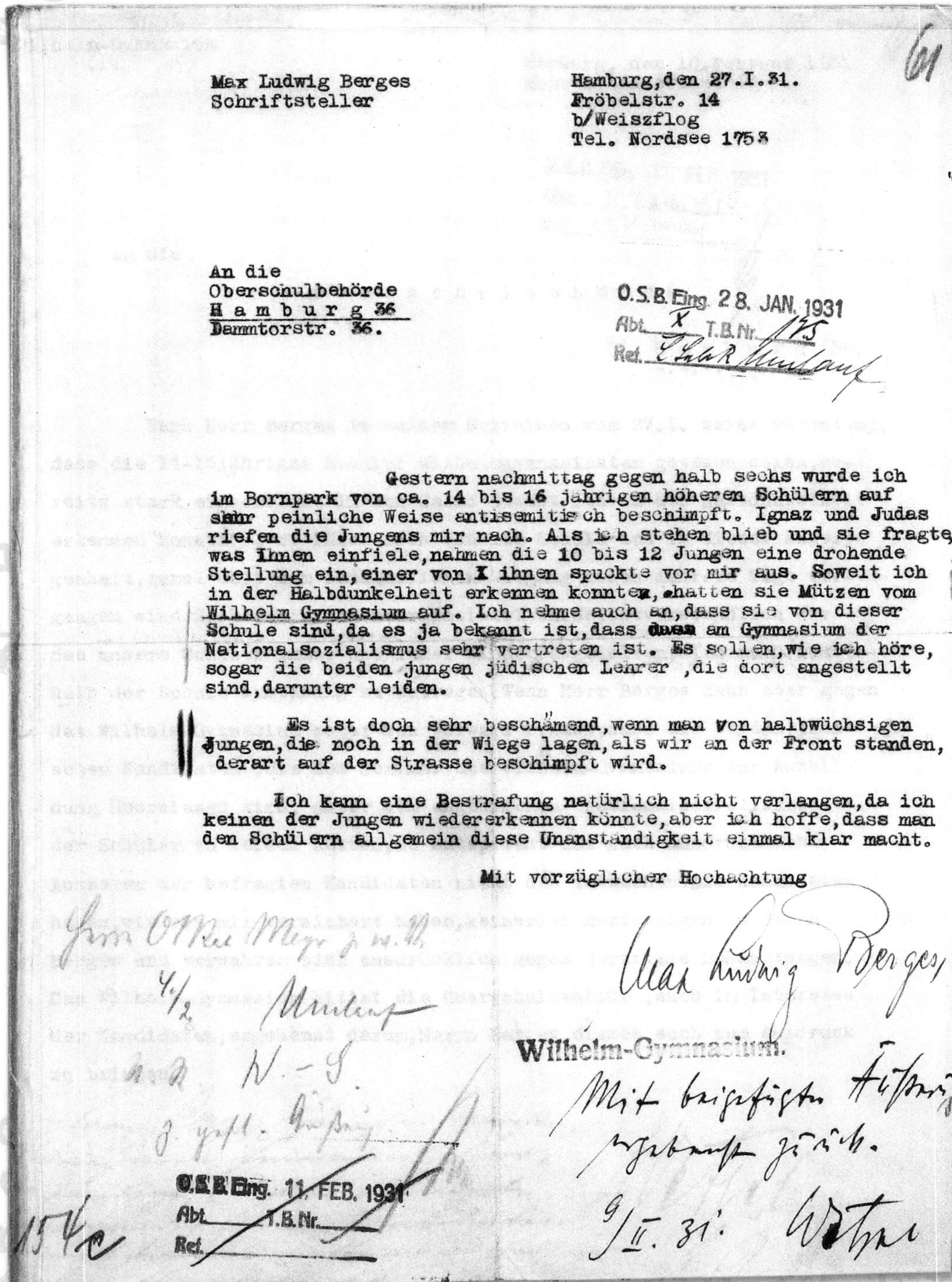

Max Ludwig Berges
Schriftsteller

Hamburg, den 27.I.31.
Fröbelstr. 14
b/Weiszflog
Tel. Nordsee 1753

An die
Oberschulbehörde
Hamburg 36
Dammtorstr. 36.

O.S.B. Eing. 28. JAN. 1931
Abt. X T.B.Nr. 175
Ref.

Gestern nachmittag gegen halb sechs wurde ich im Bornpark von ca. 14 bis 16 jahrigen höheren Schülern auf sehr peinliche Weise antisemitisch beschimpft. Ignaz und Judas riefen die Jungens mir nach. Als ich stehen blieb und sie fragte, was Ihnen einfiele, nahmen die 10 bis 12 Jungen eine drohende Stellung ein, einer von I ihnen spuckte vor mir aus. Soweit ich in der Halbdunkelheit erkennen konnte, hatten sie Mützen vom Wilhelm Gymnasium auf. Ich nehme auch an, dass sie von dieser Schule sind, da es ja bekannt ist, dass am Gymnasium der Nationalsozialismus sehr vertreten ist. Es sollen, wie ich höre, sogar die beiden jungen jüdischen Lehrer, die dort angestellt sind, darunter leiden.

Es ist doch sehr beschämend, wenn man von halbwüchsigen Jungen, die noch in der Wiege lagen, als wir an der Front standen, derart auf der Strasse beschimpft wird.

Ich kann eine Bestrafung natürlich nicht verlangen, da ich keinen der Jungen wiedererkennen könnte, aber ich hoffe, dass man den Schülern allgemein diese Unanständigkeit einmal klar macht.

Mit vorzüglicher Hochachtung

Max Ludwig Berges

Wilhelm-Gymnasium.

Mit beigefügter Äußerung ergebenst zurück.

9/II. 31.

O.S.B. Eing. 11. FEB. 1931
Abt. T.B.Nr.
Ref.

Schreiben von Max Ludwig Berges an die Oberschulbehörde Hamburg vom 27.1.1931.
210 x 297 mm.
(Staatsarchiv Hamburg)

Max Ludwig Berges

MAX LUDWIG BERGES

Jüdische Emigranten in Shanghai

Die hier abgedruckte Schilderung ist vor dem Ausbruch des gegenwärtig wütenden japanisch-chinesischen Krieges entstanden. D. Red.

Die Tatsache, dass es keine Schwierigkeiten macht, nach Shanghai (oder nach China überhaupt) einzuwandern und dort Arbeit anzunehmen, ist heute fast einzigartig in der Welt. Es regt zum Nachdenken an, dass trotzdem die Immigration von Juden aus Deutschland verhältnismässig sehr gering ist.

Die meisten Juden, die gezwungenermassen noch in Deutschland leben, wissen nicht viel über Shanghai. New York, London, Paris, Amsterdam, Prag oder Wien: das sind ihnen Begriffe. China jedoch liegt ausserhalb ihres Ueberlegungsfeldes. Es ist zu weit entfernt. Man braucht mehr als vier Wochen per Schiff und ungefähr sechzehn Tage mit dem Siberia-Express, um es zu erreichen. Viele haben auch Furcht vor dem mystischen Land der gelben Rasse. Es steht in den Zeitungen so viel von Piraten und Räuberbanden und vom kommenden Krieg mit Japan. Shanghai, die sogenannte Metropole des Ostens, hat den Ruf eines Sündenbabel. Ausserdem trifft man überall in der Welt Juden, nur nicht in China, das das einzige Land der Welt ist, wo sich die Juden vollkommen akklimatisiert haben — so vollkommen, dass sie wirklich Chinesen geworden sind.

Wer einmal alle Vorurteile überwunden hat und nach Shanghai ausgewandert ist, der findet dort ganz andere Schwierigkeiten, als er erwartet hatte. Sicher ist, dass jeder Arbeit annehmen kann, ohne irgend eine behördliche Erlaubnis einzuholen, aber die Chance, eine Stellung zu finden, ist so klein wie diejenige, das grosse Los zu gewinnen. Der Immigrant muss warten können, Monate und Monate, manchmal mehr als ein Jahr. Die Gehälter für diejenigen, die hier Arbeit suchen, das heisst: ohne festen Kontrakt herüberkamen, sind meist so gering, dass die Leute nur bei bescheidensten Ansprüchen von ihnen leben können.

Der Auswanderer hat daheim Leute gesprochen, die einmal vor Jahren in Shanghai gelebt haben. Nach ihren Berichten erschien ihm Shanghai als das Land, wo Milch und Honig fliesst. Sie haben ihm phantastische Dinge über diese Millionenstadt erzählt, die ganz amerikanisch sei und in der das Geld auf der Strasse liege. Doch die Zeiten, in der jeder Fremde in Shanghai ein reicher Mann werden konnte, sind lange vorbei. Die internationale Wirtschaftskrise hat seit Jahren auch Shanghai erfasst. Nichtsdestoweniger ist das Leben als solches hier immer noch leichter als anderswo in der Welt. Es gibt hier ein ständiges Wort: "Maskee": Mach' dir keine Sorgen! Vor allem lässt die billige chinesiche Dienerschaft jeden zum Faulenzer im Privatleben werden. Aber natürlich gilt das nur für Leute mit etwas Geld.

Alle, die nach Shanghai emigriert sind, ob sie nun eine Stellung gefunden haben oder nicht, ob sie Geld verdienen oder nicht, haben das Bestreben, weiterzuwandern. Keiner will für immer bleiben. Jeder lebt sozusagen auf Abbruch. Shanghai hat alle Nachteile einer überseeischen Kolonie und einer amerikanischen Grosstadt, aber nicht deren Vorteile. Es hat kein einheitliches Gesicht. Trotz seiner amerikanisch-englisch-französischen Fassade ist es chinesisch. Niemand kann ableugnen, dass der Einfluss der sogenannten Foreigners immer mehr im Schwinden ist. Die Chinesen sind zwar langsame, dafür aber gute Lerner. Zeit ist für sie kein Begriff. Darum aber ist ihr Vordringen um so gründlicher. Ihr Einfluss ist bereits überall spürbar. Da gibt es in Shanghai ein "International Settlement" und ein "Frenchtown". Dann gibt es ein Gebiet, das die Japaner kontrollieren und zwar oft in einer provozierenden Weise. Und es gibt seit einigen Jahren ein Greater Shanghai, das die Chinesen nach dem Krieg 1932 aufgebaut haben. Die Grenzen verwischen sich jedoch immer mehr. Die Zahl der Foreigners (wenn man die weissrussischen Emigranten und die Japaner nicht mitzählt) ist so gering, dass sie in der Drei-Millionen-Stadt kaum den hundertsten Teil ausmacht.

Das Heer der kleinen Angestellten, der Handwerker, der gelernten oder ungelernten Arbeiter setzt sich mit wenigen Ausnahmen (und diese Ausnahmen sind meist arme Weissrussen) ausschliesslich aus Chinesen zusammen. Wer als Emigrant mittellos nach Shanghai kommt und glaubt, er könne, wie etwa in New York, zunächst Tellerwäscher, Elevator-Boy, Zeitungsverkäufer oder dergleichen werden, der wird nach ein paar Tagen erkennen müssen, dass solche Hoffnungen trügerisch waren. Ein Fahrstuhlführer z. B. erhält hier vielleicht 10 Dollar oder, in amerikanischer Währung, zirka 3 Golddollar im Monate.

Der Emigrant kann hier keinen der vielen untergeordneten Posten erhalten, mit denen man im fremden Land erst einmal zu starten versucht. Nur die gehobeneren Posten werden mit Foreigners besetzt — allerdings meist schon in Europa oder in Amerika in den Hauptbüros der Firmen, die hier ihre Zweiggeschäfte haben. Die meisten Foreigners kommen mit einem festen Kontrakt auf eine bestimmte Zeit nach Shanghai. Ernsthafte Chance haben einzig und allein Frauen, die Stenographie und Schreibmaschine in zwei Sprachen (darunter selbstverständlich Englisch) gelernt haben. Stenotypistinnen finden hier leicht Arbeit und werden recht gut bezahlt. Aber auch das wird sich in ein paar Jahren geändert haben, da sich immer mehr Chinesinnen ausbilden lassen, die viel billiger arbeiten können.

Es ist einfach unmöglich, mit chinesischen Angestellten und Arbeitern in Konkurrenz zu treten. Wenn auch die Arbeit der Chinesen minderwertiger ist, so kann doch kein Foreigner, selbst bei den niedrigsten Lebensansprüchen, von einem Gehalt existieren, das für einen Chinesen schon ein gutes bedeutet. Wenn man absieht von der grossen Masse der Kulis, die in entsetzlichster Armut lebt, in einer Armut, von der sich niemand einen Begriff machen kann, so unterhalten viele chinesische Angestellte grosse Familien mit einem monatlichen Gehalt von 20 bis 40 Dollar oder 6 bis 12 Golddollar. Ein [illegible]

[illegible] granten eben nichts anderes übrig als zu warten. Grosse jüdische Organisationen wie in anderen Ländern existieren hier nicht. Der Existenzsuchende hat somit nur die Möglichkeit, von Büro zu Büro zu wandern, um Schreibmaschinen oder Bleistifte zu verkaufen, doch wird er mit dieser Beschäftigung schneller verhungern, als wenn er nichts tut, da er mehr Kräfte unnütz verbraucht. Nach ein paar Wochen hat er Selbstmordgedanken, die er nur dadurch überwindet, dass er sich immer wieder erzählen lässt, es finde einmal ein jeder etwas in Shanghai. Doch trotz der spiessbürgerlichen Empörung einiger jüdischer Emigranten, die ihrerseits noch mit Kapital ausgewandert waren und sich bereits in besseren Verhältnissen befinden, kann er sich nicht entschliessen, einen Posten als Leichenwäscher für 100 Dollar (zirka 30 Golddollar) im Monat anzunehmen. Lieber verhungern. Aber das wiederum braucht er in Shanghai nicht, wenn er bescheiden und anständig ist.

Kurz nach der Machtübernahme Hitlers sind einige jüdische Aerzte aus Deutschland nach Shanghai ausgewandert. Die meisten von ihnen haben sich in den drei Jahren ihrer Tätigkeit eine mehr oder minder gute Praxis aufbauen können, da sie sich ohne neues Studium niederlassen konnten. Einige dieser Aerzte sowie einige deutsch-jüdische Kaufleute, die bereits vor 1933 in Shanghai ansässig waren, haben einen "Hilfsfonds für deutsche Juden" gegründet. Diese kleine Organisation hat freilich nur bescheidene Mittel zur Verfügung, da ausser einigen deutschen Juden nur wenige nicht-deutsche Juden sich daran beteiligen. Eine Verbindung mit den andern kleinen jüdischen Organisationen zum Zweck der Zusammenarbeit ist trotz verschiedener Versuche nicht zustandegekommen, da speziell die russischen Juden, die in der Mehrzahl sind, sich sehr ablehnend verhalten. Der Jüdische Club ist in russisch-jüdischen Händen und deutsche Juden werden dort nicht sehr freundlich behandelt. Der deutsch-jüdische Hilfsfonds ist nur auf sich angewiesen. Er besitzt ein kleines Haus in "Frenchtown", in dem ein paar stellungslose Emigranten umsonst wohnen und verpflegt werden. Die Hilfsbereitschaft ist da, aber die Mittel reichen nie aus, um wirkliche Aufbauarbeit leisten zu können. Ankommende mittellose jüdische Emigranten werden aber in den verschiedenen Familien der bereits avancierten deutschen Juden ständig zum Essen eingeladen. Zu verhungern braucht der deutsch-jüdische Emigrant nicht. Das ist aber auch alles.

Der Emigrant muss warten, bis seine Bemühungen, Arbeit zu finden, einmal Erfolg haben oder bis der Zufall ihm hilft. Nur einigen wenigen ist es gelungen, Stellungen zu finden, wie z. B. als Nachtclerk in einem Hotel, als Aufseher in einer Wäscherei, als [illegible]

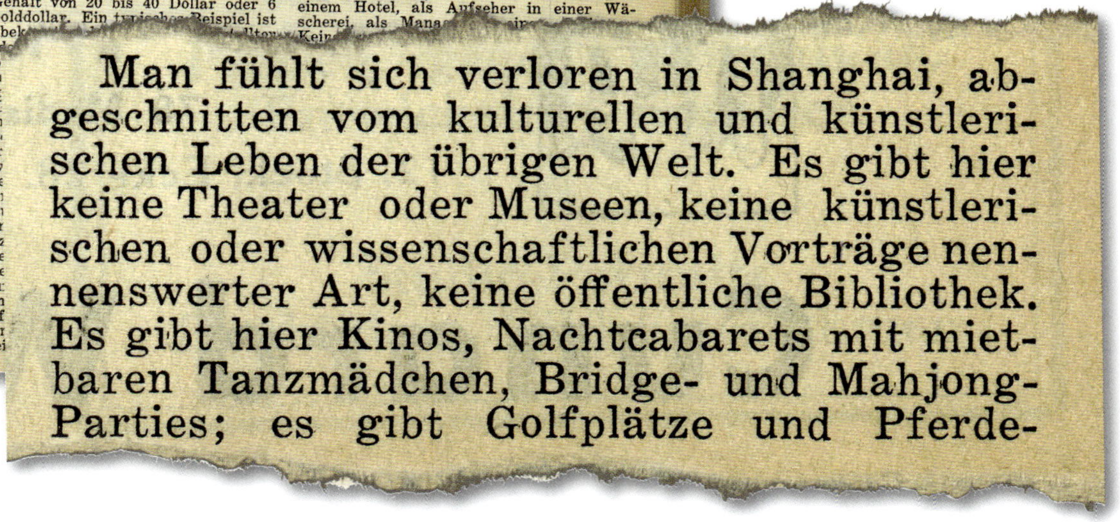

Man fühlt sich verloren in Shanghai, abgeschnitten vom kulturellen und künstlerischen Leben der übrigen Welt. Es gibt hier keine Theater oder Museen, keine künstlerischen oder wissenschaftlichen Vorträge nennenswerter Art, keine öffentliche Bibliothek. Es gibt hier Kinos, Nachtcabarets mit mietbaren Tanzmädchen, Bridge- und Mahjong-Parties; es gibt Golfplätze und Pferde-

Max Ludwig Berges:
Jüdische Emigranten in Shanghai.
In: Aufbau, New York, Jg. 3, 1937, Nr. 11, 1.10.1937, S. 7-8.

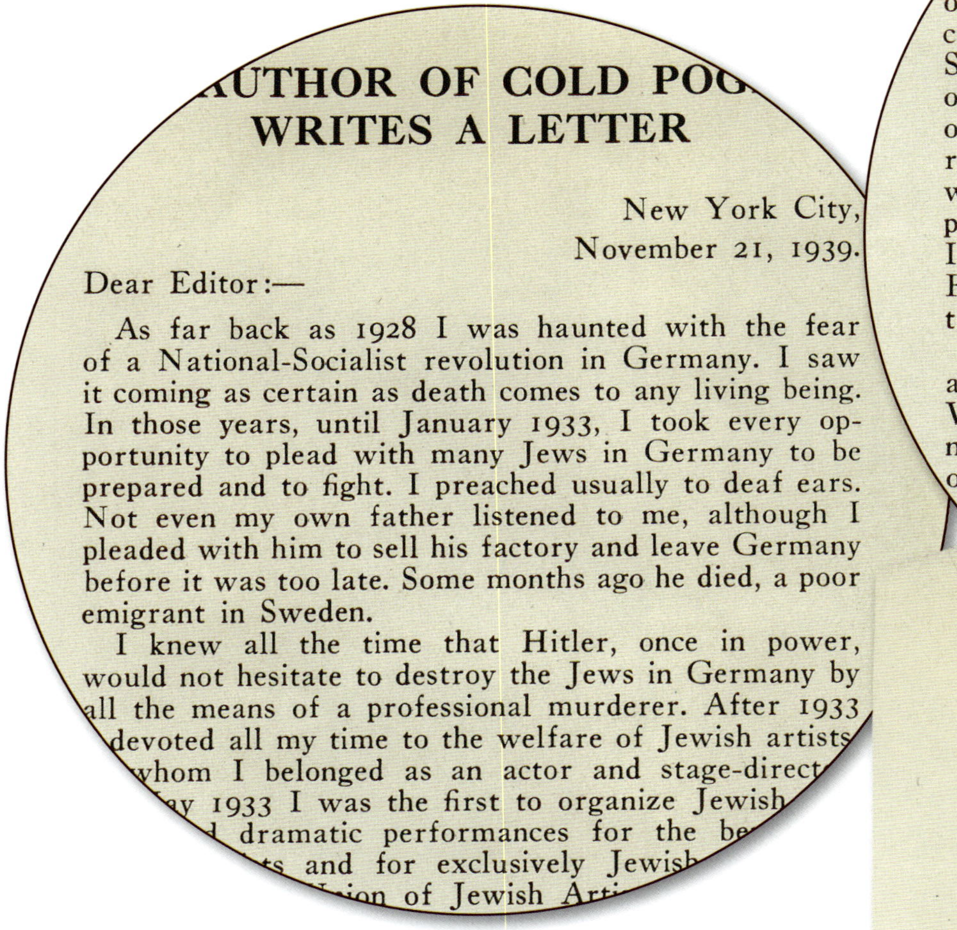

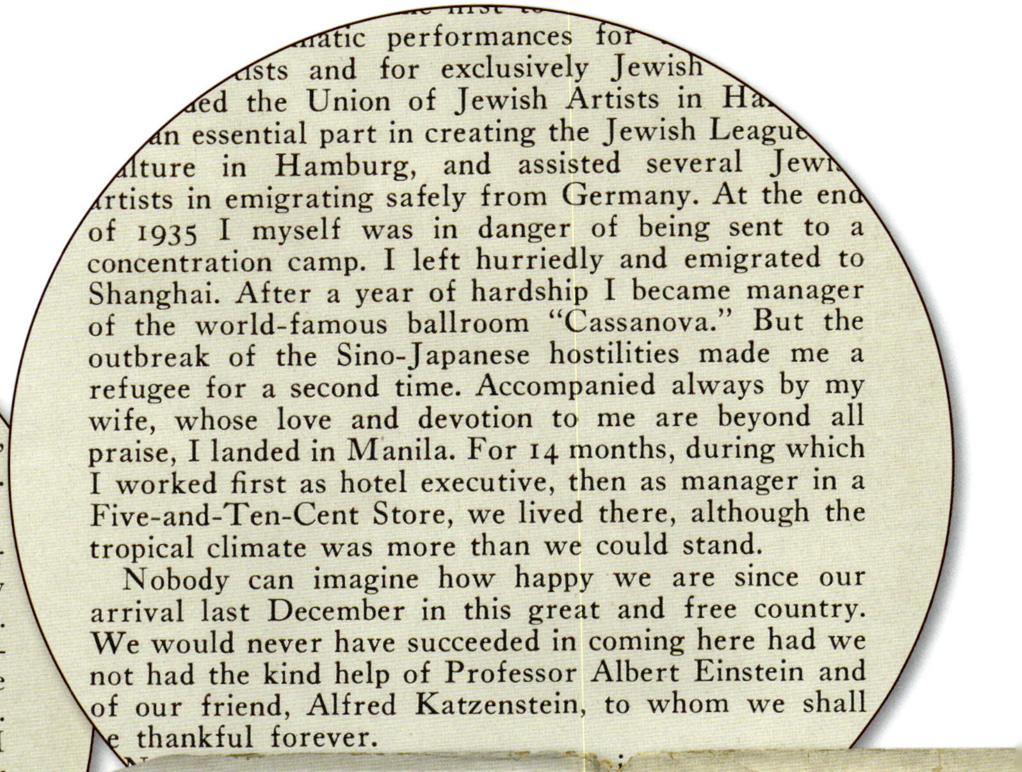

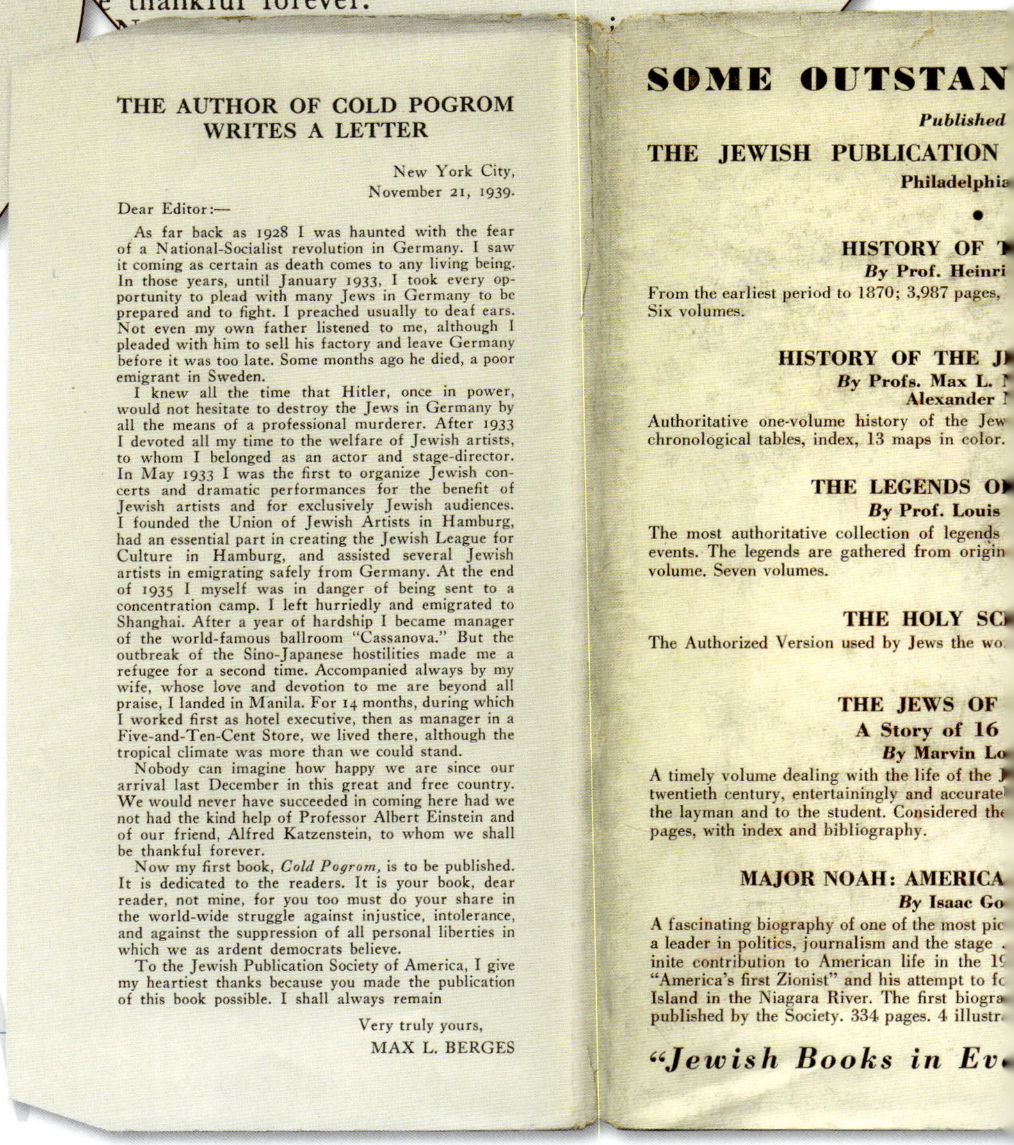

THE AUTHOR OF COLD POGROM
WRITES A LETTER

New York City,
November 21, 1939.

Dear Editor:—

As far back as 1928 I was haunted with the fear of a National-Socialist revolution in Germany. I saw it coming as certain as death comes to any living being. In those years, until January 1933, I took every opportunity to plead with many Jews in Germany to be prepared and to fight. I preached usually to deaf ears. Not even my own father listened to me, although I pleaded with him to sell his factory and leave Germany before it was too late. Some months ago he died, a poor emigrant in Sweden.

I knew all the time that Hitler, once in power, would not hesitate to destroy the Jews in Germany by all the means of a professional murderer. After 1933 I devoted all my time to the welfare of Jewish artists, to whom I belonged as an actor and stage-director. In May 1933 I was the first to organize Jewish concerts and dramatic performances for the benefit of Jewish artists and for exclusively Jewish audiences. I founded the Union of Jewish Artists in Hamburg, had an essential part in creating the Jewish League for Culture in Hamburg, and assisted several Jewish artists in emigrating safely from Germany. At the end of 1935 I myself was in danger of being sent to a concentration camp. I left hurriedly and emigrated to Shanghai. After a year of hardship I became manager of the world-famous ballroom "Cassanova." But the outbreak of the Sino-Japanese hostilities made me a refugee for a second time. Accompanied always by my wife, whose love and devotion to me are beyond all praise, I landed in Manila. For 14 months, during which I worked first as hotel executive, then as manager in a Five-and-Ten-Cent Store, we lived there, although the tropical climate was more than we could stand.

Nobody can imagine how happy we are since our arrival last December in this great and free country. We would never have succeeded in coming here had we not had the kind help of Professor Albert Einstein and of our friend, Alfred Katzenstein, to whom we shall be thankful forever.

Now my first book, *Cold Pogrom,* is to be published. It is dedicated to the readers. It is your book, dear reader, not mine, for you too must do your share in the world-wide struggle against injustice, intolerance, and against the suppression of all personal liberties in which we as ardent democrats believe.

To the Jewish Publication Society of America, I give my heartiest thanks because you made the publication of this book possible. I shall always remain

Very truly yours,
MAX L. BERGES

SOME OUTSTAN

Published

THE JEWISH PUBLICATION

Philadelphia

HISTORY OF T
By Prof. Heinri
From the earliest period to 1870; 3,987 pages,
Six volumes.

HISTORY OF THE J
By Profs. Max L.
Alexander
Authoritative one-volume history of the Jew
chronological tables, index, 13 maps in color.

THE LEGENDS O
By Prof. Louis
The most authoritative collection of legends
events. The legends are gathered from origin
volume. Seven volumes.

THE HOLY SC
The Authorized Version used by Jews the wo

THE JEWS OF
A Story of 16
By Marvin Lo
A timely volume dealing with the life of the J
twentieth century, entertainingly and accurate
the layman and to the student. Considered the
pages, with index and bibliography.

MAJOR NOAH: AMERICA
By Isaac Go
A fascinating biography of one of the most pic
a leader in politics, journalism and the stage
inite contribution to American life in the 1
"America's first Zionist" and his attempt to f
Island in the Niagara River. The first biogra
published by the Society. 334 pages. 4 illustr

"Jewish Books in Ev

Max Ludwig Berges

MAX LUDW

Max L. Berges: Cold Pogrom.
Translated from the German
by Benjamin R. Epstein.

Philadelphia: The Jewish Publication
Society of America 1939 - 5700.
280 S., gebunden, 222 x 155 mm.
Aufgeschlagen mit Innenklappen:
222 x 340 mm.
Druck: Press of the Jewish Publication
Society, Philadelphia, Penna.

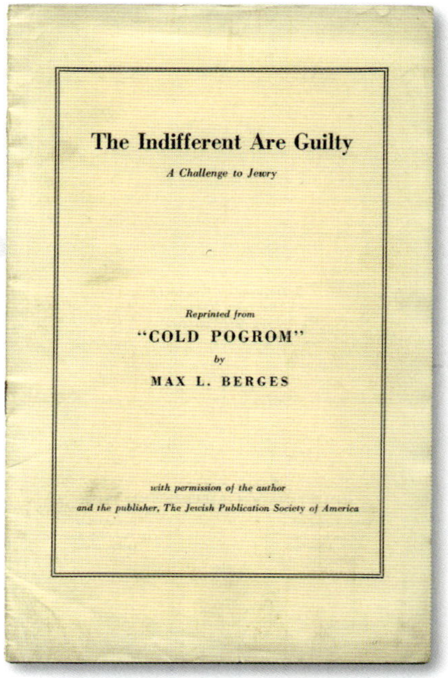

The Indifferent Are Guilty.
A Challenge to Jewry.
Reprinted from „Cold Pogrom"
by Max L. Berges. With permission
of the author and the publisher,
The Jewish Publication Society
of America.
Translated and Prepared by Benjamin R. Epstein and Ben Gedalecia.
Printed and distributed by the
ANTI-DEFAMATION LEAGUE OF
B'NAI B'RITH.
New York, Chicago o.J.,
15 S., broschiert, 235 x 152 mm.

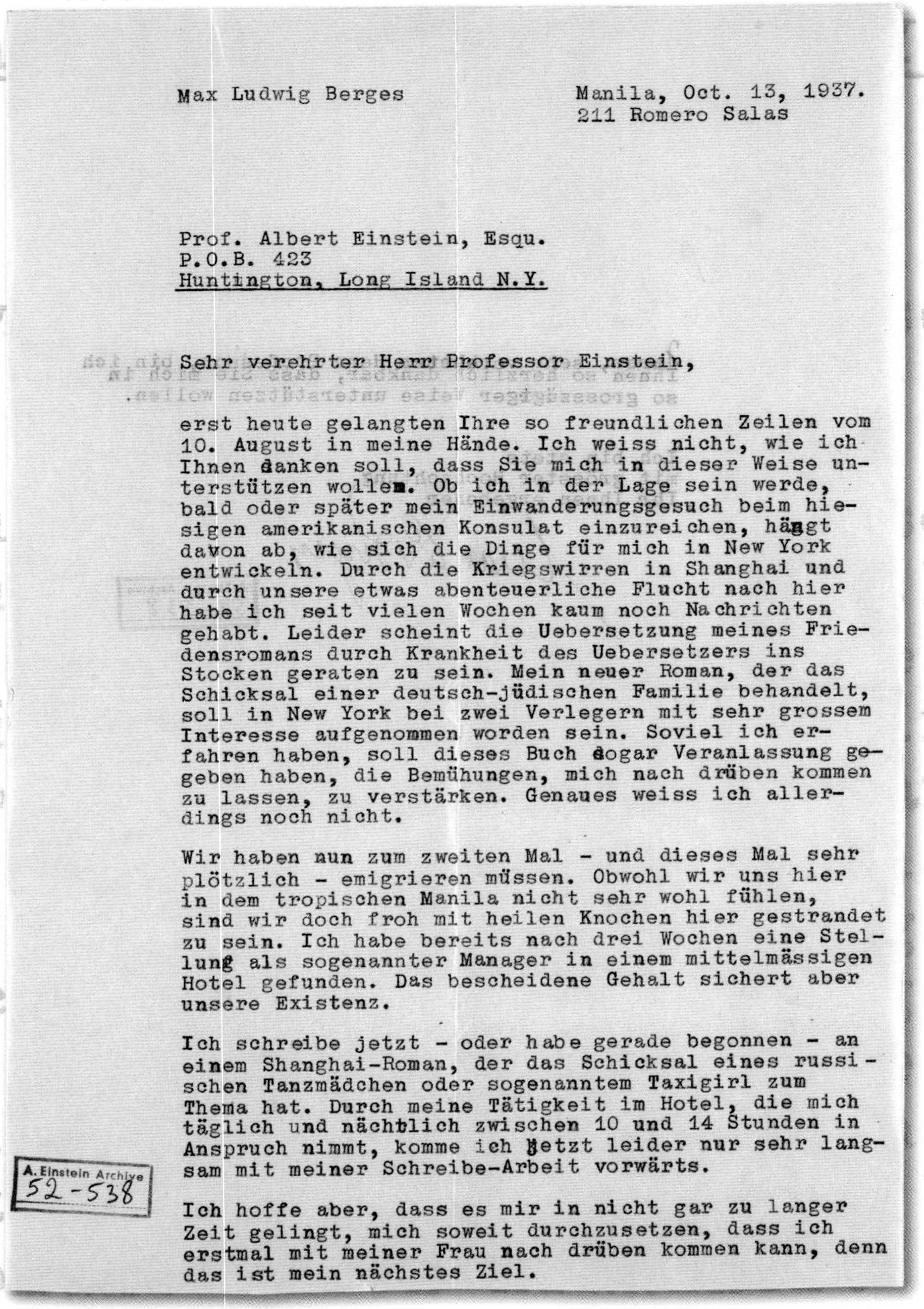

Max Ludwig Berges

Manila, Oct. 13, 1937.
211 Romero Salas

Prof. Albert Einstein, Esqu.
P.O.B. 423
Huntington, Long Island N.Y.

Sehr verehrter Herr Professor Einstein,

erst heute gelangten Ihre so freundlichen Zeilen vom 10. August in meine Hände. Ich weiss nicht, wie ich Ihnen danken soll, dass Sie mich in dieser Weise unterstützen wollen. Ob ich in der Lage sein werde, bald oder später mein Einwanderungsgesuch beim hiesigen amerikanischen Konsulat einzureichen, hängt davon ab, wie sich die Dinge für mich in New York entwickeln. Durch die Kriegswirren in Shanghai und durch unsere etwas abenteuerliche Flucht nach hier habe ich seit vielen Wochen kaum noch Nachrichten gehabt. Leider scheint die Uebersetzung meines Friedensromans durch Krankheit des Uebersetzers ins Stocken geraten zu sein. Mein neuer Roman, der das Schicksal einer deutsch-jüdischen Familie behandelt, soll in New York bei zwei Verlegern mit sehr grossem Interesse aufgenommen worden sein. Soviel ich erfahren haben, soll dieses Buch sogar Veranlassung gegeben haben, die Bemühungen, mich nach drüben kommen zu lassen, zu verstärken. Genaues weiss ich allerdings noch nicht.

Wir haben nun zum zweiten Mal - und dieses Mal sehr plötzlich - emigrieren müssen. Obwohl wir uns hier in dem tropischen Manila nicht sehr wohl fühlen, sind wir doch froh mit heilen Knochen hier gestrandet zu sein. Ich habe bereits nach drei Wochen eine Stellung als sogenannter Manager in einem mittelmässigen Hotel gefunden. Das bescheidene Gehalt sichert aber unsere Existenz.

Ich schreibe jetzt - oder habe gerade begonnen - an einem Shanghai-Roman, der das Schicksal eines russischen Tanzmädchen oder sogenanntem Taxigirl zum Thema hat. Durch meine Tätigkeit im Hotel, die mich täglich und nächtlich zwischen 10 und 14 Stunden in Anspruch nimmt, komme ich jetzt leider nur sehr langsam mit meiner Schreibe-Arbeit vorwärts.

Ich hoffe aber, dass es mir in nicht gar zu langer Zeit gelingt, mich soweit durchzusetzen, dass ich erstmal mit meiner Frau nach drüben kommen kann, denn das ist mein nächstes Ziel.

Brief von Max Ludwig Berges vom 13. Oktober 1937 an Prof. Albert Einstein. (Albert Einstein Archives, Hebrew University of Jerusalem).

Der Brief stammt aus der Korrespondenz zwischen Max Ludwig Berges und Albert Einstein, die von Oktober 1936 bis Juni 1938 geführt wurde.

Max Ludwig Berges

MAX LUDWIG BERGES

Max L. Berges:
Woman of Shanghai.
A Notorious Dance-girl
in pleasure-loving Shanghai.
London: Brown Watson Ltd. 1959.
319 S., broschiert, 180 x 113 mm.
Druck: The Wintworth Press,
Portsea, Portsmouth, Hants.

Max L. Berges: Das Girl von Shanghai.
Deutsche Übersetzung: Dr. Hansheinz Werner.
Schutzumschlag: Ernst Litter.
Rosenheim: Meister Verlag 1959.
288 S., gebunden, 200 x 135 mm.
Druck: Oberbayerisches Volksblatt, Rosenheim.

Als englischen Titel des Romans gab der Verlag „The Trial or Tanya Semonowa“ an.

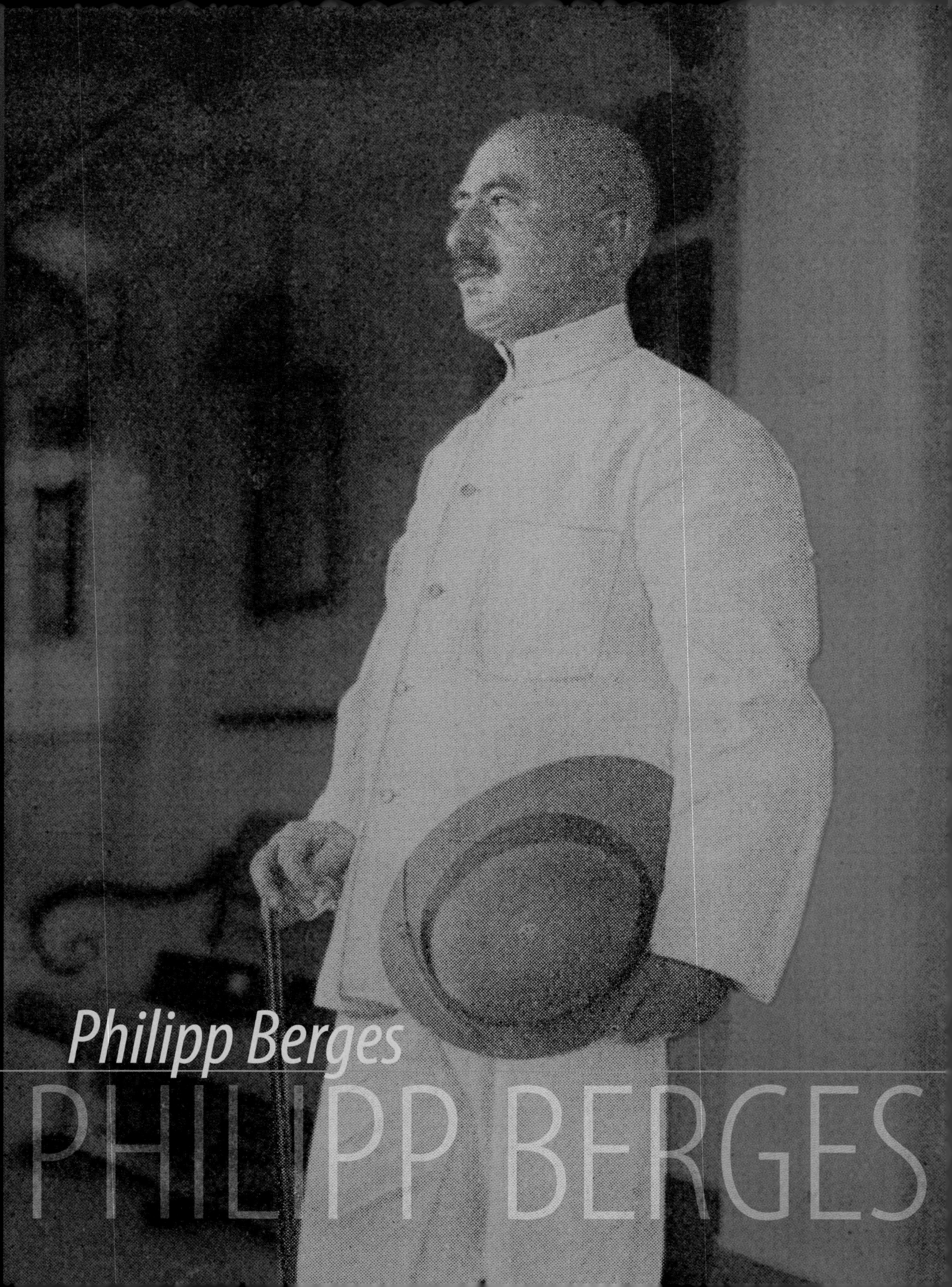

Philipp Berges

PHILIPP BERGES

1863 - 1938

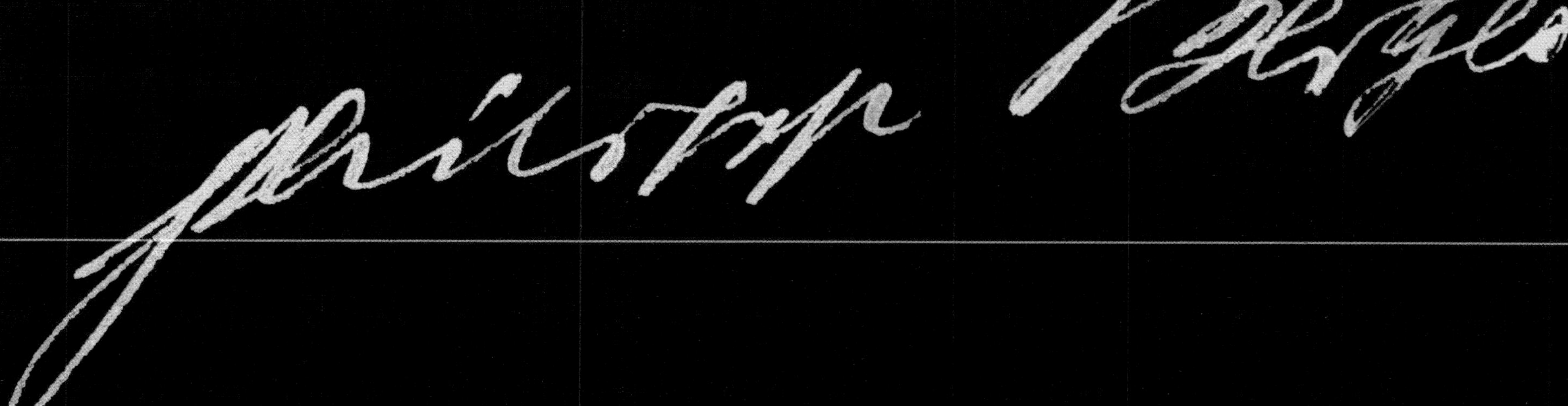

Philipp Berges

PHILIPP BERGES

16.2.1863	*Geburt in Lübeck*
	Schulzeit in Lübeck und in Frankfurt a.M.; umfangreiche Reisetätigkeit in Amerika; Heirat mit Toni Benedix
seit 1887	*Mitarbeiter des „Hamburger Fremdenblattes"*
seit 1893	*regelmäßiger Besucher der Weltausstellungen*
1912	*Antritt einer Weltreise*
seit 1920	*Chefredakteur der „Illustrierten Rundschau", der späteren „Hamburger Illustrierten Zeitung"*
April 1927	*40-jähriges Berufsjubiläum beim „Hamburger Fremdenblatt"*
11.5.1938	*Tod in Hamburg*

In: Hamburger Federvieh.
Karikaturen hamburgischer
Journalisten und Schriftsteller.
Gezeichnet von H. W. Krug.
Presseball 1926 am 30. Januar
im Curiohaus in Hamburg.
Hamburg 1926.

Philipp Berges

Mit 24 Jahren begann der in Lübeck geborene Philipp Berges, Sohn des Buchhalters Moses Philipp Berges und seiner Frau Betty, seine Mitarbeit im „Hamburger Fremdenblatt“. Zuvor hatte er ausgedehnte Reisen nach Nordamerika unternommen. Seine Erlebnisse und Eindrücke schlugen sich in humoristischen Reiseskizzen, Erzählungen und Detektivgeschichten nieder. Wiederholt wurden Berges‘ erzählerische Qualitäten mit denen des amerikanischen Schriftstellers Mark Twain verglichen.

Mehr als 10 Jahre lang hatte Berges die internationalen Weltausstellungen besucht und für das „Fremdenblatt“ berichtet.

Dessen Verleger Albert Broschek schickte ihn kurz vor dem Ersten Weltkrieg auf eine Weltreise, seine Erfahrungen wurden unter dem Titel „Eine Reise um die Erde in Skizzen“ auch in Buchform veröffentlicht.

Für das „Fremdenblatt“ arbeitete Berges in unterschiedlichsten Funktionen; er war mehrere Jahre Leiter des Feuilletons, fungierte aber auch als erster Sportredakteur, seit 1920 als Chefredakteur der „Illustrierten Rundschau“.

Er bezeichnete sich selbst als „Weltkorrespondent“. Hamburger Zeitungen würdigten das 25- wie 40-jährige Berufsjubiläum von Philipp Berges.

Doch nach der Machtübertragung an die Nationalsozialisten gab es für den vielgepriesenen Journalisten in Deutschland keine Publikationsmöglichkeiten mehr. Als Philipp Berges im Mai 1938 in Hamburg starb, erschienen kurze Todesnachrichten lediglich in jüdischen Zeitungen. Das gleichgeschaltete „Hamburger Fremdenblatt“ vermochte sich nicht mehr an seinen verdienstvollen Mitarbeiter zu erinnern.

global correspondent

Born in Lübeck, Philipp Berges, the son of the accountant Moses Philipp and his wife, Betty, began working for the „Hamburger Fremdenblatt" at the age of 24.
Previously, he had taken long trips to North America. His experiences and impressions were reflected in humorous travel sketches, essays and detective stories. Berges' narrative qualities were repeatedly compared to those of the American author, Mark Twain.
Berges visited the international world exhibitions for over 10 years and reported for the „Fremdenblatt".

Albert Broschek, the publisher of the „Fremdenblatt", sent him on a trip around the world shortly before the outbreak of World War I.

His experiences were also published as a book under the title „Eine Reise um die Erde in Skizzen".

Berges worked for the „Fremdenblatt" in various capacities. He was the editor of the feature section for many years, as well as its main sports editor, and in 1920 he became the editor in chief of the „Illustrierte Rundschau".

He called himself a „global correspondent". Hamburg newspapers paid tribute to his 25th and 40th professional anniversaries. However, after the transfer of power to the National Socialists the highly-praised journalist was unable to publish his work.

When Philipp Berges died in Hamburg in 1938, short obituaries appeared only in Jewish newspapers.
Because of the politics of the time, the „Hamburger Fremdenblatt" did not recognize one of its most outstanding employees.

Mark Twain

editor in chief

erges

BERGES

„Der Lübecker Philipp Berges, geb. 1863, verdient so allgemein bekannt zu werden, wie er es in Hamburg, seinem jetzigen Wirkungskreise, längst ist.

Er ist einer der bei uns seltenen, meist auf amerikanischem Boden gedeihenden Vereiniger von reichem Humor mit kühner Erfindung, und man darf ihn getrost neben Mark Twain nennen...

Am bekanntesten sind von Berges seine fünf Bändchen ‚Amerikana' (Reclam)..."

Eduard Engel: Geschichte der Deutschen Literatur von den Anfängen bis in die Gegenwart. 2. Band: Das 19. Jahrhundert und die Gegenwart. Paderborn 2015 (Nachdruck des Originals von 1908), S. 397.

Von Tieren und Menschen. Erlebnisse und Erfahrungen von Carl Hagenbeck. Mit 47 ganzseitigen Illustrationen und 101 Abbildungen im Text. *Berlin-Ch.: Vita Deutsches Verlagshaus 1908. 483 S., gebunden, 254 x 185 mm.*

Verfasser der Lebenserinnerungen von Carl Hagenbeck war Philipp Berges, dem Hagenbeck in seinem im Oktober 1908 geschriebenen Vorwort für „eine ebenso aufopfernde wie unermüdliche Unterstützung" dankte. Das Buch trug die gedruckte Widmung: „Seiner Majestät dem Deutschen Kaiser und König von Preußen Wilhelm II. in tiefster Ehrfurcht zugeeignet vom Verfasser".

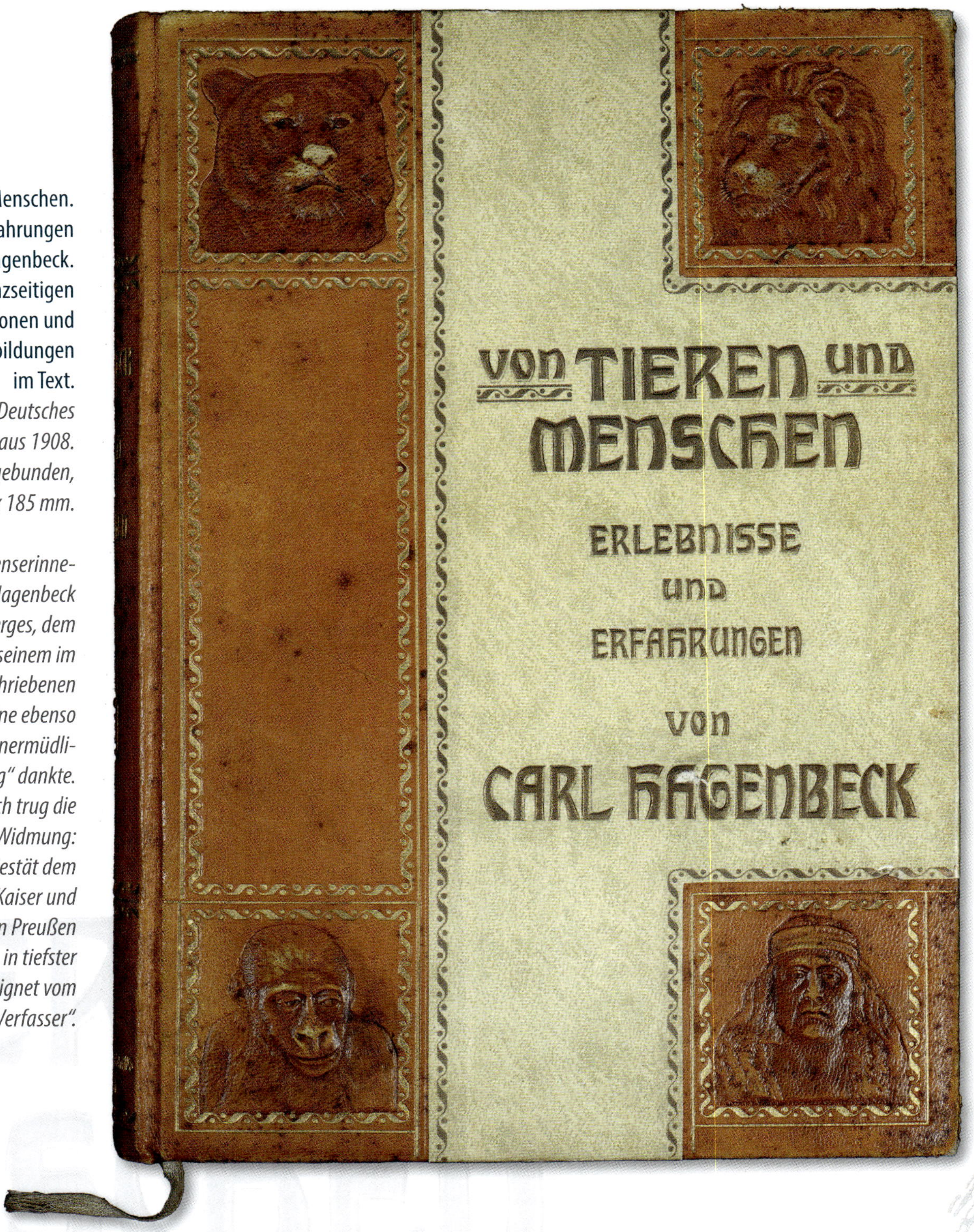

Philipp Berges

PHILIPP BERGES

Philipp Berges:
Eine Reise um die Erde.
Mit zahlreichen
Illustrationen in
Kupfertiefdruck
sowie einer Karte.
Hamburg: Verlags-
buchhandlung Broschek
& Co. 1913.
276 S., gebunden,
255 x 178 mm.
Druck: Fremden-
blatts-Druckerei,
Hamburg.

Seinen dreiunddreißig Reiseberichten stellte Philipp Berges ein mehrstrophiges, „An Albert Broschek!" überschriebenes Gedicht voran, das mit den Zeilen endete:

„Wie ich sah das Unbekannte,/ Will in diesem Buch ich zeigen ---/ Dir, der in die Welt mich sandte,/Gebe ich das Buch zu eigen !"

„Albert Broschek, der Verleger des Hamburger Fremdenblattes, darf getrost darauf rechnen, daß sein Unternehmen in Hamburg viel festeren Bestand hat als das Scherlsche in Berlin...

Natürlich kann selbst ein Blatt wie dieses nicht grundsätzlich darauf verzichten, sich ab und zu einmal aufzufrischen. Solche Experimente machen Verleger von Broscheks Schlag am liebsten im Feuilleton, da dieser Teil vom maßgebenden Spießertum nicht so grausig ernst genommen wird und die Intelligenteren gerade hier ein bißchen Abwechselung verlangen. Als Philipp Berges die Kunst, niemandem wehe zu tun, zu einer so hohen Vollendung gebracht hatte, daß er anfing, die Leser einzuschläfern, schickte ihn Broschek auf eine Weltreise..."

In: Hans W. Fischer: Hamburger Kulturbilderbogen. Eine Kulturgeschichte 1909-1922. Neu herausgegeben und kommentiert von Kai-Uwe Scholz, Matthias Mainholz und Rüdiger Schütt. Mit einem Vorwort von Paul Theodor Hoffmann. Hamburg: Dölling und Galitz Verlag 1998, S. 136. (Schriftenreihe der Hamburgischen Kulturstiftung; Bd. 8)

Roda Roda, Theodor Etzel:
Welthumor. Ein fröhliches
Jahrhundert.
Berlin und Leipzig:
Schuster & Loeffler 1910.
320 S., kartoniert,
210 x 150 mm.
Druck: H. Klöppel,
Quedlinburg.

In dieser auf fünf Bände angelegten Sammlung erschienen Philipp Berges' Beiträge „Die erste Frau" und „Das Kind". Zu den weiteren Autoren zählten u.a. Georg Hermann, Heinrich Mann, Christian Morgenstern, Erich Mühsam, Alfred Polgar und Frank Wedekind.

Philipp Berges:
Vom Stamm der Riesen.
Roman aus der Gegenwart.

Hamburg:
Gebrüder Enoch Verlag 1916.
322 S., gebunden,
190 x 130 mm.
Druck: H. Carly, Hamburg.

Reclams Universum.
Leipzig, 28. Jg.,
Heft 9: Hamburg-Heft,
23. November 1911.
290 x 210 mm.
Druck: Philipp Reclam
jun., Leipzig.

In dieser illustrierten Kulturzeitschrift veröffentlichte Philipp Berges seinen Artikel „Hamburg als Sportstadt". Weitere Beiträge stammten u.a. von Richard Dehmel, Otto Ernst und Gustav Falke.

„Im Jahre 1887 begann Philipp Berges mit flotten Reisebriefen, Skizzen und Erzählungen aus dem amerikanischen Leben seine bis heute währende Arbeit am „Fremdenblatt“. Mit ihm zog wohl die erste spezifische journalistische, zum Teil an amerikanischen Mustern geschulte Begabung in die Redaktion unseres Blattes ein; er war auch der erste, der die große Bedeutung der Reportage im modernen und guten Sinne des Wortes erfaßt hatte. Seine vielseitige und bewegliche Art, seine Gabe, Menschen und Dinge zu sehen und das Gesehene anschaulich zu gestalten, haben im Zeitalter der Karl-May-Romantik, gerade wegen einer gewissen Wildwestmanier in Form und Gegenstand, vielen seiner Arbeiten dankbare Leser in größerer Zahl verschafft...

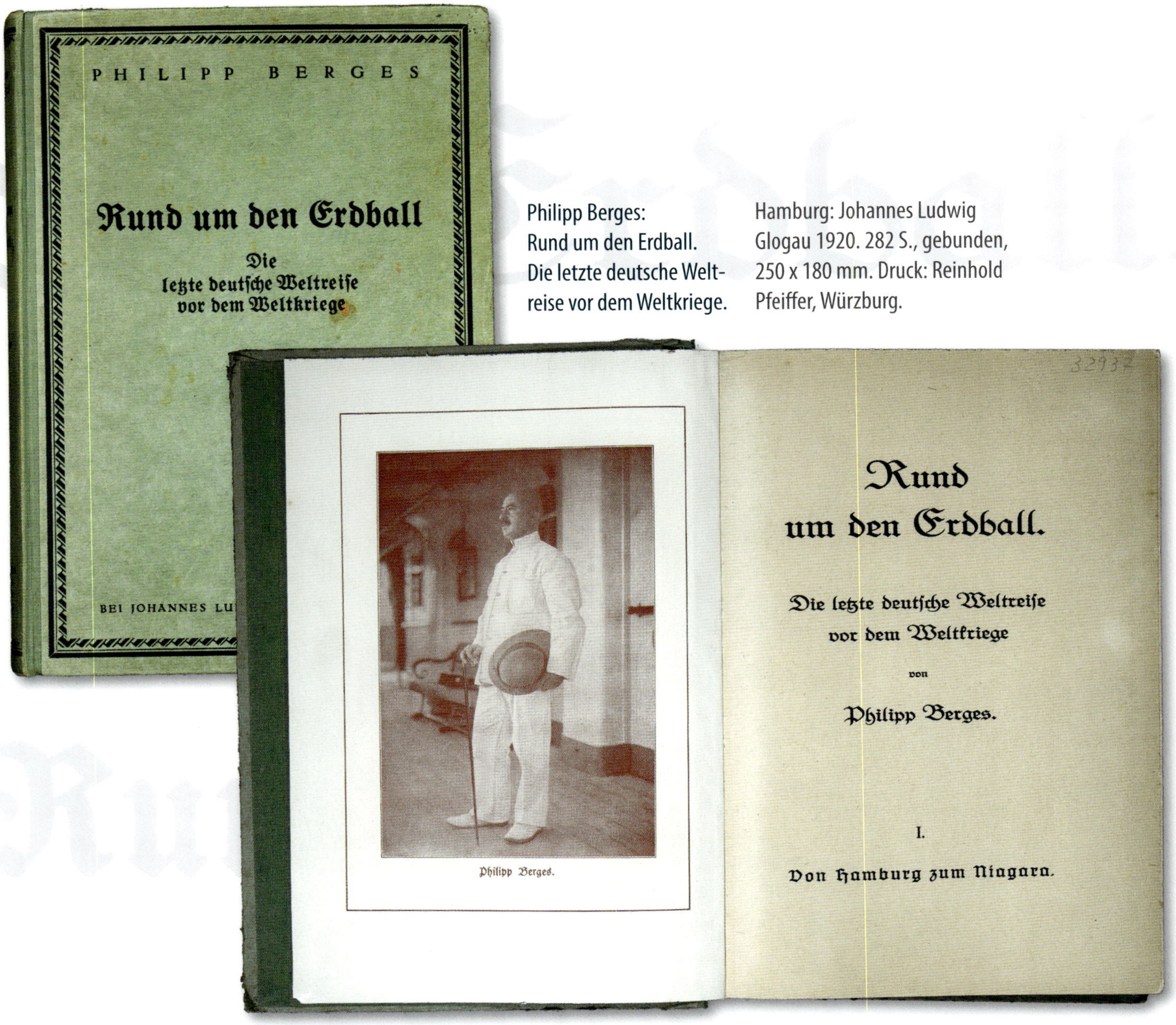

Philipp Berges: Rund um den Erdball. Die letzte deutsche Weltreise vor dem Weltkriege. Hamburg: Johannes Ludwig Glogau 1920. 282 S., gebunden, 250 x 180 mm. Druck: Reinhold Pfeiffer, Würzburg.

Philipp Berges

Philipp Berges:
Trümpfe.
Aus dem Leben eines
Weltkorrespondenten.
Buchausstattung von
Käte Vesper-Waentig.

Dresden: Verlag Deutsche Buchwerkstätten 1925. (Die bunte Reihe der Deutschen Buchwerkstätten) 208 S., gebunden, 189 x 133 mm. Druck: Pierersche Hofbuchdruckerei Stephan Geibel & Co., Altenburg, Thür.

Philipp Berges:
Wunder der Erde.
Reisetage in
fernen Breiten.

Leipzig: F. A. Brockhaus 1931. (Reise und Abenteuer, Bd. 36). 160 S., gebunden, 193 x 139 mm. Druck: F.A. Brockhaus, Leipzig.

Das Buch war 1926 erstmals erschienen und von Schulbehörden „als wertvolles Hilfsmittel im Unterricht" angeschafft worden.

1900 konnte das Blatt seinen Lesern mitteilen, daß Berges mit der Pariser Weltausstellung die zwölfte internationale Ausstellung in seinem Auftrage besuchte, und noch kurz vor dem Weltkriege ermöglichte ihm Albert Broschek eine Reise um die Welt, die fünfzehnte in der Serie seiner großen Reisen für das ‚Fremdenblatt'.

Daneben hat Berges sich auch als langjähriger Leiter des Feuilletons, in dessen Rahmen er noch heute als Kritiker am Thaliatheater, als erster Sportredakteur und um den Bilderdienst des ‚Fremdenblattes' mannigfache Verdienste erworben."

In: Hamburg und das Hamburger Fremdenblatt. Zum Hundertjährigen Bestehen des Blattes 1828 - 1928 von Dr. Alfred Herrmann. Hamburg: Verlagsbuchhandlung Broschek & Co. 1928, S. 394f.

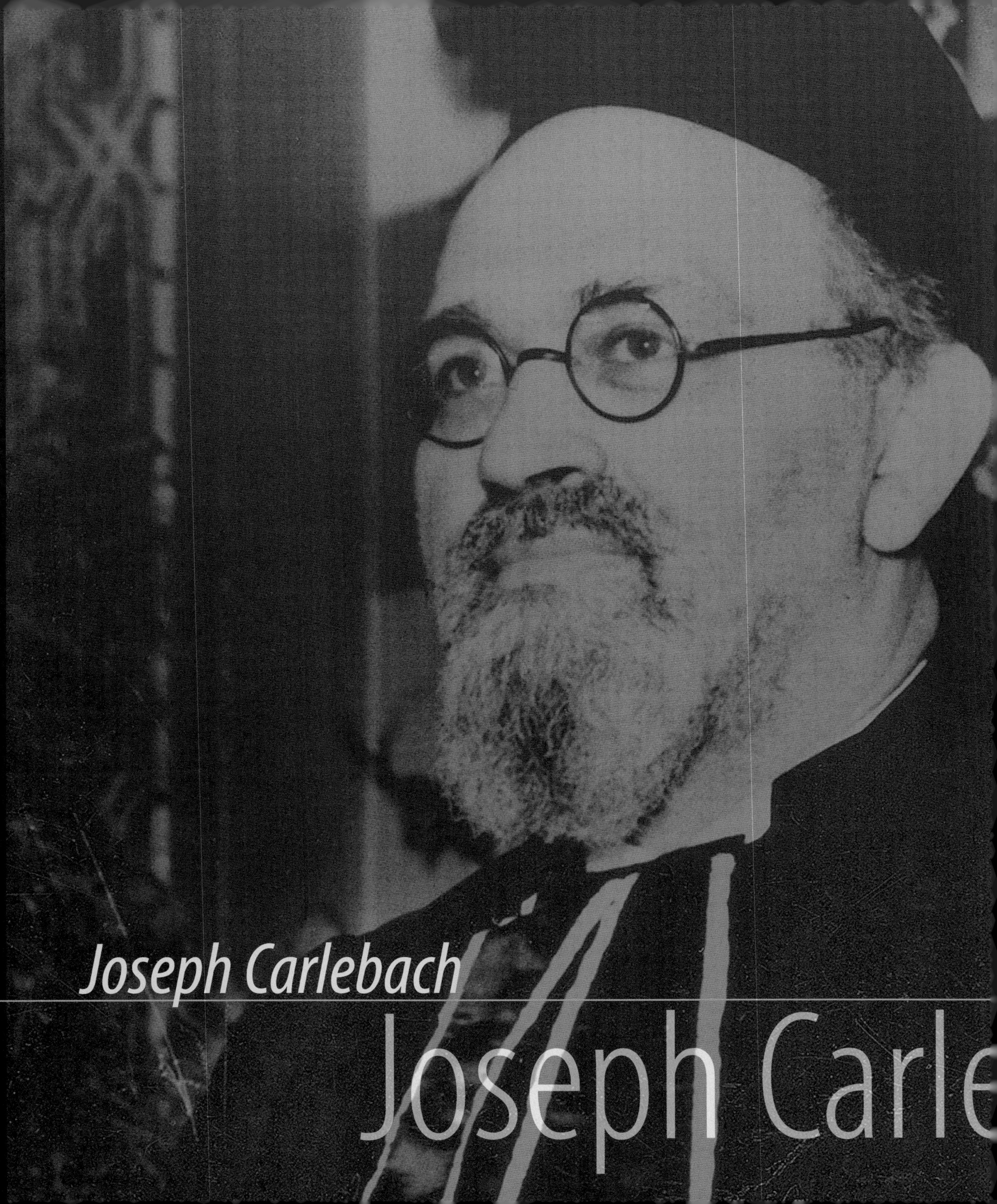

Joseph Carlebach

Joseph Carle

1883 - 1942

bach

Joseph Carlebach

JOSEPH CARLEBACH

Einführungsgottesdienst für Dr. Joseph Carlebach in der Synagoge am Bornplatz am 22.4.1936. Erste Reihe, v.l.n.r.: Bernhard David, Vorsitzender des Vorstandes der Deutsch-Israelitischen Gemeinde, Gemeinderabbiner Dr. J. Hoffmann (Frankfurt a.M.), Oberrabbiner Dr. Joseph Carlebach. Fotograf: Erich Kastan.

Abgedruckt in: Feier zur Einführung Sr. Ehrwürden des Herrn Oberrabbiners Dr. Joseph Carlebach in der Gemeinde-Synagoge Bornplatz Hamburg am Mittwoch, dem 22. April 1936 (30. Nissan 5696). Herausgegeben vom Deutsch-Israelitischen Synagogen-Verband Hamburg. Hamburg 1936.

30.1.1883	*Geburt in Lübeck*
1901	*Abitur am Katharineum; Studium der Naturwissenschaften, Philosophie und Kunstgeschichte in Berlin und Leipzig*
1905 - 1907	*Lehrer am jüdischen Lehrerseminar in Jerusalem*
1909	*Promotion an der Universität Heidelberg*
1910 - 1914	*Studium am Rabbinerseminar in Berlin; Erhalt der Rabbiner-Autorisation*
1915 - 1918	*Als Freiwilliger Teilnahme am Ersten Weltkrieg*
1.1.1919	*Heirat mit Charlotte Preuss in Berlin*
1920	*Rabbiner in Lübeck*
1921 - 1926	*Direktor der Talmud Tora Realschule in Hamburg*
seit 1925	*Oberrabbiner von Altona und Schleswig-Holstein*
April 1936	*Berufung zum Oberrabbiner des Deutsch-Israelitischen Synagogenverbandes Hamburg*
1938	*Emigration von vier Töchtern und eines Sohnes nach Palästina und England*
6.12.1941	*Deportation nach Riga; Inhaftierung im Konzentrationslager Jungfernhof*
26.3.1942	*Ermordung bei Riga gemeinsam mit seiner Ehefrau und drei Töchtern*

Joseph Carlebach

Joseph Carlebach stammte aus einer Rabbinerfamilie in Lübeck. Dort besuchte er das humanistisch geprägte Katharineum.
Nach dem Abitur studierte er Naturwissenschaften, Philosophie und Kunstgeschichte an den Universitäten Berlin und Leipzig. Nach dem Staatsexamen 1905 arbeitete er für zwei Jahre am jüdischen Lehrerseminar in Jerusalem. Nach seiner Rückkehr nach Deutschland beendete er sein Studium mit der Promotion.
Am orthodoxen Rabbinerseminar in Berlin erhielt er 1914 die Rabbinats-Autorisation.

Als Freiwilliger nahm Joseph Carlebach von 1915 bis 1918 am Ersten Weltkrieg teil und wurde in den Rang eines Offiziers erhoben. Im besetzten Litauen mit der Organisation von Erziehungsaufgaben betraut, gründete er 1915 in Kowno ein jüdisches Gymnasium.

1920 übernahm er als Nachfolger seines verstorbenen Vaters das Amt des Rabbiners in Lübeck.
Ein Jahr später folgte er einem Angebot aus Hamburg, leitete als Direktor die Talmud Tora Realschule, die er zu einer der führenden jüdischen Schulen in Deutschland umgestaltete.

1925 wurde Joseph Carlebach Oberrabbiner in Altona und Schleswig-Holstein, 1936 Oberrabbiner des Deutsch-Israelitischen Synagogenverbandes in Hamburg.

Bis Mitte der dreißiger Jahre publizierte Carlebach zahlreiche Artikel, Aufsätze und Bücher zu religiösen Fragen in jüdischen Periodika und Verlagen.

Auch in den Jahren sozialer Ausgrenzung und Verfolgung versuchte Joseph Carlebach, seiner Gemeinde Zuspruch und Rückhalt zu geben.

In seinen unter Aufsicht der Gestapo gehaltenen Predigten und Vorträgen wandte er sich an seine Gemeinde. Neben einer umfangreichen Korrespondenz mit Rat- und Hilfesuchenden nahm er sich die Zeit, zumeist unschuldig Inhaftierte im Untersuchungsgefängnis zu besuchen.

Selbst von Einschränkungen und Schikanen, wie der Beschlagnahme seiner Bibliothek, dem Entzug seines Gehaltes, betroffen, zählten Joseph Carlebach, seine Frau und vier Kinder zu den mehr als 700 jüdischen Hamburgern, die im Dezember 1941 nach Riga deportiert wurden.

Nach dreimonatiger Inhaftierung im Konzentrationslager Jungfernhof wurde Joseph Carlebach im März 1942 mit seiner Frau und drei Töchtern erschossen.

Joseph Carlebach came from a family of rabbis in Lübeck where he attended the classical Katharineum school.
After obtaining his Abitur, he studied natural sciences, philosophy and history of art at the universities in Berlin and Leipzig. He took his state examination in 1905, and then worked at the Jewish teachers seminar in Jerusalem for two years.
After returning to Germany he completed his studies with a dissertation.
He obtained his rabbinical authorization at the Orthodox Rabbiner Seminar in Berlin in 1914.

Between 1915 and 1918, Joseph Carlebach served as a volunteer in World War I, and was elevated to an officer's rank.
Entrusted with the organization of education in the occupied part of Lithuania he founded a Jewish high school in Kovno in 1915.

In 1920, he was appointed to succeed his deceased father as rabbi in Lübeck. One year later, he was asked to return to Hamburg to run the Talmud Tora Realschule, reforming it into one of the leading Jewish schools in Germany.
Joseph Carlebach became the chief rabbi of Altona and Schleswig-Holstein. In 1936, he became the chief rabbi of the Deutsch-Israelitische Synagogenverband in Hamburg.

Until the mid-Thirties, Carlebach published numerous articles, essays and books addressing religious issues in Jewish journals and publishing houses.

Joseph Carlebach tried to offer solace and support even during the years of social exclusion and persecution.
He spoke to his community in his sermons and speeches he gave under the observation of the Gestapo.
In addition to extensive correspondence with people searching for help and advice he took the time to visit, usually innocent, prisoners in remand prison.

Personally affected by curtailments and harassment, including the confiscation of his library, and the withdrawal of his salary, Joseph Carlebach, his wife and four children were among the 700 Jewish residents of Hamburg who were deported to Riga in December 1941.

After three months of imprisonment in the Jungfernhof concentration camp, Joseph Carlebach was shot with his wife and three daughters in March 1942.

arlebach

CARLEBACH

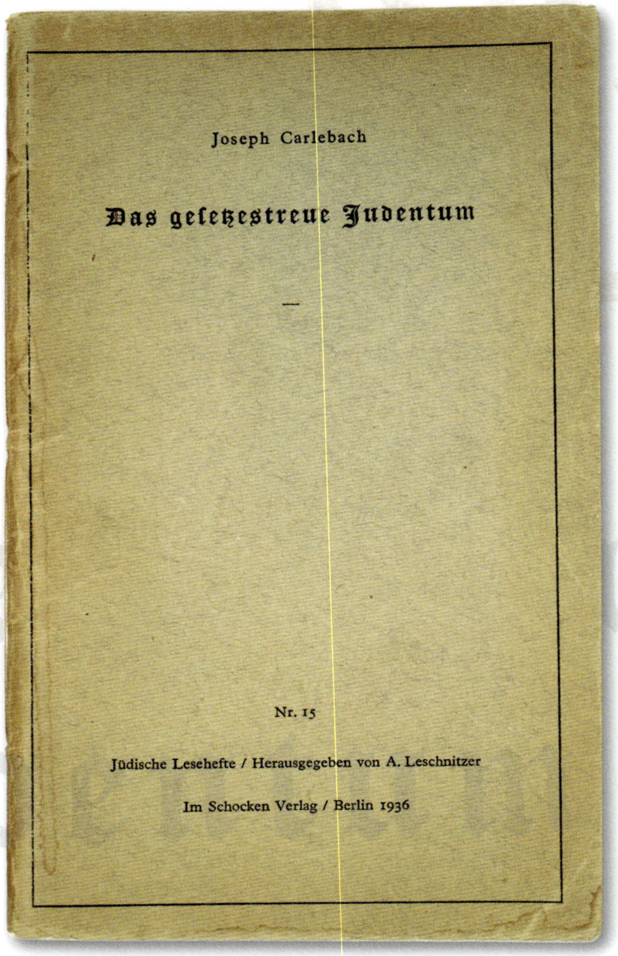

Joseph Carlebach: Das gesetzestreue Judentum. Berlin: Schocken Verlag, 1936. (Jüdische Lesehefte im Auftrag der Reichsvertretung der Juden in Deutschland, herausgegeben von Adolf Leschnitzer, Nr. 15). 54 S., broschiert, 195 x 120 mm. Druck: Oswald Schmidt GmbH, Leipzig.

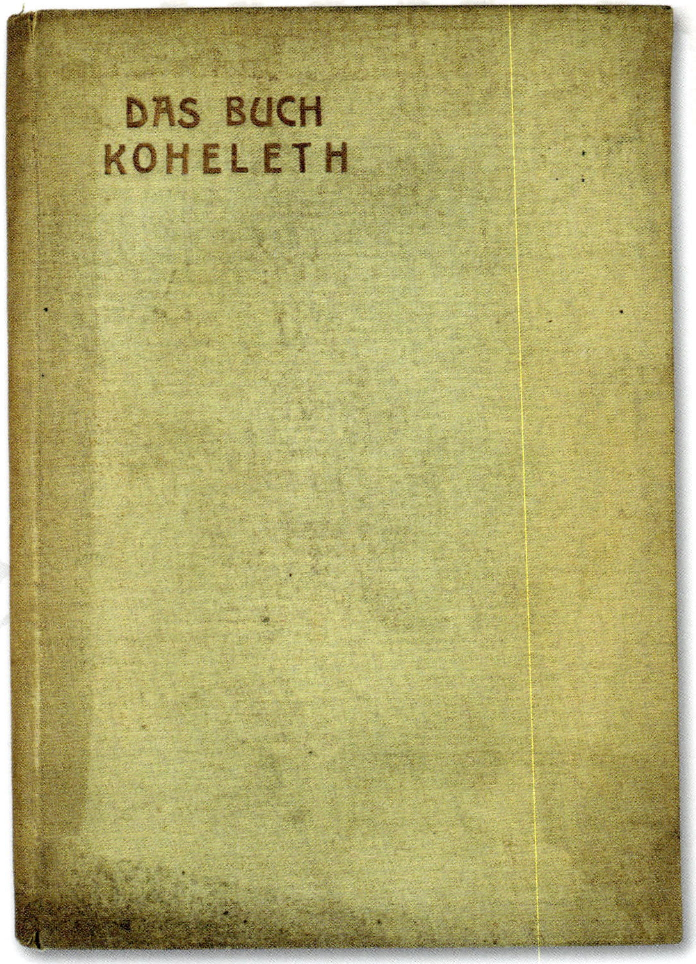

Das Buch Koheleth. Ein Deutungsversuch von Oberrabbiner Dr. Joseph Carlebach. Frankfurt a.M.: Hermon-Verlag, 1936. 77 S., gebunden, 225 x 155 mm.

Die gedruckte Widmung lautet: „Meinem frühvollendeten Freunde Dr. Leo Deutschländer s.A. zum Gedächtnis. Dem genialen Lehrer und Erzieher, dem aufopferungsvollen Gründer und Leiter des Keren Hatora und des Beth Jakob Schulwerks". Das Buch trägt auf dem Vorsatz die handschriftliche Widmung „Dem treubewährten Freunde Herrn Dr. Norbert Kleve als Festtagsgruß von Oberrabbiner Dr. Carlebach".

Jüdisches Gemeindeblatt

für das Gebiet der Hansestadt Hamburg

Das Gemeindeblatt erscheint Mitte jeden Monats / Bezugspreis 0.45 RM. vierteljährl. einschl. Bestellgeld / Anzeigenpreis 8 Pf. die 8 gesp. mm-Zeile. Geschäftsstelle: Hamburg 36, ABC-Str. 57, Fernspr. 34 07 71

Angemeldet beim Sonderbeauftragten des Reichsministers für Volksaufklärung und Propaganda betr. Überwachung der geistig und kulturell tätigen Juden im deutschen Reichsgebiet

Nummer 5 | Hamburg, 14. Mai 1937 | 13. Jahrgang

Oberrabbiner Dr. Adolf Altmann-Trier:

Die Tora als Seele und Schicksal des jüdischen Volkes

Zum Schowuausfeste

Aus: A. Altmann, Die jüdische Volksseele. Berthold Levy Verlag, Berlin.

Als Israel am Sinai stand und der überwältigende Akt der Offenbarung geschehen sollte, entschwand, so erzählt ein Midraschwort, den in Ergriffenheit Staunenden die Seele. Sie wurden plötzlich wie leblose Körper. Sowie aber Gott anhub, sein „Ich bin" zu sprechen, ihnen die Tora zu geben, kam wieder Leben in sie, und zwar ein anderes, neues Leben. Die alte Seele war ihnen entflohen, aber eine andere, neue, senkte sich in sie. Gott hatte sie ihnen mit dem Odem des biblischen Geistes eingehaucht. Das ist es, was das Psalmwort meint, wenn es sagt: Die Gotteslehre vervollkommnet, sie gibt Seele wieder[1]). Auch Jirmijahu läßt Gott sagen: Meine Lehre habe ich in ihr Inneres gelegt, und auf ihr Herz werde ich sie schreiben[2]). Jehuda Halevi spricht in seinem Kusari davon, daß Gott schon in die Seele Adams die Anlage für die Empfangnahme der Tora eingepflanzt und auf Israel bei der Offenbarung übertragen habe, so daß die ganze Bibel, Wurzel, Stamm und Krone der Tora, als die Seele angesehen werden kann, die im Volkskörper des Judentums atmet.

Man kann das Faktum, daß die Bibel mit dem Wesen der jüdischen Volksseele identisch ist, an einem anschaulichen Umstande ermessen, an der Eigenart unseres Schicksals. Seele bedeutet ja auch Schicksal, ja, vielleicht drückt sich im Schicksal am tiefsten das Wesen der Seele aus. Denn die Schicksale der Menschen knoten sich in ihren Seelen. Nicht, was jemand erlebt, macht sein Schicksal aus, sondern wie er es erlebt, wie seine Seele es aufnimmt und widerstrahlt. „In deiner Seele ruht dein Glück und dein Unglück."[3])

1) Psalm 19,8. B'midbar rabba 11. 2) Jeremia 31, 32. — 3) Demokrit.

Unser jüdisches Schicksal entschied sich stets an unserem Verhältnis zu unserer Seele, zur Bibel. Wie wir zu ihr standen und von ihr aus die Dinge, die an uns herankamen, in uns aufnahmen und entwickelten, so war stets unser Schicksal, und so wird es auch stets für uns bleiben. Das hat schon Mosche ausgesprochen: Sie ist euer Leben, und durch sie werdet ihr auf die Dauer bestehen[4]). Wir Juden bestehen durch die Bibel, wie die Bibel durch uns besteht. Wir und die Bibel sind wie Körper und Seele, die einander bedingen und ergänzen. Nur mit der Bibel und durch sie hat das jüdische Volk Halt und Boden und wahre Originalität auf der Welt. Sie ist ihm mehr noch als das „geistige Vaterland" — wie Heine das Verhältnis der Juden zur Bibel bezeichnet — sie ist ihm die Welt überhaupt. Durch die Bibel hat das jüdische Volk seine ewige, unsterbliche und originelle Prägung erfahren. Der biblische Geist war es, der unsere schöpferischen Energien entwickelt hat. Und auch in der Zukunft — wenn dem Judentum noch eine Epoche schöpferischer Kraft beschieden sein soll — wird es nicht anders sein. Die Stunde der Wiedergeburt des jüdischen Volkstums wird nur schlagen, und eine wirkliche jüdische Renaissance wird nur eintreten, wenn die Macht der Bibel wiederum über uns gekommen sein wird, so daß die Welt uns nicht aus Uebernommenem, uns schlecht anstehendem Fremdartigen, sondern wiederum aus den Wirkungen heraus erkennen wird, die unserer echten Seele entspringen. „Denn sie (die Tora) ist eure Weisheit und Einsicht vor den Augen der Völker, welche alle diese Satzungen vernehmen und sprechen werden: nur ein weises und einsichtiges Volk ist diese große Nation."[5])

4) 5. Mos. 32, 47. — 5) 5. Mos. 4, 6.

Jüdisches Gemeindeblatt für das Gebiet der Hansestadt Hamburg, 13. Jg., Nr. 5, 14. Mai 1937.
Druck: M. Leßmann, Hamburg - Berlin.
320 x 230 mm.

Diese Ausgabe enthielt Joseph Carlebachs Artikel „Die wissenschaftliche Unhaltbarkeit der Bibelkritik".

Dr. Joseph Carlebach:
Keren Hathora-Fahrt zu jüdischen Kulturstätten des Ostens.
Herausgegeben anlässlich des zehnjährigen Bestehens des Keren Hathora.

Wien: Verlag der Keren Hathora-Zentrale 1934.
88 S., gebunden, 183 x 133 mm.

Kultussteuerkarteikarte der ehemaligen
„Deutsch-Israelitischen Gemeinde zu Hamburg“
für Dr. Joseph Carlebach.
168 x 236 mm. (Staatsarchiv Hamburg).

Hinter dem gestempelten Wort „Abwanderung“ verbirgt sich die Deportation vom 6.12.1941 nach Riga.

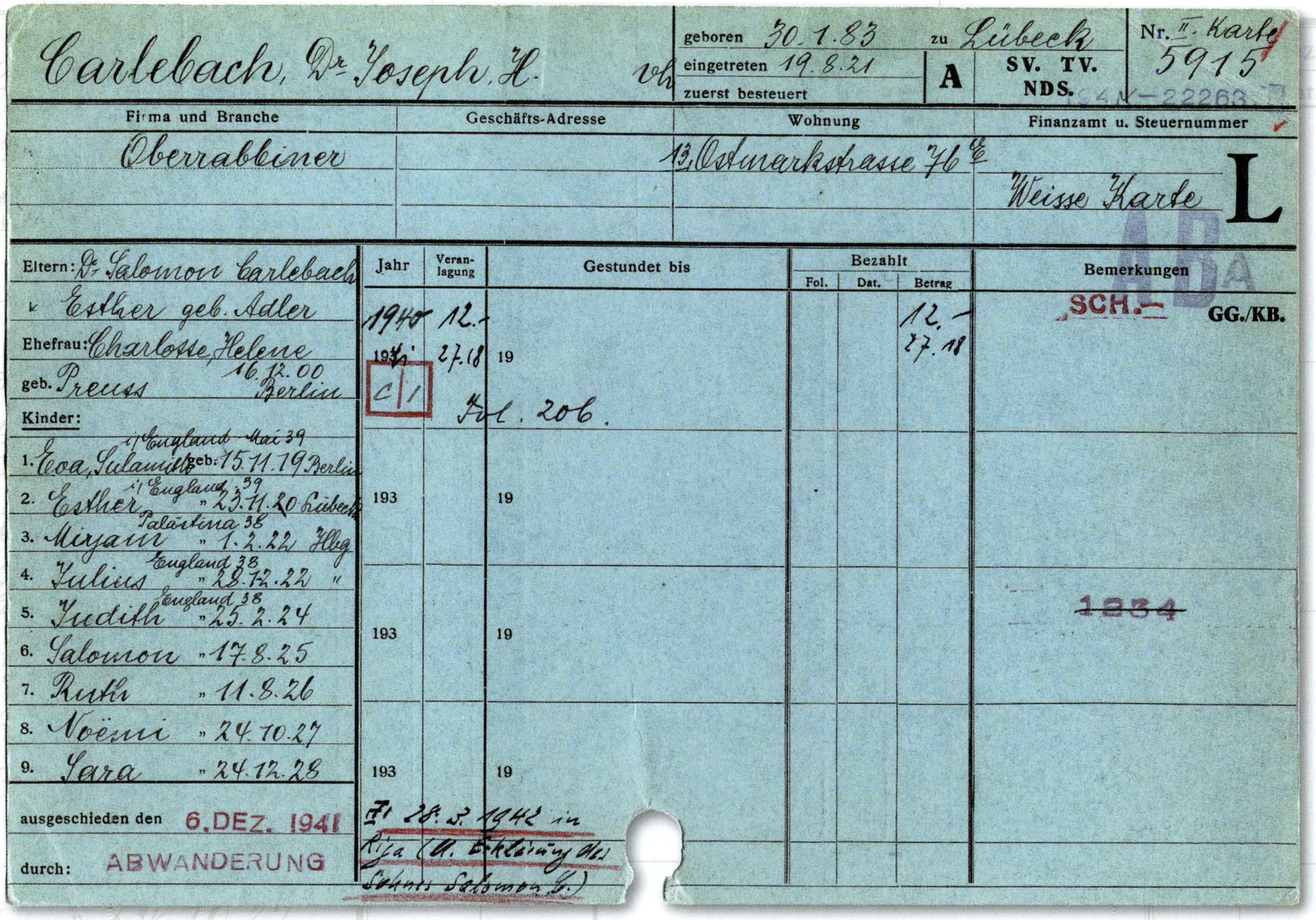
Carlebach, Dr. Joseph H. vh

geboren 30.1.83 zu Lübeck
eingetreten 19.8.21
zuerst besteuert
A
SV. TV. NDS.
Nr. II. Karte 5915
184 N–22263

Firma und Branche	Geschäfts-Adresse	Wohnung	Finanzamt u. Steuernummer
Oberrabbiner		13, Ostmarkstrasse 76 E	Weisse Karte L

Eltern: Dr. Salomon Carlebach u. Esther geb. Adler
Ehefrau: Charlotte, Helene geb. Preuss 16.12.00 Berlin
Kinder:
1. Eva, Sulamith geb. 15.11.19 Berlin (i/England Mai 39)
2. Esther " 23.11.20 Lübeck (i/England 39)
3. Mirjam " 1.2.22 Hbg (Palästina 38)
4. Julius " 28.12.22 " (England 38)
5. Judith " 25.2.24 (England 38)
6. Salomon " 17.8.25
7. Ruth " 11.8.26
8. Noëmi " 24.10.27
9. Sara " 24.12.28

ausgeschieden den 6. DEZ. 1941
durch: ABWANDERUNG

Jahr	Veranlagung	Gestundet bis	Bezahlt Fol.	Dat.	Betrag	Bemerkungen
1940	12.–				12.–	SCH.– AB A GG./KB.
1941	27.18	19			27.18	
C/1		Fol. 206				
193		19				
193		19				~~1934~~
193		19				

[illegible] 28.3.1942 in Riga (lt. Erklärung des Sohnes Salomon C.)

„Ich kannte Dr. Carlebach seit Mitte der zwanziger Jahre... Erst 1939 kamen wir mehr in Berührung, als ich in die jüdische Arbeit in Hamburg als einer der juristischen Mitarbeiter eintrat, zu einer Zeit, als Dr. Carlebach, der Seelsorger und Helfer in tragischen Notlagen, unsere jüdischen Mitbürger durch seinen geistigen, geistlichen und mitmenschlichen Beistand aufrichtete und unermüdlich tätig war... Er rechnete damit, daß er und die Seinigen eines Tages deportiert werden würden... Und doch verbarg er seine Enttäuschung keineswegs, als er im Herbst 1941 mit seiner Familie, soweit sie noch in Hamburg lebte, einem Transport nach Riga zugeteilt wurde. Seine tiefe Sorge war die jedes jüdischen Familienvaters; aber bei ihm gesellte sich noch der Schmerz hinzu, seiner nunmehr verwaisten Gemeinde nicht mehr beistehen zu können, wußte er doch, wievielen Menschen er Stütze und Aufrichtung und Trost gewesen war. Dies war auch, wie ich aus seinen Äußerungen weiß, sein Hauptmotiv gewesen, weswegen er nicht wie andere seiner Amtsbrüder rechtzeitig ausgewandert ist."

Ludwig Loeffler, Joseph Carlebach zum Gedenken. Hamburg 1974. In: Miriam Gillis-Carlebach: Jüdischer Alltag als humaner Widerstand 1939-1941. Dokumente des Hamburger Oberrabbiners Dr. Joseph Carlebach. Hamburg 1990, S. 111f. (Beiträge zur Geschichte Hamburgs, Bd. 37).

Oberrabbiner Dr. Joseph Carlebach 1883 -1942. Jüdische Gemeinde in Hamburg und Joseph-Carlebach Loge in Hamburg. Hamburg 1983. (Broschüre zu den Gedenkfeiern anlässlich des 100. Geburtstages von Joseph Carlebach). 39 S., broschiert, 184 x 115 mm.

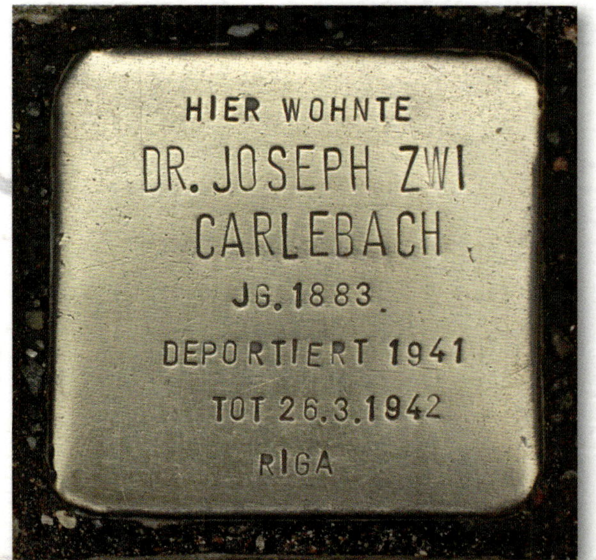

Stolperstein für Dr. Joseph Zwi Carlebach, verlegt in der Hallerstraße 76, Hamburg-Eimsbüttel, Stadtteil Rotherbaum. Fotografin: Gesche-M. Cordes, Hamburg.

„Hamburg war einst eine große jüdische Gemeinde. Uns schmerzt noch heute der Verlust, den auch wir durch den Mord an unseren jüdischen Mitbürgern erlitten haben. Und wir stehen mit gebeugtem Haupt in der Schande, die durch Verbrechen in unserem Namen über uns gekommen ist. In dieser Stunde ist der Hamburger Bürger Joseph Carlebach, an dessen 100. Geburtstag diese Feierstunde erinnert, für unsere Stadt ein Trost. Er war aufrecht, als andere sich duckten.

Er war menschlich, als andere den Menschen schändeten. Er war ein Mann tätiger Nächstenliebe, als andere furchtsam nur an sich selbst dachten. Unsere Stadt, deren Bürger die Verbrechen letztlich haben geschehen lassen, richtet sich heute auf am Vorbild der Opfer. Am Vorbild Dr. Carlebach, geboren am 30. Januar 1883."

Ansprache von Bürgermeister Dr. Klaus von Dohnanyi am 30.1.1983. In: Oberrabbiner Dr. Joseph Carlebach 1883 -1942. Jüdische Gemeinde in Hamburg und Joseph-Carlebach Loge in Hamburg. Hamburg 1983, S.12f.

Joseph Carlebach

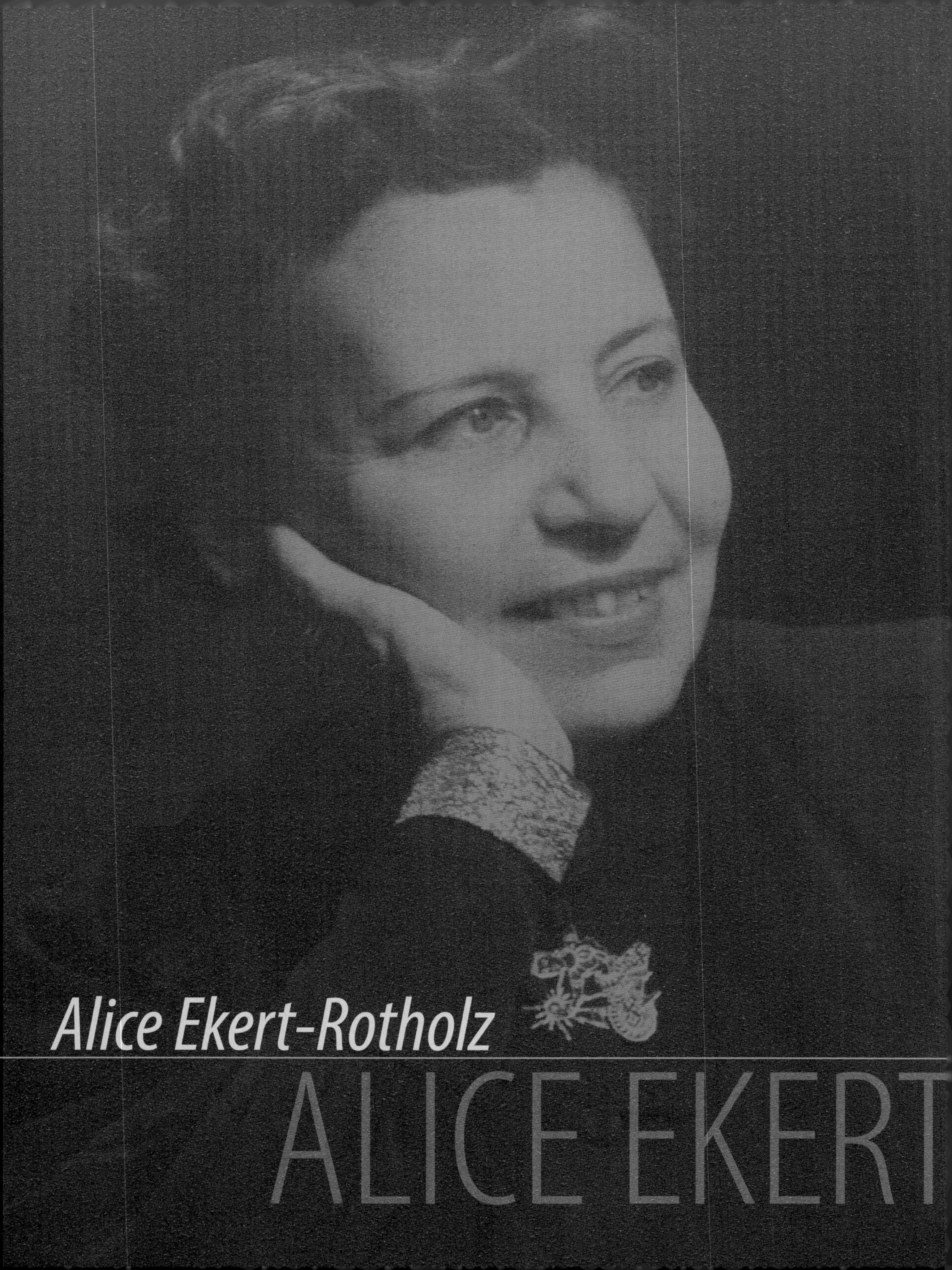
Alice Ekert-Rotholz
ALICE EKERT

1900 - 1995

Alice M. Ekert Rotholz

ROTHOLZ

Alic

ALICE EKERT-ROT

5.9.1900	*Geburt in Hamburg*
4.4.1921	*Heirat mit dem Zahnarzt Leopold Rotholz*
17.6.1924	*Geburt des Sohnes Heinz*
seit September 1930	*Beiträge in der Berliner „Weltbühne“;* *Mitarbeit in den sozialdemokratischen Zeitungen „Vorwärts“ und „Hamburger Echo“ sowie im „Simplicissimus“*
6.11.1935	*Verhaftung der Eheleute wegen des Vorwurfs staatsfeindlicher Gesinnung*
Nov. - Dez. 1935	*Inhaftierung im KZ Fuhlsbüttel*
24.12.1935	*Überführung ins Untersuchungsgefängnis; Anklage wegen staatsfeindlicher Gesinnung*
23.2. 1936	*Haftentlassung nach Niederschlagung der Anklage*
März 1939	*nach erzwungener Aufgabe der Zahnarztpraxis von Leopold Rotholz Emigration nach Siam, Wohnsitz in Bangkok*
20.8. 1951	*Rückkehr nach Hamburg; durch Vermittlung von Paul Theodor Hoffmann Kontaktaufnahme zu Senatsdirektor Erich Lüth;*
seit Jan. 1952	*Arbeiten für den Rundfunk, öffentliche Vorträge und Lesungen*
1954	*mit Veröffentlichung des Romans „Reis aus Silberschalen“ Beginn der Karriere als Erfolgsautorin*
21.7.1959	*Tod ihres Mannes; Übersiedelung nach London*
17.6.1995	*Tod in London*

kert-Rotholz

HOLZ

Alice Ekert als dreijähriges Mädchen, 1903.
Fotograf: unbekannt.
(Privatbesitz)

Alice Ekert-Rotholz, Weihnachten 1953.
Fotografin: Anny Breer, Hamburg. (Privatbesitz)

Alice Ekert-Rotholz, undatiert.
Fotograf: Hugo Schmidt, Hamburg. (Privatbesitz)

Alice Ekert-Rotholz, um 1930.
Fotograf: Kurt Schallenberg.
(Privatbesitz)

Alice und Leopold Ekert-Rotho
um 1939 in Bangkok.
Fotograf: unbekannt. (Privatbes

Alice Ekert-Rotholz (2.v. rechts) mit ihrer Schwester Anni und ihrem Vater Maximilian (1.v. rechts), um 1929.
(Privatbesitz)

Alice Ekert, 1919.
Fotograf: unbekannt.
(Privatbesitz)

Alice Ekert-Rotholz

Als deutsch-englische Autorin, als vitale gebürtige Hamburgerin, als Erfolgs- oder Bestseller-Autorin charakterisierten Journalisten Alice Ekert-Rotholz. Die Tochter des britischen Exportkaufmanns Maximilian Ekert und seiner deutsch-jüdischen Frau Hedwig, geb. Mendelsohn, verbrachte Kindheit und Jugend in Harvestehude. 1921 heiratete sie den Zahnarzt Leopold Rotholz.

Seit Anfang der 1930er Jahre veröffentlichte Alice Ekert-Rotholz als Lyrikerin satirisch-kritische Zeitkommentare in der von Carl von Ossietzky herausgegebenen „Weltbühne“; kurze, nicht weniger ironische Prosastücke erschienen zwischen 1931 und 1932 im „Simplicissimus“. Weitere Publikationsorte ihrer Texte waren die sozialdemokratischen Zeitungen „Vorwärts“ sowie das „Hamburger Echo“.

Durch pointierte Gedichte wie „Eros im Dritten Reich“ und „Das Himmelreich annonciert“ geriet sie ins Visier der Nationalsozialisten.
Der Hausdurchsuchung unmittelbar nach der Machtübertragung folgte die Verhaftung im November 1935; wegen vermeintlicher staatsfeindlicher Gesinnung wurde das Ehepaar im KZ Fuhlsbüttel inhaftiert.
Nach Niederschlagung der Anklage wurde Alice Ekert-Rotholz aus der Haft entlassen. Nachdem ihr Mann gezwungen war, seine Zahnarztpraxis aufzulösen, gelang es dem Ehepaar, im März 1939 nach Siam zu emigrieren. Im Spätsommer 1951 kehrten beide nach Hamburg zurück.

Nach ersten Arbeiten für den Rundfunk, öffentlichen Lesungen und Vorträgen veröffentlichte Alice Ekert-Rotholz 1953 ihr erstes Buch, den Reisebericht „Siam hinter der Bambuswand“.

Dank des energischen Engagements der Cheflektorin des „Hoffmann und Campe Verlages“ gelang ihr mit ihrem ersten, ein Jahr später erschienenen Roman „Reis aus Silberschalen“ der literarische Durchbruch. Das Buch wurde ein internationaler Bestseller. Auch ihre weiteren, in mehrere Sprachen übersetzten Gesellschaftsromane verschafften der Autorin dank einer Gesamtauflage von über drei Millionen verkauften Exemplaren internationale Beachtung.

Auch wenn das Hamburger Nachrichtenmagazin „DER SPIEGEL“ sie zu „jenem Bestseller strickenden Damenkranz der Margaret Mitchell und Vicki Baum, der Pearl S. Buck und Anne Golon“ zählte, geriet die in Hamburg geborene und seit dem Tod ihres Mannes in London lebende Alice Ekert-Rotholz zunehmend in Vergessenheit.

Alice Ekert-Rotholz was often characterized as a „german-english author", a „vital native of Hamburg", or as a „best-selling author."
Born as daughter of the British exporter Maximilian Ekert and his wife Hedwig, née Mendelsohn, Alice Ekert spent her childhood and youth in Hamburg's quarter Harvestehude.
In 1921 she married the dentist Leopold Rotholz.

From the beginning of the 1930s on, Alice Ekert-Rotholz's satirical poems appeared in the „Weltbühne", published by Carl von Ossietzky.
Short, ironic prose pieces appeared between 1931 and 1932 in „Simplicissimus" and the social democratic newspapers „Vorwärts" and the „Hamburger Echo".

Through her pointed, critical verse such as „Eros im Dritten Reich" and „Das Himmelreich annonciert", she came to the attention of the National Socialists. Her house was searched immediately after they took power, and she was arrested in November 1935. Accused of being traitors, both Alice and her husband were imprisoned in the concentration camp Fuhlsbüttel.

Only after the accusations were lifted in February 1936 they were freed. Alice's husband was forced to sell his dental office. The couple succeeded in emigrating to Siam in March 1939. In the late summer of 1951 they returned to Hamburg.

After working for radio, and giving readings and lectures, Alice Ekert-Rotholz wrote her first book in 1953, a travelogue called „Siam hinter der Bambuswand". Thanks to the influence of Harriet Wegener, the editor-in-chief of the „Hoffman and Campe" publishing company, one year later she broke through as a fiction writer with the novel „Reis aus Silberschalen".
The book became an international bestseller. Other novels that followed were translated into several languages and through the sale of over three million copies, she gained international acclaim.

The Hamburg-based news magazine „DER SPIEGEL" placed her in the „ladies circle of bestseller knitters like Margaret Mitchell and Vicki Baum, Pearl S. Buck and Anne Golon." Alice Ekert-Rotholz, born in Hamburg, finally settled in London after her husband's death. Despite her initial fame, her name has been increasingly forgotten.

kert-Rotholz

ROTHOLZ

„Ich erlebte das Sterben der Weimarer Verfassung durch meine Verbindung mit der Weltbühne. Tiefer konnte eine junge Person in ihren Zwanzigern den Anfang vom Ende und das Vorspiel der Hitler-Periode kaum erleben. Diese Zeitschrift, unscheinbar rote Hefte, war das Sprachrohr für alle, die wissen wollten, was noch hinter den Kulissen spielte.

Carl von Ossietzky, der unerschrockene Herausgeber der Zeitschrift und Kurt Tucholsky, der die Weltbühne mit ‚fünf Pferdekräften' belieferte (Peter Panter, Theobald Tiger, Ignaz Wrobel, Kaspar Hauser und eben Tucholsky) hatten den sechsten oder achten Sinn für Politik und für das Schicksal Berlins. Und sie schrieben jede Woche, was sie dachten und zu verhindern suchten: die Machtergreifung durch einen Diktator namens Hitler...

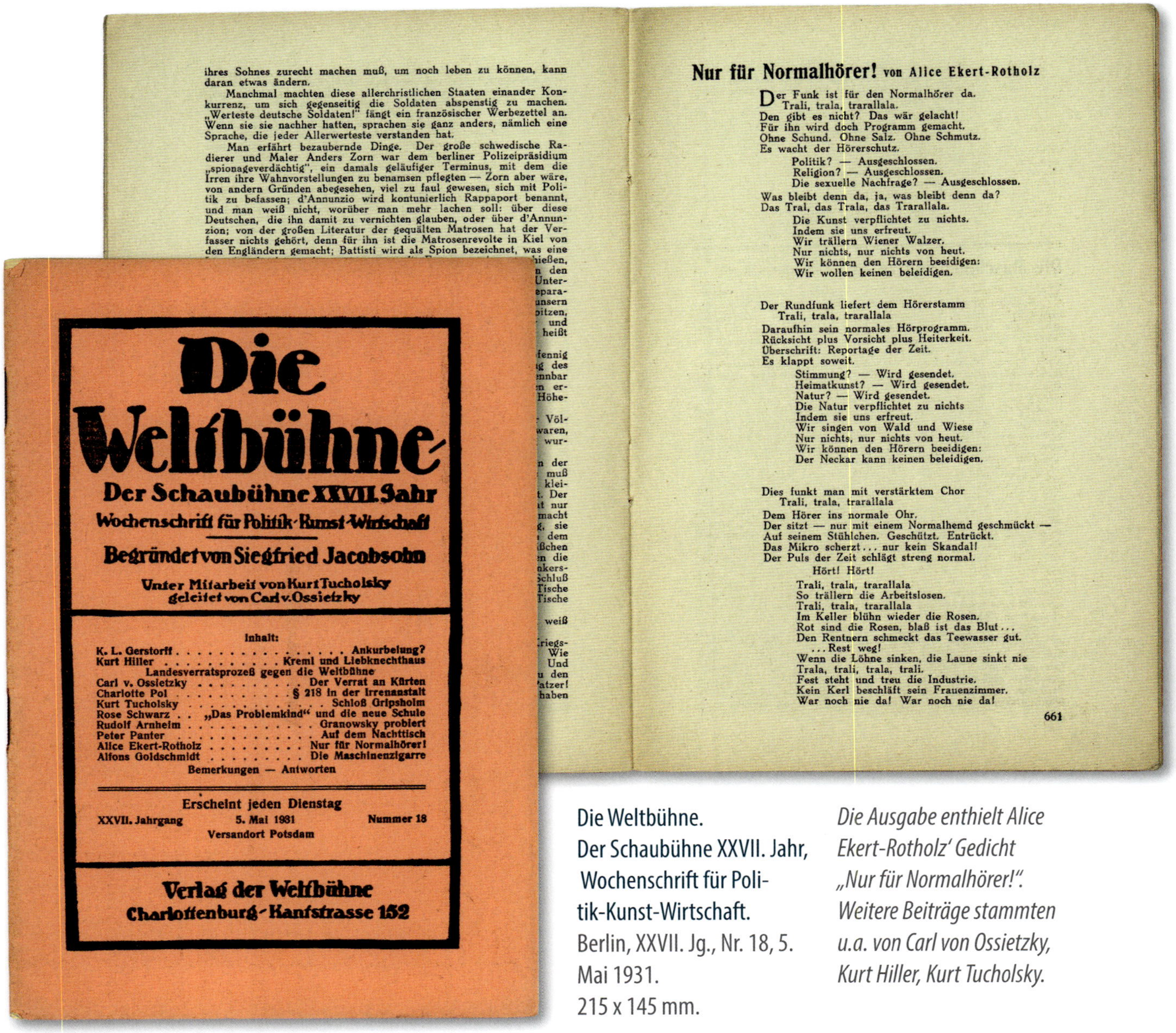

ihres Sohnes zurecht machen muß, um noch leben zu können, kann daran etwas ändern.

Manchmal machten diese allerchristlichen Staaten einander Konkurrenz, um sich gegenseitig die Soldaten abspenstig zu machen. „Werteste deutsche Soldaten!" fängt ein französischer Werbezettel an. Wenn sie sie nachher hatten, sprachen sie ganz anders, nämlich eine Sprache, die jeder Allerwerteste verstanden hat.

Man erfährt bezaubernde Dinge. Der große schwedische Radierer und Maler Anders Zorn war dem berliner Polizeipräsidium „spionageverdächtig", ein damals geläufiger Terminus, mit dem die Irren ihre Wahnvorstellungen zu benamsen pflegten — Zorn aber wäre, von andern Gründen abegesehen, viel zu faul gewesen, sich mit Politik zu befassen; d'Annunzio wird kontunierlich Rappaport benannt, und man weiß nicht, worüber man mehr lachen soll: über diese Deutschen, die ihn damit zu vernichten glauben, oder über d'Annunzion; von der großen Literatur der gequälten Matrosen hat der Verfasser nichts gehört, denn für ihn ist die Matrosenrevolte in Kiel von den Engländern gemacht; Battisti wird als Spion bezeichnet, was eine

Die Weltbühne

Der Schaubühne XXVII. Jahr

Wochenschrift für Politik · Kunst · Wirtschaft

Begründet von Siegfried Jacobsohn

Unter Mitarbeit von Kurt Tucholsky
geleitet von Carl v. Ossietzky

Inhalt:

Erscheint jeden Dienstag

XXVII. Jahrgang — 5. Mai 1931 — Nummer 18

Versandort Potsdam

Verlag der Weltbühne
Charlottenburg - Kantstrasse 152

Nur für Normalhörer! von Alice Ekert-Rotholz

Der Funk ist für den Normalhörer da.
  Trali, trala, trarallala.
Den gibt es nicht? Das wär gelacht!
Für ihn wird doch Programm gemacht.
Ohne Schund. Ohne Salz. Ohne Schmutz.
Es wacht der Hörerschutz.
    Politik? — Ausgeschlossen.
    Religion? — Ausgeschlossen.
    Die sexuelle Nachfrage? — Ausgeschlossen.
Was bleibt denn da, ja, was bleibt denn da?
Das Tral, das Trala, das Trarallala.
    Die Kunst verpflichtet zu nichts.
    Indem sie uns erfreut.
    Wir trällern Wiener Walzer.
    Nur nichts, nur nichts von heut.
    Wir können den Hörern beeidigen:
    Wir wollen keinen beleidigen.

Der Rundfunk liefert dem Hörerstamm
  Trali, trala, trarallala
Daraufhin sein normales Hörprogramm.
Rücksicht plus Vorsicht plus Heiterkeit.
Überschrift: Reportage der Zeit.
Es klappt soweit.
    Stimmung? — Wird gesendet.
    Heimatkunst? — Wird gesendet.
    Natur? — Wird gesendet.
    Die Natur verpflichtet zu nichts
    Indem sie uns erfreut.
    Wir singen von Wald und Wiese
    Nur nichts, nur nichts von heut.
    Wir können den Hörern beeidigen:
    Der Neckar kann keinen beleidigen.

Dies funkt man mit verstärktem Chor
  Trali, trala, trarallala
Dem Hörer ins normale Ohr.
Der sitzt — nur mit einem Normalhemd geschmückt —
Auf seinem Stühlchen. Geschützt. Entrückt.
Das Mikro scherzt ... nur kein Skandal!
Der Puls der Zeit schlägt streng normal.
      Hört! Hört!
    Trali, trala, trarallala
    So trällern die Arbeitslosen.
    Trali, trala, trarallala
    Im Keller blühn wieder die Rosen.
    Rot sind die Rosen, blaß ist das Blut ...
    Den Rentnern schmeckt das Teewasser gut.
      ... Rest weg!
    Wenn die Löhne sinken, die Laune sinkt nie
    Trala, trali, trala, trali.
    Fest steht und treu die Industrie.
    Kein Kerl beschläft sein Frauenzimmer.
    War noch nie da! War noch nie da!

661

Die Weltbühne.
Der Schaubühne XXVII. Jahr,
Wochenschrift für Politik-Kunst-Wirtschaft.
Berlin, XXVII. Jg., Nr. 18, 5. Mai 1931.
215 x 145 mm.

Die Ausgabe enthielt Alice Ekert-Rotholz' Gedicht „Nur für Normalhörer!". Weitere Beiträge stammten u.a. von Carl von Ossietzky, Kurt Hiller, Kurt Tucholsky.

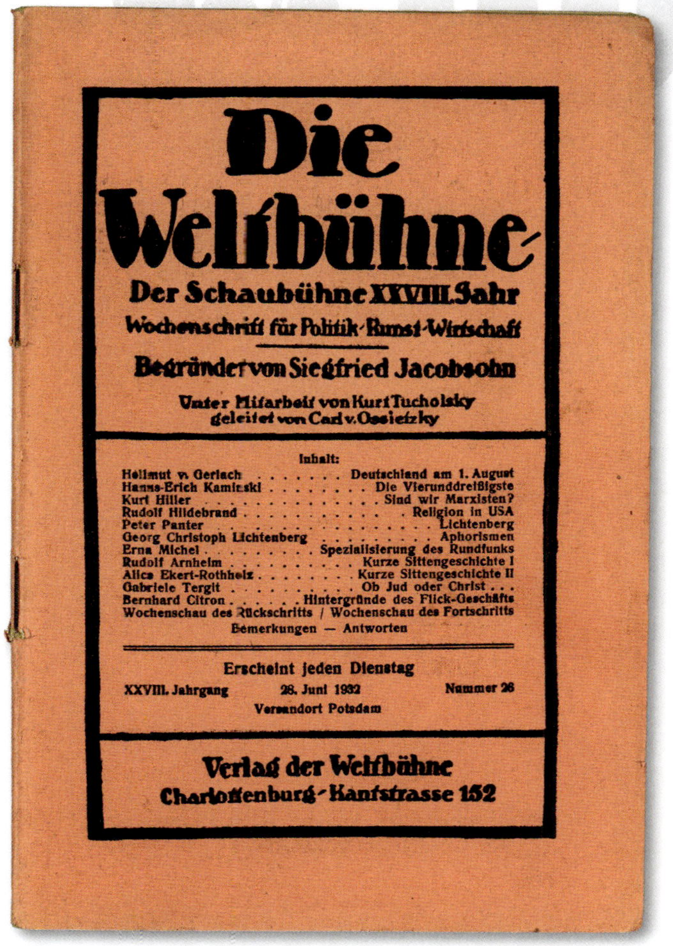

Die Weltbühne
Der Schaubühne XXVIII. Jahr
Wochenschrift für Politik-Kunst-Wirtschaft
Begründer von Siegfried Jacobsohn
Unter Mitarbeit von Kurt Tucholsky
geleitet von Carl v. Ossietzky

Inhalt:

Hellmut v. Gerlach	Deutschland am 1. August
Hanns-Erich Kaminski	Die Vierunddreißigste
Kurt Hiller	Sind wir Marxisten?
Rudolf Hildebrand	Religion in USA
Peter Panter	Lichtenberg
Georg Christoph Lichtenberg	Aphorismen
Erna Michel	Spezialisierung des Rundfunks
Rudolf Arnheim	Kurze Sittengeschichte I
Alice Ekert-Rothholz	Kurze Sittengeschichte II
Gabriele Tergit	Ob Jud oder Christ . . .
Bernhard Citron	Hintergründe des Flick-Geschäfts
Wochenschau des Rückschritts	Wochenschau des Fortschritts

Bemerkungen — Antworten

Erscheint jeden Dienstag
XXVIII. Jahrgang 28. Juni 1932 Nummer 26
Versandort Potsdam

Verlag der Weltbühne
Charlottenburg · Kantstrasse 152

Die Weltbühne.
Der Schaubühne XXVIII. Jahr,
Wochenschrift für Politik-Kunst-Wirtschaft.
Berlin, XXVIII. Jg., Nr. 26,
28. Juni 1932.
215 x 145 mm.

Alice Ekert-Rotholz' Gedicht „Kurze Sittengeschichte II" folgte eine Gerichtsreportage der Schriftstellerin und Journalistin Gabriele Tergit (1894-1982), die nach der Machtübertragung an die Nationalsozialisten zuerst nach Palästina, dann nach England emigrierte, wo sie jahrelang als Sekretärin des „P.E.N. - Zentrum deutschsprachiger Autoren im Ausland" arbeitete.

Bis 1933 schrieb ich Gedichte für die Weltbühne. 1932 besuchte ich Ossietzky dort zum letzten Mal. Als ich von meinem letzten Besuch aus Berlin zurückkam, erzählte mir mein Mann, daß einer seiner Patienten ihm sein Hakenkreuz auf dem Innenfutter seines Jacketts zeigte. <Besser ist besser! Man kann ja nich wissen, nich?>"

Alice Ekert-Rotholz,
Besuch in Ossietzkys Redaktion.
In: Rolf Italiaander (Hrsg.):
Wir erlebten das Ende der Weimarer Republik.
Zeitgenossen berichten.
Düsseldorf 1982, S. 106f.

Alice Ekert-Rotholz

Simplicissimus.
Stuttgart, 36. Jg., Nr. 30,
26. Oktober 1931.
383 x 285 mm.

Diese Ausgabe enthielt Alice Ekert-Rotholz' Beitrag „Theater mit Sparprogramm". Zwischen Februar 1931 und Februar 1932 erschienen mehrere Prosatexte von Alice Ekert-Rotholz in der renommierten politisch-satirischen Wochenzeitschrift „Simplicissimus".

Himmel auf Zeit.
Das Hamburger Künstlerfest.
Kleines Brevier für Festbesucher.
Herausgegeben von Harry Reuß-Löwenstein. Bildredaktion: Willi Titze.
Hamburg: Verlag Br. Sachse o.J. (1933), 43 S., kartoniert, 163 x 120 mm.

Dieser Festalmanach enthielt Alice Ekert-Rotholz' schon am 15.11.1932 in der Berliner „Weltbühne" veröffentlichtes Gedicht „Das Himmelreich annonciert". Darin hieß es:
„Das Himmelreich läßt alle Leute rein.
Alle Farben! Auch/ die roten!/
Nebenan wird das deutsche Himmelreich sein. Mit der/ Aufschrift:
<Eintritt verboten>".

„Darf ich Ihre Zeit für fünf Minuten in Anspruch nehmen, um Ihnen etwas mitzuteilen, das meine Zukunft ziemlich entscheidend beeinflussen wird.
Vorigen Sonnabend erhielt ich ein Telegramm vom Verlagshaus BONG & Co in München, das mir eine garantierte Erstauflage von 15 000 für mein Reisebuch ‚Siam hinter der Bambuswand' (mit eigenen Illustrationen) anbot. Vorgestern war der Verlagsdirektor aus München hier und ich unterzeichnete den Vertrag.-

Die Grossauflage kommt zustande, weil die ‚Büchergilde Gutenberg' in Frankfurt das Buch für ihre Mitglieder gekauft hat...

Ich habe einen grossartigen Vertrag und der Verlag wird auch meine Novellen ‚Die strafende Sonne' und einen Asienroman, den ich in Siam im Plan fertiggestellt habe, nach und nach herausgeben. Im Mai bekomme ich einen Vorschuss von 2 000 Mark, damit ich die Rundfunkarbeit ziemlich einstellen und den Roman schreiben kann...

Neues Hamburg. Zeugnisse vom Wiederaufbau der Hansestadt. Bd. VII. Hg. Erich Lüth. Titel-Photo: Staatliche Landesbildstelle Hamburg. Hamburg: Hammerich & Lesser 1952. 116 S., kartoniert, 295 x 210 mm.

In dieser von dem Direktor der Staatlichen Pressestelle Hamburg herausgegebenen Schriftenreihe erschienen wiederholt Beiträge von Alice Ekert-Rotholz. Diese Ausgabe enthielt ihren Beitrag „Nachrichten aus der Hansestadt", den in Versen verfassten Erfahrungsbericht eines in Hamburg lebenden Studenten aus Siam. Weitere Beiträge stammten u.a. von Max Brauer, Hans H. Biermann-Ratjen, Axel Eggebrecht und Carl Georg Heise.

Alice Ekert-Rotholz: Siam hinter der Bambuswand. Ein ostasiatisches Reisebuch. München: Deutsches Verlagshaus Bong 1953. Gesamtausstattung Rudolf Schmidt, Frankfurt am Main. 240 S., gebunden, 240 x 170 mm.

Die gedruckte Widmung lautet „Für meinen Mann und meinen Sohn, die Ostasien mit mir erlebten."
In dem Eingangskapitel „Meerfahrt 1939. Von Hamburg nach Bangkok." schrieb Alice Ekert-Rotholz:

„An einem Märztage im Jahre 1939 fuhr eine Hamburger Hafenbarkasse durch graues Elbwasser der „Selandia" entgegen. Es regnete Bindfäden. Dichte, graue Schleier schoben sich zwischen die Passagiere auf dem weißen Dänenschiff und ihre Lieben, die ihnen die letzten Abschiedsgrüße vom Pier zuwinkten. Langsam entschwand die Vaterstadt hinter einer Wolkenwand. Würde man sie jemals wiedersehen? Die Stadt barg alle Freuden und Leiden der jungen Jahre; man hatte jedes geheime Entzücken und jeden geheimen Schmerz an die Alster oder an die Elbe getragen. Man hatte die Türme der Altstadt angeblickt, und sie hatten immer wieder Ruhe und Sicherheit gegeben. Sie waren dem Himmel sehr nahe - die Hamburger Kirchtürme."

Ich bin noch etwas betäubt von diesem unerwarteten Glück, das nicht nur eine beträchtliche pekuniäre Sicherheit in Aussicht stellt, sondern eine literarische Karriere auf grosser Linie...

Ich wollte Ihnen doch die gute Nachricht gleich mitteilen, da Sie so herzliches Interesse für meine nicht gerade leichten Anfänge in der alten Heimat gezeigt haben...

Das Jahr 1953 wird mir also riesige Arbeit (am Roman und an der Fertigstellung des Novellenbandes) bringen; aber es ist die Arbeit, die der Schriftsteller jeder Musse vorzieht..."

Brief von Alice Ekert-Rotholz an Senatsdirektor Erich Lüth vom 24.11.1952.
(Staatsarchiv Hamburg).

Nach Angaben ihres Sohnes Heinz Redwood musste das „Deutsche Verlagshaus Bong" Konkurs anmelden.
Außer der Vorschusszahlung erhielt Alice Ekert-Rotholz keine weiteren Honorare.
Gleichwohl ergab sich nach einer Lesung aus ihrem Buch der Kontakt zu Harriet Wegener, der Cheflektorin des „Hoffmann und Campe Verlages", die Alice Ekert-Rotholz ermutigte, ihre Erlebnisse doch in Form eines Romans zu verarbeiten.

„...I am so busy with the novel (which unfortunately has to have a middle and an end - according to the wishes of my publishers) that all my efforts are concentrated upon finishing this one novel among all the unfinished masterpieces...

Everything would be just butter and cream if my health were a bit better...

To the disgust of Frau Dr. Wegener, I have snatched another month from them. The novel is to be completed in January instead of December. Then February will be devoted to work with the lectorate (alterations and shortening of certain passages) and in March I' am allowed to return to my broadcasting work, as Dr. Wegener put it the other day. Not a single broadcast is to be done NOW, she said. They seem quite unwilling to publish a half-completed novel...

But I have to go through with this thing now. It is really now or never. Please tell Jean a bit of how I had to wait for this chance. Almost a lifetime."

Brief von Alice Ekert-Rotholz an ihren Sohn Heinz Redwood, 26.10.1953.
Mit „Dr. Wegener" war Harriet Wegener, die damalige Cheflektorin des „Hoffmann und Campe Verlages", mit „Jean" ihre Schwiegertochter gemeint.

Alice Ekert-Rotholz: Reis aus Silberschalen.
Roman einer deutschen Familie in Ostasien.
Einband: Fritzsche-Ludwig KG, Berlin.
Hamburg: Hoffmann und Campe Verlag 1954.
506 S., gebunden, 210 x 138 mm.

Die gedruckte Widmung lautet: „Für meine Eltern". Der Verlag warb auf dem Buchrücken mit einer Buchbesprechung vom „Südwestfunk", Baden-Baden, in der es hieß: „Es ist auf jeden Fall ein Gewinn, sich von einer solchen Kennerin bei der Hand nehmen und in die siamesische Welt einführen zu lassen, in der östlicher Fatalismus gegen westliche Betriebsamkeit steht - zumal Alice Ekert-Rotholz dies auf elegante und leichte Weise tut und einen für deutsche Frauen seltenen Humor besitzt."

Alice Ekert-Rotholz:
Wo Tränen verboten sind.
Hamburg: Hoffmann und Campe Verlag
1956. 533 S., gebunden,
210 x 138 mm.

Alice Ekert-Rotholz:
The Time Of The Dragons.
Translated from the German
by Richard and Clara Winston.
Schutzumschlag: Gösta Kriland.
Übersetzung von
„Wo Tränen verboten sind".
London: Jonathan Cape &
The Book Society 1958.
476 S., gebunden, 203 x 150 mm.
Druck: Richard Clay and Company Ltd.,
Bungay, Suffolk.

Alice Ekert-Rotholz:
Elfenbein aus Peking. Sechs Geschichten.
Umschlag und Einband: Heiner Böttger.
Hamburg: Hoffmann und Campe Verlag 1966.
227 S., gebunden, 210 x 136 mm.
Aufgeschlagen mit Innenklappen:
210 x 465 mm.

Die gedruckte Widmung lautet:
„Für meinen Mann".

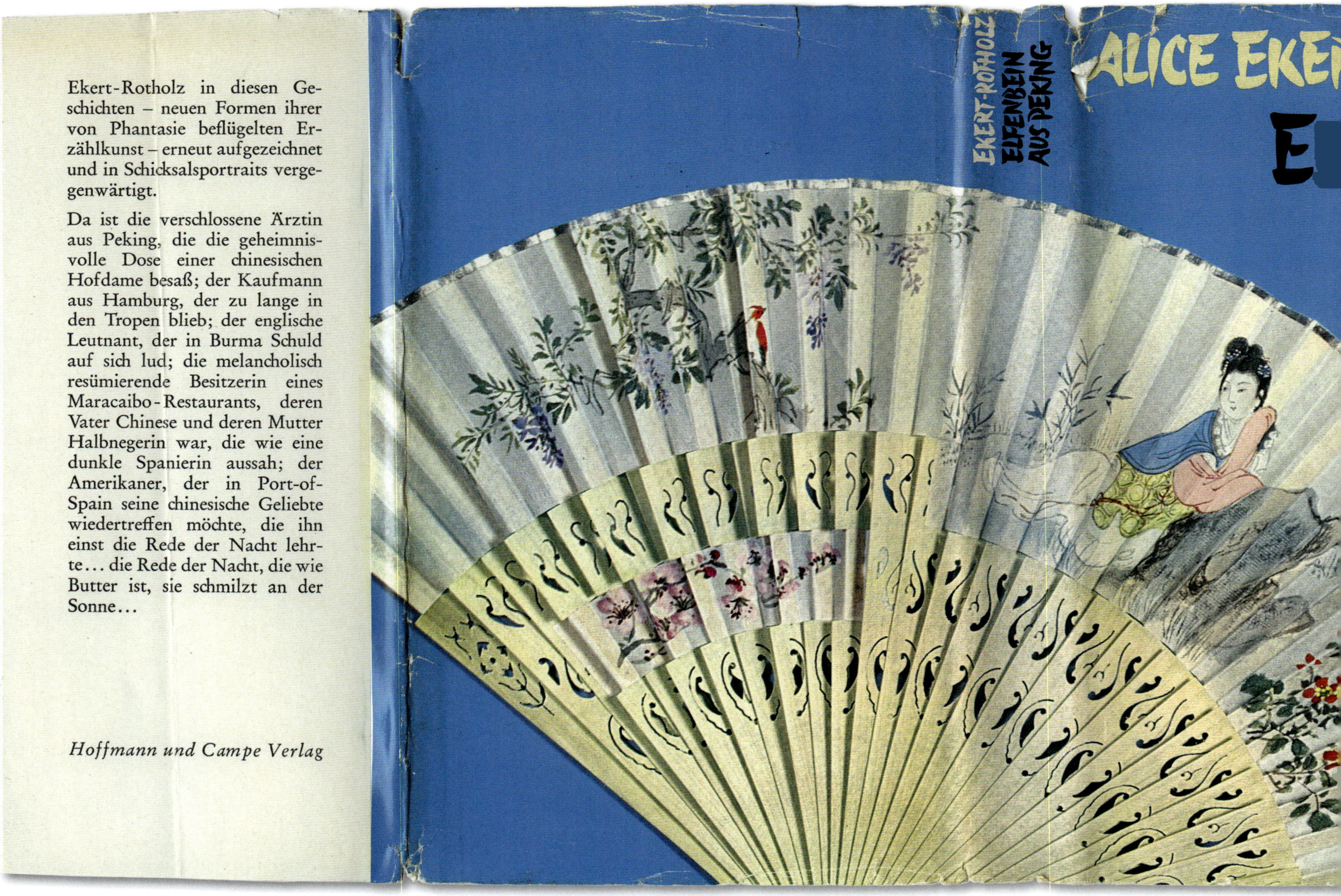

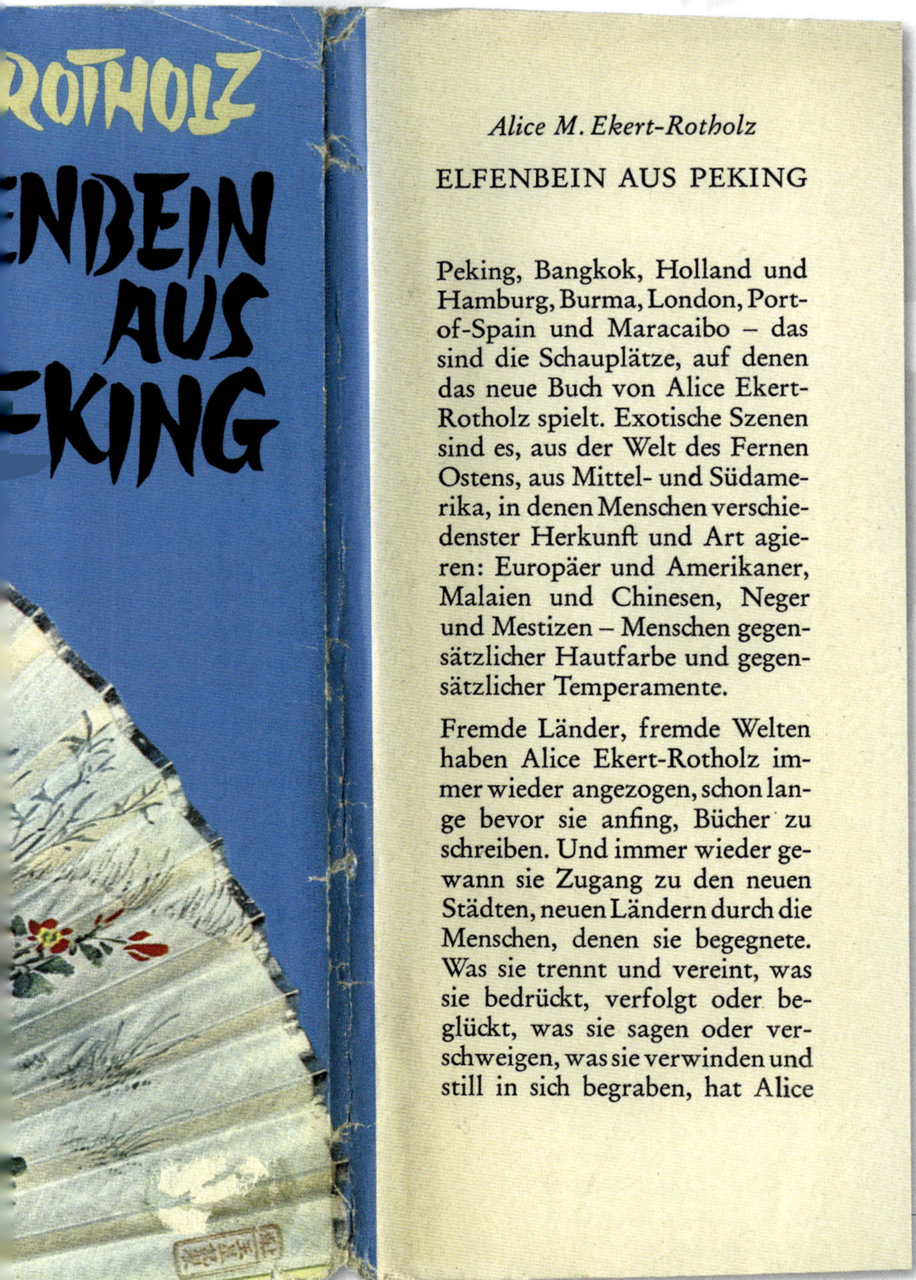

Alice M. Ekert-Rotholz

ELFENBEIN AUS PEKING

Peking, Bangkok, Holland und Hamburg, Burma, London, Port-of-Spain und Maracaibo – das sind die Schauplätze, auf denen das neue Buch von Alice Ekert-Rotholz spielt. Exotische Szenen sind es, aus der Welt des Fernen Ostens, aus Mittel- und Südamerika, in denen Menschen verschiedenster Herkunft und Art agieren: Europäer und Amerikaner, Malaien und Chinesen, Neger und Mestizen – Menschen gegensätzlicher Hautfarbe und gegensätzlicher Temperamente.

Fremde Länder, fremde Welten haben Alice Ekert-Rotholz immer wieder angezogen, schon lange bevor sie anfing, Bücher zu schreiben. Und immer wieder gewann sie Zugang zu den neuen Städten, neuen Ländern durch die Menschen, denen sie begegnete. Was sie trennt und vereint, was sie bedrückt, verfolgt oder beglückt, was sie sagen oder verschweigen, was sie verwinden und still in sich begraben, hat Alice

Alice Ekert-Rotholz: Elfenbein aus Peking. Sechs Geschichten. Umschlagentwurf: Werner Rebhuhn. Reinbek bei Hamburg: Rowohlt Verlag 1970. 153 S., broschiert, 190 x 115 mm.

Von dieser Taschenbuchausgabe wurden bis 1979 mehr als 90.000 Exemplare verkauft.

Arbeitszimmer von Alice Ekert-Rotholz in London-Hampstead, undatiert. In den Regalen stapelte sie die großformatigen Zeichnungen zu ihren Büchern.
(Privatbesitz)

Zu ihrer Arbeitsweise notierte „DER SPIEGEL“: „Eine tatsächlich erstaunliche Technik wird von Alice Ekert-Rotholz zur Vorbereitung ihrer Romane praktiziert: Die Schriftstellerin zeichnet, bevor sie zu schreiben beginnt, Porträts der Hauptfiguren des geplanten Romans - bis zu acht pro Person, bis zu achtzig pro Roman.

Diese Blätter breitet sie auf dem Fußboden ihrer Wohnung im Londoner Villenviertel Hampstead aus: während sie im Drehstuhl oder auf dem Teppich zwischen ihnen sitzend, oft behaglich bei Kaffee, über den Porträtskizzen meditiert, sie manchmal verschiebt und vertauscht wie Karten eines Patience-Spiels, spinnt ihre Phantasie die Fäden der Romanhandlung.“

Alice Ekert-Rotholz: Indiras Fenster. Geschichten aus London. Hamburg: Hoffmann und Campe Verlag 1990. Schutzumschlag und Einbandgestaltung: Werner Rebhuhn. 248 S., gebunden, 215 x 142 mm.

Die gedruckte Widmung lautet:

„Für Thomas Ganske, der mir die Form des Monologs vorschlug. , In alter Verbundenheit A. E.-R.“

Alice Ekert-Rotholz: Im feurigen Licht. Gesammelte Gedichte 1929-1993. Hrsg.: Heinz Redwood. Schutzumschlaggestaltung: Büro Hamburg/Uljana Tatzel. Hamburg: Hoffmann und Campe Verlag 2000. 254 S., gebunden, 195 x 130 mm.

In seinem Vorwort schrieb Heinz Redwood, der Sohn von Alice Ekert-Rotholz, über seine Mutter:

„Hamburg war und blieb ihre teure Heimatstadt. Mit Berlin war sie im Geist seit der ‚Weltbühnen-Zeit' eng verknüpft. Ostasien war fesselnd, aber fremd. London war die Weltstadt, in dessen Völkergemisch sie sich völlig zu Hause fühlte und wo sie ungestört weiter chinesische und japanische Einwohner studieren konnte, <weil wir alle, alle Londoner sind>.“

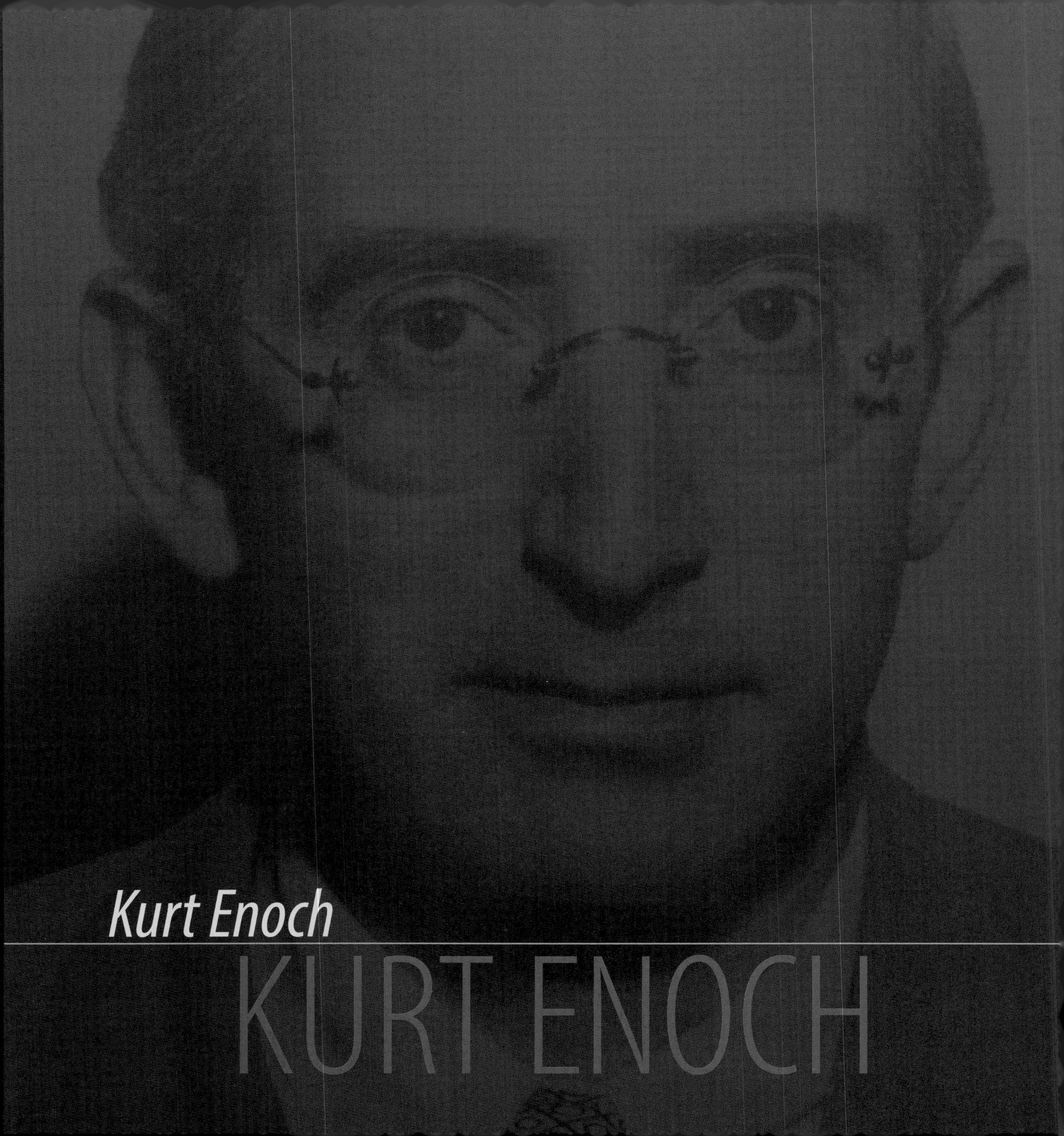

Kurt Enoch

KURT ENOCH

1895 - 1982

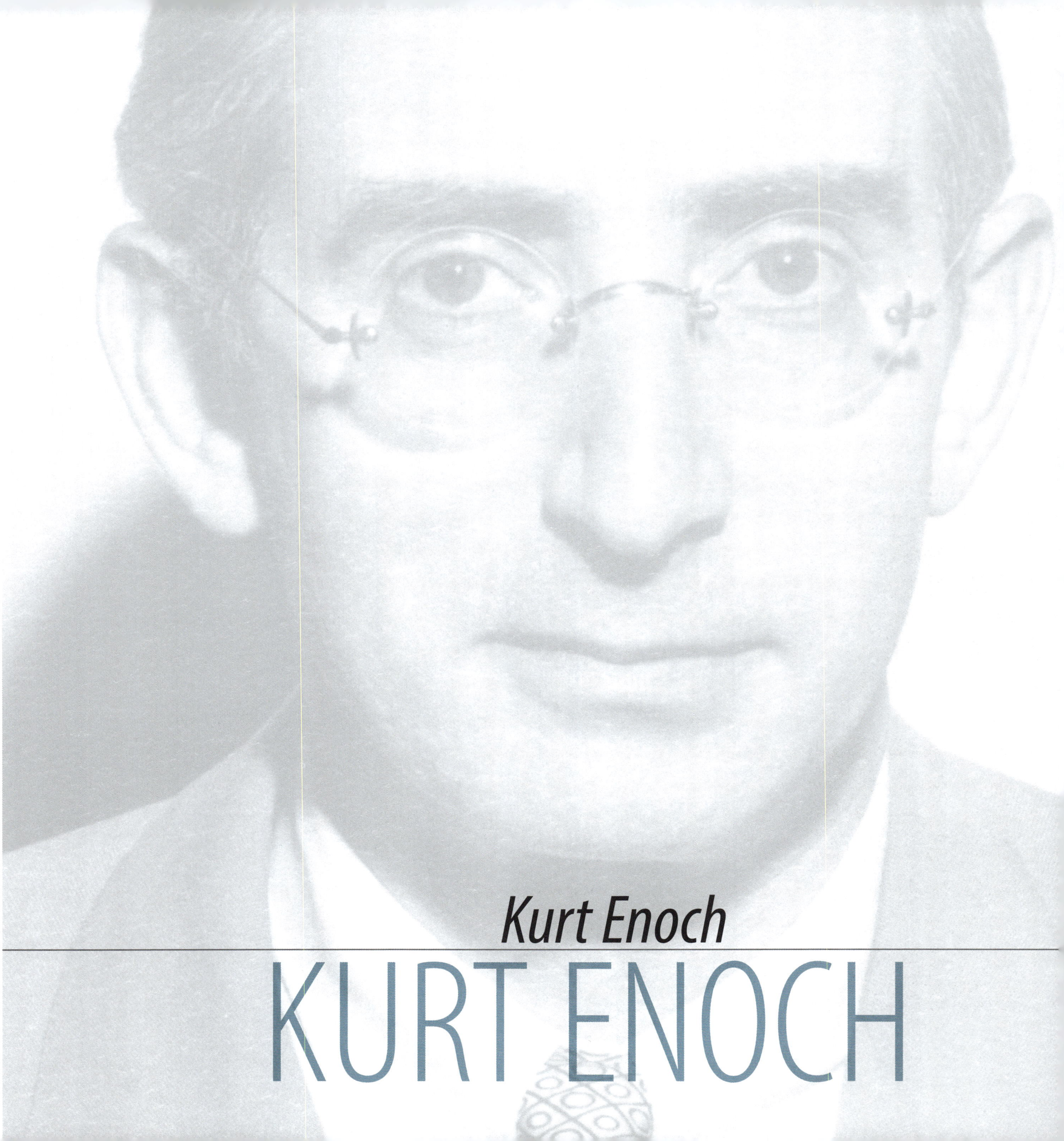

Kurt Enoch

KURT ENOCH

22.11.1895	*Geburt in Hamburg;* *Schüler des Wilhelm-Gymnasiums*
1915	*Abbruch der Lehre in der Gsellius'schen Buchhandlung in Berlin*
1915 - 1918	*Teilnahme am Ersten Weltkrieg als Freiwilliger*
	Studium der Nationalökonomie in Hamburg
1921	*Promotion in Hamburg;* *Heirat mit Hertha Rehse Frischmann*
1922	*Leitung des von seinem Vater gegründeten Gebrüder Enoch Verlages*
1932	*Gründung der „Albatross Modern Continental Library";* *Übernahme der „Edition Tauchnitz"*
1936	*Verkauf des Verlages an Christian Wegner*
8.8.1936	*Emigration nach Paris;* *Gründung neuer Verlagsunternehmen*
1939	*dreimonatige Internierung in Frankreich*
1940	*Flucht über die Pyrenäen nach Spanien und Portugal*
Oktober 1940	*Ankunft in New York und beruflicher Neubeginn*
1941	*Vizepräsident der US-Importfiliale von „Penguin Books";* *später Mitinhaber und Präsident der Firma*
1947	*amerikanischer Staatsbürger*
1948	*Kauf des Verlages und Umbenennung in „The New American Library of World Literature";*
bis 1968	*Geschäftsführer und Mitglied des Aufsichtsrates*
15.2.1982	*Tod auf Puerto Rico*

Kurt Enoch in Offiziersuniform, 1918. (Privatbesitz)

Kurt Enoch als Präsident der „New American Library" (NAL), undatiert. (Privatbesitz)

Kurt Enoch in der Kluft seines Jugendbundes, undatiert.
(Privatbesitz)

Kurt Enoch (2. Reihe, 3.v.r.) als Schüler des Wilhelm-Gymnasiums, undatiert.
(Privatbesitz)

Kurt Enoch (2. Reihe, 2. von rechts) als Mitglied des Gymnasial-Rudervereins „Hamburg" (GRV „H"), um 1915.
(Privatbesitz)

Doppelhochzeit von Kurt und Otto Enoch, 1921: (1. Reihe, 3. und 4.v. l.) Hertha und Kurt Enoch, neben ihnen Grete und Otto Enoch.
Die Feier der Doppelhochzeit fand im Uhlenhorster Fährhaus in Hamburg statt.
(Privatbesitz)

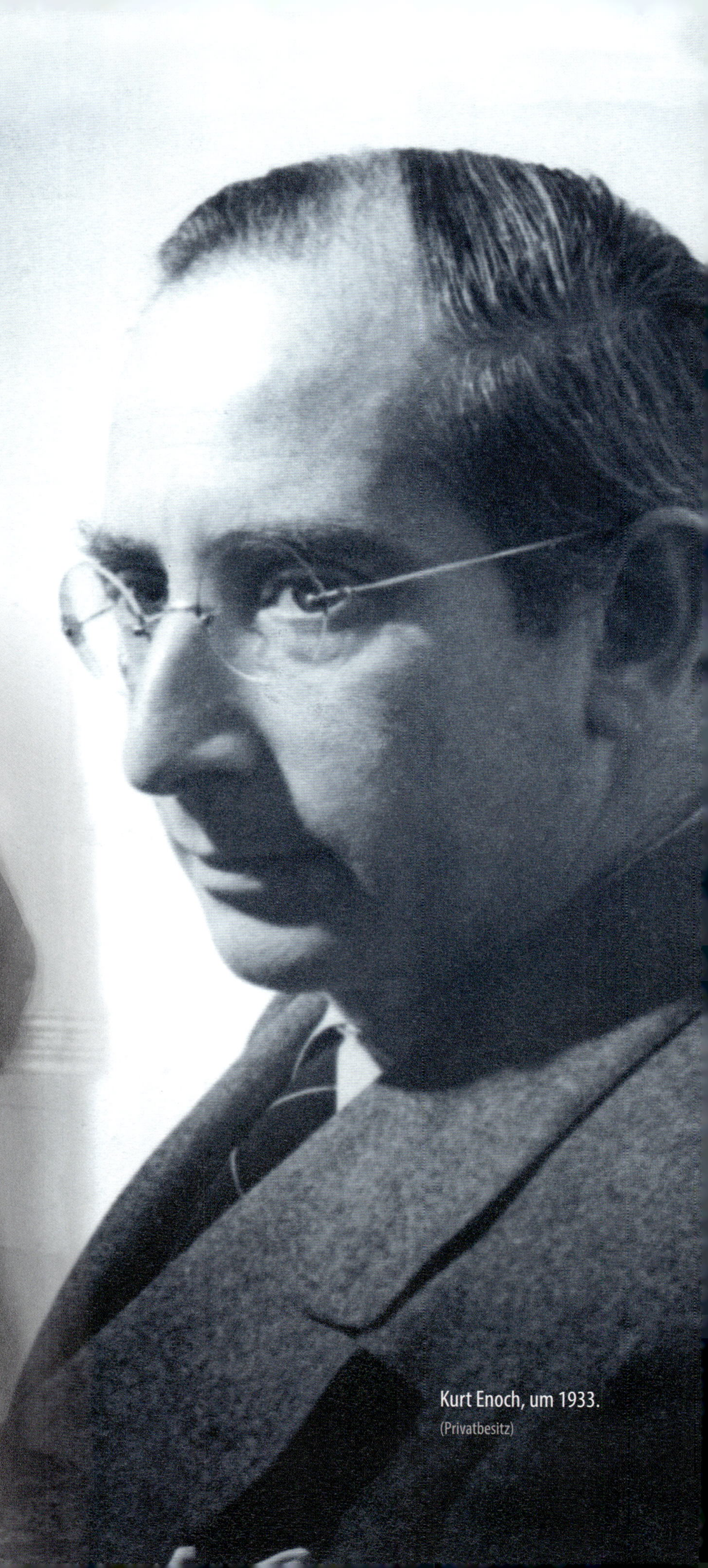

Kurt Enoch, um 1933.
(Privatbesitz)

Kurt Enoch

Sein liberales jüdisches Elternhaus bot Kurt Enoch früh Zugang zu Literatur und Bildung.
Das Studium der Nationalökonomie, unterbrochen von dreijähriger Teilnahme am Ersten Weltkrieg, schloss er 1921 mit der Promotion ab.
Danach trat er in die von seinem Vater aufgebaute Firmengruppe ein, zu der auch der 1913 gegründete Gebrüder Enoch Verlag zählte.

Unter der Leitung von Kurt Enoch entstand in den zwanziger Jahren ein ambitioniertes Verlagsprogramm mit Büchern wie den „Zwölf Lithographien zu Christian Morgensterns Grotesken" (1923) von Hans Reyersbach, Klaus Manns Erstlingswerk „Vor dem Leben" (1925), Hans Leips „Der Nigger auf Scharhörn" (1927) und dem Bildband „Hamburg" (1930) von Albert Renger-Patzsch.
Verbandspolitisch wie publizistisch engagierte sich Kurt Enoch im „Deutschen Verlegerverein" und im „Börsenverein der Deutschen Buchhändler".

Die Machtübertragung an die Nationalsozialisten überschattete Kurt Enochs beruflichen Erfolg; an die Fortsetzung seiner Karriere in Deutschland war nicht zu denken. Aus dem Gebrüder Enoch Verlag wurde der Christian Wegner Verlag.

Im August 1936 emigrierte Kurt Enoch nach Frankreich. Hier neu gegründete Verlags- und Vertriebsfirmen bestanden nur wenige Jahre.
Nach der Besetzung Frankreichs durch deutsche Truppen gelang ihm die Flucht über die Pyrenäen nach Spanien und Portugal.

Im Oktober 1940 traf er gemeinsam mit seiner Frau und beiden Töchtern in den USA ein.

Kurt Enoch gelang ein erfolgreicher beruflicher Neubeginn; er wurde Vizepräsident der amerikanischen Tochter von „Penguin Books", 1945 deren Präsident und Teilhaber.
Drei Jahre später erfolgte die Umbenennung in „The New American Library of World Literature".
Unter seiner Leitung stieg diese zum erfolgreichsten Taschenbuchverlag der USA auf.

1949 besuchte Kurt Enoch, mittlerweile amerikanischer Staatsbürger, nochmals seine Geburtsstadt Hamburg; er bezeichnete die Reise als „sentimental journey into the past".
Als Kurt Enoch 1982 starb, würdigte ihn die „New York Times" als „Pioneer in Paperback Publishing".

Through his liberal Jewish background, Kurt Enoch was exposed to literature and education from a very young age. He completed his study of the national economy, interrupted by a three year stint in World War I, by earning a PhD in 1921. After that he joined the business group his father had built up, and to which Enoch Publishing, founded 1913, (Gebrüder Enoch Verlag) belonged.

Under Kurt Enoch's leadership, an ambitious publishing program developed in the Twenties with books like „Zwölf Lithographien zu Christian Morgensterns Grotesken" (1923) by Hans Reyersbach , Klaus Mann's first work „Vor dem Leben" (1925), Hans Leip's „Der Nigger auf Scharhörn" (1927) and the illustrated „Hamburg" (1930) by Albert Renger-Patzsch.

In his professional associations as well as his publishing, Enoch was active in the „Deutschen Verlegerverein" and the „Börsenverein der Deutschen Buchhändler".

The Nazi takeover overshadowed Kurt Enoch's career, and made it impossible for him to continue his work in Germany. The publishing house Gebrüder Enoch Verlag became the Christian Wegner Verlag.

In August 1936 Kurt Enoch emigrated to France. The new publishing and distribution companies he founded there lasted only a few years.
After the German occupation of France, he succeeded in fleeing through the Pyrenees to Spain, then Portugal.
In October 1940 he, his wife and their two daughters reached the shores of the United States.

Kurt Enoch succeeded in founding a new career in the publishing industry. He became the vice president of the American branch of „Penguin Books", and in 1945 rose to partner and president.
Three years later the name changed to „The New American Library of World Literature". Under his direction, it became the most successful paperback publishing company in the United States.

In 1949 Kurt Enoch, now an American citizen, revisited his birthplace Hamburg. He called this trip „a sentimental journey into the past."
When he died in 1982, the „New York Times" called him a „pioneer in paperback publishing."

Karin Delmar: **Gespräche im Zwielicht.** Hamburg: Gebrüder Enoch Verlag. 1924. 179 S., gebunden, 188 x 133 mm. Druck: Spamersche Buchdruckerei, Leipzig

Den Einband und die Vignetten schuf Hans Reyersbach. Karin Delmar war das Pseudonym von Therese Robinson. Carl Müller-Rastatt urteilte im „Hamburgischen Correspondenten" über dieses Buch: „Ich muß sagen, ich habe lange nicht so entzückend Boshaftes gelesen."

C.Z. Klötzel: **Die Strasse der Zehntausend. Mit der Schmude-Expedition nach Persien.** Hamburg: Gebrüder Enoch Verlag 1925. 200 S., gebunden, 210 x 145 mm. Druck: Hallberg & Büchting, Leipzig.

Die gedruckte Widmung lautet: „Meiner lieben Frau".

Henry Hoek: **Wanderbriefe an eine Frau.** Hamburg: Gebrüder Enoch Verlag 1925. 188 S., gebunden, 192 x 134 mm. Druck: Spamersche Buchdruckerei, Leipzig

Die Einbandzeichnung stammt von Emil Orlik.

Klaus Mann: Vor dem Leben. Erzählungen.
Hamburg: Gebrüder Enoch Verlag 1925.
195 S., gebunden,
188 x 128 mm.
Druck: Spamersche Buchdruckerei, Leipzig.

Die gedruckte Widmung lautet:

„Dieses Buch ist meiner Schwester Erika gewidmet".

Klaus Mann: Kindernovelle. Einbandentwurf von Erwin Krubeck, Hamburg.
Hamburg: Gebrüder Enoch Verlag 1926.
109 S., broschiert,
184 x 122 mm.
Druck: Hallberg & Büchting, Leipzig.

Die gedruckte Widmung lautet:

„Dem jungen französischen Dichter René Crevel gewidmet".

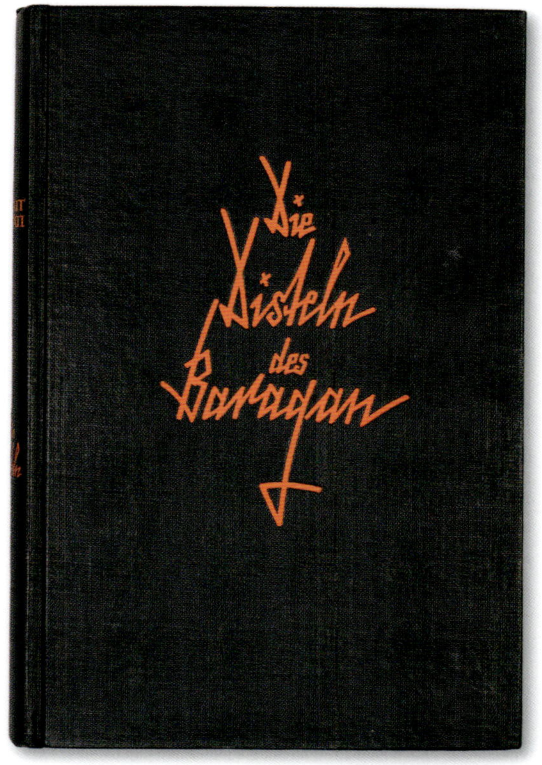

Panait Istrati: Die Disteln des Baragan. Mit einem Vorwort von Otto Reiner. Autorisierte Übersetzung aus dem Französischen von Erna Redtenbacher. Einbandentwurf von E. E. Berlin-Joel.
Hamburg: Gebrüder Enoch Verlag 1928.
183 S., gebunden,
187 x 125 mm.
Druck: Spamersche Buchdruckerei, Leipzig

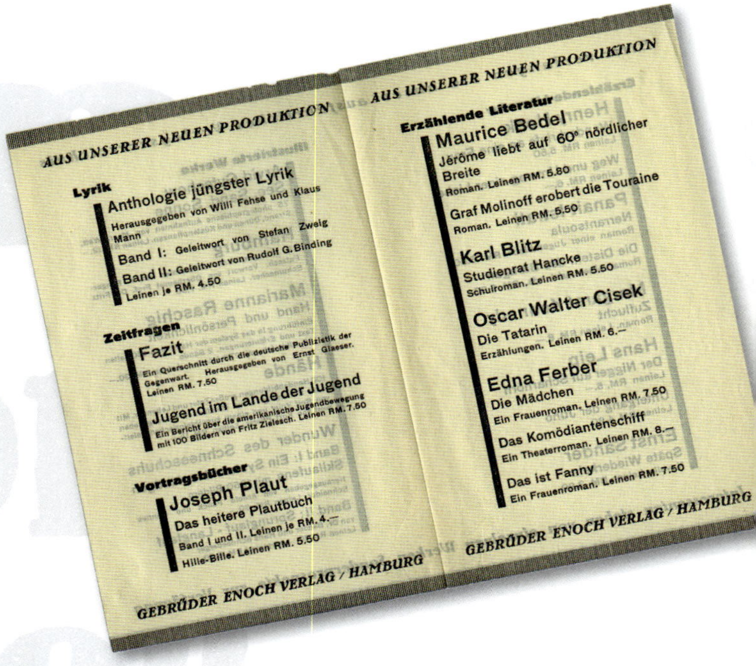

Maurice Bedel:
Jérôme liebt auf 60°
nördlicher Breite.
Aus dem Französischen
übersetzt von Lucy v. Jacobi.
Hamburg: Gebrüder Enoch
Verlag 1928.
230 S., gebunden,
192 x 125 mm.
Druck: Spamersche
Buchdruckerei, Leipzig.

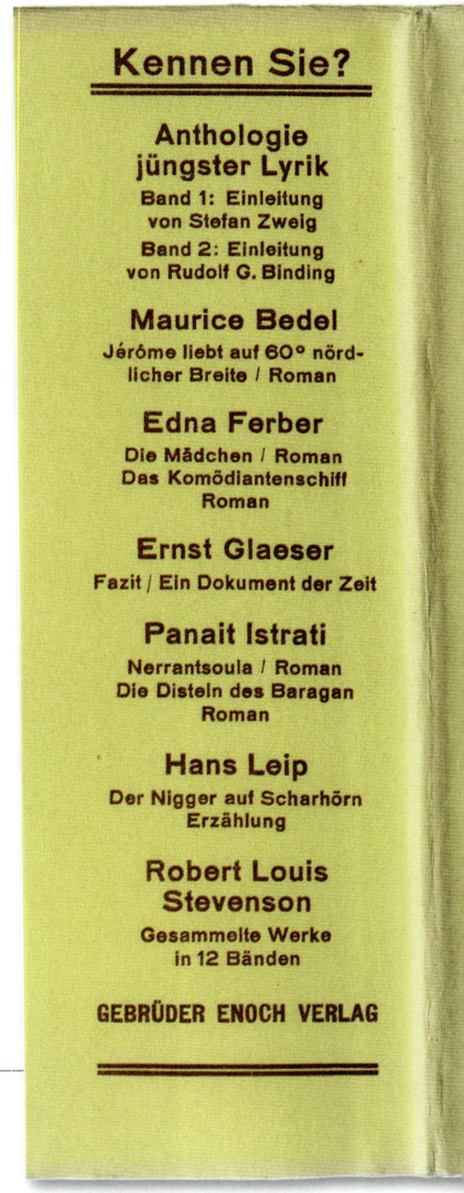

Vierseitige Verlagsanzeige
des Gebrüder Enoch Verlages, um 1931.

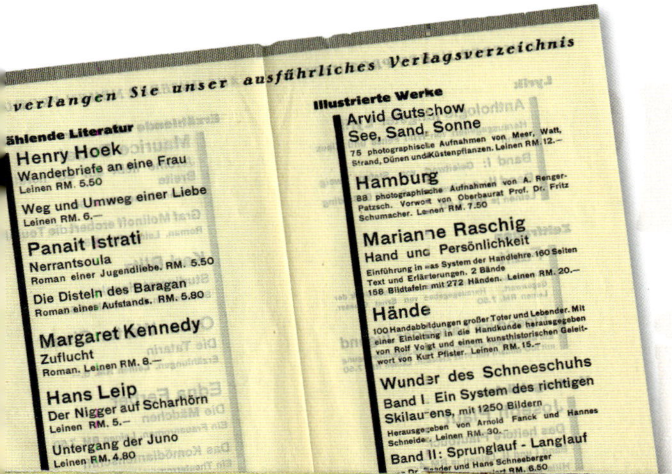

Maurice Bedel:
Graf Molinoff erobert die Touraine.
Aus dem Französischen übersetzt
von Lucy v. Jacobi.

Hamburg: Gebrüder Enoch Verlag 1929.
183 S., gebunden, 192 x 125 mm.
Aufgeschlagen mit Innenklappen:
192 x 385 mm.

11. Photographie: Schaum einer auslaufenden Welle.

Arvid Gutschow: See. Sand. Sonne. 75 Photographische Aufnahmen von Meer, Watt, Strand, Dünen und Küstenpflanzen. Mit einer Einleitung von Hans Leip.

Hamburg 1930. 75 S., gebunden, 292 x 223 mm. Druck des Textes: Spamersche Buchdruckerei, Leipzig. Druck der Bilder: Buchdruckerei A. Wohlfeld, Magdeburg.

63. Photographie:
Typische Dünenpflanzen: Distel.

In seiner Einleitung schrieb Hans Leip zu den Photographien: „Sie sind Entdeckungen von Landschaft, die wir zu kennen glaubten, und die viele unter uns erschüttert anschauen werden als etwas Ungeahntes, an dem sie an der Tür des Glückes achtlos vorbeigeschritten sind."

29. Photographie:
Kolkbildung und Sandstreifen an einer Pfahlbrücke.

**Albert Renger-Patzsch: Hamburg.
Photographische Aufnahmen.
Einleitung von Oberbaudirektor
Prof. Dr. Fritz Schumacher.
Einbandzeichnung: Bruno Karberg.**
Hamburg: Gebrüder Enoch Verlag 1930.
267 x 200 mm. Druck: Poeschel & Trepte,
Leipzig, Hamburg.

Die kleine Alster mit der Michaeliskirche

Kleine Alster and St. Michael's Church
La petite Alster et l'église Saint-Michel

El «Pequeño Alster» con la Iglesia de San Miguel
O «Pequeno Alster» e a Igreja de S. Miguel

11

Auxiliary Craft in Harbour
Barquettes dans le port

Hilfsfahrzeuge im Hafen

Embarcaciones auxiliares en el puerto
Embarcações auxiliares no porto

26

Auxiliary Craft in Harbour
Barquettes dans le port

Hilfsfahrzeuge im Hafen

Embarcaciones auxiliares en el puerto
Embarcações auxiliares no porto

24

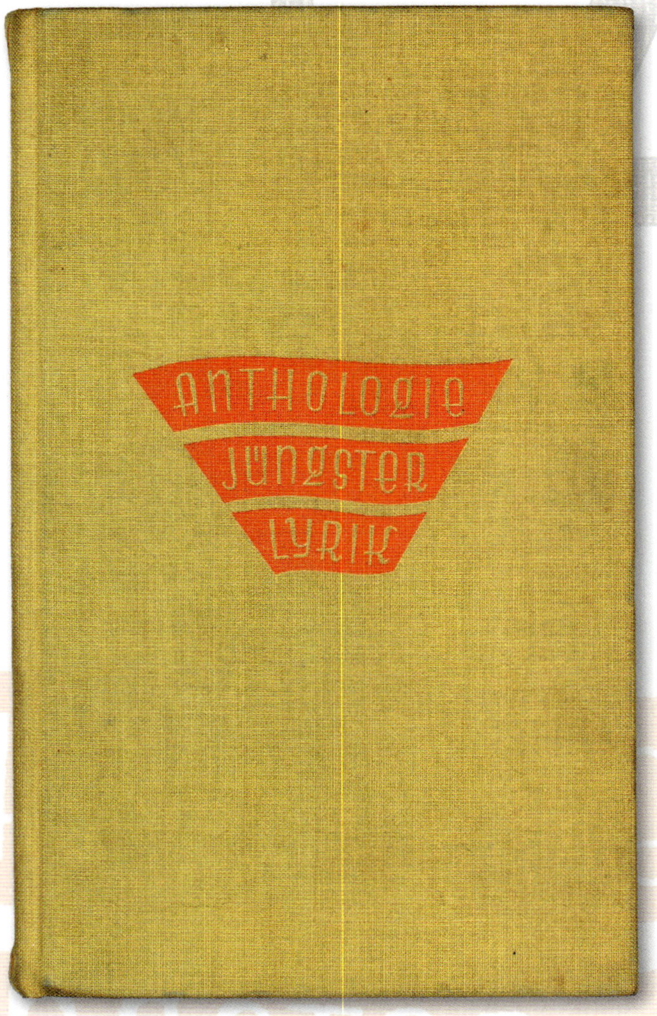

Anthologie jüngster Lyrik. Herausgegeben von Willi R. Fehse und Klaus Mann. Geleitwort von Stefan Zweig.

Hamburg: Gebrüder Enoch Verlag 1927. 170 S., gebunden, 190 x 115 mm. Druck: G. Kreysing, Leipzig.

Fazit. Ein Querschnitt durch die deutsche Publizistik. Herausgegeben von Ernst Glaeser. Hamburg: Gebrüder Enoch Verlag 1929. 315 S., gebunden, 192 x 127 mm. Druck: Herrosé & Ziemsen GmbH, Wittenberg (Bez. Halle).

Der Band enthielt u.a. Beiträge von Lion Feuchtwanger, Egon Erwin Kisch, Siegfried Kracauer, Carl von Ossietzky, Joseph Roth und Arnold Zweig.

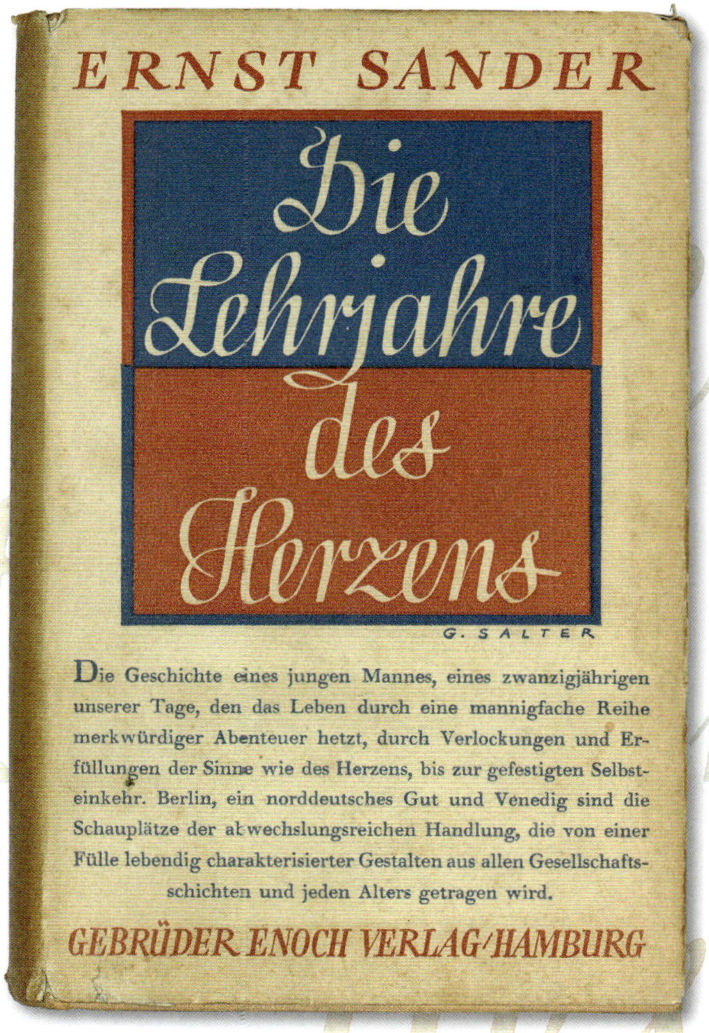

Ernst Sander: Die Lehrjahre des Herzens. Schutzumschlag: G. Salter.

Hamburg: Gebrüder Enoch Verlag 1931. 271 S., gebunden, 195 x 130 mm. Druck: Poeschel & Trepte, Leipzig.

Hans Leip: Segelanweisung für eine Freundin. Mit Zeichnungen aus Skizzenbüchern des Verfassers.

Hamburg: Gebrüder Enoch Verlag 1933. 80 S., gebunden, 193 x 123 mm. Druck: Oscar Brandstetter, Leipzig.

„Dr. Kurt Enoch, Präsident, Schatzmeister und Generaldirektor des grossen Taschenbücherverlages American Library of World Literature, Inc. kann im wahrsten Sinne des Wortes einer der grossen Kulturträger in den Vereinigten Staaten genannt werden.
Was er zur Verbreitung der Weltliteratur und der amerikanischen Literatur unter den breiten Massen durch billige, aber vorzüglich gedruckte und ausgestattete Taschenbücher getan hat, das ist in der Tat eines der erfreulichsten und stolzesten Kapitel im amerikanischen Verlagswesen...

Das edelste Kulturgut der Menschheit den nach Schönheit und Bildung dürstenden Massen zu erschwinglichen Preisen ins Haus zu bringen, das hat somit der aus Deutschland stammende Kurt Enoch - er wurde 1895 geboren und promovierte an der Universität Hamburg - als seine Mission betrachtet, und der grossartige Erfolg seiner Taschenbücher hat diesem Missionar des Geistes die Richtigkeit seiner Idee bewiesen."

In: Kurt Enoch - Pionier der Taschenbücher. Aufbau, New York, April 29, 1960. (Der Artikel erschien in der Serie „Geschichten von Erfolg und Leistung. Einige Europäer, die in Amerika ihren Weg machten.")

Virginia Woolf: To The Lighthouse. Hamburg, Paris, Milano: The Albatross Verlag 1932. 242 S., broschiert, 80 x 112 mm. Druck: A. Mondadori, Verona. (The Albatross Modern Continental Library, Volume 7).

Die ebenso moderne wie erfolgreiche Taschenbuchreihe bot unterschiedliche, farblich von einander abgesetzte Themenschwerpunkte an: Rote Einbände enthielten Kriminal- und Abenteuergeschichten, blaue Liebesromane, violette Biographien und historische Romane. Gelbe Einbände ummantelten psychologische Romane und Essays; orange bargen Novellen und humoristische Romane, grüne Einbände standen für Reiseerzählungen und Romane aus fremden Ländern.

Memoirs of Kurt Enoch.
Written for His Family.
Privately Printed By His Wife,
Margaret M. Enoch.
New York 1984. 214 S.,
gebunden, 235 x 160 mm.

Unter dem Titel „Emigrant aus Deutschland - erfolgreicher Verleger in den USA" schrieb Peter Beicken in der deutsch-jüdischen New Yorker Zeitung „Aufbau" zu Kurt Enochs Erinnerungen: „Enoch, angesehen im amerikanischen Verlegerverband, mit hohen Ämtern versehen, war lange Jahre eine wichtige Schaltfigur der Buch- und Verlagsszene. Sein Hauptverdienst ist wohl seine Grundphilosophie: die Vermittlung von anspruchsvoller Literatur in preiswerten Ausgaben.
Enochs Memoiren schildern bewegte Jahre, die ihm Unerschrockenheit und Lebenswillen abverlangten, wobei die Exiljahre in Frankreich, das dem sicheren Tod Entrinnen sehr lebhaft zur Darstellung kommt."

„When, at dawn after a nightlong train ride, I saw the lowlands, typical for the surroundings of Hamburg, and heard the rumble of the train passing over the many long bridges which span the multitude of waterways and harbor branches on the approach to the city, I thought of the many times in the past when these sights and noises always evoked in me feelings of the pleasure of homecoming to a place and people with their special character which I loved and in which I felt deeply rooted. No feelings of this kind moved me now. Sentimental thoughts or memories were overshadowed by those of unpleasant experiences during the Nazi period."

In: Memoirs of Kurt Enoch.
Written for His Family.
Privately Printed By His Wife,
Margaret M. Enoch.
New York 1984, S. 202.

Adolf Goetz

ADOLF GOETZ

1876 - 1944

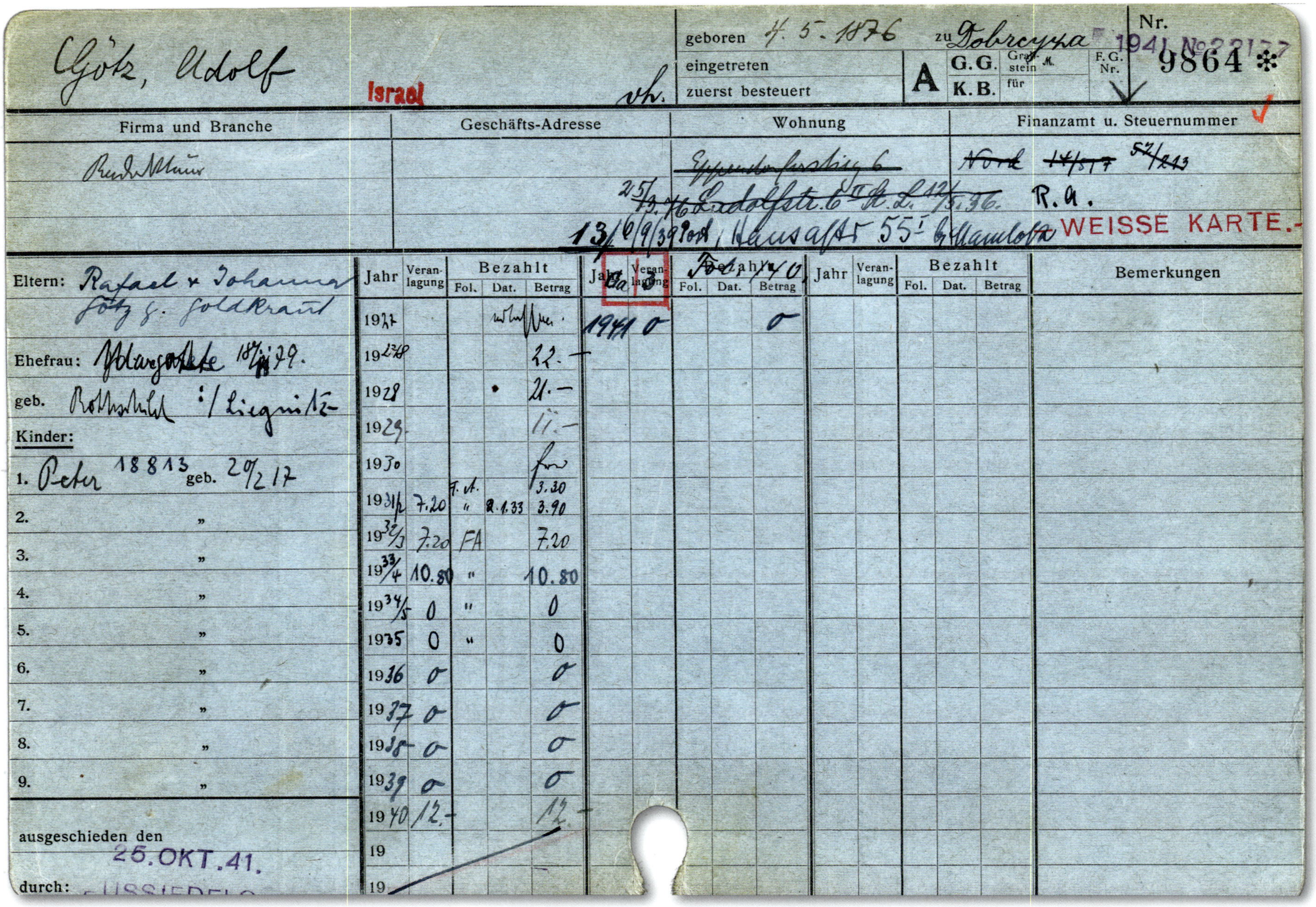
Götz, Adolf Israel vh.

geboren 4.5.1876 zu Dobrczyza
eingetreten
zuerst besteuert

A | G.G. | K.B. | Grabstein für | F.G. Nr.

Nr. 9864 ✻

1941 No 22177

Firma und Branche	Geschäfts-Adresse	Wohnung	Finanzamt u. Steuernummer
Buchhalter		~~Eppendorferstieg 6~~	~~Nord~~ ~~14/517~~ 57/213
		25/7.36 ~~Adolfstr. 6 II~~ 1.36.	R.A.
		13/6/9/39 Hansastr 55 I	WEISSE KARTE.-

Eltern: Rafael u. Johanna Götz g. Goldkraut

Ehefrau: Margarete 18/7/79.

geb. Rothschild / Liegnitz

Kinder:

1. Peter 18813 geb. 2/2 17
2. "
3. "
4. "
5. "
6. "
7. "
8. "
9. "

ausgeschieden den 25. OKT. 41.

durch: USSIEDELG

Jahr	Veranlagung	Bezahlt Fol.	Dat.	Betrag
1927				
1927/8				22.-
1928				21.-
1929				11.-
1930				frei
1931/2	7.20	F.A.		3.30
		"	2.1.33	3.90
1932/3	7.20	FA		7.20
1933/4	10.80	"		10.80
1934/5	0	"		0
1935	0	"		0
1936	0			0
1937	0			0
1938	0			0
1939	0			0
1940	12.-			12.-
19				
19				

Jahr	Veranlagung	Bezahlt Fol.	Dat.	Betrag
1941	0			0

Bemerkungen

Adolf Goetz

ADOLF GOETZ

Adolf Goetz, um 1912.
In: Die Hamburger Woche.
Das literarische Hamburg. 7. Jg.,
Nr. 7, 15.2.1912, S. 22.
Die Bildunterschrift lautete:
„Adolf Goetz schrieb ‚25 Jahre hamburgische Seeschiffahrtspolitik', ‚Meerfahrten' und andere Reisewerke."
(Staatsarchiv Hamburg)

Kultussteuerkarteikarte der ehemaligen „Deutsch-Israelitischen Gemeinde zu Hamburg" für Adolf Goetz.
168 x 236 mm.
(Staatsarchiv Hamburg).

Auf der Karteikarte war schon der seit dem 1. Januar 1939 vorgeschriebene, bewusst diskriminierende Zwangsvorname „Israel" hinzugefügt worden. Hinter dem ebenfalls gestempelten Kürzel „Aussiedelg." verbirgt sich die Deportation vom 25. Oktober 1941.

4.5.1876	*Geburt in Dobrzyza bei Posen*
1903	*Verurteilung wegen angeblicher Beleidigung der Polizeibehörden zu sechs Monaten Gefängnis; Arbeit als Journalist in Berlin, Dresden und Leipzig*
seit 1906	*wohnhaft in Hamburg; Arbeit als freier Schriftsteller und Bühnenautor*
	Zusammenarbeit mit der Hamburger Künstlerin Hedwig Arnheim für die Illustration zweier Bücher
20.2.1917	*Heirat mit Margarete Rothschild; Geburt des Sohnes Peter Wolfram*
1925	*Veröffentlichungen zur Architektur in Hamburg*
Sommer 1941	*Emigration des Sohnes Peter in die USA*
25.10.1941	*Deportation von Margarete und Adolf Goetz ins Getto Lodz*
15.5.1942	*Deportation und Ermordung von Margarete Goetz in Chelmno*
18.2.1944	*Tod in Lodz*

Adolf Goetz

Der in Dobrzyza bei Posen geborene Adolf Goetz war schon vor dem Ersten Weltkrieg als Journalist und Schriftsteller hervorgetreten.
1903 wegen angeblicher Beleidigung der Polizeibehörden zu sechs Monaten Gefängnis verurteilt, veröffentlichte er ein Jahr später sein Buch „Sträfling 788. Ein Kapitel Berufsleiden".
Engagiert trat er für eine Reform des Strafrechts und des Strafvollzugs ein.

Nachdem er in Berlin, Dresden und Leipzig als Journalist gearbeitet hatte, lebte er seit 1906 als freier Schriftsteller in Hamburg.

In zahlreichen Artikeln und Büchern beschäftigte er sich mit den führenden Persönlichkeiten aus Hamburgs Kultur und Wirtschaft.

In seinem unter dem Pseudonym „Triton" publizierten Beitrag „Der Hamburger <Junge Mann>" porträtierte er die zur Heimat gewordene Stadt.

Seine Reportagen und Reiseberichte erschienen in Büchern wie „Von Spitzbergen bis Jerusalem" (1908) oder „Meerfahrten" (1911).
Sein lebhaftes Interesse galt auch der Architektur. Er verfasste Bücher und Beiträge über die „Hamburger Formensprache", zum Chile-Haus, zur Erweiterung der Hamburger City und zum neuen Norag-Haus.

Neben Theaterstücken schrieb Adolf Goetz den Roman „Im Föhrer Ley" (1914) und Erzählungen wie „Die Blaue Stunde" (1920), die in Norddeutschland oder in der Hamburger Region spielten.
Seine unter dem Titel „Hamburgischer Püttjerkram" (1914) veröffentlichten Alltagsbeobachtungen waren Ausdruck seiner starken Identifikation mit der Hansestadt.

Während sein Sohn noch in die USA emigrieren konnte, wurden Adolf Goetz und seine Frau am 25. Oktober 1941 nach Lodz deportiert.

Seine Frau wurde im Mai 1942 in Chelmno ermordet, Adolf Goetz starb am 18.2.1944 im Lodzer Getto.

ADOLF

Born in Dobrzyza near Posen, Adolf Goetz had made a name for himself as a journalist and author in the early 1900s. Convicted to six months in prison in 1903 for allegedly slandering the police authorities, he published his book „Sträfling 788. Ein Kapitel Berufsleiden" one year later. Adolf Goetz was a strong advocate for the reform of penal law and the penitentiary system.

After working as a journalist in Berlin, Dresden and Leipzig, he moved to Hamburg in 1906 where he worked as a freelance writer. In numerous articles and books, Goetz dealt with the key cultural and business personalities in Hamburg. In „The Hamburg < Young Man>", a contribution published under the pseudonym „Triton", he portrayed the city that had become his home.

His reports and travel accounts were published in books that included „From Spitzbergen to Jerusalem" (1908) and „Meerfahrten" (1911). He was also very interested in architecture. He wrote books and articles about the „Hamburger Formensprache", about the Chile House, the expansion of the Hamburg City and the new Norag House.

In addition to stage plays, Adolf Goetz wrote the novel „Im Föhrer Ley" (1914) and stories including „Die Blaue Stunde" (1920) all of which were set in northern Germany or in the region around Hamburg. His observations of everyday life published under the title „Hamburgischer Püttjerkram" (1914) reflected his strong ties to the Hanseatic city.

While his son was able to immigrate to the United States, Adolf Goetz and his wife were deported to Lodz on October 25, 1941. His wife was murdered in Chelmno in May 1942; Adolf Goetz died on February 18, 1944 in the ghetto of Lodz.

Adolf Goetz

GOETZ

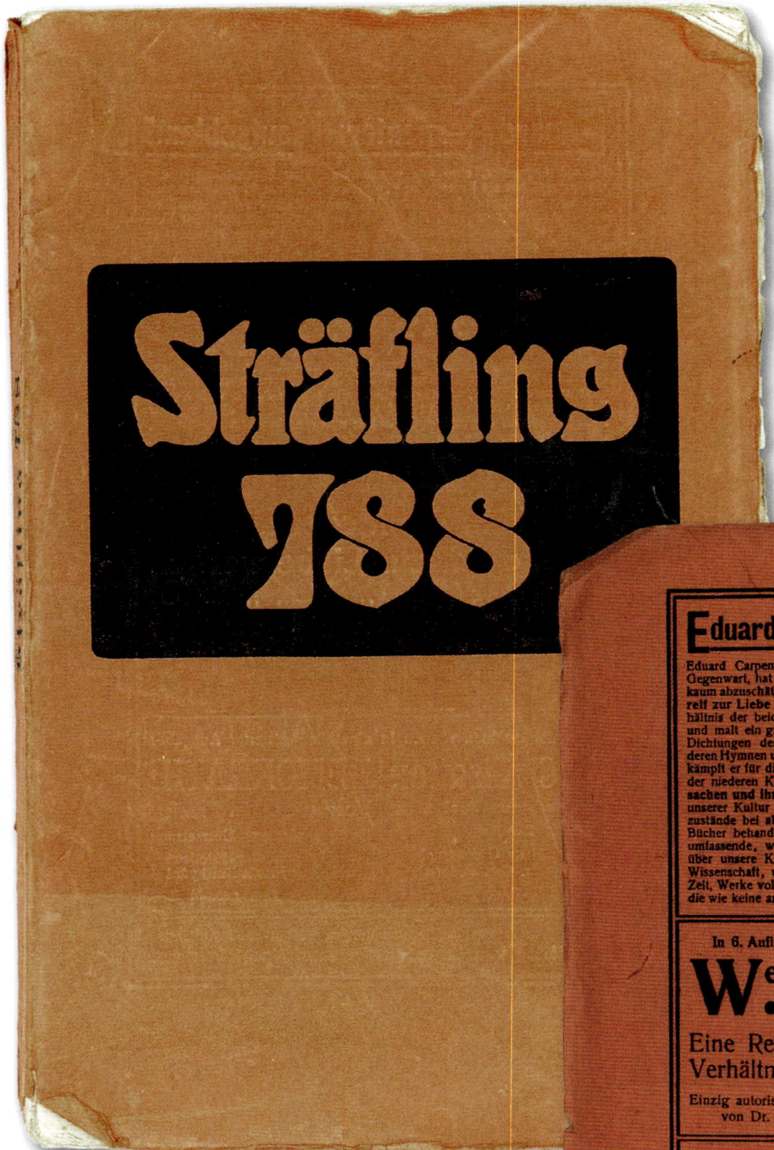

Als der sächsischen Kronprinzessin Luise (1870-1947) eine Affäre mit dem Sprachlehrer ihrer Kinder nachgewiesen wurde, hatte sich Adolf Goetz in seinem Artikel „Kloster oder Irrenhaus" in der „Dresdner Rundschau" gegen die allgemeine Empörung gestellt und zugleich auf die Observierung der Prinzessin durch die Polizei hingewiesen. Ein Verfahren wegen angeblicher Beleidigung der Polizei war die Folge. Adolf Goetz wurde zu sechs Monaten Gefängnis verurteilt. Seine Hafterfahrungen sowie die Repressionen gegen kritische Journalisten fanden ihren Niederschlag in seinem Buch „Sträfling 788".

Adolf Goetz: Sträfling 788.
Ein Kapitel Berufsleiden.
Berlin: Magazin-Verlag 1904.
197 S., broschiert, 232 x 144 mm.
Druck: Roßberg'sche Buchdruckerei, Leipzig.

Adolf Goetz

ADOLF GOETZ

Zeit im Bild.
Moderne illustrierte Wochenschrift.
Berlin, VIII. Jg., No. 12, Hamburg-Heft, 17.3.1910. 328 x 228 mm.
Druck: Pass & Garleb G.m.b.H., Berlin.

Diese Ausgabe enthielt Adolf Goetz' Artikel „Hamburgs führende Persönlichkeiten", zu denen er die Reeder Albert Ballin, den Generaldirektor der HAPAG, und Adolph Woermann, den Museumsdirektor Justus Brinckmann sowie die Schriftsteller Otto Ernst, Ewald Gerhard Seeliger, Gustav Frenssen und Gustav Falke zählte.

Adolf Goetz:
Von Spitzbergen bis Jerusalem.
Ernste und heitere Reiseerlebnisse
auf den Hamburg-Amerika-Linie
Dampfern Meteor, Blücher, Moltke.
Hamburg:
Verlag Fr. W. Thaden o.J. (1908).

In der Vorrede hieß es:
„Es ist nicht möglich, etwas zu vergessen von Spitzbergen und Jerusalem. Was auch das Leben noch verlangen möge, es ist nichts, daß es die Tiefe der gehabten Erlebnisse verwischen oder erschüttern könnte. ...

Auf den Dampfern Meteor, Blücher und Moltke der Hamburg-Amerika-Linie reiste ich die langen Wege. Ist es nötig zu sagen, was keinem mehr fremd sein kann, daß diese Reisen allein schon eine Vollkommenheit des Genusses sind? ...

Die stolzen, schönen Schiffe umfahren den Erdball - denn sie haben ihn überwunden."

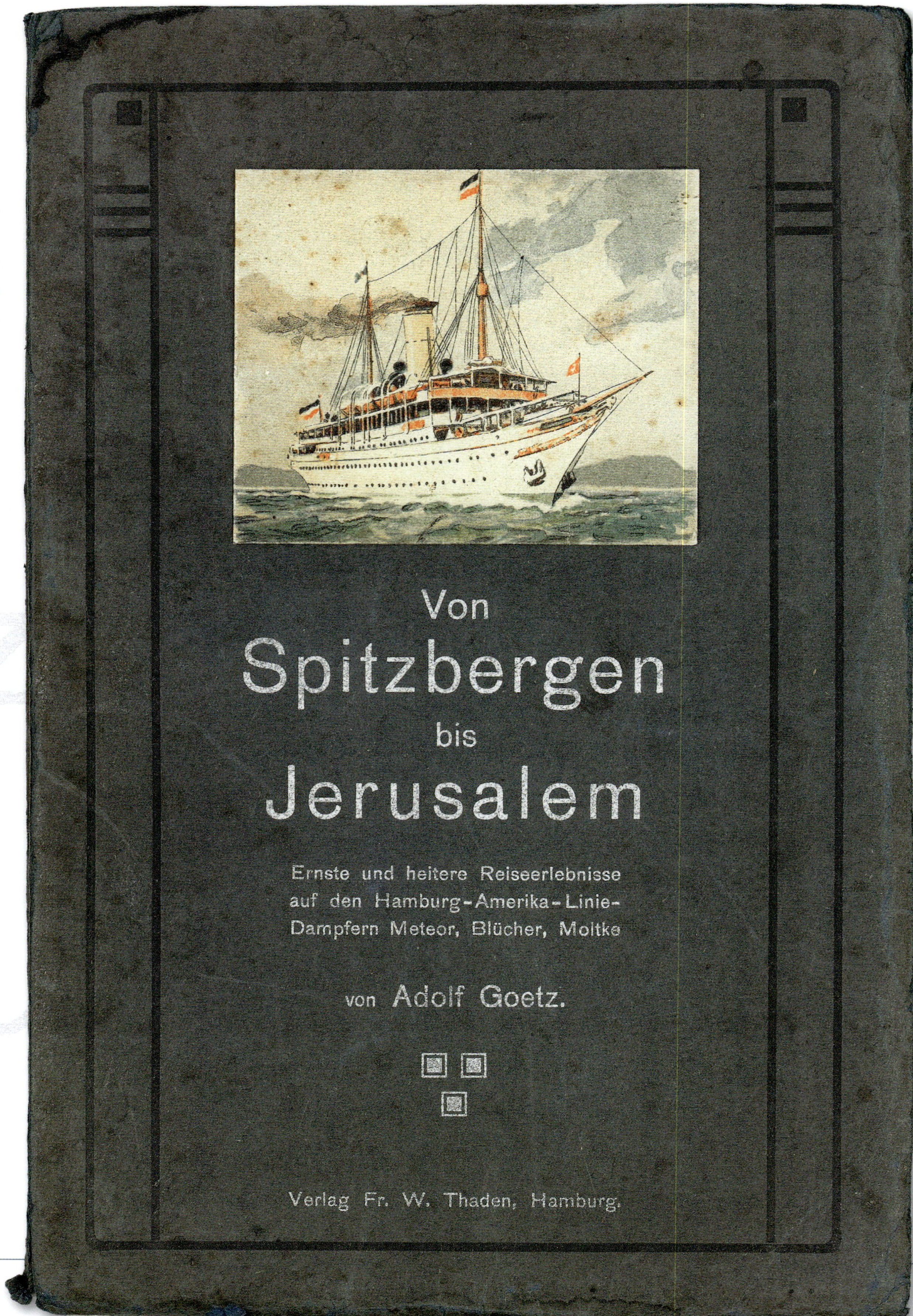

In seiner Vorrede schrieb Adolf Goetz: „Den Krämern und Berechnern mit hundertstelligen Zahlen will ich nichts erzählen. Warum soll ich ihr Lächeln herausfordern, wenn ich die Mitternachtssonne ein Mysterium nenne und meine Unwissenheit in die Öffentlichkeit schicke ?... Wollt ihr belehrt sein, so nehmt die roten oder die braunen Wegweiserbücher zur Hand, die jedem Dinge seinen rechten Namen geben. Mir fehlt alles Können und Wollen, ihnen ins Handwerk zu pfuschen... Darum will ichs Meerfahrten heißen, das Büchlein von überall und nirgends, Erinnerungen, die in mir über Zeiten und Gegenden hinausgewachsen sind.- Niemand zuliebe, niemand zuleide - mir selbst aber zur heimlichen Freude."

Adolf Goetz: Meerfahrten. Hamburg: Verlagsanstalt und Druckerei-Gesellschaft m.b.H. o.J. (1911) 119 S., gebunden, 187 x 164 mm. Druck: H. G. Rathgens, Lübeck.

Adolf Goetz: 25 Jahre Hamburgische Seeschiffahrtspolitik. Hamburg: Verlagsanstalt und Druckerei-Gesellschaft m.b.H. 1911. 331 S., gebunden, 188 x 165 mm.

„Sein stets freundliches, gewinnendes Wesen muß jeden fesseln, der mit Herrn Goetz in Berührung kommt...

Seine Ideenwelt ist immer von idealer Gesinnung zur Förderung des Ganzen getragen...

Zuhause von einer liebenden, fürsorgenden Gattin und einem hoffnungsfreudigen Jungen umgeben - ein Sohn ist ihm leider durch den Krieg verloren gegangen -, macht Herr Goetz jeden Tag seinen ihm lieb gewordenen erfrischenden Spaziergang, draußen von Eppendorf an der herrlichen Alster entlang zum Stadtbüro, unterwegs die Freuden der Natur und die Eindrücke der herrlichen Alsterlandhäuser genießend, um dann in tatkräftiger Arbeit seinem Tagewerk zu dienen...

Möge den Goetz'schen Plänen zum Besten des Hamburger Stadtbildes und der mit diesem aufs engste verknüpften Ziegelbauten weitere große Erfolge beschieden sein."

Ohne Verfasser:
Adolf Goetz 50 Jahre !
In: Tonindustrie-Zeitung. 50. Jg., Nr. 34, 1926, S. 611.

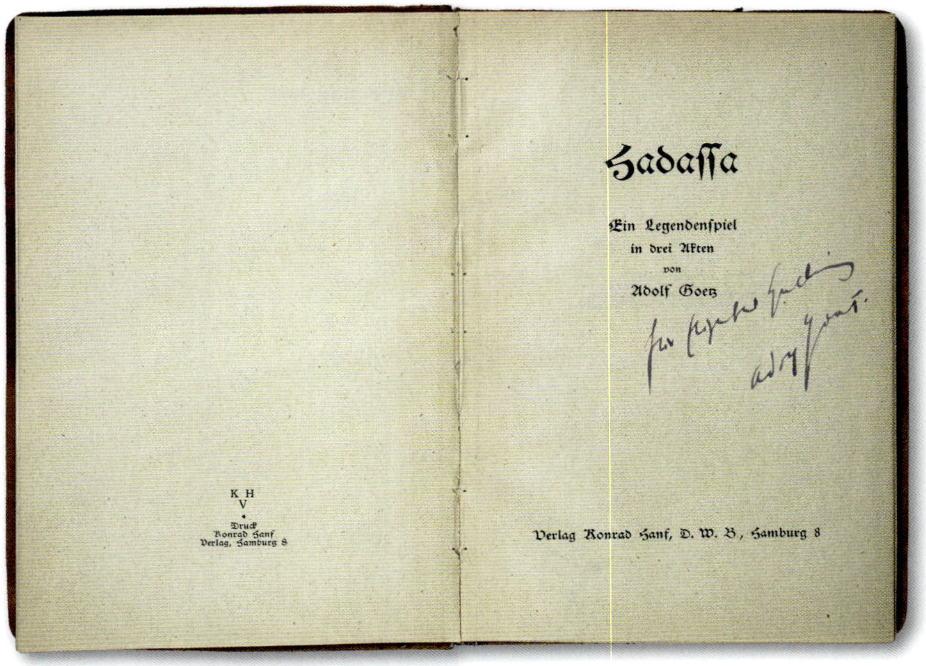

Adolf Goetz: Hadassa. Ein Legendenspiel in drei Akten.
Hamburg: Verlag Konrad Hanf, D.W.B., 1919. 132 S., ledergebunden, 177 x 126 mm. Druck Konrad Hanf Verlag, Hamburg.

Das Buch enthält eine handschriftliche Widmung des Autors.

Peter Wolfram: Der erste Tod. Drei Akte.
Hamburg: Verlag Konrad Hanf 1920. 99 S., broschiert, 193 x 128 mm. Druck: Konrad Hanf Verlag, Hamburg.

Peter Wolfram war eines von mehreren Pseudonymen, die Adolf Goetz für seine journalistische wie schriftstellerische Arbeit nutzte.

Adolf Goetz: Hamburgische Formensprache.
Hamburg: Verlagsanstalt und Druckerei-Gesellschaft m.b.H. 1913. 43 S., broschiert, 235 x 190 mm. Druck: Graphische Kunstanstalt H. G. Rathgens, Lübeck.

Die Broschüre enthält eine handschriftliche Widmung des Autors. Adolf Goetz, der mehrere Jahre auch Mitherausgeber des in Hamburg publizierten „Jahrbuchs für Verkehrswissenschaft" war, veröffentlichte in den Folgejahren immer wieder Beiträge zu Architektur und Städtebau in Hamburg.

Das Buch enthielt die Verlagsinformation: „Dieses Werk wurde in einer Auflage von 220 Verkaufs-Exempl. bei Konrad Hanf Verlag D.W.B. Hamburg gedruckt u. verlegt. Die Originallithographien sind von Ludwig Kainer. Den Einband stellte Elisabeth Meyer, Hamburg, her. Von diesen 220, mit dem Handstempel nummerierten Exempl. sind die Nummern 1 - 80 von Adolf Goetz u. Ludwig Kainer handschriftlich signiert worden. Dieses Buch trägt die No. 153."

Außer den drei biblischen Erzählungen „Rahel und Jacob", „Vom Sangmeister David ein Lied zum Preise des Sabbaths" und „Rahel" enthielt der Band Liebesgeschichten aus der Hamburger Region.

Der Maler und Bühnenbildner Ludwig Kainer (1885-1967) emigrierte nach 1933 aus Deutschland nach Frankreich, später in die Schweiz.

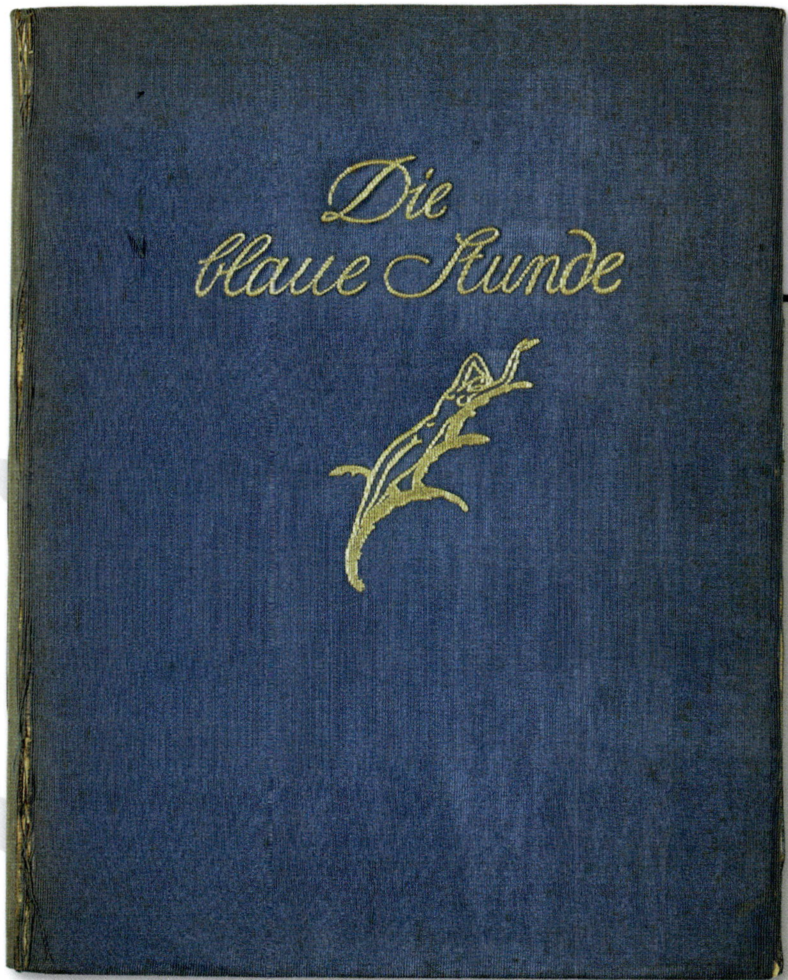

Adolf Goetz: Die blaue Stunde. 3 Originallithographien von Ludwig Kainer.

Hamburg: Konrad Hanf Verlag D.W.B. o.J. (1920). 64 S., gebunden, 262 x 210 mm.

„Eines Tages war es dann soweit, unser Leiter, Ingenieur Adolf Goetz, konfrontierte uns mit der Neuigkeit.

„Ab Montag nächster Woche wird es unser Büro nicht mehr geben. Der Alte, Chaim Rumkowski, hat es beschlossen. Trotz all meines Bittens und Bettelns blieb er dabei. Er hat mir keine andere Wahl gelassen, als euch sagen zu müssen, dass es ab Montag für keinen von uns Arbeit und Suppe mehr geben wird...“

Als uns Adolf Goetz diese Nachricht überbrachte, rannen Tränen über seine faltigen, lederartigen Wangen. Seine Haut überlappte hohe Wangenknochen. Er war zwischen 1,50 und 1,60 m groß, aber auf seinen Schultern saß ein großer Kopf. Seine einfache Drahtgestellbrille konnte seine stets rot umrandeten, schielenden Augen nicht verbergen...

Adolf Goetz: Im Föhrer Ley.
Buchschmuck von Hedi Arnheim.
Hamburg: Konrad Hanf Verlag D.W.B.
1919. 221 S., gebunden, 182 x 160 mm.
Druck: C. Erich Behrens, Hamburg.

Vermutlich handelt es sich hier um die Zweitauflage, das Buch erschien erstmals 1914.
In einer Werbeanzeige zitierte der Verlag aus dem „Hamburger Fremdenblatt“: „Aus mehr als einem Grunde ist dieses Werk den Meisterromanen zuzuzählen, die eine besondere Stellung im Schrifttum einnehmen und mit der sogenannten Unterhaltungsliteratur nichts zu tun haben... Der Verfasser ist nicht nur ein außerordentlicher Beobachter, sondern auch ein kraftvoller Schilderer...

Der knappe Stil, der Reichtum der Bilder, die außerordentlichen Charaktere, die seelische Durchdringung des Stoffes, die Bodenständigkeit der Landschaft und die Fremdartigkeit der Menschen - alles ist einzigartig und schön und einzig in einem seltenen Buche.“

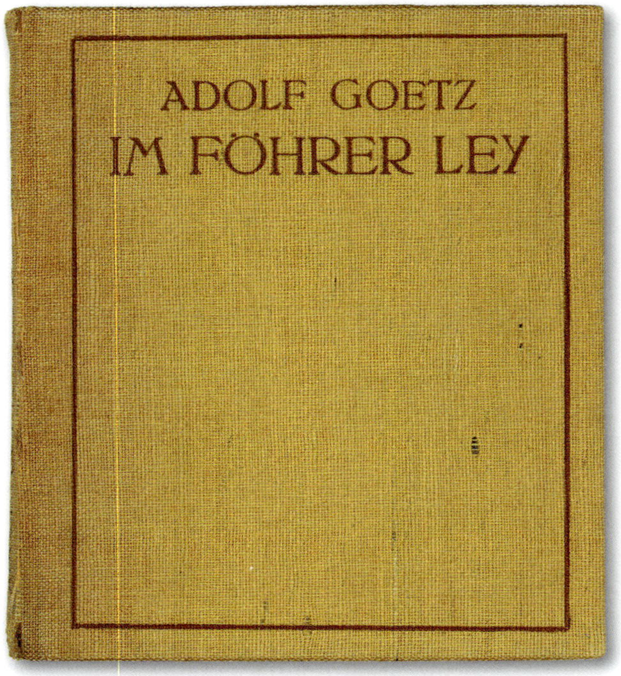

Adolf Goetz:
Hamburgischer Püttjerkram.
Holzschnitte von Hedi Arnheim.
Hamburg: Gebrüder Lüdeking 1914.
131 S., gebunden, 251 x 196 mm.
Druck: Gebrüder Lüdeking, Hamburg.

Wie für Adolf Goetz' Roman „Im Föhrer Ley“ stammten die Illustrationen für sein Buch „Hamburgischer Püttjerkram“ von Hedwig Arnheim (1894-1943). Die in Hamburg geborene Kunststickerin, Illustratorin und Schneiderin war von 1923 bis 1930 mit dem Bauhausmeister und Designer Naum Slutzky verheiratet.
1936 emigrierte sie nach Südfrankreich, von dort wurde sie 1943 nach Auschwitz deportiert. Ein genaues Todesdatum ist nicht bekannt.

Adolf Goetz

ADOLF GOETZ

„Neben dem hamburgischen Streben ins Große läuft wohlgelitten der Püttjerkram her. Das Wort ließe sich ethymologisch wohl zerlegen, aber die Erklärung würde doch kaum mehr als die Außenseite der Schablone zeigen... Es sind Bilder von den Straßen und von dem Kleinleben, die ich hier unter diesem Sammelnamen zusammenfasse, und denen Hedi Arnheims Kunst die Bildhaftigkeit verleiht. Sie könnten, nur in etwas anderer Weise über all geschehn, aber dann würden sie eben nicht Püttjerkram sein, weil sie nicht mehr die Mischung vom großen Streben und gemütlichen, behaglichen Tun und Lassen aufweisen könnten. Püttjerkam ist nur im hamburgischen Weichbilde möglich...

Aber Püttjerkram zu erklären - nein, das ist wohl ein Ding der Unmöglichkeit. Selbst das hamburgische Hilfsverbum ausklamüstern würde da völlig versagen. Und man suche doch etwas, was hierzulande so vertütert wäre, daß es nicht ausklamüstert werden könnte."

„Und was werden Sie jetzt machen ?" frage ich ihn.
„Das weiß der Teufel, in meinem Alter spielt es keine Rolle."
Eine Woche später wurde er tot in seinem Raum gefunden.
Er sei verhungert, wurde gesagt.
Aber viel wahrscheinlicher war doch, dass er alle Hoffnung in seinem Leben verloren hatte.
Nur fünf Mitarbeiter machten den langen Weg zum Friedhof in Marysin, um bei seiner Beerdigung dabei zu sein. Ich gehörte zu ihnen und stand mit Tränen in den Augen an seinem Grab. Ich würde Adolf Goetz sehr vermissen."

Lucille Eichengreen, Ghetto Leben. Winter 1941–1944. In: dies., Von Asche zum Leben. Erinnerungen. Hamburg 2009, S. 68ff.
Wie Adolf Goetz war Lucille Eichengreen, die damals Cecilie Landau hieß, gemeinsam mit ihrer Mutter und Schwester am 25. Oktober 1941 von Hamburg nach Lodz deportiert worden.

Max Halberstadt

1882 - 1940

STADT

Signet von Max Halberstadt. (Privatbesitz)

Gewerbeanmeldungsschein für Max Halberstadt vom Mai 1907. (Privatbesitz)

STEMPEL-ABGABE HAMBURG

Gewerbeanmeldungsschein

№ 1141 für 1907.

Herr Max Halberstadt,

geboren am 14 Mai 1882 zu Hamburg,

wohnhaft Lerchenstraße 4 I bei Müller,

hat heute den selbständigen Gewerbebetrieb als Photograph u. Händler mit photographischen Artikeln. lt. Abm. v. 13.3.1928 – J. Nr. 2802/28 III 4a – angemeldet.

Hamburg, den 16. Mai 1907.

Die Polizeibehörde.

Abteilung III (Gewerbe- und Verkehrspolizei).

Der Rat und Abteilungsvorstand.

I. A.

POLIZEIBEHÖRDE HAMBURG

Form. III D. 1. c.

Visitenkarte von Max Halberstadt in Johannesburg. (Privatbesitz)

Ma

MAX HALBERSTADT

alberstadt

14.5.1882	*Geburt in Hamburg*
	nach der Schulzeit in Wandsbek Lehre im Atelier von Rudolf Dührkoop; Arbeit in Ateliers in Leipzig, München, Basel und Paris
seit 1907	*selbständiger Fotograf in Hamburg*
1913	*Heirat mit Sophie Freud, der Tochter Sigmund Freuds*
1914	*Geburt des Sohnes Ernst Wolfgang*
seit 1915	*Teilnahme am Ersten Weltkrieg*
1918	*Geburt des Sohnes Heinz Rudolph*
1919	*Gründungsmitglied der „Gesellschaft Deutscher Lichtbildner"*
1920	*Tod von Sophie Freud*
1923	*Tod des Sohnes Heinz; Heirat mit Bertha Katzenstein*
1925	*Geburt der Tochter Eva*
seit 1933	*drastische Einschränkungen seiner Erwerbsmöglichkeiten*
April 1936	*Emigration nach Südafrika; Niederlassung in Johannesburg*
Juli 1936	*Anstellung als Fotograf in dem Reklame-Atelier der „Transvaal Advertising Contractos", Johannesburg*
November 1938	*Eröffnung eines eigenen Fotoateliers*
30.12.1940	*Tod in Johannesburg*

Max Halberstadt mit seiner Frau Sophie, undatiert.
(Privatbesitz)

Werbeblatt von Max Halberstadt.
(Privatbesitz)

Fotovorlage für Werbeanzeigen.
(Privatbesitz)

Max Halberstadt, Frankfurt 1902.
(Privatbesitz)

Max Halberstadt in seiner Frankfurter Wohnung, undatiert.
(Privatbesitz)

Max Halberstadt,
um 1925.
(Privatbesitz)

Selbstporträt von
Max Halberstadt, undatiert.
(Privatbesitz)

Max Halberstadt

Nach seiner Lehrzeit im Atelier von Rudolf Dührkoop hatte sich der in Hamburg geborene Max Halberstadt schon 1907 als „Photograph und Händler mit photographischen Artikeln" gewerblich angemeldet. Zwei Jahre später bestand er die Meisterprüfung im „Photographen-Handwerk".

Nach der Teilnahme am Ersten Weltkrieg zählte er zu den Gründungsmitgliedern der „Gesellschaft Deutscher Lichtbildner".
Schnell erwarb sich Max Halberstadt den Ruf eines exzellenten Porträt-, aber auch Landschaftsfotografen. Die in Hamburg herausgegebene Zeitschrift „Photofreund" widmete ihm 1920 ein mit seinen Fotografien illustriertes Sonderheft.

1913 hatte Max Halberstadt Sophie Freud geheiratet; aus ihrer Ehe stammten die Söhne Ernst und Heinz.
Es lag nahe, dass er auch Porträtfotografien seines Schwiegervaters Sigmund Freud schuf. Fotografien, die bis heute Verwendung finden, allzu oft aber ohne Nennung des Fotografen.
Nach dem frühen Tod seiner Frau 1920 sowie dem Tod seines Sohnes Heinz drei Jahre später heiratete Max Halberstadt 1923 Bertha Katzenstein. 1925 wurde ihre Tochter Eva geboren.

Mitte der Zwanziger Jahre erweiterte der für seine Fotografien vielfach ausgezeichnete Max Halberstadt seine Tätigkeitsfelder. Neben die Porträts und bemerkenswert ungezwungenen Aufnahmen von Kindern trat die Reklamefotografie. Gleichzeitig bot er Architektur- und Innenaufnahmen an. Seine künstlerische Kreativität drückte sich auch in zahlreichen Fotomontagen aus, die in den Hamburger Zeitungen, insbesondere in deren illustrierten Kupfertiefdruckbeilagen, erschienen.

Die Schriftsteller- und Künstlervereinigung „Hamburger Gruppe" nutzte 1928 seine Fähigkeiten für den von ihm gestalteten „November-Almanach".

Nach der Machtübertragung an die Nationalsozialisten veränderte sich die wirtschaftliche wie soziale Lebenssituation von Max Halberstadt auf dramatische Weise. Industriefirmen wie Reemtsma, Darboven oder Dralle zogen sich als Kunden zurück; als Fotograf jüdischer Herkunft gab es für ihn keine Gelegenheit mehr, die Tagespresse mit Fotos zu beliefern. Nach erzwungenem Verkauf seines Ateliers emigrierte er im April 1936 nach Südafrika. Im November 1938 konnte er erneut ein eigenes Fotoatelier in Johannesburg eröffnen.

Doch schon bald erkrankte er schwer und war seit August 1940 arbeitsunfähig. Im Dezember desselben Jahres starb Max Halberstadt im Alter von 58 Jahren.

After an apprenticeship in the studio of Rudolf Dührkoop, Max Halberstadt, who was born in Hamburg, had managed to register himself as „a photographer and a dealer of photographic supplies" in 1907. Two years later he passed his master's exam in „photographic craft".

After fighting in World War I, he became one of the founders of the „Gesellschaft Deutscher Lichtbildner". Max Halberstadt quickly gained a reputation as an excellent portraitist and landscape photographer. The Hamburg photography journal „Photofreund" dedicated one special illustrated issue to his work in 1920.

In 1913 Max Halberstadt married Sophie Freud. They had two sons, Ernst and Heinz. It stands to reason that he shot portraits of his father-in-law, Sigmund Freud.

Many of these portraits are in use today, and often without a photo credit mentioning Halberstadt's name. In 1920 Sophie passed away, followed by her son Heinz three years later. Max Halberstadt married again in 1923 to Bertha Katzenstein. Their daughter Eva was born in 1925.

In the mid-1920s Max Halbersadt widened his horizons. He had already won many prizes for his work. Now, in addition to his portraits and relaxed photos of children, he turned to making commercial photography for advertising. He also offered photographs of architecture, and interiors.

His artistic creativity expressed itself in numerous photo montages, which were featured in Hamburg newspapers, in particular in the copper gravure illustrated issues that appeared. The artist and writer group „Hamburger Gruppe" used his talents in 1928 to design their „November-Almanach".

After the National Socialists took over, his social and economic life changed dramatically. Companies like Reemtsma, Darboven or Dralle withdrew as clients. To make matters worse, as a photographer of Jewish descent there was no further possibility of employment delivering images to the daily press.

In 1936, after being forced to sell his studio, he emigrated to South Africa. In November 1938 he was once again able to open a photo studio in Johannesburg. However, he soon fell seriously ill, and by August 1940 he was no longer able to work. In December of the same year Max Halberstadt died at the age of 58.

„An den Wänden Bildnisse voll Leben und Wärme, vom Bewohner dieser Räume selbst hergestellt, - ein Künstlerheim. Wo wir dies gesehen haben? - Nicht in einem epheuumsponnenen Häuschen eines entlegenen Dorfes und auch nicht in einer einsamen Straße der Vorstadt. Nein, mitten im Zentrum der pulsierenden Großstadt, am Neuenwall in Hamburg in einem großen Kontorhaus mit ein- und ausströmenden hastenden Menschen - im Atelier des bekannten Kunstphotographen Max Halberstadt...
Die Atmosphäre von einfacher Natürlichkeit und Selbstverständlichkeit, die von ihm selbst sowie von seiner selbstgeschaffenen geschmackvollen Umgebung ausstrahlt, zieht unwillkürlich den Besucher in seinen Bann. Hier fühlt man sich bald so heimisch und bewegt sich ungezwungen wie in vertrauten Räumen, und das will Max Halberstadt auch.
Er will in seinen Bildern die Menschen so darstellen wie sie sind, wie die nahen Verwandten und gute Freunde sie kennen, ohne falsche Aufmachung und wesensfremde Gebärde."

H.Ph., Eindrücke eines Atelier-Besuches. In: Photofreund. Halbmonatsschrift für Freunde der Photographie, Heft 10, 15.11.1920 (Sonderheft Max Halberstadt).

Hamburger Theater-Zeitung, 1.Jg., Nr. 5, 1. April 1919.
Umschlag: Sophus Borck, Hamburg.
308 x 230 mm.
Druck: Broschek & Co., Hamburg.

Hamburger Theater-Zeitung, 2. Jg., Nr. 27, 7. Juli 1920.
Umschlag: Sophus Borck, Hamburg.
308 x 230 mm.
Druck: Broschek & Co., Hamburg.

Für die „Hamburger Theater-Zeitung" lieferte Max Halberstadt Porträt- wie Szenenfotos.

Hamburger Illustrierte Zeitung, 8. Jg., Nr. 12, 1926.
Druck: Broschek & Co., Hamburg. 380 x 270 mm.

Für das Titelblatt, aber auch für die Innenseiten dieser „April-Nummer", schuf Max Halberstadt amüsante Fotomontagen.

Max Halberstadt

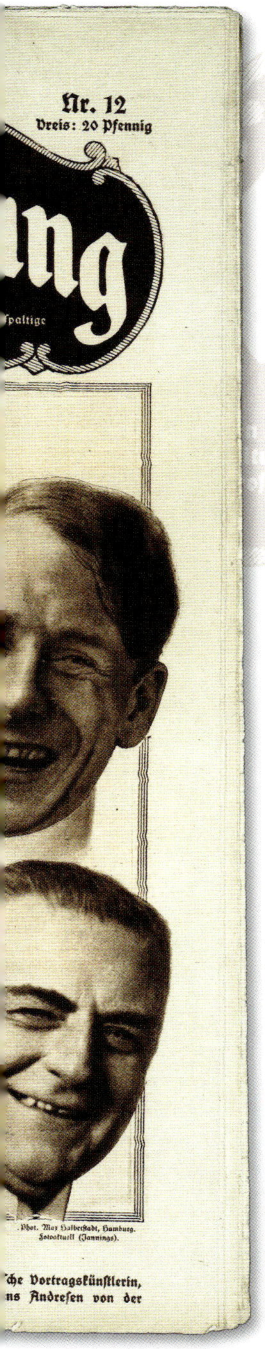

ür den redaktionellen Teil
er Zeitung war Philipp
erges (1863-1938), der
nkel von Grete und Max
erges verantwortlich.

Hamburger Illustrierte Zeitung, 8. Jg., Nr. 31, 1926. Druck: Broschek & Co., Hamburg. 380 x 270 mm.

Die Schauspielerin und Sängerin Emmy Sturm (1896-1977) emigrierte nach Ecuador, kehrte 1963 in die Bundesrepublik Deutschland zurück.

26.7.-1.8.

1926
8. Jahrgang

Hamburger
Illustrierte Zeitung
in Kupfertiefdruck

Zu beziehen durch alle Buch- und Zeitungshändler sowie alle Postämter

Anzeigenpreis 75 Pfennig für die sechsspaltige Millimeter-Zeile

Nr. 31
Preis: 20 Pfennig

Neuer Roman

Ergebnis unseres Bubikopf-Preisausschreibens

Phot. Max Halberstadt, Hamburg.

Die Operettendiva Emmy Sturm.

Eine unserer Preisrichterinnen im Bubikopf-Preisausschreiben.

„Max Halberstadt, ein geborener Hamburger, hat sich schon in seiner Schulzeit für die Photographie interessiert und als er sich nach bestandenem Einjährigen-Examen nicht entschließen konnte, Kaufmann zu werden, wandte er sich der künstlerischen Bildnis-Photographie zu. Das war im Jahre 1900, zu einer Zeit, in der unter dem Einfluß der Sezession auch in der Lichtbildnerei neue Wege mit neuen Ideen beschritten wurden. Seine Ausbildung und Vervollkommnung suchte er stets in fortschrittlich geführten Ateliers und immer in Städten, in denen Museen und Gemäldegalerien ihm in seiner freien Zeit Gelegenheit zu künstlerischer Weiterbildung boten."

In: Photofreund. Halbmonatsschrift für Freunde der Photographie, Heft 10, 15.11.1920 (Sonderheft Max Halberstadt).

Franz (links) und Judith Wolff, um 1922.
(Privatbesitz)

Dieses innerhalb der Familie Wolff als „Klingelbild" bezeichnete Foto hing im Schaukasten des Ateliers von Max Halberstadt.

Die neun Kinder des Oberrabbiners Dr. Joseph Carlebach und seiner Ehefrau Lotte, 1934. (V.l.n.r.: Salomon (Peter), Ruth, Eva, Miriam, Sara, Esther, Noemi, Judith, Julius-Izchak. Fotograf: Max Halberstadt, Hamburg.
(Privatbesitz)

In ihrem Buch „Jedes Kind ist mein Einziges. Lotte Carlebach-Preuss. Antlitz einer Mutter und Rabbiner-Frau" erinnerte sich Miriam Gillis-Carlebach an Max Halberstadt:

„Er war von Beruf Kunstfotograf, einer der ersten, die auch Landschaften fotografierten; der ‚Photofreund' gab ... eine Sondernummer heraus, die ausschließlich ihm gewidmet war. Er hatte sein Atelier in Hamburg, und viele unserer späteren ‚Neun-Kinder-Bilder' wurden dort von ihm aufgenommen."

Max Halberstadt

MAX HALBERSTADT

Das Atelier des Photographen (und deutsche photographische Kunst). Organ der Gesellschaft Deutscher Lichtbildner und des Süddeutschen Photographen-Vereins.

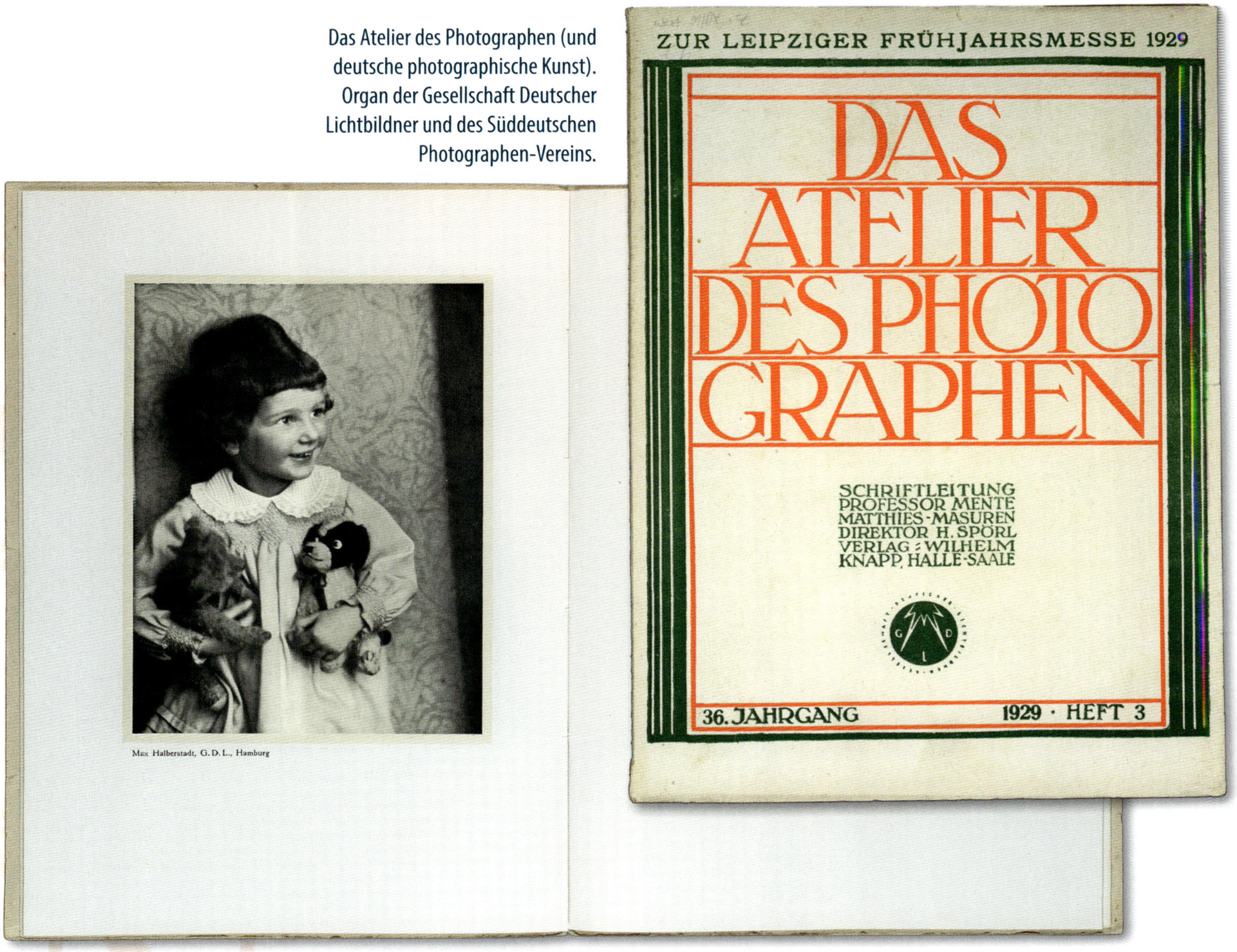

In: Das Atelier des Photographen. Halle/Saale, 36. Jg., Heft 3, 1929. 288 x 208 mm. Druck: Wilhelm Knapp, Halle, Saale.

Wiederholt hatte die Fachzeitschrift Kinderfotografien von Max Halberstadt abgedruckt. In einem Schreiben an das Amt für Wiedergutmachung, Hamburg, schrieb der Rechtsanwalt und langjährige sozialdemokratische Bürgerschaftsabgeordnete Herbert Pardo im Juli 1955 über Max Halberstadt:

„Er war Spezialist für Kinderphotographien und als solcher in den Kreisen des hamburgischen Bürgertums außerordentlich beliebt und gesucht. Ich bin selbst häufig in seinem photographischen Atelier gewesen, um dort meine Kinder photographieren zu lassen. Es war ein besonders geschmackvoll und schön eingerichtetes Geschäft.“

Ein November-Almanach herausgegeben im Auftrage der Hamburger Gruppe von Hans Haalck.

Hamburg: Johannes Asmus Verlag 1928. 56 S., broschiert, 165 x 127 mm.
Druck: Buchdruckerei Gerhard Stalling, Oldenburg i. O.

Ausdrücklich wies der Herausgeber auf die gestalterische Mitarbeit von Max Halberstadt hin: „Die Zusammenfügung der Bilder von Ludwig Beil, Hans Friedrich Blunck, Fritz Höger, Hans Henny Jahnn und Rudolf Klutmann erfand Max Halberstadt. Diese und die Bildgefüge von Hans Leip und Hans Munch sind im Atelier Max Halberstadt, Neuer Wall 54, hergestellt.“ Der Anzeigenteil dieses Almanachs enthielt auch ein Inserat des Ateliers von Max Halberstadt.

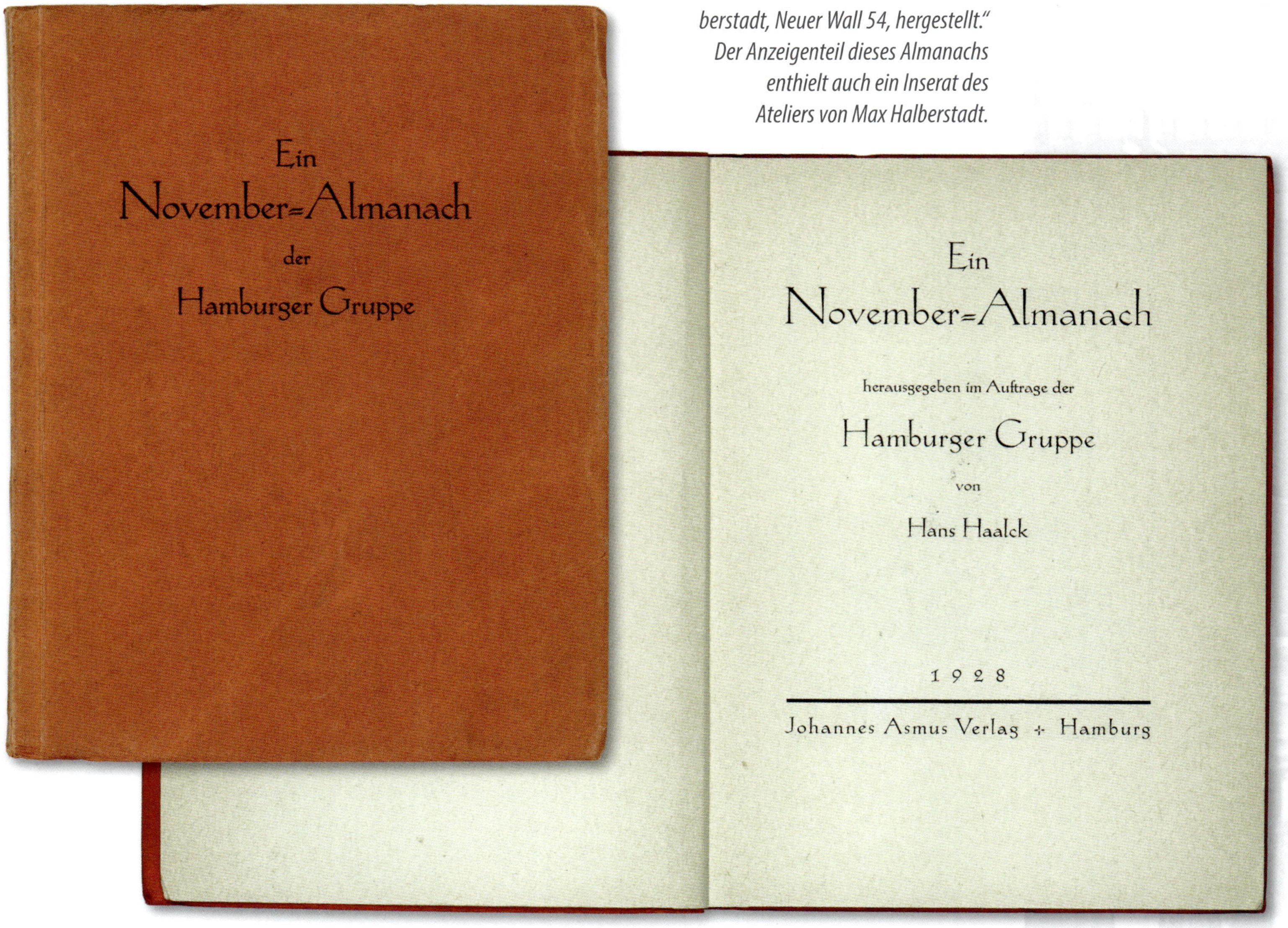

Menschen der Zeit. Hundert und ein Bildnis aus deutscher Gegenwart. Königstein im Taunus & Leipzig: Karl Robert Langewiesche Verlag 1931. (Die Blauen Bücher) 112 S., broschiert, 268 x 190 mm. Druck: Offizin Haag-Drugulin AG, Leipzig.

Der Innentitel dieser Ausgabe lautete: „Menschen der Zeit. Hundert und ein Lichtbildnis wesentlicher Männer und Frauen aus deutscher Gegenwart und jüngster Vergangenheit."

Diese Ausgabe enthielt ein von Max Halberstadt erstelltes Porträt des Hamburger Architekten Fritz Höger (1877-1949).

Ost und West.
Illustrierte Monatsschrift
für das gesamte Judentum.
XIV. Jg. Heft 6, Juni 1914.

Die Monatsschrift druckte Theodor Reiks Beitrag „Der Schöpfer der neuen Seelenkunde (Professor Sigmund Freud)“ Zur Illustration nutzte die Redaktion ein Foto von Max Halberstadt, Hamburg.

Heft 6, 1914. Juni XIV. Jahrgang.

OST UND WEST

Jllustrierte Monatsschrift für das gesamte Judentum

Organ der Alliance Israélite Universelle.

Inhalt:

kleinen. Da, wie einleitend bereits hervorgehoben, für die Trauung selbst feststehende Vorschriften gelten, so verlief diese wohl im ganzen wie noch heute in frommen Kreisen k'daß Mauscheh w'Jisroël, nach dem Gesetze Mosis und Israels. — Nur einer eigenartigen Sitte müssen wir auch hier Erwähnung tun. Während nämlich noch jetzt bei Trauungen, die in Frankfurt nach altjüdischem Ritus vollzogen werden, am Schlusse vom Bräutigam oder einem anderen Anwesenden

[6]) Den Grund für diese Sitte finden wir im Talmud, Traktat Bérochauß Seite 31, erwähnt. Dort wird erzählt, daß ein Gelehrter, dem nach seiner Ansicht bei einer Hochzeit zu weit getriebenen Uebermut dadurch ein plötzliches Ziel setzte, daß er ein wertvolles Gefäß zerschmetterte.

[7]) Uebrigens findet die ganze Woche nach der Hochzeit täglich im Hause der Neuvermählten eine Tafel statt, ganz wie in biblischer Zeit. Beim Tischgebet werden die „sieben Segenssprüche“ rezitiert.

433 Theodor Reik: Der Schöpfer der neuen Seelenkunde. (Prof. Sigmund Freud.) 434

in jenen ewig „sauren Wochen“ nicht gar zu häufig; so faßte man sie beim Schopfe und ließ sie so schnell nicht fahren: am Sabbat nach der Hochzeit, da der Ehegemahl, zum ersten Male — und von nun an bei jedem Gottesdienste — zum Zeichen seiner neuen Würde mit dem Talis (Gebetmantel) geschmückt, zur Thora „aufgerufen“ wurde, führten befreundete Frauen die junge Frau „in die Schul“, und während der Thoravorlesung, der wohl das weibliche Geschlecht schon damals nicht sehr viel Aufmerksamkeit schenkte, wurde die Gefeierte wieder ins eigene neue Heim geleitet. Dann kamen die Hochzeitsgäste noch einmal alle zusammen. Jeder trug zu den Kosten der Bewirtung bei, indem er einen Krug Wein, den „Schenkwein“, mitbrachte. Kuchen und Leckereien wurden verteilt; aber der „Schenkwein“ wurde erst nach Ausgang des Sabbats gemeinsam in heiterster Stimmung bis auf den letzten Tropfen ausgetrunken. — So fand die froh begonnene Feier ein feuchtfröhliches Ende.

DER SCHÖPFER DER NEUEN SEELENKUNDE.
(PROFESSOR SIGMUND FREUD.)

Von Dr. Theodor Reik.

Der künftige Kulturhistoriker wird unter den wenigen ganz großen Namen, welche er als repräsentativ für den Fortschritt der Wissenschaften in unserer Zeit einzuzeichnen hat, den des Wiener Psychologen Sigmund Freud in die erste Reihe setzen. Erst eine kommende Zeit wird ganz würdigen lernen, was Professor Freud nicht bloß für seine Spezialwissenschaft, die Neurologie und Psychiatrie, sondern für einen großen Teil aller Wissenschaften geleistet hat. Man hat ihn den „Darwin der Seelenkunde“ genannt. In der Tat hat er uns das tiefste Wissen von den seelischen Vorgängen vermittelt. Es kommt selten vor, daß eine Spezialwissenschaft mit ihrer eigenen Methode von einem Einzelnen in so genialer Weise geschaffen wurde. Doch nicht der Siegeslauf dieser Wissenschaft soll hier beschrieben, es soll nur angedeutet werden, in welcher Art sie ihre weltumspannende Bedeutung fordern darf. Die neue Wissenschaft ging von der Erforschung und Heilung jener rätselhaften Krankheit aus, die wir Hysterie nennen, und setzte ihre Forschungen bald auf dem Gebiete aller nervösen Störungen fort. Sie konnte diesen Krankheiten ihr Geheimnis entreißen, indem sie den entscheidenden Anteil infantiler und sexueller Vorgänge an ihnen feststellte. Sie war es auch, welche zuerst dem Begriff des „Unbewußten“ eine dynamische Bedeutung gab und die psychischen Mechanismen feststellte, in welchen sich das seelische Kräftespiel vollzieht. Der unmittelbarste Nutzen der Anwendung der neuen Methode war die Heilung jener nervösen Krankheiten, um die sich jahrhundertelang die Aerzte bemüht haben. Doch damit ist ihre Bedeutung nicht erschöpft. Denn was bei den Psychoneurotikern in entstellter Form störend und hemmend zutage trat, hat die Psychoanalyse in der Zergliederung seelischer Vorgänge der Normalen als unbewußt wirksam gezeigt und erkennen lassen, wie diese verborgenen Kräfte unser Denken und Handeln formen helfen.

Die neue Forschung hat bewiesen, daß der Traum ein vollwertiges seelisches Phänomen ist, in welchem „verdrängte“ Wünsche einen entstellten Ausdruck finden. Sie hat dieselben Regungen auch in der Entstehung der kleinen Störungen des Alltagslebens, wie Vergessen, Versprechen usw., und im Witz als Motive ans Licht des Bewußtseins gehoben. Doch sie hat uns auch gezeigt, auf welchen Wegen die unbewußten Kräfte unseres Innern schöpferisch werden in den Leistungen, welche der Menschengeist als seine höchsten anerkennt; in der Kunst,

Phot. Max Halberstadt, Hamburg

Prof. Sigmund Freud

Max Halberstadt

MAX HALBERSTADT

Theodor Reik:
Freud als Kulturkritiker.
Mit einem Brief Professor
Sigmund Freuds.
Wien und Leipzig:
Dr. Max Präger Verlag 1930.
89 S., 190 x 132 mm.
Druck: Elbemühl Papierfabriken und Graphische Industrie A.G., Wien.

In der linken Ecke des Schutzumschlags befand sich der Verweis auf den Fotografen „M. Halberstadt, Hamburg".

Sigmund Freud:
Civilization And Its Discontents.
Translated from the German by
Joan Riviere.
London: Hogarth Press and The Institute of Pyscho-Analysis 1939. (The International Psycho-Analytical Library, Edited by Ernest Jones, No. 17). 144 S., gebunden, 223 x 150 mm.
Druck: Percy Lund, Humphries & Co. Ltd., London and Bradford.

Es handelt sich hier um die zweite Auflage, die erste war schon 1930 erschienen.

„Durch die Boykottmassnahmen gegen die Juden wurde ihm die Ausuebung seines Berufes als Portraet-Fotograf ab Anfang 1933 zusehends erschwert. Viele seiner arischen Kunden trauten sich nicht mehr, sein Atelier zu betreten, andere stellten die Bedingung, dass er die Bilder nicht mehr in seinem Namen zeichnen duerfte, da sie, obgleich sie seine Arbeit schaetzten, nicht oeffentlich zugeben konnten, von einem Juden fotografiert worden zu sein. Auf Grund des vom Kultusministerium erlassenen Verbots der Beschaeftigung von Juden wurden die regelmaessigen Aufträge zur Anfertigung von zur Veroeffentlichung in Zeitungen bestimmten Reklamematerial der fuehrenden Firmen eingestellt...

Die Situation verschlimmerte sich bis 1935 derart, dass er nicht mehr genug verdienen konnte und nach vorausgegangenem Geschäftsverkauf im Jahre 1936 auswandern musste."

Bertha Halberstadt, Witwe Max Halberstadts, in einem am 28.4.1955 formulierten Lebenslauf ihres Mannes, Anlage zu ihrem Entschädigungsantrag beim Amt für Wiedergutmachung, Hamburg.

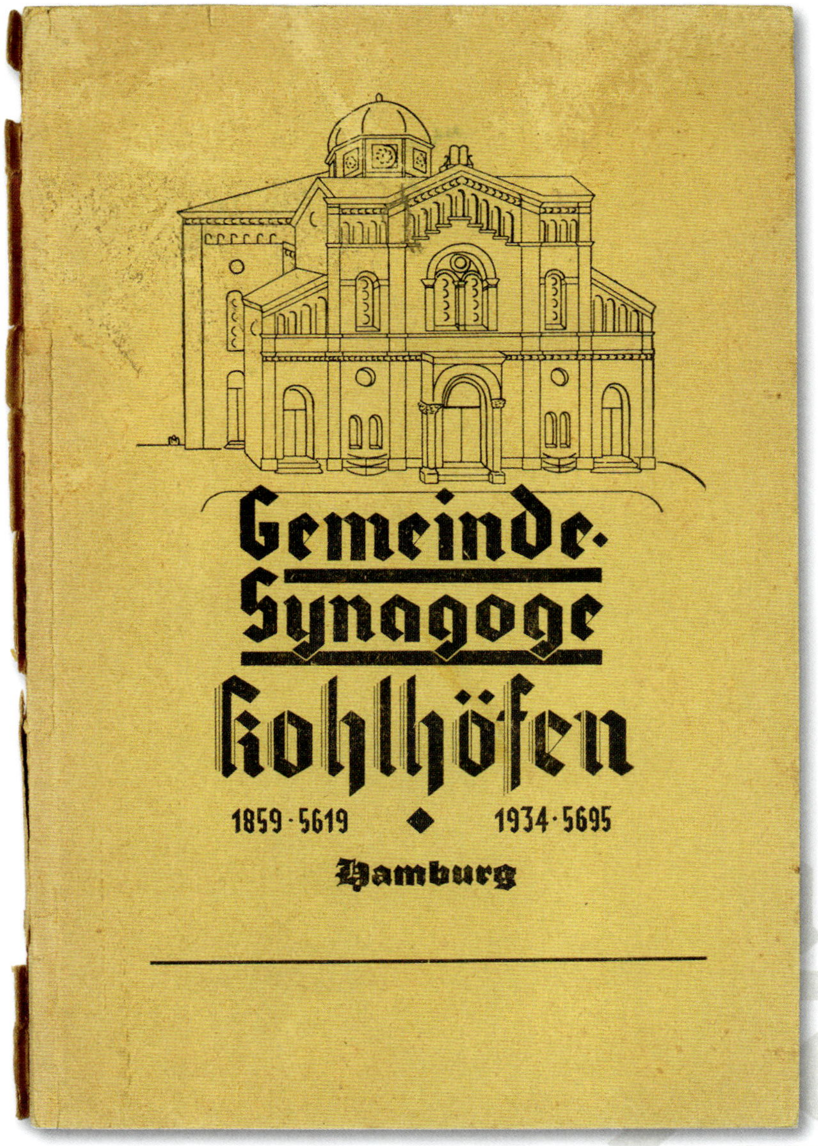

Gemeinde-Synagoge Kohlhöfen. 1859 • 5619 •1934 • 5695. Verfasst im Auftrage des Deutsch-Israelitischen Synagogenverbandes Hamburg von Julian Lehmann. Hamburg 1934. Druck: Albert Davids, Hamburg. 225 x 185 mm.

Zwei illustrierende Fotografien, eine Innen- sowie eine Außenaufnahme der Synagoge, stammten von Max Halberstadt.

Antrag zur Mitnahme fotografischer Apparaturen und Materialien, die Max Halberstadt für die Fortsetzung seiner Arbeit als Fotograf in Südafrika benötigte. (Staatsarchiv Hamburg)

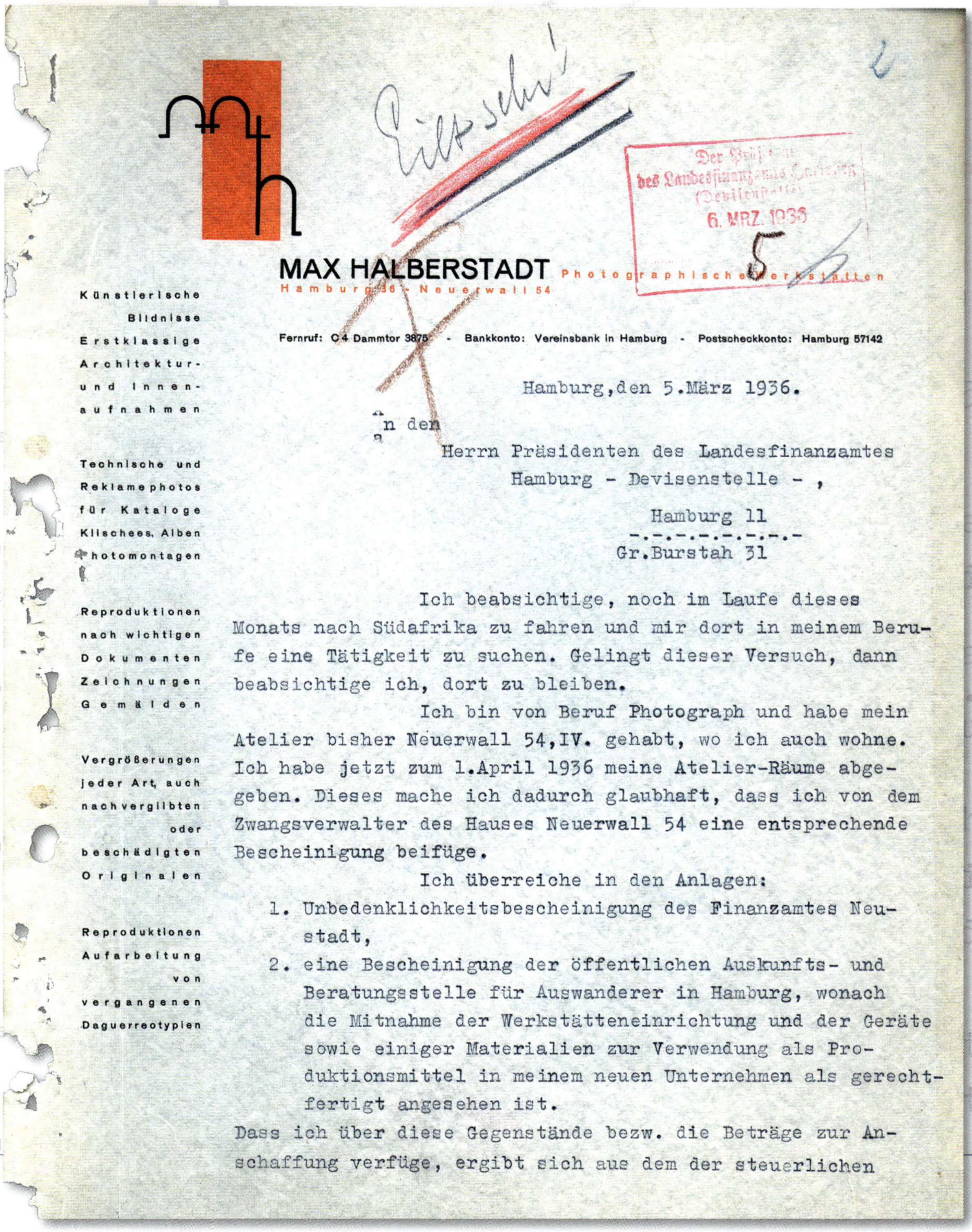

Eilt sehr!

MAX HALBERSTADT Photographische Werkstätten
Hamburg 36 · Neuerwall 54

Künstlerische Bildnisse
Erstklassige Architektur- und Innen-aufnahmen

Technische und Reklamephotos für Kataloge Klischees, Alben Photomontagen

Reproduktionen nach wichtigen Dokumenten Zeichnungen Gemälden

Vergrößerungen jeder Art, auch nachvergilbten oder beschädigten Originalen

Reproduktionen Aufarbeitung von vergangenen Daguerreotypien

Fernruf: C 4 Dammtor 3878 - Bankkonto: Vereinsbank in Hamburg - Postscheckkonto: Hamburg 57142

Der Präsident des Landesfinanzamts Hamburg (Devisenstelle) 6. MRZ. 1936

Hamburg, den 5. März 1936.

An den
Herrn Präsidenten des Landesfinanzamtes
Hamburg - Devisenstelle - ,
Hamburg 11
-.-.-.-.-.-.-.-
Gr. Burstah 31

Ich beabsichtige, noch im Laufe dieses Monats nach Südafrika zu fahren und mir dort in meinem Berufe eine Tätigkeit zu suchen. Gelingt dieser Versuch, dann beabsichtige ich, dort zu bleiben.

Ich bin von Beruf Photograph und habe mein Atelier bisher Neuerwall 54, IV. gehabt, wo ich auch wohne. Ich habe jetzt zum 1. April 1936 meine Atelier-Räume abgegeben. Dieses mache ich dadurch glaubhaft, dass ich von dem Zwangsverwalter des Hauses Neuerwall 54 eine entsprechende Bescheinigung beifüge.

Ich überreiche in den Anlagen:
1. Unbedenklichkeitsbescheinigung des Finanzamtes Neustadt,
2. eine Bescheinigung der öffentlichen Auskunfts- und Beratungsstelle für Auswanderer in Hamburg, wonach die Mitnahme der Werkstätteneinrichtung und der Geräte sowie einiger Materialien zur Verwendung als Produktionsmittel in meinem neuen Unternehmen als gerechtfertigt angesehen ist.

Dass ich über diese Gegenstände bezw. die Beträge zur Anschaffung verfüge, ergibt sich aus der steuerlichen

„Im April 1936 wanderte mein Mann nach Sued-Afrika aus. Zur Bestreitung seines Lebensunterhalts musste er, da er vollkommen mittellos in Sued-Afrika ankam, ein rueckzahlbares Darlehen in Höhe von 150 Pfund annehmen, bis er einen Erwerb finden konnte...

Im November 1938 eroeffnete mein Mann ein fotografisches Atelier in Johannesburg, nachdem er zu dem Ergebnis gekommen war, dass er als Angestellter keine Moeglichkeit eines wirtschaftlichen Fortkommens habe. Infolge der Aufregungen in der Verfolgungszeit, des Verlustes seiner Existenz, und dem schweren Lebenskampf im Einwanderungslande erkrankte er kaum ein Jahr nach seiner Etablierung an einer schweren Angina pectoris, die sich zusehends verschlimmerte, bis er im August 1940 voellig arbeitsunfähig wurde. Am 30.12.1940 erlag er einer Herztrombose, ohne die Moeglichkeit gehabt zu haben, seine fruehere Taetigkeit in vollem Umfange wieder aufzunehmen."

Bertha Halberstadt, Witwe Max Halberstadts, in einem am 28.4.1955 formulierten Lebenslauf ihres Mannes, Anlage zu ihrem Entschädigungsantrag beim Amt für Wiedergutmachung, Hamburg.

Nr. 5
Mai 2006, 71. Jahrgang
Europa € 3.50
USA $ 4.50
Israel Shekel 9.50
Schweiz CHF 4.50
www.aufbauonline.com

aufbau

DAS JÜDISCHE MONATSMAGAZIN

Lawrence F. Kaplan
Intervention in Darfur Seite 5

Raymond Battegay
Ambivalenz und Zugehörigkeit Seite 6

Katja Behling
Die talentierten Freuds Seite 12

Irene Armbruster
Auf den Spuren der Sexualforschung Seite 15

Lena Gorelik
Ein paar Vorurteile zur Psychoanalyse Seite 17

Andreas Mink
Freud in New York Seite 19

Mihail Sebastian
Der kritische Zeitgeist Seite 23

Lenka Reinerová
Hommage an eine Prager Chronistin Seite 26

Walter Laqueur
Der Geschichte gewidmet, dem Leben zugewandt Seite 28

Vater der Moderne

Sigmund Freud zum 150. Geburtstag: Judentum, Emigration und Wissenschaft

Titelseite des „Aufbau. Das jüdische Monatsmagazin.“ Zürich, 71. Jg., Nr. 5, Mai 2006. 300 x 230 mm.

In der gesamten Ausgabe des „Aufbau“ findet sich keinerlei Hinweis auf Max Halberstadt als Porträtisten seines Schwiegervaters Sigmund Freud.

DER SPIEGEL, Hamburg,
Nr. 18, 29.4.2006.
280 x 215 mm.

Für seine Titelseite nutzte der „SPIEGEL" eine Illustration des niederländischen Künstlers Braldt Bralds. Wer die Fotovorlage schuf, blieb ungenannt.

Puzzle des Porträts
von Sigmund Freud,
angeboten vom
Freud Museum, London.
108 x 64 mm.

Ein Hinweis auf den Fotografen Max Halberstadt fehlt auch bei diesem Merchandising-Produkt.

Käte Hamburger

1896 - 1992

Käte Hamburger

URGER

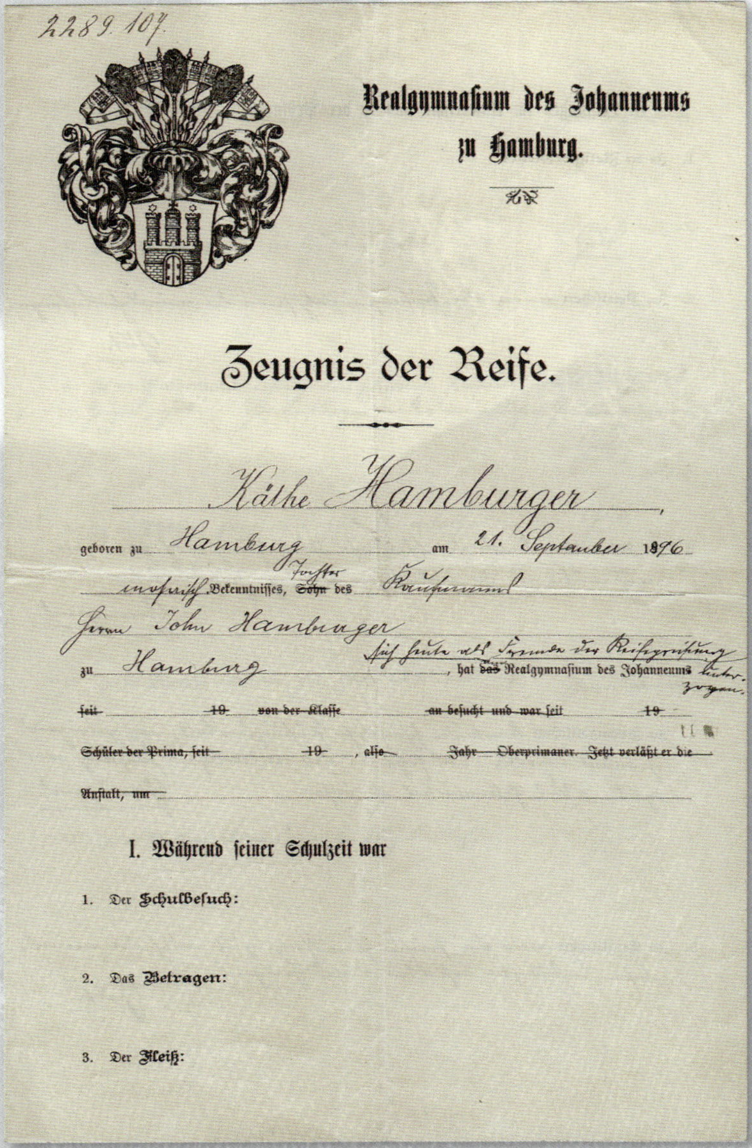
2289.107

Realgymnasium des Johanneums zu Hamburg.

Zeugnis der Reife.

Käthe Hamburger

geboren zu Hamburg am 21. September 1896

mosaischen Bekenntnisses, Tochter ~~Sohn~~ des Kaufmanns

Herrn John Hamburger

zu Hamburg hat sich heute als Fremde der Reifeprüfung unterzogen. ~~das Realgymnasium des Johanneums~~

~~seit 19 von der Klasse an besucht und war seit 19~~

~~Schüler der Prima, seit 19, also Jahr Oberprimaner. Jetzt verläßt er die~~

~~Anstalt, um~~

I. Während seiner Schulzeit war

1. Der Schulbesuch:

2. Das Betragen:

3. Der Fleiß:

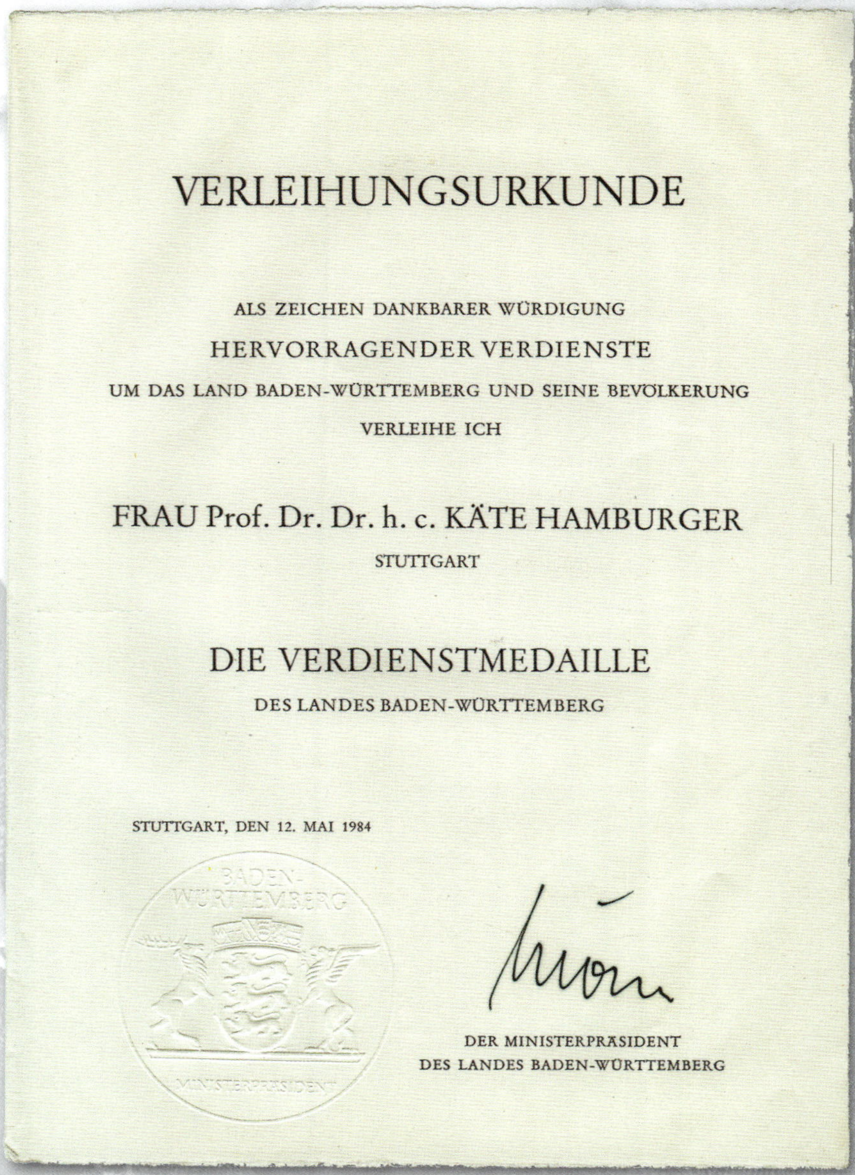
VERLEIHUNGSURKUNDE

ALS ZEICHEN DANKBARER WÜRDIGUNG
HERVORRAGENDER VERDIENSTE
UM DAS LAND BADEN-WÜRTTEMBERG UND SEINE BEVÖLKERUNG
VERLEIHE ICH

FRAU Prof. Dr. Dr. h. c. KÄTE HAMBURGER
STUTTGART

DIE VERDIENSTMEDAILLE
DES LANDES BADEN-WÜRTTEMBERG

STUTTGART, DEN 12. MAI 1984

BADEN-WÜRTTEMBERG
MINISTERPRÄSIDENT

DER MINISTERPRÄSIDENT
DES LANDES BADEN-WÜRTTEMBERG

KÄTE HAMBURGER

Erste Seite vom Zeugnis der Reife des Realgymnasiums des Johanneums zu Hamburg für Käthe Hamburger vom 13. Februar 1917.
(Deutsches Literaturarchiv Marbach).

Urkunde anlässlich der Verleihung der Verdienstmedaille des Landes Baden-Württemberg an Käte Hamburger vom 12. Mai 1984.
(Deutsches Literaturarchiv Marbach).

Käte Hamburger, um 1989.
Fotografin: Herlinde Koelbl, Neuried.

Käte Hamburger

21.9.1896	*Geburt in Hamburg*
1912 - 1917	*Besuch des „Wendtschen Realgymnasiums für Mädchen"; Abitur am Johanneum*
	Studium der Philosophie, Kunst- und Literaturgeschichte in Berlin und München
1922	*Promotion in München*
1922 - 1928	*Privatgelehrte in Hamburg*
1928 - 1933	*Assistentin des Philosophen Paul Hofmann in Berlin*
1933	*Emigration über Frankreich nach Schweden; wohnhaft in Göteborg; Arbeit als Deutsch- und Nachhilfelehrerin*
1945	*schwedische Staatsbürgerin*
1956	*Rückkehr nach Deutschland*
1957	*Habilitation in Stuttgart*
1957 - 1959	*Privatdozentin für Allgemeine und Vergleichende Literaturwissenschaft an der Technischen Universität Stuttgart*
1959 - 1976	*außerplanmäßige Professorin an der Universität Stuttgart*
8.4.1992	*Tod in Stuttgart*

Käte Hamburger

Käte Hamburger, Tochter eines jüdischen Bankiers, wuchs in der Hansestadt auf. Sie besuchte das „Wendtsche Realgymnasium für Mädchen" des „Vereins für Frauenbildung und Frauenstudium". Ihr Abitur bestand sie am Johanneum. Das Studium der Philosophie, Literatur- und Kunstgeschichte in Berlin und München schloss sie 1922 mit der Promotion ab.

Bis 1928 arbeitete sie als Buchhändlerin und Privatgelehrte in Hamburg, von 1928 bis 1933 war sie in Berlin Assistentin des Philosophen Paul Hofmann.
1929 erschien ihr erster literaturwissenschaftlicher Aufsatz in der „Deutschen Vierteljahrsschrift für Literaturwissenschaft und Geistesgeschichte".

Ihr 1932 publiziertes Buch „Thomas Mann und die Romantik" wurde nach der Machtübertragung an die Nationalsozialisten vom Verlag „Junker und Dünnhaupt" vernichtet.

Eine Fortsetzung ihrer Karriere war in Deutschland nicht mehr möglich. Käte Hamburger emigrierte 1933 über Frankreich nach Schweden.

Ein neues Zuhause fand sie in Göteborg; doch auch hier blieb ihr eine Universitätslaufbahn verwehrt.
Als Deutsch- und Nachhilfelehrerin sowie durch journalistische Arbeiten verdiente sie ihren Lebensunterhalt.
1945 wurde Käte Hamburger schwedische Staatsbürgerin.

Als ihr angeboten wurde, an der Technischen Hochschule in Stuttgart zu lehren, kehrte sie 1956 nach Deutschland zurück.

Ein Jahr später habilitierte sie mit ihrer literaturtheoretischen Studie „Die Logik der Dichtung", die zu einem Standardwerk der Literaturwissenschaft wurde.
Von 1957 bis 1976 arbeitete sie als Hochschullehrerin in Stuttgart.

Die vielfach geehrte Käte Hamburger starb 1992 im Alter von 95 Jahren in Stuttgart.

Käte Hamburger, the daughter of a Jewish banker, grew up in the Hanseatic city of Hamburg. She attended the „Wendtsche Realgymnasium für Mädchen", a secondary girl's school organized by the woman's education group „Verein für Frauenbildung und Frauenstudium".

Her high school diploma was awarded by the Johanneum, a renowned Hamburg high school. She concluded university studies in philosophy, literature and art history at universities in Berlin and Munich with her dissertation.

Until 1928 she worked as a book merchant and private scholar in Hamburg. From 1928 to 1933 she became the assistant of philosopher Paul Hofmann in Berlin.

Her first scholarly publication appeared 1929 in the „Deutschen Vierteljahrsschrift für Literaturwissenschaft und Geistesgeschichte". Her book „Thomas Mann und die Romantik" (1932) was destroyed by her publisher „Junker and Dünnhaupt" after the National Socialists took power.

A career in Germany became impossible. In 1933 Käte Hamburger emigrated over France to Sweden.
She found a new home in Gothenburg, yet her university career was thwarted. She earned her living by teaching German and other subjects, as well as working as a journalist. She became a Swedish citizen in 1945.

When a teaching position was offered to her at the Technische Hochschule in Stuttgart, she returned to Germany in 1956. A year later she qualified for a senior lecturing position at the university with her theoretical study „Die Logik der Dichtung", which became a standard work in the field of literature studies. From 1957 to 1976 she worked as a professor in Stuttgart.

Käte Hamburger received many honors. She died in 1992 in Stuttgart, at the age of 95.

Hamburger

BURGER

Interview mit Käte Hamburger:

HK:
Wie war das in der Emigration?

KH:
Ich habe die deutsche Sprache auch in der Emigration nicht aufgegeben. Im Gegenteil, ich habe Deutsch unterrichtet. Mit dieser Sprache bin ich ja identisch. Ich glaube, die Muttersprache entscheidet letztlich darüber, ob man sich einer Nation zugehörig fühlt.

HK:
Sie waren ja sehr lange in der Fremde. Was bedeutet Heimat für Sie?

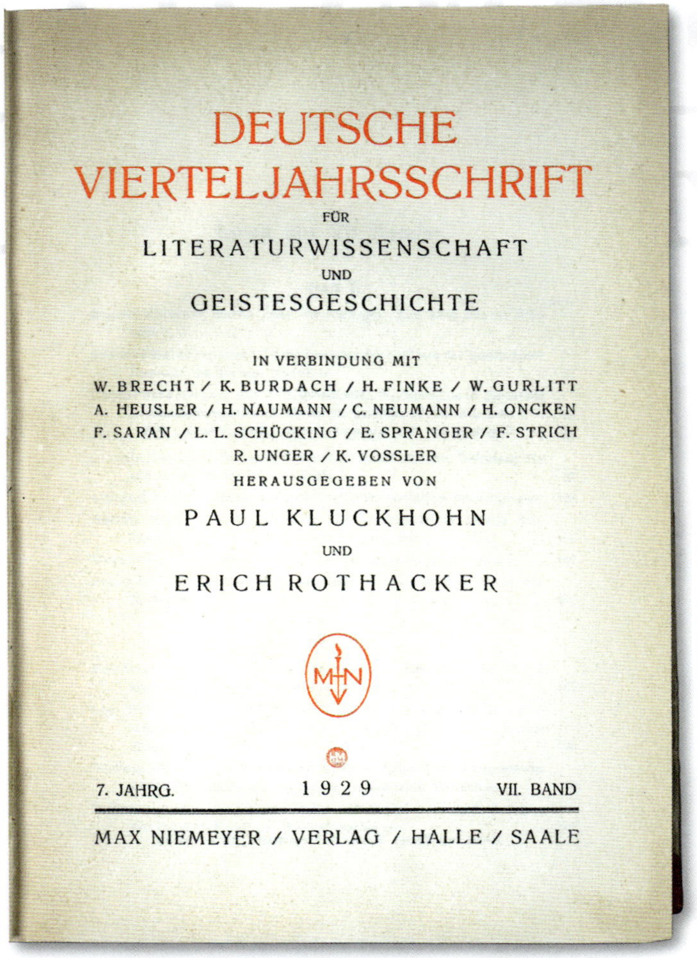

Deutsche Vierteljahrsschrift für Literaturwissenschaft und Geistesgeschichte. Herausgegeben von Paul Kluckhohn und Erich Rothacker. Halle/Saale: Max Niemeyer-Verlag. 7.Jg., 1929, VII. Band. 796 S., gebunden, 160 x 227 mm. Druck: Karras, Kröber & Nietschmann, Halle (Saale).

In dieser fachwissenschaftlichen Publikation veröffentlichte Käte Hamburger ihren Aufsatz „Das Todesproblem bei Jean Paul". Hinter ihrem Autorennamen wurde als Wohnort Berlin angegeben.

Käte Hamburger: Thomas Mann und die Romantik. Eine problemgeschichtliche Studie. Herausgegeben von Hans Hecht, Friedrich Neumann, Rudolf Unger. Berlin: Junker und Dünnhaupt Verlag 1932. (Neue Forschung. Arbeiten zur Geistesgeschichte der Germanischen und Romanischen Völker, Bd. 15). 104 S., broschiert, 255 x 180 mm. Druck: Hofbuchdruckerei C. Dünnhaupt, G.m.b.H., Dessau.

Das Buch trägt die gedruckte Widmung:

„Dem Andenken meines Vaters".

Sofort nach der Machtübertragung an die Nationalsozialisten vernichtete der Verlag diese literaturwissenschaftliche Studie.

Käte Hamburger

KÄTE HAMBURGER

Käte Hamburger:
Leo Tolstoi.
Gestalt und Problem.
Verlag A. Francke AG.,
Bern 1950.
192 S., gebunden,
205 x 138 mm.

Die gedruckte Widmung lautete:

„Dem Andenken meines Verlobten des Philosophen Paul Hofmann († 1947)".

Käte Hamburger:
Die Logik der Dichtung.
Stuttgart: Ernst Klett Verlag 1957.
255 S., gebunden, 234 x 158 mm.
Druck: Dr. F.P. Datterer & Cie.-
Inhaber: Sellier - Freising.

Die gedruckte Widmung des Buches lautete:

„Thomas Mann dargebracht."

KH:
Das bedeutet jetzt nicht mehr viel für mich. Es gibt doch dieses Sprichwort ‚ubi bene ibi patria', wo es mir gut geht, dort ist mein Vaterland. Da ist schon etwas dran. Hamburg ist zwar meine Heimatstadt, aber ich würde sie nicht als Heimat bezeichnen. Das ist im Laufe der Zeit ein kitschig-sentimentaler Begriff geworden. Ich war zweiundzwanzig Jahre in Schweden, aber ich habe nicht darüber nachgedacht, ob dieses Land nun meine Heimat geworden ist. Und Stuttgart? Hier lebe ich außerordentlich gerne, aber ‚Heimat' wäre zu hochgegriffen. Überhaupt passt dieser Begriff nicht mehr zu einer durch den Verkehr vollkommen vereinheitlichten Welt."

In: Herlinde Koelbl, Jüdische Portraits. Photographien und Interviews. Frankfurt am Main 1989, S. 110

„Es gibt Bücher, auch solche der Theorie, die einen durch das Leben begleiten, ohne daß man sich dessen recht bewußt wird…

Käte Hamburgers Studie ‚Die Logik der Dichtung' ist so ein Fall. Schon gleich nach Erscheinen 1957 löste das Buch einen erbitterten Streit unter Wissenschaftlern aus, was nicht verhindern konnte, sondern geradezu gefördert hat, daß es in verschiedenen, zum Teil revidierten Auflagen zu einem internationalen Standardwerk wurde…

Als sie 1932 Thomas Mann einen ihn betreffenden Aufsatz schickte, sprach er von einer ‚starken kritischen Begabung', die sich gewiß eines Tages ‚an den würdigsten Gegenständen' bewähren werde. Vorerst mußte Käte Hamburger aus Deutschland fliehen: 1933 ging sie nach Frankreich, im Jahr darauf nach Schweden, wo sie bis 1956 blieb.

Käte Hamburger: Heine und das Judentum. Vortrag gehalten in Stuttgart, 16. März 1982 bei der Württembergischen Bibliotheksgesellschaft.

20 S., broschiert, 240 x 160 mm. Druck: Offizin Chr. Scheufele, Stuttgart.

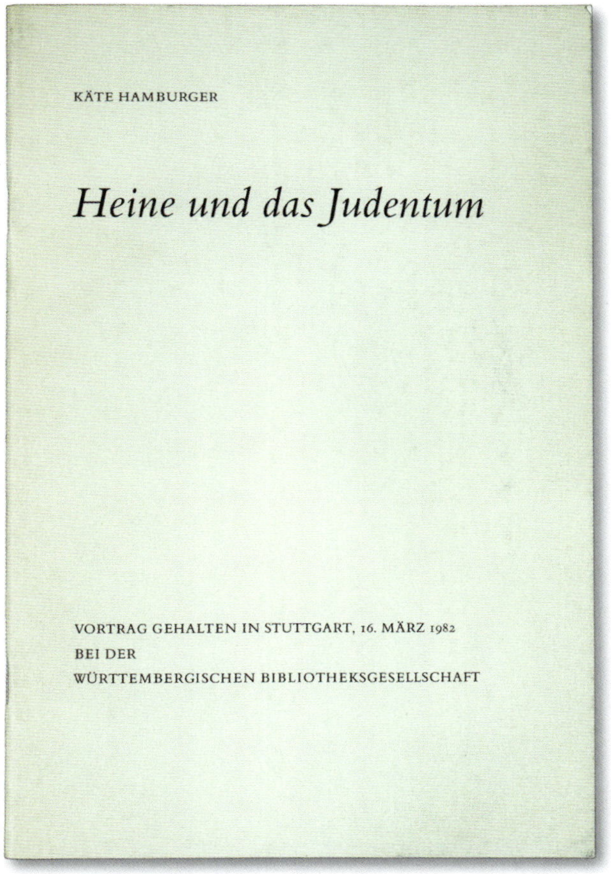

Käte Hamburger: Thomas Manns biblisches Werk. Der Joseph-Roman. Die Moses-Erzählung „Das Gesetz". München: Nymphenburger Verlagshandlung 1981. 270 S., broschiert, 200 x 122 mm. Druck: Buch- und Offsetdruckerei Wagner, Nördlingen.

In ihrer Vorbemerkung wies Käte Hamburger darauf hin, dass beide Texte nicht neu, aber lange vergriffen waren.

ZUR AKTUALITÄT EINER KLASSIKERIN

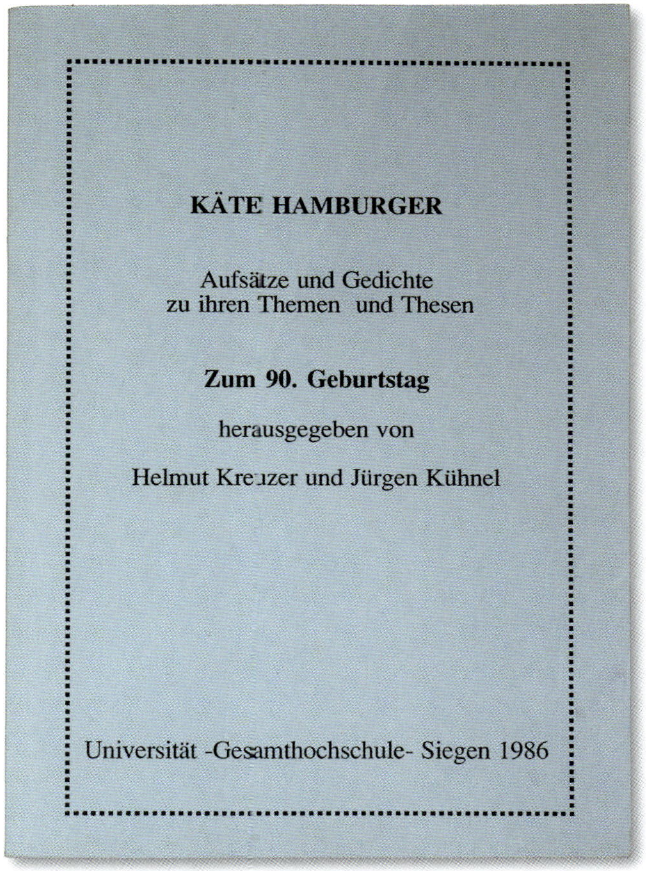

Käte Hamburger. Aufsätze und Gedichte zu ihren Themen und Thesen. Zum 90. Geburtstag herausgegeben von Helmut Kreuzer und Jürgen Kühnel.

Universität-Gesamthochschule-Siegen 1986. Druck: Universität-Gesamthochschule-Siegen. 99 S., broschiert, 205 x 145 mm.

Käte Hamburger. Zur Aktualität einer Klassikerin. Herausgegeben von Johanna Bossinade und Angelika Schaser. Umschlaggestaltung: Susanne Gerhards, Düsseldorf.

Göttingen: Wallstein Verlag 2003. (Querelles. Jahrbuch für Frauen- und Geschlechterforschung, Bd. 8). 220 S., broschiert, 222 x 141 mm. Druck: Hubert & Co., Göttingen.

Dann erst kehrte sie zurück...

Kaum eines ihrer Bücher über Literatur ... konnte und wollte die philosophische Schulung verbergen – eigenständiges Oeuvre einer eigenwilligen Forscherin und außerordentlichen Stifterin.

Käte Hamburger ist in der vergangenen Woche in Stuttgart gestorben, 95 Jahre alt."

Volker Hage,
Logik und Dichtung.
Zum Tode der Germanistin Käte Hamburger.
In: DIE ZEIT, Hamburg,
17.4.1992.

Iwan Heilbut
IWAN HEILBUT

1898 – 1972

Iwan Heilbut mit seinem Sohn Francis, undatiert.
(Deutsches Exilarchiv 1933-1945 der Deutschen Nationalbibliothek, Frankfurt am Main)

Iwan Heilbut, undatiert.
(Deutsches Exilarchiv 1933-1945 der Deutschen Nationalbibliothek, Frankfurt am Main)

Iwan Heilbut, um 1942.
(Deutsches Exilarchiv 1933-1945 der Deutschen Nationalbibliothek, Frankfurt am Main)

Iwan Heilbut

IWAN HEILBUT

Passbild von
Iwan Heilbut,
undatiert.
(Deutsches Exilarchiv 1933-1945 der Deutschen Nationalbibliothek, Frankfurt am Main)

15.7. 1898	*Geburt in Hamburg*
	nach Studium Arbeit als freier Journalist und Schriftsteller
1933	*Emigration über Prag nach Paris;* *Korrespondent der Schweizer National-Zeitung*
1936	*Heirat mit Charlotte Meyer in Paris*
27.10.1939	*Geburt des Sohnes Francis*
Mai 1940	*zuerst im Pariser Stadion „Buffalo" interniert,* *später im Lager „La Braconne" bei Angoulême;* *Flucht über Spanien und Portugal*
	Emigration in die USA
seit 1947	*amerikanischer Staatsbürger*
bis 1950	*Lehraufträge am „Hunter College", New York*
1951 - 1959	*Visiting Lecturer des „U.S. Information Center Program";* *Arbeit für den Rundfunk und Zeitungen in Deutschland* *und in der Schweiz*
15.4.1972	*Tod in Bonn*

Iwan Heilbut

Iwan Heilbut stammte aus einer gutbürgerlichen jüdischen Familie Hamburgs. Schon als Jugendlicher wollte er Schriftsteller werden.
Nach dem Studium der deutschen und französischen Literatur veröffentlichte er erste Beiträge im „Hamburger Fremdenblatt“ und im „Freihafen“, der Theaterzeitung der „Hamburger Kammerspiele“.
Später erschienen seine Feuilletonbeiträge im „Berliner Tageblatt“, dem „Berliner Börsen-Courier“ und der „Vossischen Zeitung“.
Sein 1928 veröffentlichter Künstlerroman „Triumph der Frau“ wurde ein erster literarischer Erfolg.

Als entschiedener Gegner des Nationalsozialismus war er 1933 zur Flucht aus Deutschland gezwungen, er emigrierte über Prag nach Paris.
Sämtliche Schriften Iwan Heilbuts standen im Dezember 1938 auf der zweiten „Liste des schädlichen und unerwünschten Schrifttums“.

Bis 1940 arbeitete er in Paris als Korrespondent der Basler „National-Zeitung“, außerdem veröffentlichte er Artikel, Glossen und Gedichte in mehreren deutschsprachigen Exilzeitungen. Nach der Entlassung aus französischer Internierung und noch vor Eintreffen deutscher Truppen gelang es ihm, nach Marseille zu entkommen.
Gemeinsam mit seiner Frau und ihrem acht Monate alten Kind floh er zu Fuß über die Pyrenäen nach Lissabon.
Nach mehrmonatiger Wartezeit erhielten sie Einreisevisa für die USA.

Von 1945 bis 1950 übernahm er Lehraufträge für deutsche Literatur am „Hunter College“ in New York.
1947 wurde er amerikanischer Staatsbürger und änderte seinen Namen in Iven George Helbert.
Zugleich bemühte er sich um Verbindungen zu seiner alten sprachlichen und kulturellen Heimat.

1950 kehrte er nach Deutschland zurück, arbeitete als Visiting Lecturer des „U.S. Information Center Program“.
Neben einem Roman und zwei Gedicht-Bänden schrieb er regelmäßig für diverse deutsche wie schweizerische Zeitungen.
Für Rundfunkanstalten beider Länder schrieb er Hörspiele, Schulfunk- und Kultursendungen.

Seit 1961 lebte er abwechselnd in New York und in Deutschland, hier zumeist in Hotels in München, Hamburg oder Berlin.
Sein Zeitroman „1933“, der von den Gräuel der Nazi-Zeit, der Verfolgung und dem Exil erzählt, wurde bislang nur in Auszügen veröffentlicht.

Iwan Heilbut was born in Hamburg into a Jewish upper middle class family. Even as a youth, he aspired to write professionally. After studying German and French literature, Heilbut's first essays appeared in the „Hamburger Fremdenblatt" and in „Freihafen", the theater newspaper published by the „Hamburger Kammerspiele". Later he also wrote for the „Berliner Tageblatt", the „Berliner Börsen-Courier" and the „Vossische Zeitung". His 1928 novel „Triumph der Frau" became a first literary success.

As a decisive opponent of the National Socialists, he was forced to flee in 1933 and he emigrated over Prague to Paris. Every work authored by Heilbut was listed on the second list of „harmful and undesired writings" („Liste des schädlichen und unerwünschten Schrifttums") of December 1938.

Until 1940 Heilbut was able to work in Paris as a correspondent for the Swiss paper, the Basel „National-Zeitung", while also publishing articles, satiric pieces and poems in several German-language exile newspapers.

After being released from a French internment camp and before the Germans invaded France, he succeeded in fleeing to Marseilles. Together with his wife and their 8 months old child, he escaped by foot over the Pyrenees to Lisbon. After waiting for several months, the Heilbut family received emigration visas for the United States.

From 1945 to 1950 he assumed a teaching position for German literature at „Hunter College" in New York. In 1947 he acquired American citizenship and changed his name to Iven George Helbert. At the same time he tried to reconnect to his literary and cultural roots in Germany. In 1950 he returned to Germany and worked as a visiting lecturer of the U.S. Information Center Program. Along with a novel and two volumes of poems, he wrote regularly for diverse German and Swiss newspapers. Radio stations in both the Untied States and Germany employed him to author stories, school radio programs and cultural programs.

After 1961 he lived alternately in New York and Germany, where he mostly stayed in hotels in Munich, Hamburg or Berlin. His novel „1933", about atrocities of the Nazi era, flight and exile, has been published only in excerpts.

Heilbut

HEILBUT

Der Freihafen. Blätter der Hamburger Kammerspiele. Herausgegeben von Erich Ziegel. Heft Nr. 3, Jg. 7 (1925). Druck: Conrad Kaysers Buchdruckerei und Verlagsanstalt, Hamburg. 220 x 143 mm.

Diese Ausgabe enthielt Heilbuts Beitrag „Vom Briefeschreiben".

Weitere Beiträge stammten von den Schriftstellern Max Epstein und Arthur Sakheim.

Der Freihafen. Blätter der Hamburger Kammerspiele. Herausgegeben von Erich Ziegel. Heft Nr. 9, Jg. 8 (1926). Druck: Conrad Kaysers Buchdruckerei und Verlagsanstalt, Hamburg. 220 x 143 mm.

Erste literarische Arbeiten veröffentlichte Iwan Heilbut in der Theaterzeitung der „Hamburger Kammerspiele".

Iwan Heilbut:
Die öffentlichen Verleumder.
Die „Protokolle der Weisen von Zion“ und ihre Anwendung in der heutigen Weltpolitik.
Zürich: Europa Verlag 1937.
Schutzumschlag: Wolf Zinn.
140 S., broschiert, 230 x 160 mm.

Dieses Buch wurde vom Schweizerischen Gewerkschaftsbund, Bern, ausgemustert. Das Motto dieses Buches lautete: „Es ist keine Einmischung in deutsche Verhältnisse, wenn Europa sich um seine Angelegenheiten kümmert.“

In seinem Vorwort schrieb Iwan Heilbut: „Dies Buch ist insofern ein Beitrag im Kampf gegen den Antisemitismus, als es ein Buch gegen den Nationalsozialismus ist.
Es verteidigt insofern die Juden vor ihren Verfolgern, als es die Nationalsozialisten angreift. Es zeigt Hitler in einer bisher nicht genug beachteten Beziehung zu den von ihm Verfolgten. Es fasst den Kampf der Antisemiten als einen Kampf der Diktatur gegen einen Teil des Volkes auf - durch den das ganze Volk getroffen werden soll...

Dies Buch ist insofern gegen den Antisemitismus geschrieben, als es für den Frieden, und das heisst, für die Rettung der Menschheit geschrieben ist. Sein Ziel ist es, zu zeigen, wie Hitler sein Tun verschleiert - und zu zeigen, was er tut.“

Sozialistische Warte.
Herausgegeben vom Internationalen Sozialistischen Kampf-Bund.
Paris, 12. Jahr., Nr. 22,
29. Okt. 1937.
238 x 157 mm.

In den Jahren seines Exils veröffentlichte Iwan Heilbut Artikel und Gedichte in diversen Exilzeitschriften wie „Das Blaue Heft", „Der Gegen-Angriff", „Das Neue-Tagebuch", im „Pariser Tageblatt" und der „Sozialistischen Warte". Während des Exils in den USA erschienen Beiträge von Iwan Heilbut im New Yorker „Aufbau" sowie im „Menorah Journal".

SOZIALISTISCHE WARTE

Bitte besprechen!

BLÄTTER FÜR KRITISCH-AKTIVEN SOZIALISMUS

INHALT:

Martin Hart .... Dem echten Revolutionär.
Zu Leonard Nelsons Todestag.
«Deutschland ist schöner geworden!»
Goebbels' Marionettendraht.
G. F. Green .... Der Fall Vernon.
Recht ist, was England nützt!
Anna Siemsen .... Europäischer Epilog.
BÜCHER: O. Tanin, E. Yohan: «Japan rüstet zum grossen Krieg.» / «Psychologie der Emigration.»
RUNDSCHAU: Die Volkssozialisten / Die Gruppe RSD / II. Internationale und Europa / Brechts Spanienstück / China-Versammlung / Der Mord in Chamblandes.

FREIE SOZIALISTISCHE TRIBÜNE

INHALT:

Willi Schlamm .... Gegen die Angeber.
Th. Hartwig .... Der Korporativ-Staat.
Aufruf zum Kampf gegen den Angreifer!
Meldet Kriegstransporte!

Herausgegeben vom INTERNATIONALER SOZIALISTISCHER KAMPF-BUND ISK

12. Jahr. Nr. 22
29. Okt. 1937

ERSCHEINT JEDEN FREITAG.

Ivan Heilbut:
Meine Wanderungen.
Gedichte.
New York:
Pantheon Editions
1942.
71 S., gebunden,
240 x 157 mm.

Das Buch trägt die handschriftliche Widmung: „Herrn Emil A. Schaffner. Mit herzlichem Gruss! Sept. 50. Ivan Heilbut." In dem Vorwort hieß es:

„Indem ich diese Gedichte veröffentliche, nehme ich Abschied von ihnen…

Zu diesem Buch wollte ein Dichter Geleitworte schreiben. Ich kann es ihm nur noch widmen. Er ist in das Reich hinübergegangen, aus dem einzig das Immerbleibende spricht…

Diese Strophen, die in ihrer Mehrzahl nicht vom Kriege handeln, erscheinen mitten im Krieg, dazu in einer Sprache, die nicht die Sprache des Landes ist, in dem sie erscheinen. Solche Erhöhung des Mutes, die ich ihm danke, mit einem Gruss zu entgelten, widme ich diese Gedichte Stefan Zweig. I.H."
Der am 28.11.1881 in Wien geborene Schriftsteller Stefan Zweig hatte sich gemeinsam mit seiner Frau am 23.2.1942 in Petrópolis (bei Rio de Janeiro) das Leben genommen.

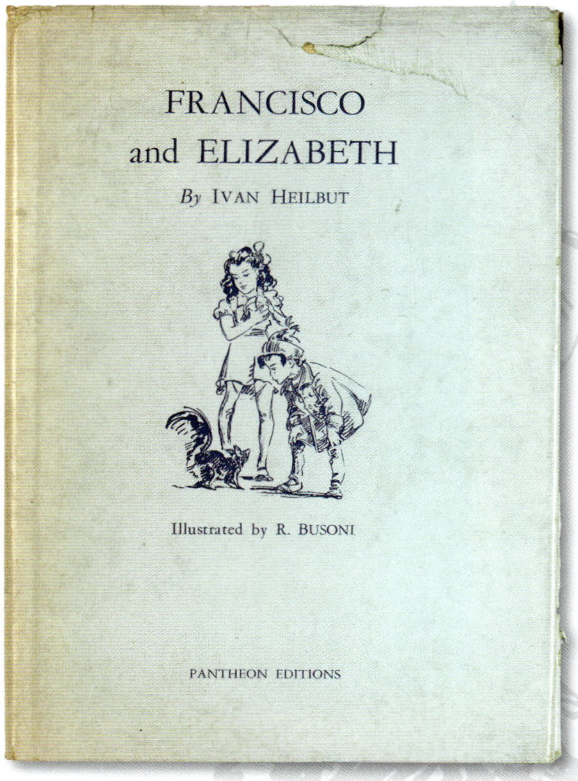

Ivan Heilbut:
Francisco and Elizabeth.
Illustrated by R. Busoni.
New York:
Pantheon Editions 1942.
225 x 160 mm.

Dieses einzige, von Iwan Heilbut geschriebene Kinderbuch behandelte die Freundschaft eines 7-jährigen Mädchens und dem Flüchtlingskind Francisco, der gemeinsam mit seiner Mutter vor den Schrecken des Spanischen Bürgerkrieges nach New York geflohen war.

Peter M. Lindt: Schriftsteller im Exil. Zehn Jahre deutsche literarische Sendung am Rundfunk in New York. Mit einem Vorwort von George N. Shuster, President of Hunter College of the City of New York.
New York: Willard Publishing Company 1944.
192 S., gebunden, 197 x 132 mm.

Dieses Buch enthielt neben dem Gespräch mit Ivan Heilbut Beiträge zu Julius Bab, Bert Brecht, Alfred Döblin, Lion Feuchtwanger, Oskar Maria Graf, Mascha Kaleko, Hermann Kesten, Erika, Heinrich, Klaus und Thomas Mann, Erich Maria Remarque, Hans Sahl, Ernst Toller, F. C. Weiskopf, Carl Zuckmayer u.v.a.

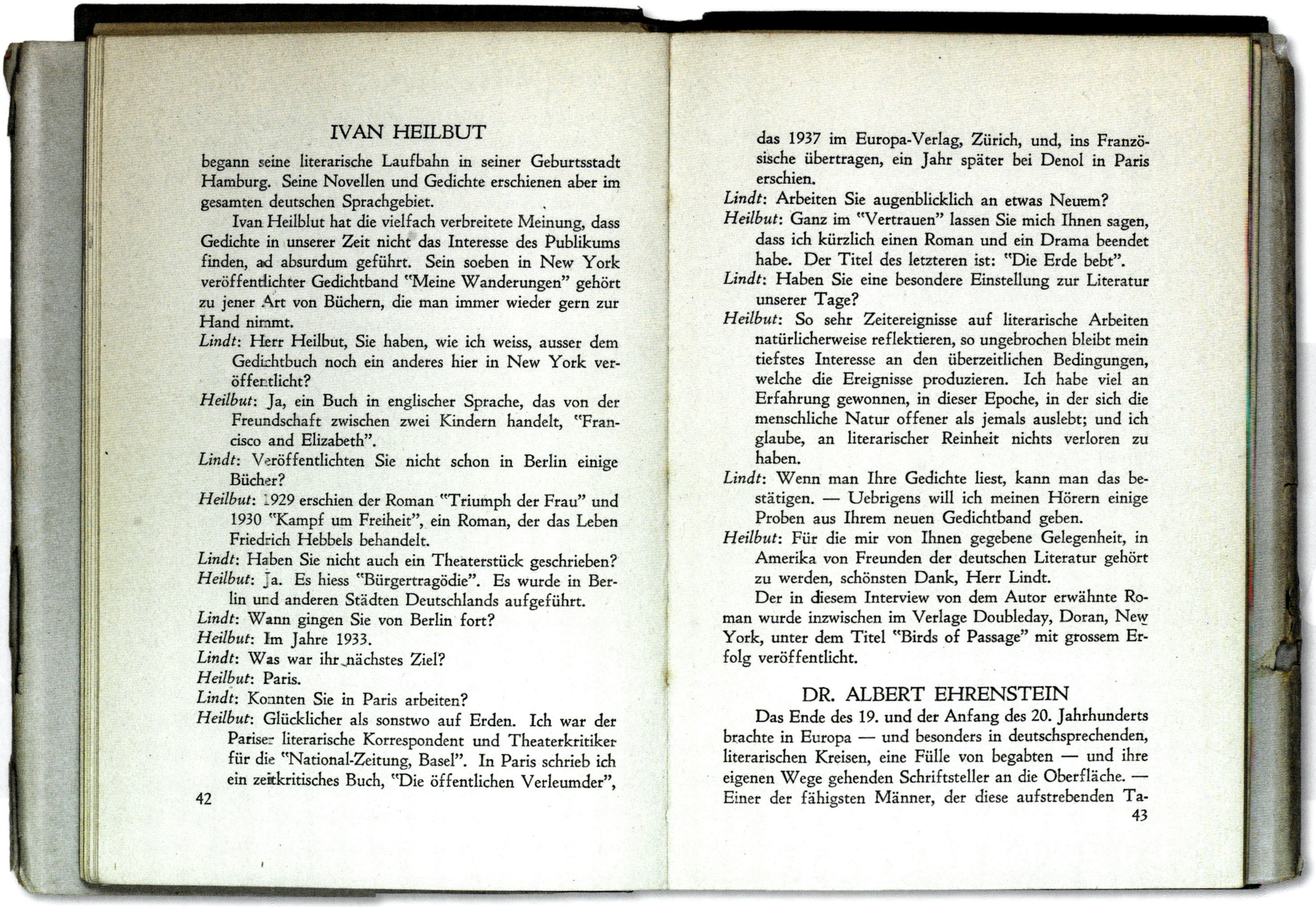

IVAN HEILBUT

begann seine literarische Laufbahn in seiner Geburtsstadt Hamburg. Seine Novellen und Gedichte erschienen aber im gesamten deutschen Sprachgebiet.

Ivan Heilblut hat die vielfach verbreitete Meinung, dass Gedichte in unserer Zeit nicht das Interesse des Publikums finden, ad absurdum geführt. Sein soeben in New York veröffentlichter Gedichtband "Meine Wanderungen" gehört zu jener Art von Büchern, die man immer wieder gern zur Hand nimmt.

Lindt: Herr Heilbut, Sie haben, wie ich weiss, ausser dem Gedichtbuch noch ein anderes hier in New York veröffentlicht?

Heilbut: Ja, ein Buch in englischer Sprache, das von der Freundschaft zwischen zwei Kindern handelt, "Francisco and Elizabeth".

Lindt: Veröffentlichten Sie nicht schon in Berlin einige Bücher?

Heilbut: 1929 erschien der Roman "Triumph der Frau" und 1930 "Kampf um Freiheit", ein Roman, der das Leben Friedrich Hebbels behandelt.

Lindt: Haben Sie nicht auch ein Theaterstück geschrieben?

Heilbut: Ja. Es hiess "Bürgertragödie". Es wurde in Berlin und anderen Städten Deutschlands aufgeführt.

Lindt: Wann gingen Sie von Berlin fort?

Heilbut: Im Jahre 1933.

Lindt: Was war ihr nächstes Ziel?

Heilbut: Paris.

Lindt: Konnten Sie in Paris arbeiten?

Heilbut: Glücklicher als sonstwo auf Erden. Ich war der Pariser literarische Korrespondent und Theaterkritiker für die "National-Zeitung, Basel". In Paris schrieb ich ein zeitkritisches Buch, "Die öffentlichen Verleumder", das 1937 im Europa-Verlag, Zürich, und, ins Französische übertragen, ein Jahr später bei Denol in Paris erschien.

42

Lindt: Arbeiten Sie augenblicklich an etwas Neuem?

Heilbut: Ganz im "Vertrauen" lassen Sie mich Ihnen sagen, dass ich kürzlich einen Roman und ein Drama beendet habe. Der Titel des letzteren ist: "Die Erde bebt".

Lindt: Haben Sie eine besondere Einstellung zur Literatur unserer Tage?

Heilbut: So sehr Zeitereignisse auf literarische Arbeiten natürlicherweise reflektieren, so ungebrochen bleibt mein tiefstes Interesse an den überzeitlichen Bedingungen, welche die Ereignisse produzieren. Ich habe viel an Erfahrung gewonnen, in dieser Epoche, in der sich die menschliche Natur offener als jemals auslebt; und ich glaube, an literarischer Reinheit nichts verloren zu haben.

Lindt: Wenn man Ihre Gedichte liest, kann man das bestätigen. — Uebrigens will ich meinen Hörern einige Proben aus Ihrem neuen Gedichtband geben.

Heilbut: Für die mir von Ihnen gegebene Gelegenheit, in Amerika von Freunden der deutschen Literatur gehört zu werden, schönsten Dank, Herr Lindt.

Der in diesem Interview von dem Autor erwähnte Roman wurde inzwischen im Verlage Doubleday, Doran, New York, unter dem Titel "Birds of Passage" mit grossem Erfolg veröffentlicht.

DR. ALBERT EHRENSTEIN

Das Ende des 19. und der Anfang des 20. Jahrhunderts brachte in Europa — und besonders in deutschsprechenden, literarischen Kreisen, eine Fülle von begabten — und ihre eigenen Wege gehenden Schriftsteller an die Oberfläche. — Einer der fähigsten Männer, der diese aufstrebenden Ta-

43

Iwan Heilbut

IWAN HEILBUT

Ivan Heilbut, Anna Jacobson, George N. Shuster: Die Sendung Hermann Hesses. Drei Beiträge zur Würdigung des Dichters. o.O. (New York) 1947. 24 S., kartoniert, 243 x 153 mm.

Dieser Privatdruck trägt die handschriftliche Widmung: „Georg Schneider. Mit bestem Grusse. Iwan Heilbut." und enthält seinen Vortrag „Hermann Hesses Sendung in unserer Zeit", gehalten am 9. Mai 1947 am Hunter College of the City of New York.

Die Amerikanische Rundschau. 4. Jg., Siebzehntes Heft, Februar 1948. (München). Herausgegeben im Auftrag des amerikanischen Informationsdienstes. 128 S., broschiert, 230 x 151 mm. Druck: Publishing Operations Branch, Information Control Division, Office of Military Government for Bavaria, APO 407, U.S. Army.

Die Ausgabe enthielt das Gedicht „New Jersey" von Ivan Heilbut. In einer Kurzbiographie zu dem Autor hieß es: „Ivan Heilbut ist der Verfasser verschiedener Romane, die teils in Deutschland, teils in den Vereinigten Staaten erschienen... Heilbuts Gedichtband ‚Meine Wanderungen' wurde bei seinem Erscheinen im Jahre 1943 in der amerikanischen Öffentlichkeit aufs wärmste begrüßt. Im Rahmen seiner Tätigkeit am Hunter College in New York hält Heilbut seit einigen Jahren Vorlesungen über „Deutsche Dichtung", die, schriftlich niedergelegt, in gesammelter Form auf ihr Erscheinen warten."

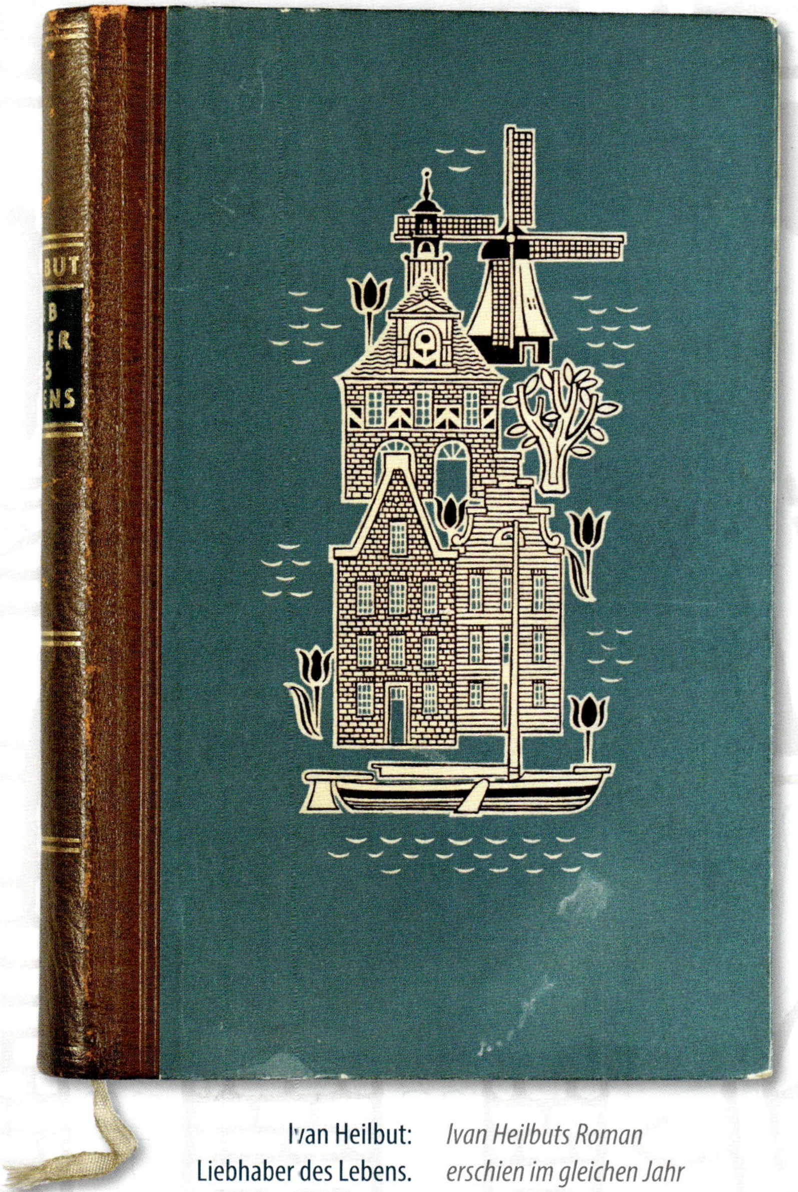

Ivan Heilbut: Liebhaber des Lebens. Berlin und Darmstadt: Deutsche Buch-Gemeinschaft C. A. Koch's Verlag Nachf. 1949. 296 S., gebunden, 195 x 130 mm.

Ivan Heilbuts Roman erschien im gleichen Jahr zuerst im „Carl Habel Verlag", Berlin und Hamburg. Der Einbandentwurf stammte von Friedrich Schreck.

Iven George Heilbut: Anrufe. Umschlag und Buchgestaltung: Heinrich Mayr. Starnberg: Josef Keller Verlag 1962. 127 S., gebunden, 223 x 147 mm. Gesamtherstellung: Passavia Passau

Auf dem hinteren Klappentext zitierte der Verlag Stefan Zweig. Dort hieß es: „Wie beneide ich Sie", so schrieb Stefan Zweig über Iven George Heilbuts Lyrik, „daß Sie Ihre innere Musik in einer solchen Zeit rein und unbekümmert bewahren konnten. Schon als sichtbarer Beweis der Unzerstörbarkeit des wahrhaft Dichterischen sollte ein solches Buch erscheinen."

Iwan Heilbut

„Im Lauf der letzten Jahre habe ich in vollem Ausmass die Bedeutung des Verlustes eines etablierten Namens erlebt. Der Kredit, den mein Name vor 1933 im Bereich der deutschsprachigen Literatur besass, ist durch die Verfolgungszeit verloren gegangen. Ein Schriftsteller, der seinem Herkommen nach keine Beziehung zur letzten Mode in der Literatur haben kann, bleibt trotzdem durch das kontinuierliche Erscheinen seines Namens vor der Vergessenheit geschützt. Die kuenstliche Ausmerzung meines Schriftsteller-Namens in der Verfolgungszeit hat mich des Hauptmittels beraubt, durch das sich der Schriftsteller in seiner beruflichen Existenz erhaelt: seines dauernden Kontakts mit der Öffentlichkeit."

Brief von Iven George Heilbut, München, an die Direktion des Entschädigungsamtes Berlin vom 7.6.1961.

(Deutsches Exilarchiv 1933-1945 der Deutschen Nationalbibliothek, Frankfurt am Main. Eb 96/182.)

In Hamburg getroffen:

Iven George Heilbut

Mit siebzehn Jahren veröffentlichte er im „Hamburger Fremdenblatt" sein erstes Feuilleton. Jetzt weilt er wieder für einige Tage in seiner Geburtsstadt Hamburg, der 1898 geborene Iven George Heilbut. Vorgestern las er vor einem aufmerksamen Publikum in der Bücherhalle Eppendorf aus seinen Werken. Heilbut ist einer der letzten großen Poeten unserer Tage, von der Kritik gelobt, von der Öffentlichkeit kaum beachtet. Mag's daran liegen, daß sein dem Menschen zugewandtes Werk den wechselnden Strömungen der Moderne nicht entspricht; wir sind sicher, daß die auf alle Effekthascherei verzichtende Kunst Heilbuts so manches Moderne überleben wird.

Iven George Heilbut

Beredt, klug, umfassend, gab er Antworten auf unsere Fragen. Heilbut, jüdischer Abstammung, lebt in New York: in Deutschland erfährt er zwar die Freundschaft des einzelnen, aber dem Gesamtkomplex des Landes steht er mit Vorbehalten gegenüber. Was soll man sagen, wenn eine große deutsche Buchhandlung es ablehnt, Heilbuts Bücher aufzunehmen, weil der Name des Autors zwangsläufig beim Käufer die Assoziation Fisch bewirken könne. — Hamburg, Berlin, die Schweiz, Frankreich, Flucht nach Spanien, Amerika, das sind Stationen, die die Odyssee eines Mannes markieren, der die Bitterkeit des Exils erlebte, ohne doch in seinen dichterischen Arbeiten anzuklagen, der aus der Erkenntnis lebt, daß ihm nichts geschehen könne, der an die Liebe als ein nicht nennbares Geheimnis glaubt. An diesem Dichter hat die deutsche literarische Öffentlichkeit einiges gutzumachen.

HEINZ ALBERS

Heinz Albers:
**In Hamburg getroffen:
Iven George Heilbut.**
In: Hamburger Abendblatt,
Nr. 258, 4.11.1966, S. 14.
177 x 630 mm.

Hans Magnus Enzensberger:
„Heilbut? Nie gehört!"
In: Frankfurter Allgemeine Zeitung,
Nr. 119, 23.5.2006.

Im Vorfeld der Eröffnung des neuen Marbacher Literaturmuseums der Moderne hatte die „Frankfurter Allgemeine Zeitung" Enzensbergers Artikel gedruckt, in dem er sich mit Iwan Heilbut und dessen Gedicht-Manuskript „Welt und Wanderer" beschäftigte. Sein Artikel, der zugleich auch ein Beitrag des Museumskatalogs darstellte, verärgerte diverse Leser, die in ihren Briefen Enzensbergers eklatante Fehler und unnötige Spekulationen aufdeckten. Enzensberger trug mehr zu Verwirrung denn zur Aufklärung über den „exemplarischen Lebensweg eines jüdischen Dichters in Deutschland" bei

Heilbut? Nie gehört!

Einem Dichter auf der Spur / Von Hans Magnus Enzensberger

Wer war der Dichter Iwan Heilbut? Hans Magnus Enzensberger hat diesen exemplarischen Lebensweg eines von der Literaturgeschichte Vergessenen für das neue Marbacher Literaturmuseum der Moderne nachgezeichnet. Bis zur Eröffnung des Hauses am 6. Juni durch Bundespräsident Horst Köhler werden wir täglich ein anderes Stück aus der neuen Museumsausstellung vorstellen, von Heilbuts Gedichtmanuskript, das wir auf dieser Seite abbilden, bis zu dem Karteikasten, in dem Ernst Jünger die letzten Worte Sterbender gesammelt hat. Die dazugehörigen Katalogbeiträge stammen von Schriftstellern wie Brigitte Kronauer, Robert Gernhardt, Martin Mosebach und vielen anderen: Es sind kleine Abenteuerreisen in die Literaturgeschichte, die hier erstmals veröffentlicht werden. F.A.Z.

Heilbut? Nie gehört. Wer soll das sein? Ein Dichter? Hier in dieser Vitrine? Tatsächlich! „Welt und Wanderer", fünf Strophen von Iwan Heilbut. Durchgestrichen: „Die" und „der". Ein weiteres Wort ist überschrieben, fast unleserlich; mit einiger Mühe kann man es entziffern: ursprünglich stand da das Wort „fester". Der Dichter hat es durch „dichter" ersetzt, vermutlich, damit die Zeile sich auf „Lichter" reimt. Ein unbekannter Bearbeiter hat das Manuskript redigiert, Klammern und Leerzeilen hinzugefügt und mit flotter, routinierter Schrift das Wort „Text" neben die Überschrift gesetzt. Es sieht ganz so aus, als wäre das der Redakteur vom Dienst, der das Gedicht für sein Blatt druckfertig gemacht hat. Darauf deutet auch die Büroklammer hin, und ganz unten auf der Handschrift die kleine Uhr, aus der hervorgeht, daß der „Text" am 17. Oktober genau um sieben Uhr fünfundfünfzig in Satz gegangen ist. Mit einigem Eifer ließe sich womöglich die Nummer der Zeitung oder der Zeitschrift ermitteln, in der „Welt und Wanderer" vor wer weiß wie vielen Jahren das Licht der Öffentlichkeit erblickt hat.

Aber muß das sein? Und sollten wir wirklich versuchen, uns einen Reim auf Heilbuts Reime zu machen? „Ein Vogel eult, uhuh"; „Gedanken, gottgedacht": Nein. Die Interpretation überlassen wir lieber den Germanisten, die sicher in der Lage sind, das Gedicht, wie es heißt, dort, wo es hingehört, „einzuordnen".

In meinen Augen liegt der Reiz einer solchen Handschrift ganz woanders. Das vergilbte Blatt verführt dazu, sich auf die Suche nach dem verschollenen Autor zu machen. Eine solche Recherche führt zunächst durch die naheliegenden, verdienstvollen, aber dürren Spalten der Lexikographie.

„Heilbut, Iven George, eigentl.: Ivan H, auch: Jan Helft". Aha, immerhin ein eigenes Lemma. Und es gibt also sogar ein Pseudonym! Da gerät der Leser bereits ins

Iwan Heilbut (1898 bis 1972)

Grübeln. Schon allein die Vornamen geben zu denken: Iven deutet auf Verbindungen in die Niederlande, und George (statt Georg) könnte auf britische oder französische Wurzeln hinweisen. Geboren aber wurde Heilbut in Hamburg am 15. Juli 1898.

Daß Heilbut Jude war, weiß auch das Autorenlexikon. Wer über seine Familie Näheres wissen will, muß sich allerdings an das Internet halten. Da gibt es so aufschlußreiche Seiten wie das Sourcebook for Jewish Genealogies and Family Histories oder die Dutch Jewish Genealogical Data Base. Dort zeigt sich, daß die Heilbuts eine der ältesten jüdischen Familien Hamburgs sind. Eine Gitel Heilbut ist 1734 in Altona gestorben, und ein Hamburger Rechtsanwalt hat 1880 einen Aufsatz über „Die Thätigkeit des Gerichtsschreibers in Civilprozeß und Konkursverfahren" publiziert. Er hieß Dr. Iwan Heilbut, und es liegt nahe anzunehmen, daß er der Vater unseres Dichters war.

Auf eine ganz andere Spur führt das Gedenkbuch des Reichsbundes jüdischer Frontsoldaten. Ihm zufolge sind nicht weniger als vier Angehörige der Familie im Ersten Weltkrieg gefallen: Alfred und Erwin aus Hamburg, Gustav und Rudolf als Altona. Den Geburtsdaten nach könnten sie Brüder des Dichters gewesen sein. Fest steht jedenfalls, daß es der Familie nicht an deutschem Patriotismus fehlte. Einem Julius Heilbut, der in Hamburg eine Privatbank am Alstertor besaß, hat das nicht geholfen; der Dank des Vaterlandes bestand darin, daß seine Bank 1938 zwangsweise arisiert wurde und daß er, wie man in Yad Vashem erfahren kann, am 1. Dezember in Auschwitz ermordet worden ist.

Zu dieser Zeit hatte Iwan Heilbut Deutschland längst verlassen; er lebte schon seit 1933 in Paris. Nach einem abgebrochenen Studium hatte er sich seit 1923 sein Brot mit Journalismus verdient. Ein paar expressionistische Gedichte soll er in Herwarth Waldens Zeitschrift „Der Sturm" veröffentlicht haben, aber in der Hauptsache schlug er sich mit kleiner Prosa und mit Feuilletons für die Zeitungen durch. Als Buchautor debütierte er 1928 mit einem Roman, den er wohl nur geschrieben hat, um Geld zu verdienen; der Titel „Triumph der Frau" legt diese Vermutung nahe. Zwei Jahre später folgte ein Buch, das Friedrich Hebbel zum Helden hatte („Kampf um Freiheit"), und 1930 ein Angestellten-Roman („Frühling in Berlin").

Sogleich nach Hitlers Machtergreifung emigrierte Heilbut nach Frankreich. Seine Schriften wurden in Deutschland verboten. Die Basler Nationalzeitung gab ihm eine schmale Existenzbasis als Pariser Kulturkorrespondent; auch schrieb er für die Exilpresse, vor allem für Leopold Schwarzschilds Neues Tage-Buch. 1937 konnte er in Zürich einen explizit politischen Essay veröffentlichen: „Die ‚Protokolle der Weisen von Zion' und ihre Anwendung in der heutigen Weltpolitik". Nach dem Ausbruch des Zweiten Weltkriegs wurde er, wie die meisten Emigranten, als feindlicher Ausländer interniert, wahrscheinlich in dem berüchtigten Lager von Les Milles. Im Jahr 1941 gelang ihm die Flucht in die Vereinigten Staaten, und zwar mit Hilfe des amerikanischen Konsuls in Marseille. Diesem Mann verdanken Hunderte von Verfolgten nicht nur ihre Visa, sondern ihr Überleben. Er hieß Varian Fry. Sein Bericht über das, was er getan hat, ist 1968 auch auf deutsch erschienen: „Auslieferung auf Verlangen. Die Rettung deutscher Emigranten in Marseille 1940/41". Das geheime Emergency Rescue Committee, an dem Fry maßgeblichen Anteil hatte, hat nicht nur Heinrich Mann, Franz Werfel, Max Ernst und vielen anderen berühmten Leuten, sondern auch Iwan Heilbut die Flucht ermöglicht.

Während die Biographien der Prominenten gut erforscht sind, liegen Heilbuts amerikanische Jahre im dunkeln. Wer sie erforschen wollte, müßte sich an das Deutsche Exilarchiv in Frankfurt halten; dort werden einige Kartons mit seinem Briefwechsel aufbewahrt. Er hat mit Hans Sahl, Carl Zuckmayer, Gustav Regler, Julius Bab und vielen anderen korrespondiert; sogar ein unveröffentlichter Roman mit dem Arbeitstitel „1933" ist dort zu finden. Wer sich mit Iwan Heilbut befaßt, müßte aber auch ein paar Monate in der New Yorker Public Library, in der Smithsonian Institution in Washington, an der Vanderbilt University und an der State University in Albany zubringen. Dort liegen nämlich die Akten der Hilfsorganisationen, die sich um die deutschen Emigranten gekümmert haben: des American Council for Émigrés in the Professions, der American Guild for Cultural Freedom und der Deutschen Akademie der Künste und Wissenschaften im Exil. In der langen Liste der Unterstützten taucht, neben Brecht und Broch, Kracauer und Loewith, Ernst Cassirer und Anna Seghers, auch der Name Iwan Heilbuts auf. Eine Vorstellung von den Problemen der deutschen Emigration in Amerika gibt ein Buch, das 1987 erschienen ist: „Kultur ohne Heimat. Deutsche Emigranten in den USA nach 1930". Und wie heißt sein Verfasser? Heilbut, Anthony Heilbut. Da fällt es schwer, an einen Zufall zu glauben.

Auch unter den schwierigsten Bedingungen gab unser Autor sich nicht geschlagen. Es ist ihm gelungen, mitten im Krieg in den Vereinigten Staaten drei Werke zu publizieren, zwei auf deutsch und eines auf englisch: den Roman „Francisco und Elisabeth" (1942), den Lyrikband „Meine Wanderungen" (1942) und die autobiographische Erzählung „Birds of Passage" (1943), die Julius Bab damals im „Aufbau" rezensiert hat: „Die Angst, den Geist, die politische Zerspaltenheit, die Kriegsverwirrung der Pariser, die haben viele genau so erlebt – und dann genau so das Lager der deutschen Zivilinternierten, Elend und Armut der Gefangenschaft, Buntheit der eng zusammengepferchten Personen; die Anständigen und die Frechen, die Idealisten und die heimlichen Nazis – die Panik beim Herannahen der Deutschen, die Öffnung des Lagers im letzten Augenblick – all das hat man ja selbst erlebt. Und man meint, dies Buch hätte man am Ende auch selbst schreiben können. Aber ‚man' irrt sich."

Traurig ist Heilbuts Leben auch nach der Katastrophe verlaufen. 1950 kehrte er nach Deutschland zurück. Irgendwo in den sogenannten Wiedergutmachungsakten muß es Belege für die Kämpfe geben, die er mit der Bürokratie ausgefochten hat. Die Bibliografien verzeichnen noch drei Veröffentlichungen aus der Nachkriegszeit, die kaum Beachtung fanden: den Roman „Liebhaber des Lebens" (1949), dessen Titel einen bitteren Beigeschmack hat, einen Band mit Erzählungen („Höher als Mauern", 1965) und einen Gedichtband („Anrufe", 1963). Heilbut wurde in der fremden Heimat nie mehr heimisch; er blieb, wie es ominöserweise heißt, „ohne festen Wohnsitz". Am 15. April 1972 ist er, vierundsiebzigjährig, in Bonn gestorben. Im Verzeichnis lieferbarer Bücher fehlt sein Name, und auch im Zentralen Verzeichnis antiquarischer Bücher hat er nur wenige Spuren hinterlassen.

Wahrscheinlich wird nie wieder jemand seine Schriften drucken. Womöglich reicht es nicht einmal zu einer Dissertation, und auch den Roman seines Lebens wird keiner mehr schreiben. Die Geschichte der Literatur ist vergeßlich, und damit mag es am Ende sogar sein Bewenden haben. Die Menschheit kann und will sich nicht alles merken.

Und doch sieht man das Blatt in der Vitrine mit anderen Augen an, wenn man weiß, wer es geschrieben hat. Die kleine Aura und der schwache Trost, das ist es, was uns die Archive zu bieten haben. Sie nehmen den Kampf mit der Vergeßlichkeit auf. Es ist ein Kampf, den niemand gewinnen kann. Daß die Archivare ihn nicht aufgeben, darin liegt ihr diskreter Ruhm und ihre Tugend.

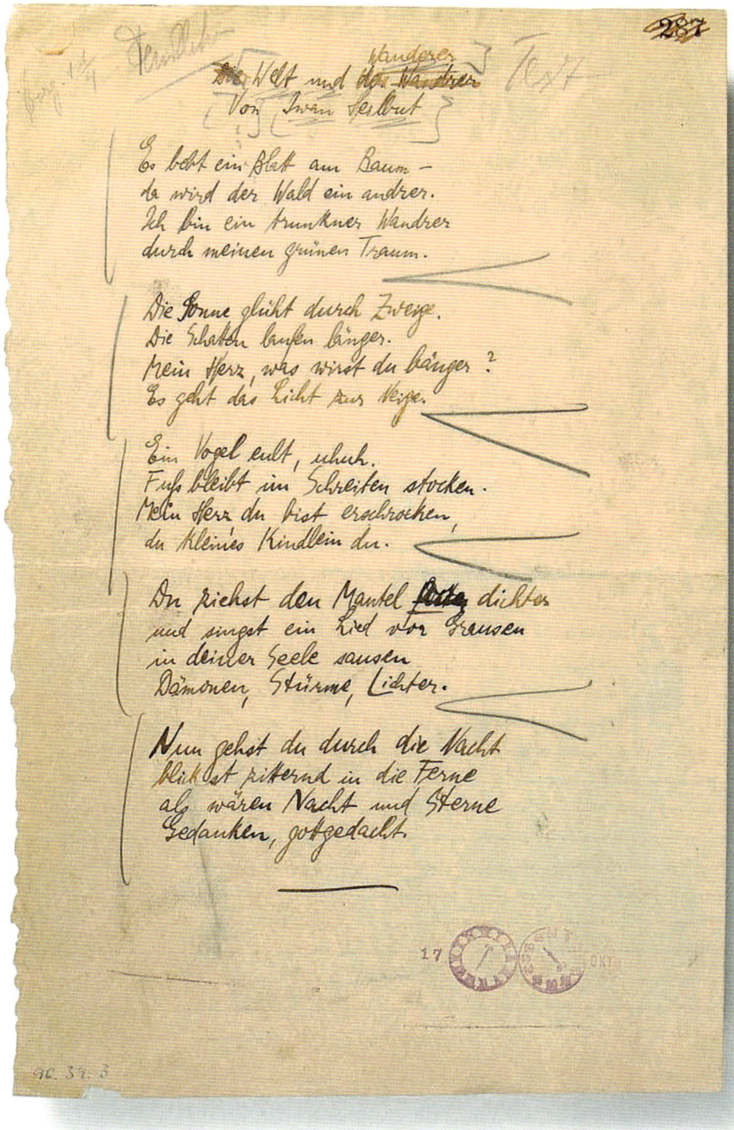

287

Text

~~Die~~ Welt und ~~der~~ Wanderer
Von Iwan Heilbut

Es bebt ein Blatt am Baum –
da wird der Wald ein andrer.
Ich bin ein trunkner Wandrer
durch meinen grünen Traum.

Die Sonne glüht durch Zweige.
Die Schatten laufen länger.
Mein Herz, was wirst du bänger?
Es geht das Licht zur Neige.

Ein Vogel eult, uhuh.
Fuß bleibt im Schreiten stocken.
Mein Herz du bist erschrocken,
du kleines Kindlein du.

Du ziehst den Mantel ~~fester~~ dichter
und singst ein Lied vor Grausen
in deiner Seele sausen
Dämonen, Stürme, Lichter.

Nun gehst du durch die Nacht
blickst zitternd in die Ferne
als wären Nacht und Sterne
Gedanken, gottgedacht.

17

Die Leser und die Literaturgeschichte haben Iwan Heilbuts Namen und sein Gedicht „Welt und Wanderer" längst vergessen, aber das Deutsche Literaturachiv in Marbach am Neckar hat beides bewahrt. Jetzt wandert Heilbuts Manuskriptblatt aus dem Dunkel der Archivschränke ins Licht des neuen Literaturmuseums der Moderne, das in Kürze eröffnet wird. Hans Magnus Enzensberger hat Heilbuts Zeilen für die Ausstellung und den Museumskatalog zum Sprechen gebracht. Sie erzählen vom exemplarischen Lebensweg eines jüdischen Dichters in Deutschland und künden zugleich vom diskreten Ruhm der Archivare. Denn ihnen verdanken Iwan Heilbut und die Nachwelt die Aura, die dieses lose Blatt umgibt. Man sieht es mit anderen Augen an, schreibt Enzensberger, wenn man weiß, wie derjenige lebte, der es geschrieben hat.

Fotos DLA

Bernhar
BERNHARD KARLSE

1899 - 1985

Bernhard und Ernst Karlsberg, um 1903. Foto: Emil Bieber.
(Privatbesitz)

Bernhard Karlsberg (2. Reihe, 3 v.l.) als Schüler des Wilhelm-Gymnasiums, um 1915.
(Privatbesitz)

Bernhar

BERNHARD KARLSB

Bernhard Karlsberg, 1965.
(Privatbesitz)

Karlsberg

ERG

11.10.1899	*Geburt in Hamburg*
1908 - 1917	*Besuch des Wilhelm-Gymnasiums*
1917 - 1918	*Teilnahme am Ersten Weltkrieg; Dolmetscher der deutsch-türkischen Truppenverbände in Palästina*
1918 - 1921	*Studium der Rechts- und Staatswissenschaften in Kiel, München, Berlin und Hamburg*
1921	*Promotion in Hamburg*
1922	*Heirat mit Ilse Heilbron*
bis 1933	*Arbeit für die „Cunard-Reederei“*
nach 1933	*Teilnahme am illegalen Widerstand gegen die Nationalsozialisten*
22.1.1935	*Steckbrief „wegen Vorbereitung zum Hochverrat“; Flucht über die Schweiz nach Prag*
1937	*Arbeit als Rechtsanwalt in Amsterdam*
10.11.1937	*Aberkennung der deutschen Staatsbürgerschaft; Ausbürgerung der gesamten Familie*
20.9.1938	*Entzug des Doktortitels durch die Hamburger Universität*
1940 - 1945	*Leben in der Illegalität*
23.9.1940	*Verhaftung von Ilse Karlsberg in Amsterdam, nach Hamburg verschleppt, im Juli 1942 nach Theresienstadt deportiert, im Oktober 1944 in Auschwitz ermordet*
nach 1945	*erneute Rechtsanwaltstätigkeit in Amsterdam*
1948	*Heirat mit Hanna Lendner*
5.4.1965	*Auszeichnung zum Offizier im Orden von Oranje-Nassau*
18.1.1985	*Tod in Amsterdam*

Bernhard Karlsberg

Bernhard Karlsberg wuchs in einer gutbürgerlichen jüdischen Familie in Hamburg auf. Nach dem Abitur am Wilhelm-Gymnasium nahm er seit 1917 am Ersten Weltkrieg teil. Sein anschließendes Studium der Rechts- und Staatswissenschaften beendete er mit der Promotion. Wie schon zuvor der Vater arbeitete auch Bernhard Karlsberg fortan für die Reederei Cunard.

Politisch engagierte er sich innerhalb der KPD, hielt unter seinem Pseudonym „Berg" Vorträge für die „Internationale Arbeiterhilfe" und die „Marxistische Arbeiterschule", unter seinem eigentlichen Namen auch für die „Jugend-Gemeinschaft jüdischer Arbeitnehmer".

Nach der Machtübertragung an die Nationalsozialisten beteiligte er sich am illegalen Widerstand. Mit dem Rechtsanwalt Herbert Ruscheweyh, bis 1933 Präsident der Hamburger Bürgerschaft, organisierte er die Verteidigung politischer Gefangener. Als er 1935 steckbrieflich gesucht wurde, floh er über die Schweiz nach Prag, wohin ihm seine Frau mit ihren drei Kindern folgte.

Im November 1937 wurde Bernhard Karlsberg die deutsche Staatsbürgerschaft aberkannt; im September 1938 entzog ihm die „Hansische Universität" die Doktorwürde.

Zu dem Zeitpunkt lebte die gesamte Familie Karlsberg in Amsterdam. Nach der Okkupation der Niederlande durch die deutsche Wehrmacht im Mai 1940 tauchte Bernhard Karlsberg unter und lebte in der Illegalität.

Seine Frau wurde im September 1940 verhaftet, nach Hamburg gebracht, 1942 von hier nach Theresienstadt deportiert und in Auschwitz ermordet.

Bernhard Karlsberg und seine drei Kinder überlebten die Okkupation der Niederlande. Nach 1945 arbeitete er wieder als Rechtsanwalt in Amsterdam.
Für seine Verdienste bei der Durchsetzung niederländischer Schadensersatzansprüche für geraubten Hausrat und Vermögen wurde er 1965 zum Offizier im Orden von Oranje-Nassau ernannt.

Die heutige Universität Hamburg erfüllte im November 1991 endlich den Wunsch der Angehörigen, Bernhard Karlsberg vollständig zu rehabilitieren und 50 Jahre zuvor begangenes Unrecht aufzuheben.

lawyer resistance

Bernhard Karlsberg grew up in a Jewish good middle class family in Hamburg. After acquiring his Abitur at the Wilhelm-Gymnasium, he was conscripted into the military in 1917 and served in World War I.
He completed his subsequent studies in governance and public policy with his dissertation. As previously his father, Bernhard Karlsberg was then employed by the Cunard Lines.

He was politically involved in the KPD (Communist Party of Germany), and gave lectures for the „Internationale Arbeitshilfe" and the „Marxistische Arbeiterschule" using his pseudonym „Berg"; under his real name he gave lectures for the „Jugend-Gemeinschaft jüdischer Arbeitnehmer".

After the transfer of power to the National Socialists, Karlsberg was a member of the illegal resistance movement.

He organized the defense of political prisoners together with the lawyer Herbert Ruscheweyh, the president of the Hamburger Bürgerschaft until 1933.
After a warrant was issued for his arrest in 1935, Karlsberg escaped to Prague via Switzerland, where he was joined by his wife and their three children.
In November 1937, Bernhard Karlsberg was deprived of his German citizenship; in September 1938, he was stripped of his doctorate by the „Hansische Universität". The entire Karlsberg family lived in Amsterdam at the time.

After the occupation of the Netherlands by the German Wehrmacht in May 1940, Bernhard Karlsberg went into hiding. His wife was arrested in September1940, taken to Hamburg, and deported to Theresienstadt in 1942; she was murdered in Auschwitz.

Bernhard Karlsberg and his three children survived the occupation of the Netherlands. He began working as a lawyer in Amsterdam in 1945.
He was appointed Officer of the Order of Oranje-Nassau in 1965 for his services in the enforcement of Dutch claims for compensation for looted household goods and assets.

Fulfilling a request made by relatives, the University of Hamburg finally reinstated his doctorate in November 1991, and revoked the injustice done to Bernhard Karlsberg fifty years earlier.

Amsterdam

Karlsberg

KARLSBERG

„Die erschreckende politische Urteilslosigkeit vieler deutscher Akademiker, die sich so bitter gerächt hat und in hohem Grade mit verantwortlich ist für den politischen und moralischen Untergang des deutschen Reiches, war leider auch bei manchen Mitgliedern des damaligen Lehrerkollegiums zu konstatieren.

So ist es wohl verständlich, dass ich es nicht als irrelevanten Zufall betrachten kann, wenn der Verfasser unserer viel benutzten lateinischen Phrasensammlung, Lehrer unserer Schule, einer der Errichter der Hamburger Ortsgruppe der NSDAP wurde. Ehemalige Schüler und deren Angehörige, die von derartigen Lehrern und ihren Gesinnungsgenossen zur Ausrottung verurteilt waren, werden den Rest ihres Lebens neben der dankbaren Erinnerung an das, was Humanismus sie lehrte, auch den Eindruck bewahren, den die Lehre des Gegenteils auf sie machte."

Bernhard Karlsberg, Licht und Schatten. Erinnerungen eines jüdischen Schülers um 1915. In: Peter-Rudolf Schulz (Hg.), Wilhelm-Gymnasium Hamburg 1881-1981. Eine Dokumentation über 100 Jahre Wilhelm-Gymnasium. Hamburg 1981, S. 83.

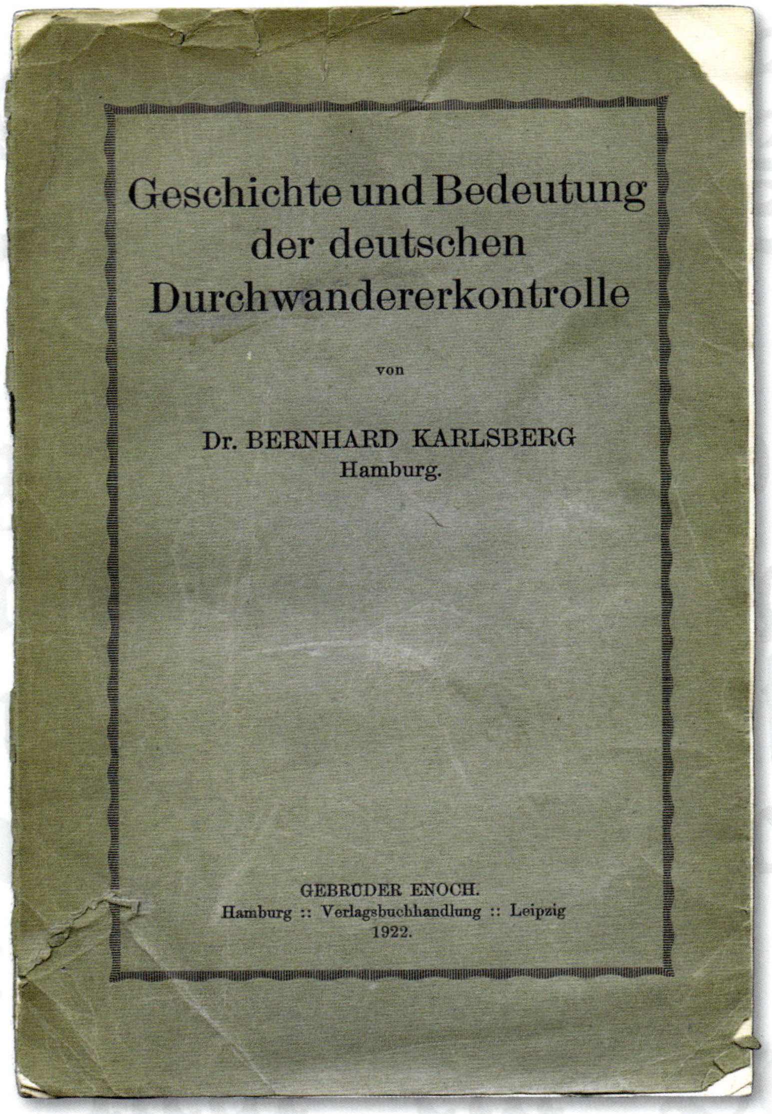

Dr. Bernhard Karlsberg: **Geschichte und Bedeutung der deutschen Durchwandererkontrolle.** Hamburg, Leipzig: Gebrüder Enoch Verlag 1922. 167 S., broschiert, 235 x 154 mm. Druck: J.J. Augustin, Glückstadt und Hamburg.

Die gedruckte Widmung lautet: „Meinem Vater gewidmet".

Inauguraldissertation zur Erlangung der Würde eines Doktors der Staatswissenschaften. Genehmigt von der Rechts- und Staatswissenschaftlichen Fakultät der Hamburgischen Universität.

Referent: Prof. Dr. Karl Rathgen. Dieses Exemplar trägt auf dem Innentitel die handschriftliche Widmung:

„Zur frdl. Erinnerung an den Verfasser. Hbg, 8.III. 23".

In: Amtlicher Anzeiger, 25.1.1935.

Staatsanwaltschaft bei dem Hanseatischen Oberlandesgericht.

215] **Steckbrief.**

Gegen den **Bernhard Karlsberg,** Doktor der Staatswissenschaft, geboren am 11. Oktober 1899 zu Hamburg, welcher flüchtig ist bzw. sich verborgen hält, ist die Untersuchungshaft wegen Vorbereitung zum Hochverrat verhängt.

Es liegt ein Verbrechen im Sinne des Strafgesetzbuchs vor.

Es wird ersucht, ihn zu verhaften und in das nächste Gefängnis oder in das Untersuchungsgefängnis in Hamburg, Holstenglacis 3, abzuliefern und sofortige Mitteilung hierher zu geben. — O. IV. 28/34.

Hamburg, 22. Jan. 1935.

Staatsanwaltschaft bei dem Hanseatischen Oberlandesgericht.

Bernhard Karlsberg

Bundesminister der Finanzen (Hg.) in Zusammenarbeit mit Walter Schwarz: Die Wiedergutmachung nationalsozialistischen Unrechts durch die Bundesrepublik Deutschland. 2 Bde. Bd. II: Das Bundesrückerstattungsgesetz. München: Verlag C.H. Beck 1981. 819 S., gebunden, 247 x 172 mm. Druck: C.H. Beck'sche Buchdruckerei, Nördlingen.

Das Inhaltsverzeichnis nennt als einen Beiträger „Dr. Bernhard Karlsberg". Sein Aufsatz trug den Titel „Beschleunigung durch besondere Verfahren (Belgien, Frankreich, Niederlande). Bernhard Karlsberg beschäftigte sich mit sogenannten Sammelverfahren für die Entschädigung und Rückerstattung für ca. 70.000 entzogene jüdische Wohnungseinrichtungen Belgiens, Frankreichs und der Niederlande.

„Dr. B. Karlsberg (Amsterdam)

Dr. Bernhard Karlsberg, who has died in Amsterdam at the age of 85, was a link between the Council of Jews from Germany and the former German Jews who had survived the persecution in the Netherlands...

He was born in Hamburg, where his father and grandfather were representatives of the Cunard Line. After having obtained his degrees as doctor of law and political science, he joined the family firm. At the same time, he was active both as a Zionist and as an adherent oft left-wing views in German politics...

During the first post-war years, he was one of the leading initiators of restitution and compensation regulations for Nazi persecutees in the Netherlands who had been deprived of their household effects and other assets. In recognition of his services he was appointed an Officer of the Order of Oranje-Nassau. A passionate fighter for justice and a loyal son of his community of origin he will be gratefully remembered by all who knew him."

Nachruf in: AJR Information, Vol. XL, No. 4, April 1985, S. 6

AJR ist die Abkürzung für „Association of Jewish Refugees in Great Britain".

Gedenk-Rituale reichen nicht

Universität zögert, jüdischen Wissenschaftlern die Doktorwürde zurückzugeben / Rund 70 Fälle warten auf eine Entscheidung

Historikerin Ursula Büttner FOTO: GEBHARDT

■ 50 Jahre nach dem „Evakuierungsbefehl" erinnert man sich „feierlich" in Hamburg an die ausgestoßenen und ermordeten jüdischen MitbürgerInnen. Der Hamburger Historikerin Ursula Büttner ist es nicht genug, wie man sich durch „Gedenkrituale" einer fast ausgelöschten Zeit bemächtigt. In ihrer Vorlesungsreihe über das Verhalten der Bevölkerung zur Judenverfolgung, die sie zur Zeit am Institut für Sozial- und Wirtschaftsgeschichte hält, fragt sie nach der leisen Kollaboration, die „inmitten des deutschen Volkes" stattfand. „Man darf nicht vergessen, daß Hitlers Judenhaß ohne die Unterstützung weiter Kreise der Bevölkerung und der Eliten nicht hätte umgesetzt werden können", so Frau Büttner gegenüber der *taz*.

Einer von vielen, derer man sich am 50. Jahrestag des Beginns der Judendeportation nicht erinnert hat, war der jüdische Jurist Bernhard Karlsberg. Ein halbes Jahrhundert wog nationalsozialistisches Recht schwerer als die selbstverständliche Wiederanerkennung seiner Doktorwürde und damit seiner Menschenwürde.

„Die erschreckende politische Urteilslosigkeit vieler deutscher Akademiker ist mitverantwortlich für den Untergang des deutschen Reiches", erklärte der promovierte Jurist Jahre später. Die Hatz des Nazi-Regimes hatte für ihn am 25. Januar 1935 begonnen. Er sah sich mit einem Haftbefehl wegen „Vorbereitung zum Hochverrat" konfrontiert.

Karlsberg hatte sich vor 1933 in der KPD und für die Jugend-Gemeinschaft jüdischer Arbeitnehmer engagiert. Danach war er im Widerstand gegen das nationalsozialistische Deutschland aktiv. Nur durch Flucht konnte er sich seiner drohenden Verhaftung entziehen.

Am 10. November 1937 wurde ihm die deutsche Staatsbürgerschaft aberkannt. Die Hamburger Universität wollte dem Nazi-Regime in nichts nachstehen: Sie entzog ihm die Doktorwürde.

Bis zu seinem Tode 1985 in Amsterdam erfuhr der gebürtige Hamburger nichts von diesem Unrecht. Im Juli 1990 bittet die Witwe Hanna Karlsberg die Universität Hamburg, ihren Mann postum zu rehabilitieren. Der Skandal nimmt seinen Lauf. Man müsse prüfen, heißt es lapidar. Weitere Briefe der Familie bleiben unbeantwortet. Am 15. Oktober 1991 hält sich der 65jährige Sohn Walter Karlsberg auf Einladung des Senats mit einer Gruppe ehemaliger jüdischer Mitbürger in Hamburg auf. Er wendet sich an die Vizepräsidentin Barbara Vogel und den Rechtsreferenten der Universität. Die Sache des Vaters solle nun endlich geklärt werden. Walter Karlsberg sah sich in der von ihm erwarteten Sensibilität seiner Gesprächspartner schwer getäuscht.

Bernhard Karlsberg erlebte seine Rehabilitation nicht mehr FOTO: PRIVAT

In einem Gespräch mit der taz sagt er: „Man deutete mir an, daß es da doch legitime Gründe gegeben haben könnte. Da blieb mir die Spucke weg. Nennen Sie mir mal ein Beispiel, wo nach den Gesetzen der Bundesrepublik ein akzeptabler Grund vorliegen könnte, daß man jemandem in der Nazizeit den Doktortitel wegnimmt. Es geht mir auch um die Tatsache, daß ein Nazi-Gesetz immer noch in Kraft ist." Gilt etwa immer noch das Motto, daß heute nicht Unrecht sein kann, was damals Recht war?

Der Fall Karlsberg wurde öffentlich. Seit Montag dieser Woche ist der Rechtswissenschaftler per Einzelfallentscheidung rehabilitiert. Ein 15 Monate andauernder Skandal fand sein vorläufiges Ende. Fast 70 andere Fälle warten noch immer auf ihre Wiedergutmachung.

Die langen Schatten der Vergangenheit holten auch Universitätspräsident Jürgen Lüthje ein. „Die Universität muß sich mit der Frage politisch auseinandersetzen, wie sie mit diesem ganzen Komplex des Entzugs der Doktorwürde umgehen will", erklärte er. Es rächt sich hier die fast 50jährige Untätigkeit der Universität. So harren unter Aktendeckeln auch noch die Fälle, bei denen die Doktorwürde wegen Homosexualität entzogen wurde. Ein heute unbegreiflicher Vorgang.

Olaf Rosenberg

In: taz Hamburg, 6.11.1991.

Abendblatt

Universität und Hochschule

Skandal um während der NS-Zeit aberkannte Doktorentitel

Die Schatten der Vergangenheit

Wenige Stunden, nachdem die Universität Hamburg ein bemerkenswertes Stück wissenschaftlicher Vergangenheitsbewältigung vorgelegt hat („Die Juden in Hamburg – 1590 bis 1990" (Dölling und Galitz Verlag, 736 Seiten, 48 Mark), mußte sie in einem konkreten Fall ihr Versagen eingestehen.

Wie berichtet, sind in der NS-Zeit 59 jüdischen Akademikern die Doktortitel aberkannt worden. Die Uni selbst hatte das im Frühjahr in ihrer Publikation „Hochschulalltag im ‚Dritten Reich', die Hamburger Universität 1933-1945" dokumentiert.

Aber erst als im September Studierende vom Historischen Seminar das Thema ansprachen, wurde es zur Aufgabe dieses Wintersemesters erklärt. Inzwischen ist die Initiative vom Einzelfall Karlsberg überholt worden. Die Familie Karlsberg hatte 1990 den damaligen Universitätspräsidenten Dr. Peter Fischer-Appelt gebeten, die Aberkennung des Doktortitels wieder rückgängig zu machen. Abgesehen von einer Eingangsbestätigung erhielt die Familie keine Antwort. Ein weiterer Brief blieb ganz ohne Reaktion. „Man wollte gleich alle Fälle lösen, aber daß man so einen Brief ein Jahr hat schmoren lassen, ist skandalös", sagt Vize-Präsidentin Professorin Dr. Barbara Vogel.

Die renommierte Historikerin, die Mitte Oktober mit dem Sohn des 1985 verstorbenen Dr. Karlsberg gesprochen und sich ihm gegenüber verbürgt hatte, daß etwas geschieht, ist tief betroffen. Die Schatten der Vergangenheit sind inzwischen so lang geworden, daß sie auf jeden fallen.

Der Vorwurf, daß in den ganzen Jahren nichts unternommen worden ist, dieses Unrecht aus der Welt zu schaffen, bleibt an allen hängen, die in den Gremien saßen und sitzen, nicht nur an Dr. Peter Fischer-Appelt.

Denn schon 1955 hatte die damalige westdeutsche Rektorenkonferenz den Hochschulen empfohlen, akademische Grade, die zur Zeit des Nationalsozialismus aus politischen Gründen entzogen wurden, wiederzuverleihen. Universitätspräsident Dr. Jürgen Lüthje, erst seit wenigen Monaten in der Universität, hat bereits die einmütige Zustimmung der Fachbereichssprecher, daß dieses Unrecht jetzt in angemessener Form wiedergutgemacht werden muß.

Am 21. November soll sich der Akademische Senat und am 4. Dezember das Konzil damit befassen. Die Vizepräsidentin, zur Höchstgenauigkeit neigend, sorgt sich jetzt, daß die „richtigen Worte gefunden werden müssen. Es darf keine Selbst-Exkulpation, kein Reinwaschungsprozeß der Uni werden".

Gewiß nicht, aber die Uni darf auch keine Zeit mehr vertun.

HARRIET SCHWABE

In: Hamburger Abendblatt, 8.11.1991.

In: Die Welt, Hamburg, 9.11.1991.

HANSESTADT HAMBURG

Am Beispiel der Familie Karlsberg: Ein jüdisches Schicksal zur Zeit der Nationalsozialisten / Nach 53 Jahren:

Universität gab Doktorwürde zurück

Die Nazis erkannten ihm 1937 die Staatsbürgerschaft ab, die Universität entzog ihm 1938 den Doktorgrad: Bernhard Karlsberg starb 1985 in Holland

Aus Anlaß der großen Ausstellung „400 Jahre Juden in Hamburg" und in Erinnerung an den Beginn der Deportationen vor 50 Jahren hat die Hansestadt die bislang größte Gruppe ihrer emigrierten jüdischen Bürger eingeladen. 80 ehemalige Hanseaten aus Israel, Brasilien, Großbritannien, den USA und Südafrika sind in Hamburg zu Gast. Bei einem Senatsfrühstück im Rathaus erinnerte Bürgermeister Professor Hans-Jürgen Krupp gestern an „den dunkelsten Teil der Hamburger Geschichte".

In der Ausstellung im Museum für Hamburgische Geschichte wird das jüdische Leben über die Jahrhunderte geschildert. Die Universität ist unterdessen in ihrem Bereich Einzelschicksalen nachgegangen: Der Historiker Baruch Zwi Ophir, der 1933 noch unter entwürdigenden Umständen promovieren konnte, wurde diese Woche mit einem Ehrendoktor ausgezeichnet. Und nach 53 Jahren gab die Hochschule posthum dem Juristen Bernhard Karlsberg die Doktorwürde zurück, die ihm nach seiner Flucht nach Holland aberkannt worden war (die WELT berichtete). Das erstemal, daß eine deutsche Hochschule sich bemüht, auf diese Weise begangenes Unrecht wiedergutzumachen.

Seit 1983 hatten zuletzt rund 60 Forscher aus mehreren Fachbereichen die Geschichte der Universität während des Nationalsozialismus erforscht. In 57 Fällen hatte die Hochschule damals ihren Akademikern den Doktorgrad aberkannt. Als Gründe, erklärte der Historiker Professor Eckart Krause, Koordinator der Geschichtsforschung in eigener Sache, vor allem politische Ursachen und in 32 Fällen Emigration.

Bernhard Karlsberg, 1899 geboren, war am Grindel aufgewachsen. Die Familiengeschichte haben Ursula Wamser und Wilfried Weinke dokumentiert („Jüdisches Leben am Grindel"). Schon der Großvater hatte sich in Hamburg angesiedelt. Bernhard Karlsberg war Soldat im Ersten Weltkrieg, studierte Rechts- und Staatswissenschaften, promovierte 1921, heiratete 1922 Ilse Mathilde Heilbron. Das Paar lebte am Grindel und hatte drei Kinder. Bernhard Karlsberg engagierte sich politisch in der KPD, seit 1933 [?] im Widerstand. 1934 erging Haftbefehl gegen den Juristen; das Ehepaar brachte seine Kinder in der Schweiz in Sicherheit. Bernhard Karlsberg versuchte vergeblich, in England und Holland unterzukommen. Die Familie floh nach Prag. Schließlich endete die Odyssee doch in Amsterdam, wo Karlsberg als Anwalt arbeitete.

1937 wurde ihm die deutsche Staatsbürgerschaft aberkannt; 1938 entzog ihm die Universität den Doktorgrad. Bei Einmarsch der deutschen Truppen in Holland konnte Bernhard Karlsberg untertauchen, seine Frau Ilse wurde verhaftet und 1944 in Auschwitz ermordet. Die Töchter Hannah und Ruth konnten nach der Verhaftung entkommen. Nach Kriegsende öffnete Bernhard Karlsberg seine Anwaltskanzlei erneut und half Emigranten, ihre Wiedergutmachungsansprüche durchzusetzen. Er starb 1985. Vor gut einem Jahr stellte Karlsbergs Witwe Hanna den Antrag auf Rückerstattung des Doktorgrades bei der Universität. Bislang ein Einzelfall. gs

Cheskel Zwi Kloetzel
CHESKEL ZWI

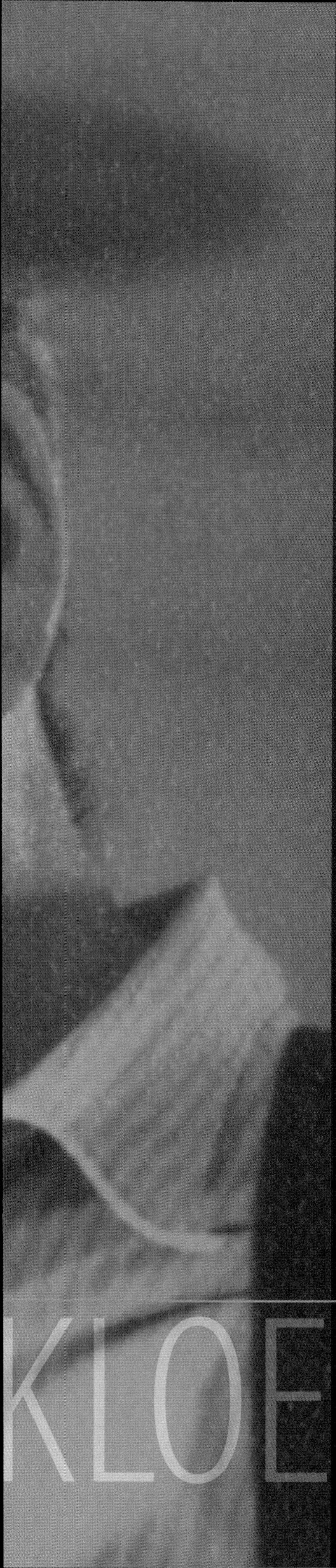

1891 – 1951

KLOETZEL

C. Z. Kloetzel
als junger Soldat, 1915.
(Privatbesitz)

C.Z. Kloetzel
mit seiner Tochter Cary.
(Privatbesitz)

C. Z. Kloetzel beim Lesen von
Korrekturfahnen. Jerusalem, undatiert.
(Privatbesitz)

CHESKEL ZW

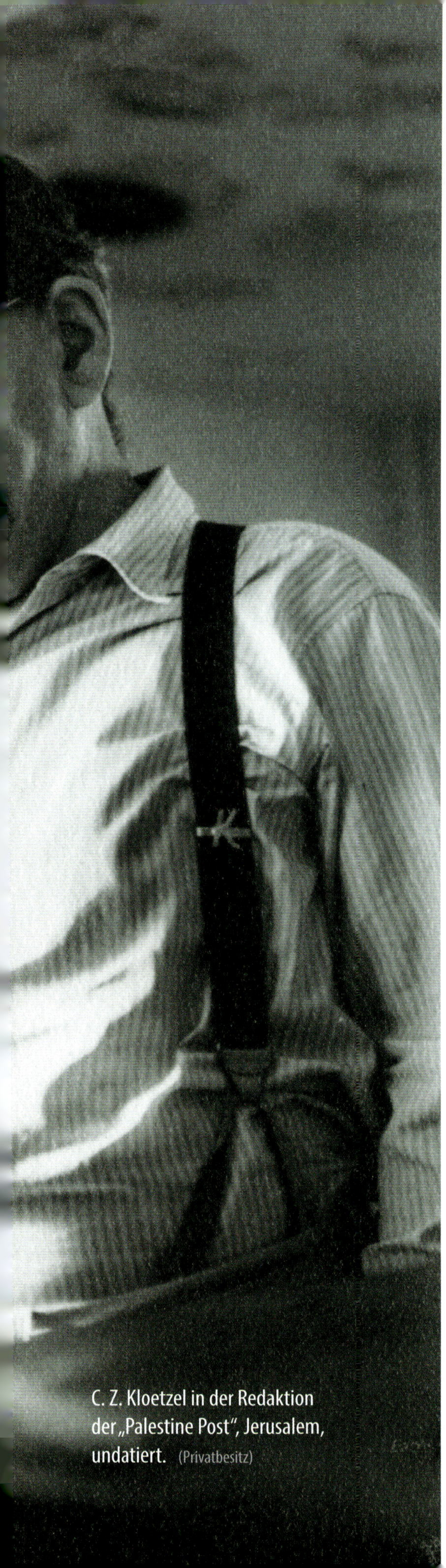

C. Z. Kloetzel in der Redaktion der „Palestine Post“, Jerusalem, undatiert. (Privatbesitz)

8.2.1891	*Geburt in Berlin;* *nach dem Tod seines Vaters Umzug der Familie nach Hamburg;*
1900 - 1907	*Zögling im Deutsch-Israelitischen Waisenhaus;* *Besuch der Talmud Tora Realschule in den Kohlhöfen*
	Lehrerausbildung an Jüdischen Seminaren in Hannover und Berlin; *Arbeit als Deutschlehrer in Saloniki*
	Mitarbeit in mehreren jüdischen Zeitungen
1914 - 1918	*Teilnahme am Ersten Weltkrieg*
	Arbeit als Journalist und Autor in Berlin
1919 - 1921	*Herausgeber des Magazins „Bar Kochba.* *Blätter für die heranwachsende jüdische Jugend“*
1919	*Heirat mit Annette Esther Loewenthal;*
24.12.1919	*Geburt der Tochter Katherina Rahel Sophie*
	Redaktionsmitglied der „Jüdischen Rundschau“; *Auslandskorrespondent für die „Vossische Zeitung“* *und das „Berliner Tageblatt“*
1933	*Emigration nach Palästina*
1934	*Emigration von Frau und Tochter nach Palästina*
1939 - 1951	*Redakteur der „Palestine Post“*
27.10.1951	*Tod in Jerusalem*

Cheskel Zwi Kloetzel

Nach dem frühen Tod des Vaters und dem Umzug der Familie nach Hamburg lebte Hans Kloetzel bis zu seinem 16. Lebensjahr im Deutsch-Israelitischen Waisenhaus am Papendamm. Nach kurzer beruflicher Ausbildung und einer Lehrerausbildung an Jüdischen Seminaren in Hannover und Berlin arbeitete er mehrere Jahre als Deutschlehrer an der Schule des Hilfsvereins der deutschen Juden in Saloniki.

Er wurde Anhänger des Zionismus und veröffentlichte fortan unter seinem jüdischen Namen Cheskel Zwi Kloetzel.

Nach seiner Teilnahme am Ersten Weltkrieg schrieb er für mehrere jüdische Zeitungen wie die „Neuen Jüdischen Monatshefte“ und „Menorah“, als Redaktionsmitglied für die zionistische „Jüdische Rundschau“.

Von 1919 bis 1921 gab Kloetzel das Magazin „Bar Kochba. Blätter für die heranwachsende jüdische Jugend“ heraus.

Als Auslandskorrespondent und Feuilleton-Redakteur arbeitete er für die renommierte „Vossische Zeitung“ und das „Berliner Tageblatt“, gelegentlich auch für Ossietzkys „Weltbühne“.

Seine vielbeachteten Reisebeschreibungen erschienen auch in Buchform: „Die Straße der Zehntausend“ (1925) sowie „Indien im Schmelztiegel“ (1930).

An eine junge Leserschaft wandten sich seine Bücher „Moses Pipenbrinks Abenteuer“ (1920) und das sehr erfolgreiche „BCCü. Die Geschichte eines Eisenbahnwagens“ (1922), das von dem Berliner Maler Hans Baluschek illustriert worden war.

Nach der Machtübernahme der Nationalsozialisten emigrierte Cheskel Zwi Kloetzel nach Palästina. Dort schloss er sich der „Haganah“, der militärischen Untergrundorganisation der Juden im britischen Mandatsgebiet, an.

Von 1939 bis 1951 arbeitete er als Redakteur der englischsprachigen „Palestine Post“.
Im gleichen Zeitraum schrieb er regelmäßig als Palästina-Korrespondent für den New Yorker „Aufbau“.

Nach der Staatsgründung Israels setzte er diese Tätigkeit mit Berichten über die Probleme des jungen Staates fort. Cheskel Zwi Kloetzel starb 1951 in Jerusalem.

After losing his father at an early age, and the family's subsequent move to Hamburg, Hans Kloetzel lived in the Deutsch-Israelitische Orphanage on Papendamm until he was 16 years old.

After brief vocational training and teacher training at the Jewish Seminar in Hanover and Berlin, he worked as a German teacher at the school attached to the Hilfsverein der deutschen Juden in Saloniki. He became a supporter of Zionism and, from then on, he published under his Jewish name, Cheskel Zwi Kloetzel.

After serving in World War I, he wrote for numerous Jewish newspapers including the „Neuen Jüdischen Monatshefte" and „Menorah", and as a staff member for the Zionist „Jüdische Rundschau".

Kloetzel published the youth magazine „Bar Kochba. Blätter für die heranwachsende jüdische Jugend" from 1919 to 1921.

He worked as a foreign correspondent and features editor for prestigious daily newspapers including the „Vossische Zeitung" and the „Berliner Tageblatt", sometimes he wrote for Ossietzky's „Weltbühne".

His highly respected travel essays were also published in book form as „Die Straße der Zehntausend" (1925) as well as „Indien im Schmelztiegel" (1930). His books, „Moses Pipenbrinks Abenteuer" (1920) and the very popular, „BCCü. Die Geschichte eines Eisenbahnwagens" (1922) illustrated by the Berlin painter Hans Baluschek, were directed at young readers.

After the National Socialists seized power Cheskel Zwi Kloetzel immigrated to Palestine where he joined the „Haganah", the Jewish military underground organization in the British mandate of Palestine.
Between 1939 and 1951, he worked as an editor for the English-language „Palestine Post". In his function as Palestine correspondent he regularly wrote for the New Yorker „Aufbau" during this period. After the establishment of the State of Israel he continued to write with reports about the problems of the young state. Cheskel Zwi Kloetzel died in 1951 in Jerusalem.

KLOETZEL

Bild & Film. Zeitschrift für Lichtbilderei und Kinematographie. Verlag der Lichtbilderei GmbH/ M.Gladbach.III. Jg., 1. Heft, Oktober 1913. Druck: Druckerei der Volksvereins-Verlags GmbH., M.Gladbach. 270 x 187 mm.

Das Heft enthielt C.Z. Klötzels Artikel „Cinéma Oriental", ein Bericht über einen Kinoabend in Saloniki.

Martin Buber, H.H. Cohn, C. Z. Klötzel: Drei Legenden. Berlin: Jüdischer Verlag 1920. 61 S., kartoniert, 157 x 115 mm. (Jüdische Jugendbücher, 1). Druck: Spamersche Buchdruckerei, Leipzig.

Von C.Z. Klötzel stammte der Beitrag „Der Lichtsieder und sein Gast". Ausdrücklich verwies der Verlag darauf, dass Klötzel für seine Erzählung 1918 in einem Preisausschreiben für jüdische Jugendschriften einen zweiten Preis erhalten hatte. Das Buch trägt auf dem Innentitel den Stempel „Jüd. Wanderbund ‚Blau-Weiss', Budweis."

C. Z. Klötzel: Der letzte Judengroschen und andere Erzählungen. Mit 3 Bildern von Ludwig Wronkow. Berlin: Welt-Verlag 1920. (Bar Kochba - Jugendbücherei, Das erste Heft). 32 S., broschiert, 183 x 123 mm.

Alle in diesem Heft abgedruckten Erzählungen stammten aus der jüdischen Jugendzeitschrift „Bar Kochba".

Manasse ben Israel
Rettung der Juden.
Aus dem Englischen
übersetzt von Moses
Mendelssohn (Berlin 1782).
Vorwort: C. Z. Klötzel.
Druckleitung und Einband
von Menachem Birnbaum.
Berlin: Welt-Verlag, 1919.
(Die Weltbücher. Eine jüdische
Schriftenfolge, 3).
63 S., kartoniert, 188 x 129 mm.
Druck: Spamersche Buchdruckerei,
Leipzig.

In seinem Vorwort schrieb Klötzel:
„Es hatte damals den Erfolg, der mehr oder weniger allen Versuchen geworden ist, die darauf ausgingen, eine Ehrenrettung der Juden dem Vorurteil der Völker gegenüber durchzusetzen, man erkannte es in der Theorie an und verwarf es in der Praxis...

Angesichts der neu erwachenden Judenfeindschaft diese Schrift des ‚Riessers des Mittelalters' zu lesen, hat mehr als einen Reiz. Einmal dürfte es in dem heutigen Geschlecht die Empfindung dafür wachrufen, wie früh der Kampf um die Emanzipation bereits begonnen hat, und wie wenig er im Grunde bis heute fruchtete."

Das jüdische Jugendbuch.
Herausgegeben von M. Steinhardt,
Heinrich Loewe und C.Z. Klötzel.
Einband von Menachem Birnbaum .
Berlin: Welt-Verlag 1920.
216 S., kartoniert, 245 x 175 mm.
Druck: Spamersche Buchdruckerei,
Leipzig.

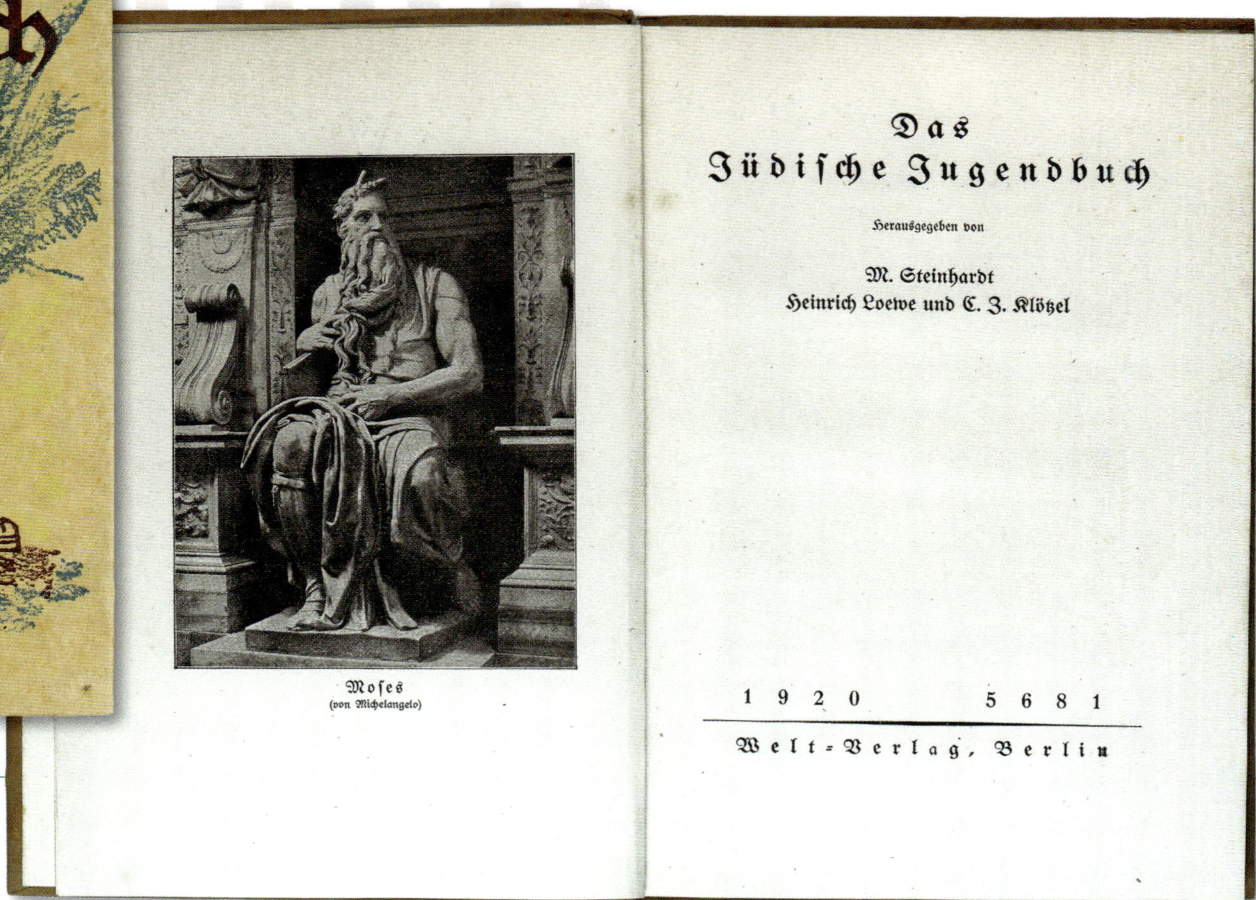

C·Z·Klötzel
BC4ü
Erlebnisse eines Eisenbahnwagens
C. Z. Klötzel
BC4ü
Erlebnisse eines Eisenbahnwagens
Verlagshandlung, Stuttgart
BCCü
DIE GESCHICHTE EINES EISENBAHNWAGENS
von
C. Z. Klötzel
ZEICHNUNGEN v. HANS BALUSCHEK

**C.Z. Klötzel: BCCü.
Die Geschichte eines
Eisenbahnwagens.
Mit Zeichnungen von
Hans Baluschek.**
Berlin: Welt-Verlag 1922.
88 S., gebunden,
247 x 182 mm.

Im Vorwort der 1925 in der Franckh'schen Verlagshandlung erschienenen Neuausgabe schrieb Klötzel im Vorwort:

*„Diese ‚Erlebnisse eines Eisenbahnwagens' haben nicht nur bei denen, für die sie bestimmt sind, bei den Jungens also, eine gute Aufnahme gefunden, sondern auch bei allen möglichen pädagogischen und eisenbahntechnischen Fachleuten…
Eine vom Verlag Devrient besorgte russische Ausgabe wurde von den Sowjetbehörden zur Einfuhr zugelassen und fand starke Verbreitung.
Daß auch die neue Auflage viele Freunde unter denen finden möge, denen die Welt der Eisenbahn ein Stück ihrer Jugendwelt bedeutet, hofft aus eigener unvergeßlicher Erfahrung heraus der Verfasser."*

**C. Z. Klötzel:
Moses Pipenbrinks
Abenteuer.
Die seltsamen
Erlebnisse eines kleinen
jüdischen Jungen.
Mit 8 Bildern.**
Berlin:
Welt-Verlag 1920.
78 S., gebunden,
247 x 185 mm (Nachgebundene Ausgabe).

C.Z. Kloetzel

LEOPOLD SCHWARZSCHILD

HERAUSGEBER

TAGEBUCHVERLAG G.M.B.H. ★ BERLIN SW 48

DAS
TAGE
BUCH

Berlin, den 2. März 1929

INHALT:

Einzelverkaufspreis 60 Pfennig

10. JAHRGANG, 1929, HEFT 9 ★

★ ERSCHEINT SONNABENDS ★

Das Tagebuch. Herausgeber: Leopold Schwarzschild. Berlin. 10. Jg., Heft 9, 2.3.1929. Druck: Gehring & Reimers GmbH., Berlin. 213 x 141 mm.

Diese Ausgabe enthielt C.Z. Klötzels Beitrag „Der puritanische Harem".

DER FREIHAFEN

BLÄTTER DER KAMMERSPIELE IM LUSTSPIELHAUS

phot. E. Bieber, Hamburg

MIRJAM HORWITZ-ZIEGEL

Der Freihafen. Blätter der Kammerspiele im Lustspielhaus. Hamburg. Jg.11, Heft Nr. 6, 1929. 242 x 187 mm. Druck: Conrad Kayser, Hamburg.

Der „Freihafen" druckte C. Z. Klötzels Beitrag „Die Willkür in der <Fürsorge>". Klötzel hatte im Auftrag des „Berliner Tageblattes" deutsche Fürsorgeanstalten besucht. Sein Bericht bestätige, so die Schriftleitung des „Freihafen", Anklagen, wie sie von Peter Martin Lampel in seinem Stück „Revolte im Erziehungshaus" erhoben wurden.

Rudolf Olden (Hrsg.):
Das Wunderbare oder Die Verzauberten.
Propheten in deutscher Krise.
Eine Sammlung.
Berlin: Rowohlt Verlag 1932.
336 S., kartoniert, 127 x 210 mm.
Druck: Heinr. Mercy Sohn, Prag.

Dieses Buch enthielt C. Z. Kloetzels Beitrag „Die Erlösung von Gold und Zins. Das Wära-Wunder im bayrischen Wald."

Im Klappentext hieß es: „In Zeiten wirtschaftlicher Krise steigert sich das Bedürfnis des Menschen zu glauben, und - ‚das Wunder ist des Glaubens liebstes Kind'...

Wichtiges Dokument zur kulturellen Zeitgeschichte und gleichzeitig aufregende Lektüre, zeichnet dieses Buch in schnellem Aufriß Sinn und Unsinn unserer Tage."

C. Z. Klötzel:
Indien im Schmelztiegel.
Einband und Schutzumschlag:
Hanns Langenberg.
Leipzig: F. A. Brockhaus 1930.
285 S., gebunden, 140 x 193 mm.

Die über 50 illustrierenden Fotos stammten alle vom Verfasser. Das Buch trägt die gedruckte Widmung: „Arthur Holitscher, dem Freund und Vorbild, in Verehrung gewidmet."

Carl von Ossietzky rezensierte Kloetzels Buch am 22.4.1930 in der „Weltbühne":

„Unter den deutschen Journalisten, die sich in diesen Jahren als Reiseberichterstatter großer Blätter einen Namen gemacht haben, wahrt C.Z. Klötzel eine besondere Note.
Er ist nämlich unter allen am wenigsten nach Kuriositäten aus... unter dem südlichen Kreuz kann jeder Strohkopf ohne Anstrengung zum Dichter werden.
Der soziologisch geschulte Berichterstatter Klötzel meidet also die Stätten der fahrplanmäßigen Ergriffenheit, die Tempel, die Buddhas, die Ruinen. Dafür entwirft er ein stichfestes Bild des Textilbezirkes von Bombay, dafür führt er in ein indisches Gewerkschaftsbureau, in die Meetings der Arbeiter, der Jugend, in die Quartiere der Parteien, in die Elendsviertel der Parias."

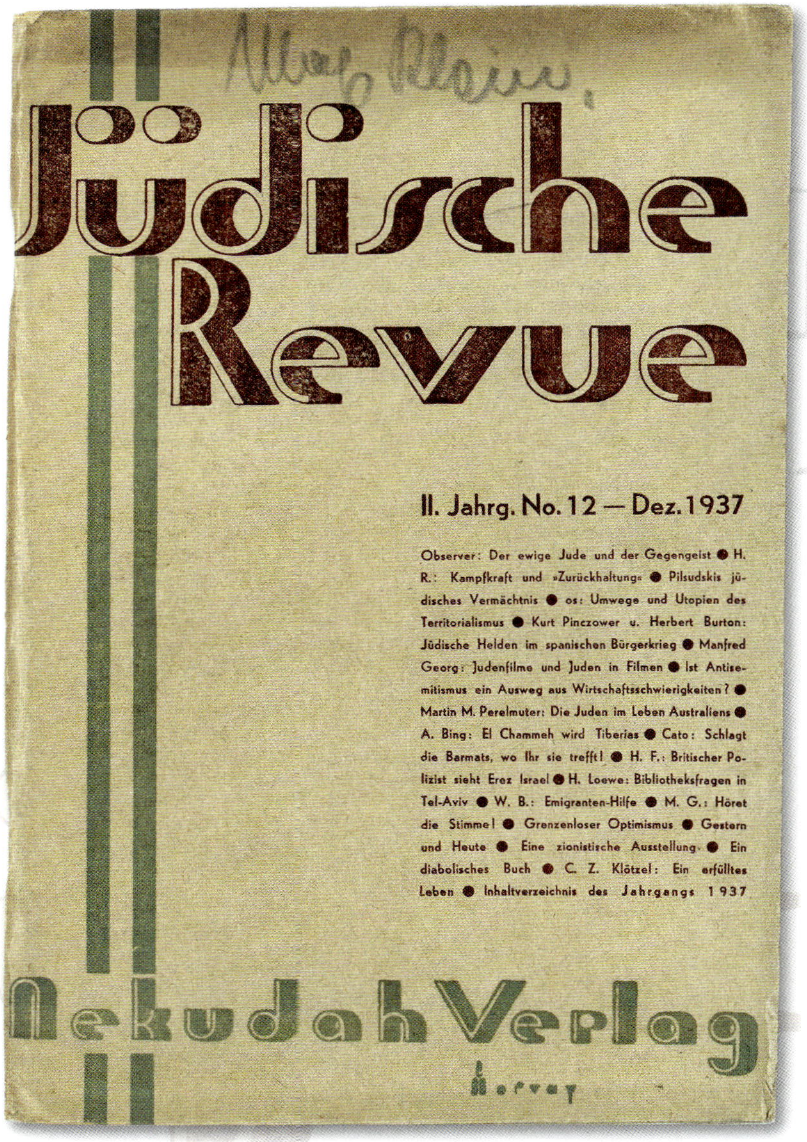

Jüdische Revue

II. Jahrg. No. 12 — Dez. 1937

Observer: Der ewige Jude und der Gegengeist ● H. R.: Kampfkraft und »Zurückhaltung« ● Pilsudskis jüdisches Vermächtnis ● os: Umwege und Utopien des Territorialismus ● Kurt Pinczower u. Herbert Burton: Jüdische Helden im spanischen Bürgerkrieg ● Manfred Georg: Judenfilme und Juden in Filmen ● Ist Antisemitismus ein Ausweg aus Wirtschaftsschwierigkeiten? ● Martin M. Perelmuter: Die Juden im Leben Australiens ● A. Bing: El Chammeh wird Tiberias ● Cato: Schlagt die Barmats, wo Ihr sie trefft! ● H. F.: Britischer Polizist sieht Erez Israel ● H. Loewe: Bibliotheksfragen in Tel-Aviv ● W. B.: Emigranten-Hilfe ● M. G.: Höret die Stimme! ● Grenzenloser Optimismus ● Gestern und Heute ● Eine zionistische Ausstellung ● Ein diabolisches Buch ● C. Z. Klötzel: Ein erfülltes Leben ● Inhaltverzeichnis des Jahrgangs 1937

Nekudah Verlag

Jüdische Revue.
Mukačevo. II. Jg.,
No.12- Dez. 1937.
Druck: Nekudah-Verlag,
Mukačevo, ČSR.
225 x 150 mm.

Dieses Heft enthielt C.Z. Kloetzels Artikel „Ein erfülltes Leben", geschrieben anlässlich des 60. Geburtstages des Warenhausgründers und Verlegers Salman Schocken.

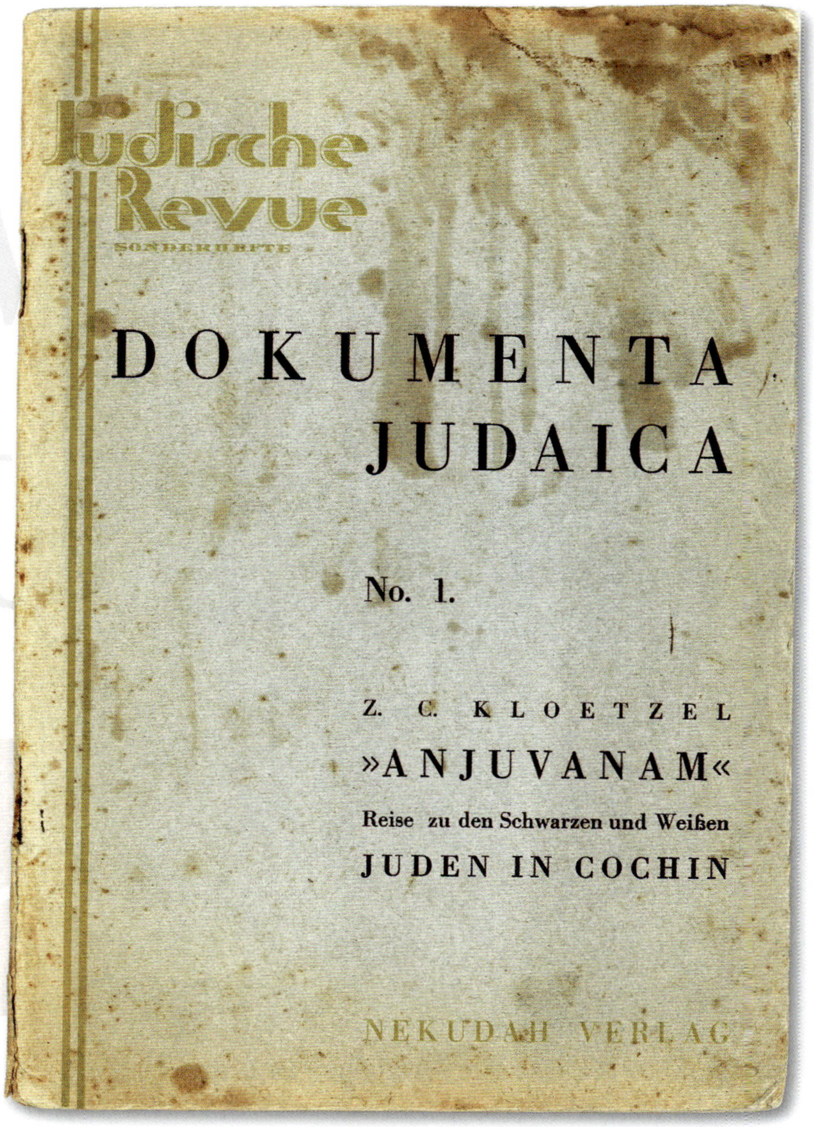

Jüdische Revue
SONDERHEFTE

DOKUMENTA
JUDAICA

No. 1.

Z. C. KLOETZEL
»ANJUVANAM«
Reise zu den Schwarzen und Weißen
JUDEN IN COCHIN

NEKUDAH VERLAG

Jüdische Revue. Sonderhefte.
Mukačevo. No.1., o.J. (1938).
C. Z. Kloetzel: „Anjuvanam".
Bericht über eine Reise zu den
Schwarzen und Weißen Juden
in Cochin (Indien).
Mit 9 Bildern nach Aufnahmen
des Verfassers.

Druck: Nekudah-Verlag,
Mukačevo, ČSR.
225 x 153 mm.

C.Z. Kloetzel

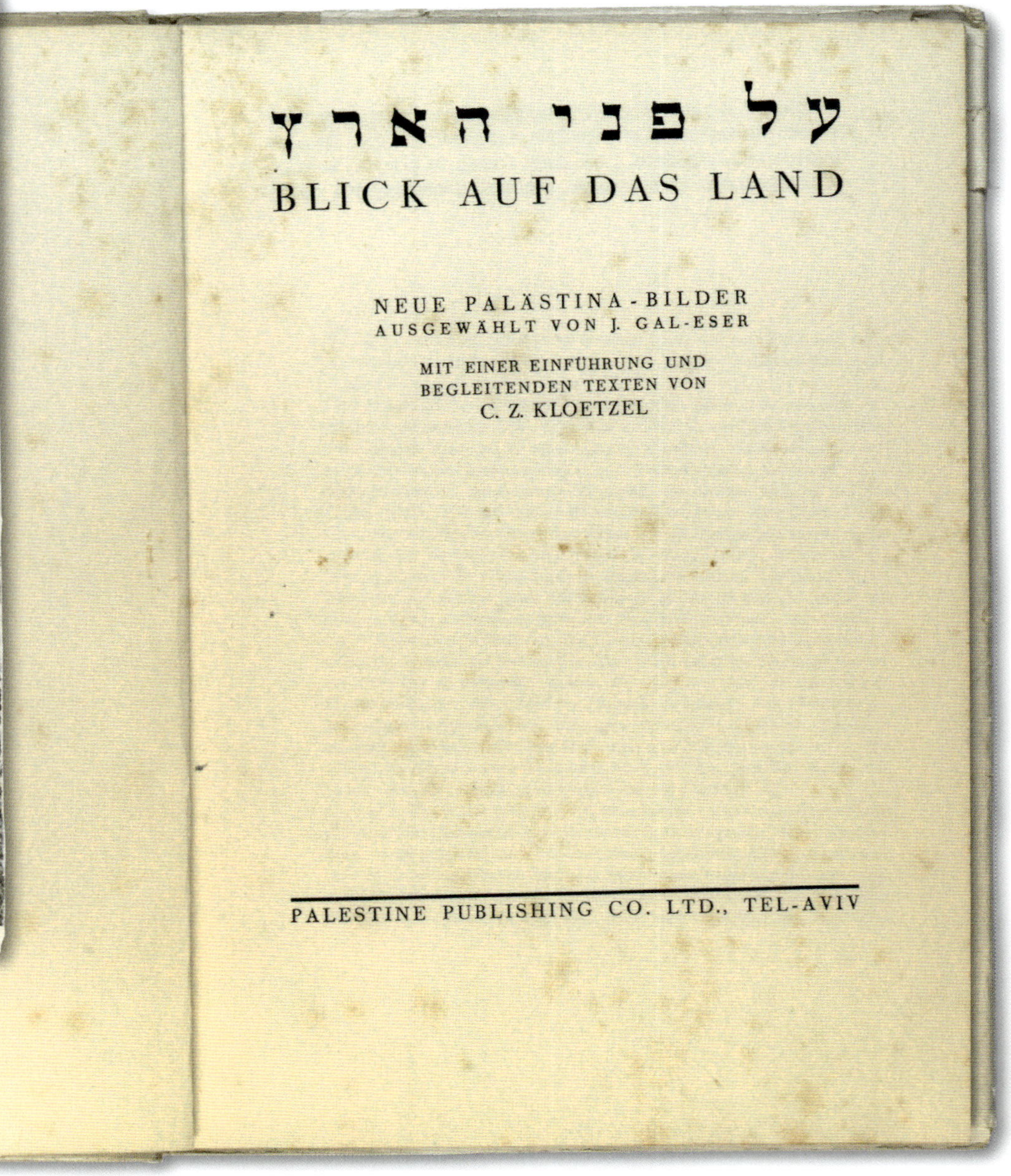
על פני הארץ
BLICK AUF DAS LAND

NEUE PALÄSTINA-BILDER
AUSGEWÄHLT VON J. GAL-ESER

MIT EINER EINFÜHRUNG UND
BEGLEITENDEN TEXTEN VON
C. Z. KLOETZEL

PALESTINE PUBLISHING CO. LTD., TEL-AVIV

C.Z. Kloetzel

C.Z. KLOETZEL

Blick auf das Land. Neue Palästina-Bilder.
Ausgewählt von J. Gal-Eser.
Mit einer Einführung und begleitenden Texten von C.Z. Kloetzel.
Photos von: Bernheim, J. Gal-Eser, Ganan, Z. Kluger, Kotlar, H. Lerski, Malavski, Rosenberg, Verobeizik, Weissenstern, Zadek.

Tel Aviv: Palestine Publishing Co. Ltd. 1937.
Unpaginiert, gebunden, 245 x 175 mm.

C. Z. Kloetzel schrieb in seiner „Bild und Wirklichkeit“ überschriebenen Einführung: „Man legt mir eine Anzahl von Photographien auf den Tisch und sagt: ‚Schreiben Sie etwas Schönes dazu. Das soll ein Palästina-Bilderbuch werden.‘ Ich blättere in den Bildern. Sie sind schön. Mehr: sie scheinen charakteristisch. Wie ich eines nach dem anderen in die Hand nehme, fängt mein inneres Auge an, sie gleichsam zu kolorieren. Diese zweidimensionalen Gebilde aus Licht und Schatten nehmen Farbe an, werden plastisch... Wir haben es bereits gesagt: neunundneunzig von hundert Betrachtern dieses Buches - und aller Bilderbücher über Erez Israel leben im Galuth. Dass dort ein ständiger Hunger nach Palästina-Bildern herrscht, beweist die Entstehungsgeschichte dieses Bandes. Denn die in ihm enthaltenen Bilder wurden ursprünglich in Form eines Kalenders veröffentlicht; die Nachfrage war so gross, dass sie Herausgabe in Buchform mehr als rechtfertigt... ‚Bilder-Besehen‘, dieser schönste, anmutigste, unverbindlichste Zeitvertreib wird darum zum Teil einer grossen, verantwortlichen Aufgabe, wenn der Beschauende Jude ist, und die Bilder Erez Israel darstellen. Umso schöner, umso bedeutsamer ist es, wenn man ein Buch wie dieses in die Welt hinaussenden darf mit der Gewissheit: es wird Freude machen !“

Mit „Galuth“ war die jüdische Diaspora gemeint. Auch deshalb trugen alle Fotografien hebräische, englische, französische und deutsche Bildunterschriften.

The Palestine Post, Jerusalem.
Vol. XVI, No. 4319, July 28,1940.

Von 1939 bis 1951 arbeitete C. Z. Kloetzel für die „Palestine Post“. Aus seiner Feder stammten die Kolumnen „Men &Things“ und „Books in the News“.

30.

THE PALESTINE POST

JERUSALEM
Hassolel Road
P. O. Box 81.
Telephone 4233
—
Tel Aviv - Jaffa:
65, Allenby Road,
P. O. Box 1125.
'Phone, 4251-4252.
—
Haifa, Khayat Square, opposite the Post Office entrance, P.O.B. 66.
'Phone 1594-1595.

CASINO
BAT GALIM
NEW PROGRAMME
"Smartest in Town"
ERIC TEICH
and his orchestra.
with the charming Vocalist
FRANCES KANE
"Always a Good Show"
DINING
DANCING
Reserve Your Table: 'Phone 1152.

VOL. XVI. No. 4319. PRICE 10 MILS

JERUSALEM

VISIT AXIS CAPITALS
COUNTER-CLAIMS BY

*„So you are in Berlin now,
my unknown Russian friend.
I should like to be with you and
show you around.
Though I wouldn't be a good
guide, I suppose. After all, I have
not been in Berlin these last
twelve years...*

*Go to the square in front of Berlin
university... For this is the place
where they burned the books.
Perhaps you have forgotten that
they started by burning books.
But you know how they ended:
by burning people alive.
Man, women and children,
thousands of them for every book
they burned. And as you have
come all the way from Russia –
you may as well stand in the place
where all the burning started.
It helps against forgetting why
you came.”*

C. Z. Kloetzel, So you are in Berlin now. Letter to an Unknown Russian Soldier. In: The Palestine Post, Jerusalem, May 1, 1945, Page 4.

C. Z. Klötzel:
Eine jüdische Jugend in Hamburg vor dem Ersten Weltkrieg.
Neu paginierter, sonst unveränderter Nachdruck der drei Fortsetzungen von C.Z. Klötzels überarbeiteten Erinnerungen, wie sie in den Heften 5, 9 und 11-12 von Band 11 der Hamburgischen Geschichte- und Heimatblätter 1984-1987 erschienen sind. - Das Umschlagbild zeigt die Neue Synagoge am Bornplatz 1906.

Verlag Verein für Hamburgische Geschichte o.J. (1990),
52 S., broschiert, 210 x 147 mm.

Der von Renate Hauschild-Thiessen eingeleitete Text stammte aus C.Z. Klötzels autobiographischen Erinnerungen „Eine jüdische Jugend in Deutschland.", die er 1947/48 in der deutschsprachigen Zeitung „MB. Mitteilungsblatt des Irgun Olef Merkas Europa" veröffentlicht hatte.

C. Z. Klötzel:
Moses Pipenbrinks Abenteuer.
Die seltsamen Erlebnisse eines kleinen jüdischen Jungen (in Cuxhaven und Hamburg).
Mit 8 Bildern des Autors.
Mit einem Vorwort von Cary Kloetzel und einem Nachwort von Hans- Jürgen Kahle.
Cuxhaven: Wilhelm Heidsiek Verlag o.J. (2001)
94 S., kartoniert, 210 x 148 mm.

In ihrem Vorwort zu diesem Reprint der Originalausgabe von 1920 schrieb Cary Kloetzel über ihren Vater: „Hans Klötzel wollte schon immer Journalist werden - doch gab es damals dafür kein Studium. Er kam (sehr gegen seinen Willen) in eine Kaufmannslehre zu einer Familie, die Häute und Felle einführte. So wurde er oft in den Hafen geschickt, um Entladungen zu empfangen. Hier entwickelte sich seine Liebe für die Schifffahrt und alles was damit zusammenhängt...

*Der Autor war ein toleranter Mensch, der weder auf Rasse noch Religion herabblickte.
Wie gut ein Zusammenleben sein kann, scheint aus den Zeilen dieses Buches hervor."*

„Trotz seiner weiten Reisen aber und trotz der Vielseitigkeit seiner Interessen gehörte Klötzels Seele vor allem dem jüdischen Volke...

Sein Tod ist ein schwerer Verlust für Israel, denn Klötzel war einer der Publizisten von universalistischer Überzeugung und Weltkenntnis, die für die Erziehung in Israel so wichtig sind. Ein echter Liberaler, ein Kämpfer für Menschenwürde und Wahrhaftigkeit...

Er besaß den Glauben an Humanität, der heute vielen abhanden gekommen ist. Ein Mensch von großer innerer Wärme und großem Verständnis für alles Menschliche, mit Sinn für die Absurditäten des Lebens und mit naturwüchsigem Humor, wird er seinen Freunden in Erinnerung bleiben."

*Robert Weltsch, Ein beispielhafter Publizist. Cheskel Zwi Klötzel in Jerusalem gestorben.
In: Allgemeine Wochenzeitung der Juden in Deutschland, Düsseldorf, 16.11.1951.*

HEINZ

1905 – 1966

Heinz Liepman

LIEPMAN

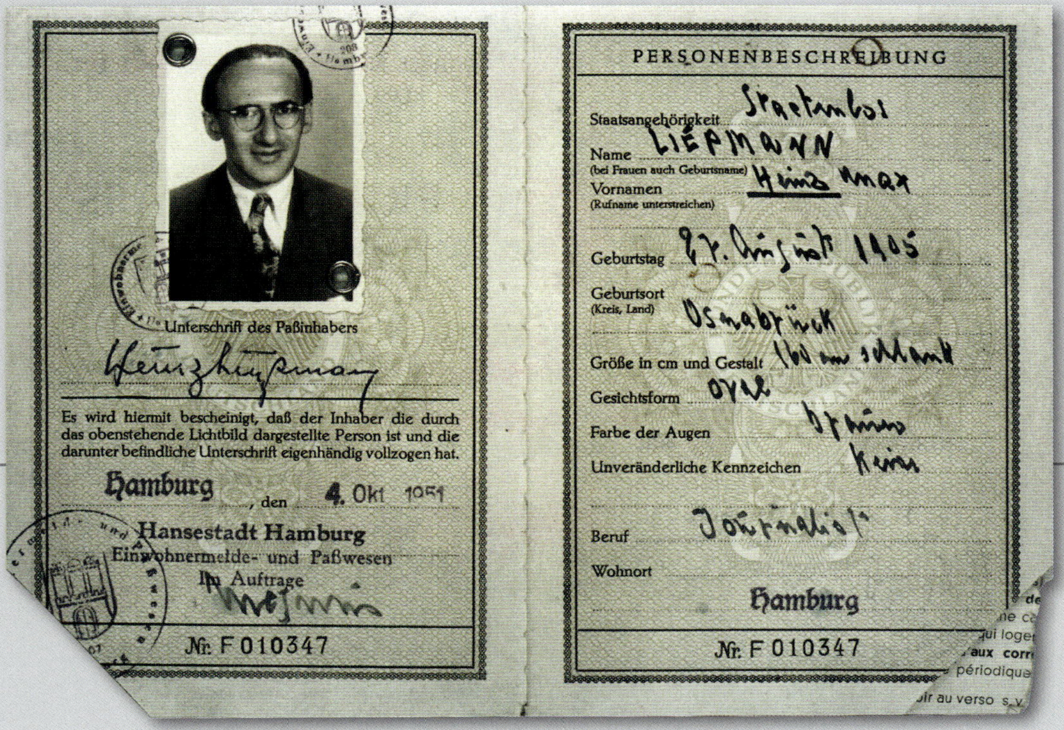

Unterschrift des Paßinhabers

Heinz Liepmann

Es wird hiermit bescheinigt, daß der Inhaber die durch das obenstehende Lichtbild dargestellte Person ist und die darunter befindliche Unterschrift eigenhändig vollzogen hat.

Hamburg, den 4. Okt 1951

Hansestadt Hamburg
Einwohnermelde- und Paßwesen
Im Auftrage

Nr. F 010347

PERSONENBESCHREIBUNG

Staatsangehörigkeit Staatenlos
Name (bei Frauen auch Geburtsname) LIEPMANN
Vornamen (Rufname unterstreichen) Heinz Max
Geburtstag 27. August 1905
Geburtsort (Kreis, Land) Osnabrück
Größe in cm und Gestalt 160 cm schlank
Gesichtsform oval
Farbe der Augen braun
Unveränderliche Kennzeichen keine
Beruf Journalist
Wohnort Hamburg

Nr. F 010347

PRESSE AUSWEIS

A 06788

Unterschrift des Inhabers

Heinz Liepmann

Gültig für

1958 Berufsvereinigung Hamburger Journalisten e.V.	1961 Berufsvereinigung Hamburger Journalisten e.V.
1959 Berufsvereinigung Hamburger Journalisten e.V.	1962
1960 Berufsvereinigung Hamburger Journalisten e.V.	1963

Ausweispapiere von Heinz Liepman.
(Deutsches Exilarchiv 1933-1945 der Deutschen Nationalbibliothek, Frankfurt am Main)

Mitgliedskarte des Deutschen Presseklubs Hamburg für Heinz Liepman, unterschrieben von Erich Lüth, undatiert.
(Deutsches Exilarchiv 1933-1945 der Deutschen Nationalbibliothek, Frankfurt am Main)

Visitenkarte von Heinz Liepman, die auf die wichtigsten Auftraggeber seiner publizistischen Arbeiten verweist.

DEUTSCHER PRESSEKLUB HAMBURG

Herr Heinz Liepman

IST MITGLIED DES DEUTSCHEN PRESSEKLUBS HAMBURG

FÜR DAS KLUBPRÄSIDIUM

Diese Karte ist bei Einführung eines Gastes vorzuzeigen

HEINZ LIEPMAN
Schweizer Korrespondent für Kultur und Kulturpolitik:
DIE WELT, Hamburg
Algemeen Handelsblad, Amsterdam
Norddeutscher Rundfunk

ZÜRICH 1
Niederdorfstraße 43
Tel.: 47 76 60

27.8.1905	*Geburt in Osnabrück*
	Kindheit und Jugend in Hamburg
1917	*Tod des Vaters im Ersten Weltkrieg*
1918	*Tod der Mutter in Hamburg*
1926 - 1933	*Arbeit als Journalist und Schriftsteller in Hamburg*
1932	*Uraufführung des Dramas „Columbus" im Deutschen Schauspielhaus, Hamburg*
Juni 1933	*Flucht nach Paris*
1935 - 1937	*Exil in England*
8.6.1935	*Aberkennung der deutschen Staatsbürgerschaft*
1937	*Übersiedelung nach New York*
1947	*Rückkehr nach Hamburg*
1949	*Heirat mit Ruth Lilienstein; Gründung einer Literaturagentur*
1959 - 1966	*Mitarbeiter der Tageszeitung „Die Welt"*
1961	*Emigration in die Schweiz*
1964	*Prozessbeobachter für den „Norddeutschen Rundfunk" beim Auschwitz-Prozess in Frankfurt am Main*
6.6.1966	*Tod in Agarone/Tessin*

Heinz Liepmann, 1910.
Rückseitige Beschriftung:
„Meiner lieben Großmutter von Ihrem sie liebenden Enkel Heinz Liepmann, 15. Mai 1910.
(Privatbesitz)

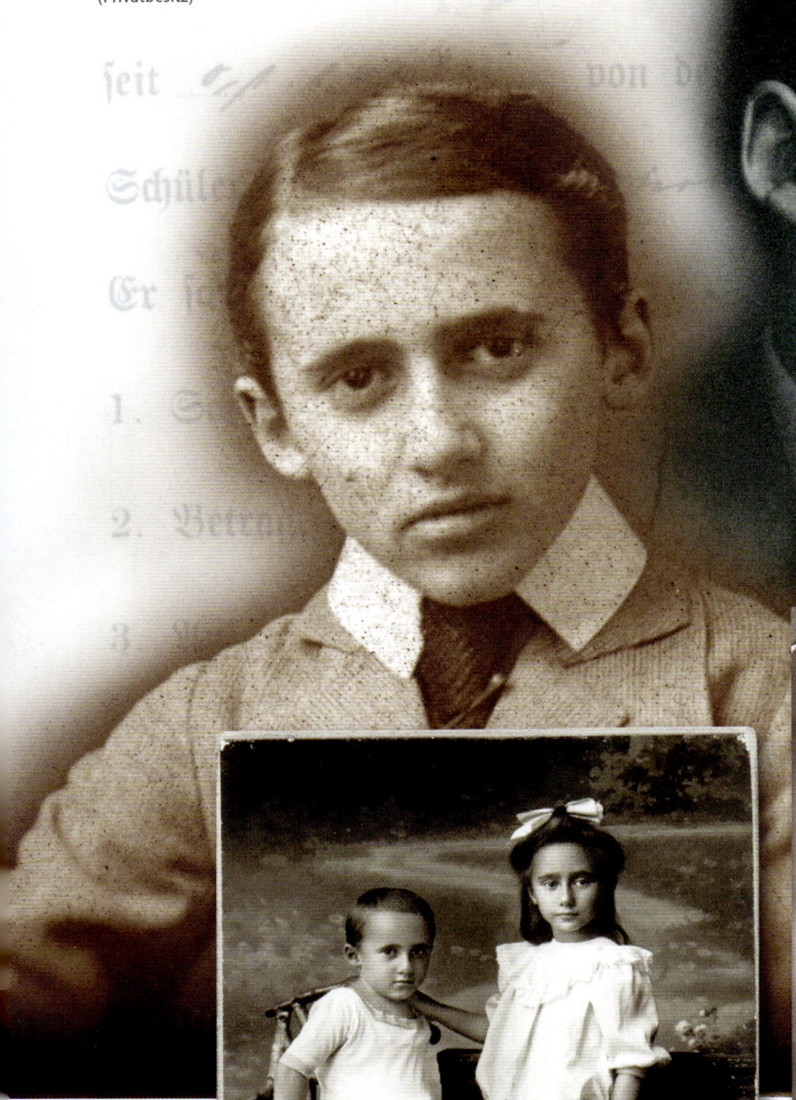

Heinz Liepmann, undatiert.
Foto: Transocean, Berlin.

Heinz und Else Liepmann, undatiert.
Foto: Atelier Uris, Hamburg.
(Privatbesitz)

Else und Heinz Liepmann, undatiert.
(Deutsches Exilarchiv 1933-1945 der Deutschen Nationalbibliothek, Frankfurt am Main)

uth und Heinz Liepman
nlässlich ihrer Hochzeit 1949
Mastrils, Graubünden.
eutsches Exilarchiv 1933-1945
er Deutschen Nationalbibliothek,
ankfurt am Main)

einz Liepman und Erich
aria Remarque (rechts)
der Zürcher „Kronen-
lle“, 1962. Fotografin:
abelle Wettstein, Zürich.
ivatbesitz)

bert Neumann,
th und Heinz Liepman,
datiert.
tografin: Maria Austria,
nsterdam.
aria Austria Instituut,
sterdam)

Heinz Liepman in seinem Arbeitszimmer in der Niederdorfstraße 43, Zürich, um 1965.
Fotograf: Wolfgang Etzold, Hamburg.
(Deutsches Exilarchiv 1933-1945 der Deutschen Nationalbibliothek, Frankfurt am Main)

Heinz Liepman in seinem Arbeitszimmer in den Hallerstr. 5 d, einem der Grindel-Hochhäuser in Hamburg-Eimsbüttel, 1959.
(Deutsches Exilarchiv 1933-1945 der Deutschen Nationalbibliothek, Frankfurt am Main)

Heinz Liepman

Der in Osnabrück geborene Heinz Liepmann stammte aus einem assimilierten, liberalen Elternhaus. Kindheit und Jugend verbrachte er in Hamburg. Noch vor Ende des Ersten Weltkrieges wurde er Vollwaise. Nach Abschluss seiner Schulzeit schlug er sich mit Gelegenheitsberufen durch.

Seit 1926 lebte er wieder in Hamburg, arbeitete als freier Schriftsteller.
In kurzer Folge erschienen seine autobiografisch gefärbten Romane „Nächte eines alten Kindes" (1929), „Die Hilflosen" (1930) und „Der Frieden brach aus!" (1930).

In seinen journalistischen Beiträgen setzte er sich mit seiner jüdischen Herkunft, dem Antisemitismus und den erstarkenden Nationalsozialisten auseinander. Gegen sein am „Deutschen Schauspielhaus" aufgeführtes Drama „Columbus" (1932) polemisierte die nationalsozialistische Presse wegen der jüdischen Herkunft des Autors.
Nach der Machtübertragung an die Nationalsozialisten standen Liepmanns Bücher auf der ersten Liste des unerwünschten Schrifttums.

Im Sommer 1933 zur Flucht aus Hamburg gezwungen, emigrierte er zuerst nach Paris. Dort schrieb er seinen ersten antifaschistischen Roman „Das Vaterland. Ein Tatsachen Roman aus dem heutigen Deutschland" (1933). Sein zweiter, dem illegalen Widerstand gegen die Nationalsozialisten gewidmeter Exilroman „...wird mit dem Tode bestraft" erschien 1935.

Im Juni 1935 wurde Heinz Liepmann die deutsche Staatsbürgerschaft aberkannt; sein Name stand auf der gleichen Ausbürgerungsliste wie der von Bertolt Brecht, Rudolf Hilferding, Kurt Hiller, Max Hodann, Erika Mann, Erich Ollenhauer, Justin Steinfeld u.a.
Über England emigrierte Heinz Liepmann 1937 in die USA, von wo er zehn Jahre später nach Hamburg zurückkehrte. Gemeinsam mit seiner Frau Ruth, die ebenfalls in Hamburg aufgewachsen war und in Holland die Verfolgung der Nationalsozialisten überlebt hatte, gründete er 1949 in Hamburg eine Literaturagentur, die heute zu den renommiertesten Agenturen weltweit zählt.
Liepman, der die Schreibweise seines Namens in den USA amerikanisiert hatte, arbeitete nach 1945 für deutsche Zeitungen und Rundfunkstationen, seit 1959 vor allem für die Tageszeitung „Die Welt".
Dort publizierte Artikel zum Nationalsozialismus und den Verdrängungsleistungen der deutschen Nachkriegsgesellschaft erschienen in der Broschüre „Ein deutscher Jude denkt über Deutschland nach" (1961).

1961 emigrierten Heinz und Ruth Liepman erneut und ließen sich in Zürich nieder. Weiterhin arbeitete er als Kulturkorrespondent der „Welt", berichtete für den „Norddeutschen Rundfunk" über den Auschwitz-Prozess in Frankfurt.

Bis zu seinem Tode blieb er ein kritischer Beobachter der politischen Entwicklung Deutschlands.

critical observer

Born in Osnabrück, Heinz Liepmann came from an assimilated, liberal family. He spent his childhood and youth in Hamburg. He was an orphan before the end of World War I. After completing his school education he eked out a living with odd jobs.

He returned to Hamburg in 1926 where he worked as a freelance author. His autobiographically tinged novels „Nächte eines alten Kindes" (1929), „Die Hilflosen" (1930) and „Der Frieden brach aus!" (1930), appeared in rapid succession. In his journalistic contributions he addressed his Jewish heritage, anti-Semitism and the increasingly strong National Socialists. The National Socialist press gave a scathing review of his drama „Columbus" (1932) performed at the „Deutsche Schauspielhaus" because of the author's Jewish background.
After the transfer of power to the National Socialists, Liepmann's books were found on the first blacklist of undesirable writings.

forced to flee

Forced to flee Hamburg in 1933, he initially immigrated to Paris where he wrote his first antifascist novel „Das Vaterland. Ein Tatsachen Roman aus dem heutigen Deutschland" (1933).
His second novel, written in exile and devoted to illegal resistance against the National Socialists „...wird mit dem Tode bestraft" appeared in 1935.

Heinz Liepmann was stripped of his German citizenship in June 1935. His name was on the same expatriation list as Bertolt Brecht, Rudolf Hilferding, Kurt Hiller, Max Hodann, Erika Mann, Erich Ollenhauer, Justin Steinfeld and others.

Heinz Liepmann immigrated to the United States in 1937 via England; ten years later he returned to Hamburg. In 1949, he founded a literary agency together with his wife, Ruth, who also grew up in Hamburg and survived the National Socialist persecution in Holland. Today, it is one of the most prestigious agencies worldwide.

literary agency

After 1945, Liepman, who anglicized the spelling of his name while in the United States, worked for various German newspapers and broadcasting stations. In 1959, he wrote for the daily newspaper „Die Welt," where he published articles about National Socialism and the repression of German post-war society, which appeared in the booklet „Ein deutscher Jude denkt über Deutschland nach" (1961).

In 1961, Heinz and Ruth Liepman immigrated once again and settled in Zurich. He continued work as a cultural correspondent for the „Welt", and reported on the Auschwitz trial in Frankfurt for the „Norddeutsche Rundfunk". Until his death, he remained a critical observer of the political developments in Germany.

iepman

LIEPMAN

Der Freihafen.
Blätter der Kammerspiele im Lustspielhaus.
Herausgegeben von Direktor Erich Ziegel. Für die Schriftleitung verantwortlich: Ernst Held. Jahrgang 11, Heft Nr. 7, 1929. 12 S., geheftet, 243 x 187 mm. Druck: Conrad Kayser, Hamburg.

Neben Stellungnahmen zur Theaterzensur von Gerhart Hauptmann, Fritz von Unruh, Heinrich Mann und Leopold Jessner, einem Beitrag von Alfred Polgar sowie Gedichten von Erich Kästner druckte der „Freihafen" unter der Überschrift „Die große Hilflosigkeit" ein Kapitel aus Heinz Liepmanns soeben erschienenem Roman „Nächte eines alten Kindes".

Die Weltbühne.
Der Schaubühne XXVI. Jahr.
Wochenschrift für Politik-Kunst-Wirtschaft.
Berlin, XXVI. Jg., Nr. 24, 10. Juni 1930. 215 x 145 mm

Die „Weltbühne" druckte Liepmanns Rezension von Hans Henny Jahnns Roman „Perrudja". Weitere Beiträge stammten u.a. von Erich Kästner und Kurt Tucholsky.

Heinz Liepmann:
Nächte eines alten Kindes.
Wien: Phaidon-Verlag 1929.
223 S., gebunden, 185 x 120 mm.
Druck: Elbemühl Papierfabriken und Graphische Industrie A.G., Wien.

Die gedruckte Widmung lautete: „Für Mira".

Heinz Liepmann:
Der Frieden brach aus!
Buchausstattung:
Ludwig Goldscheider.
Wien: Phaidon-Verlag 1930.
333 S., gebunden,
195 x 130 mm.
Druck: Manz, Wien.

Auch dieser Roman trug die gedruckte Widmung „Für Mira" und galt Liepmanns Freundin, der Schauspielerin Mira Rosovsky.

„Deutschland war einst als das Volk der Dichter und Denker berühmt, heute könnte man es beinahe als das Volk der Richter und Henker bezeichnen, wenn all die Drohungen nationalsozialistischer Koryphäen ausgeführt werden könnten. Der Begriff des ‚Köpferollens' war früher im politischen Leben einer reifen Nation unbekannt, gleichfalls die romantischen Gruselphantasien wie ‚die Nacht der langen Messer' usw...

Wer, wie die Nazis, in verhältnismäßig kurzer Zeit, eine in der Geschichte der Menschheit beispiellose Kulturleistung, wie die Deutschlands, an den Rand des Abgrunds bringen kann, eine solche Bewegung muß – wenn sie nicht vollkommen verwirrt gemacht worden sind – von den Werktätigen abgelehnt werden."

Heinz Liepmann,
Der Beginn der Barbarei in Deutschland.
Eine Antwort an Josef Goebbels.
In: Das Echo der Woche, Hamburg, 31.7.1932.

Heinz Liepmann:
Das Vaterland.
Ein Tatsachen Roman aus dem heutigen Deutschland.
Titelgestaltung: Paul L. Urban.
Amsterdam: P.N. VAN KAMPEN & ZOON N.V. 1933. 295 S., broschiert, 205 x 124 mm.

Diesem ersten antifaschistischen Roman Heinz Liepmanns war die gedruckte Widmung „Den in Hitler-Deutschland ermordeten Juden" vorangestellt.

Heinz Liepmann:
Murder - Made in Germany.
Translated by Emile Burns.
Titelgestaltung: Bip Pares.
New York and London: HARPER & BROTHERS 1934.
258 S., gebunden, 210 x 150 mm.

Dieses Buch, das die gedruckte Widmung „To the Jews murdered in Hitler's Germany" trug, war die englische Übersetzung von „Das Vaterland".

Heinz Liepmann: ... wird mit dem Tode bestraft. Schutzumschlag: Harry Roth. Zürich: Europa-Verlag 1935. 248 S., gebunden, 204 x 133 mm.

Auch in seinem zweiten Exilroman beschäftigte sich Heinz Liepmann mit dem Widerstand gegen die Nationalsozialisten, vor allem in Hamburg.

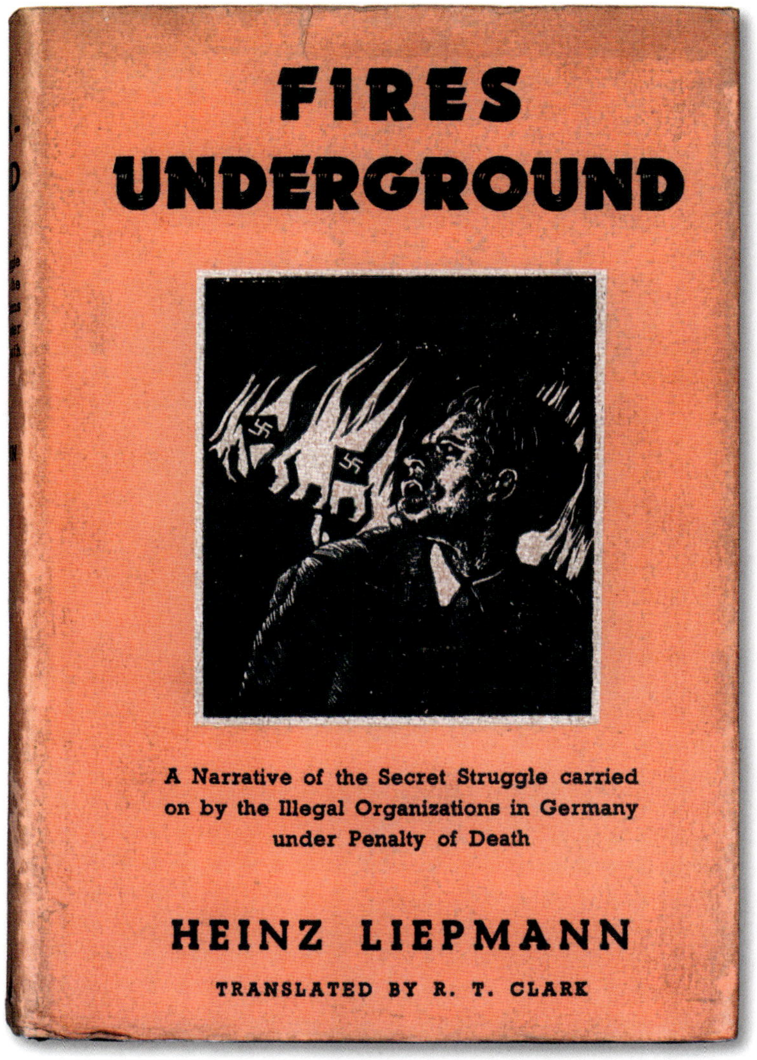

Heinz Liepmann: Fires Underground. A Narrative of the Secret Struggle carried on by the Illegal Organizations in Germany under Penalty of Death. Translated by R.T. Clark.

London, Bombay, Sydney: GEORGE G. HARRAP & COMPANY 1936. 288 S., gebunden, 211 x 145 mm. Druck: PITMAN PRESS, BATH.

„Fires Underground" lautete die Übersetzung von Heinz Liepmanns „...wird mit dem Tode bestraft".

Heinz Liepman

HEINZ LIEPMAN

The Menorah Journal.
Editor: Henry Hurwitz.
New York, Vol. XXXV., No. 3, October-December 1947. Broschiert, 257 x 178 mm.

Schon im amerikanischen Exil hatte Heinz Liepman im „Menorah Journal" veröffentlicht. Diese Ausgabe enthielt seinen Bericht „The Survivors. Hamburg, Germany".

Heinz Liepman:
Ein deutscher Jude denkt über Deutschland nach.
Umschlag-Foto: Maria Austria, Amsterdam.
München: Ner Tamid-Verlag 1961. (Vom Gestern zum Morgen, Band 5) 40 S., broschiert, 206 x 145 mm.

Die Broschüre enthielt Liepmans Artikel „Aber er hat doch die Autobahnen gebaut.", „Politik? Um Himmels willen.", „Sollen wir unser eigenes Nest beschmutzen?" und „Müssen wir wieder emigrieren?", die alle in der Hamburger Tageszeitung „Die Welt" erschienen waren. Den titelgebenden Beitrag hatte er für das „Menorah Journal", New York, geschrieben.

VOM GEST
ZUM MORG

Heinz Liepman: Der Ausweg. Die Bekenntnisse des Martin M. Einband und Umschlag: Werner Rebhuhn.

Hamburg: Hoffmann und Campe Verlag 1961. 311 S., gebunden, 210 x 135 mm. Druck: Gerhard Stalling AG.

Heinz Liepman: Karlchen oder Die Tücken der Tugend. Schutzumschlag- und Einbandentwurf: Werner Rebhuhn.

Reinbek bei Hamburg: Rowohlt Verlag 1964. 232 S., gebunden, 195 x 122 mm. Druck: Kleins Druck- und Verlagsanstalt Lengerich/Westfalen.

„Es ist schwer, sich vorzustellen, daß er nicht mehr dabeisein wird; bei dem, was man literarische Ereignisse nennt, und bei dem, was politischer Streit heißt. Denn für Heinz Liepman hieß Leben dabeizusein, beteiligt zu sein, ein Wort zu den Ereignissen der Literatur und der Politik zu sagen...

Er wußte wie wenige Bescheid, und er hielt mit seiner Meinung nicht hinter dem Berge. Er vermied den Streit nicht. Auch jene, die anders dachten als er, merkten schnell, daß sie gut daran taten, seine Ansichten zu überdenken, seine Kenntnisse zu nutzen, seine Warnungen zu hören. Sie wußten, daß Heinz Liepman sich selbst nie verleugnen konnte und sich selbst nie verleugnen wollte. In seinen Büchern - wie zuletzt in seinem Roman ‚Karlchen' oder seiner Dokumentation ‚Kriegsdienstverweigerung' - und in seinem Journalismus steckte immer Bekenntnis."

Jn (= Jost Nolte): Heinz Liepman. In: Die Welt, Hamburg, 8.6.1966.

Heinz Liepman (Hg.):
Kriegsdienstverweigerung
oder
Gilt noch das Grundgesetz?
Umschlagentwurf:
Werner Rebhuhn.

Reinbek bei Hamburg:
Rowohlt Taschenbuch
Verlag 1966. 137 S.,
broschiert, 190 x 115 mm.
Gesamtherstellung:
Clausen & Bosse,
Leck/Schleswig.

Dieses Taschenbuch wurde sehr schnell zu einer wichtigen Orientierungshilfe für angehende Kriegsdienstverweigerer. In seiner Darstellung des Missbrauchs eines Grundgesetzartikels erhielt Heinz Liepman die Unterstützung des Rechtsanwalts Heinrich Hannover und des Publizisten Günter Amendt.

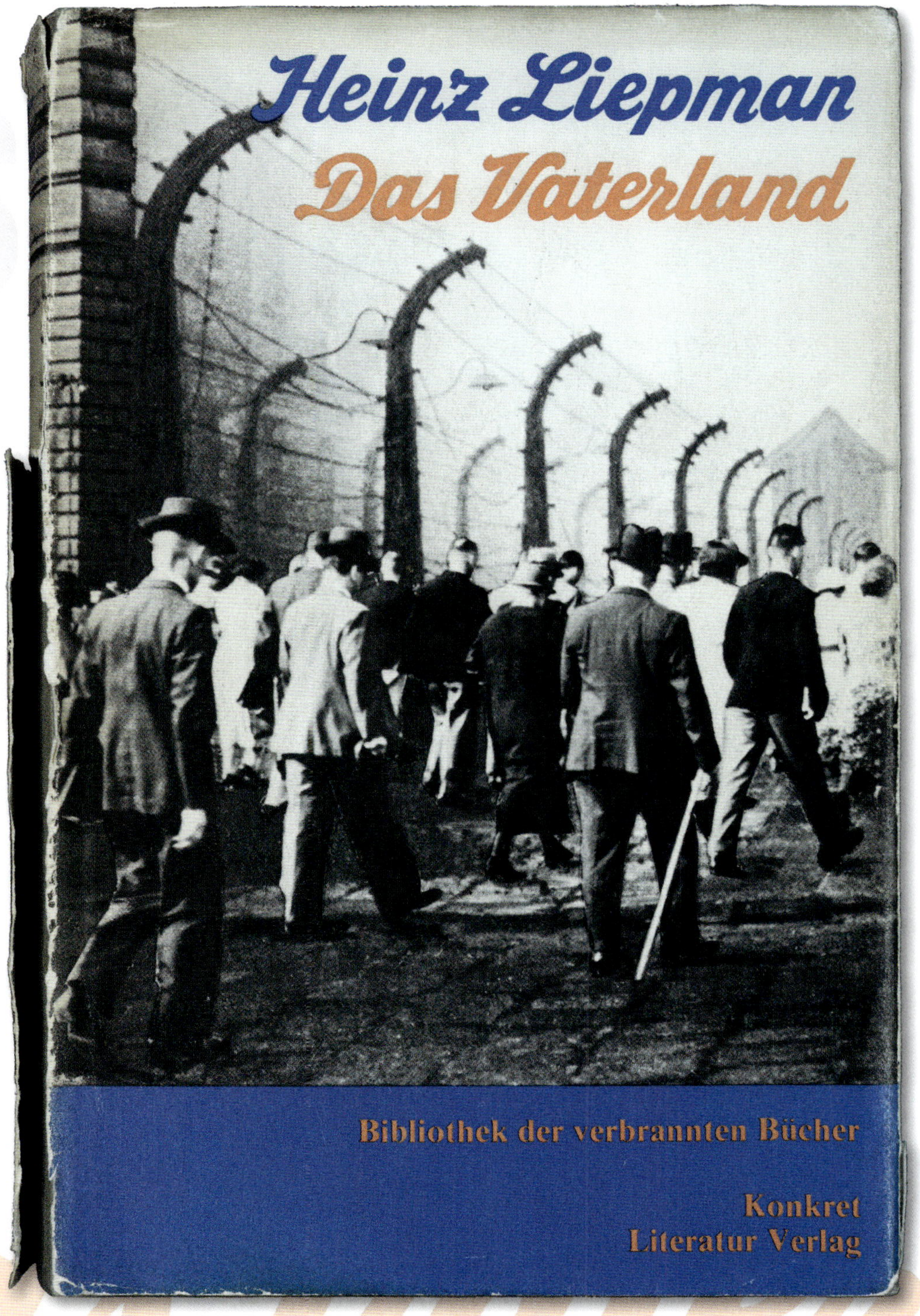

Heinz Liepman:
Das Vaterland.
Ein Tatsachenroman
aus Deutschland.
Vorwort: Heinrich Böll.
Umschlaggestaltung:
Max Bartholl.
Hamburg:
Konkret Literatur
Verlag 1979.
(Bibliothek der
verbrannten Bücher.
Herausgegeben von
Hein Kohn und
Werner Schartel)
214 S., gebunden,
195 x 130 mm.
Druck: Himmelheber,
Hamburg.

„Das ist der bekenntnisreiche Seufzer eines Deutschen jüdischer Herkunft, und so mag dieses Buch die jüngeren Leser daran erinnern, wieviel Deutschland aus Deutschland vertrieben, wieviel Deutschland in Deutschland ermordet und verhöhnt worden ist.
Die Heimatvertreibung fing an jenem Tag an, an dem Hindenburg Hitler die Macht übergab."

Heinrich Böll:
Was menschenmöglich ist.
In: Heinz Liepman:
Das Vaterland.
Ein Tatsachenroman
aus Deutschland.
Hamburg:
Konkret Literatur
Verlag 1979.
(Bibliothek der verbrannten Bücher. Herausgegeben von Hein Kohn und Werner Schartel)

Heinz Liepman

HEINZ LIEPMAN

JAKOB LOEW

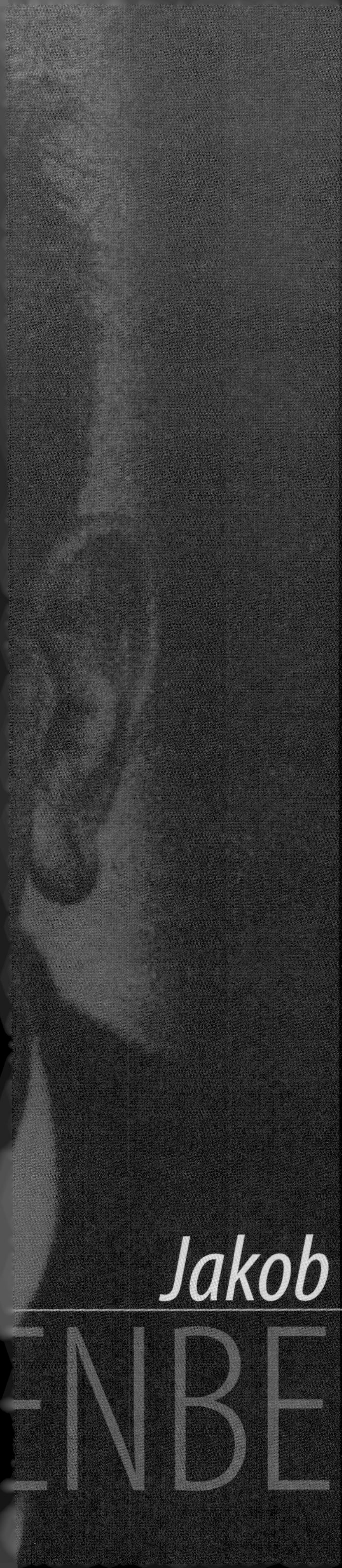

1856 – 1929

Jakob Loewenberg

ENBERG

Jakob Loewenberg, als Lehrer in Rendsburg, Schleswig-Holstein, um 1875. Fotograf: C. Färber, Rendsburg.

(Privatbesitz)

Jakob Loewenberg und seine Frau Jenny, geb. Stern, während ihrer Hochzeitsreise, 1895.

(Privatbesitz)

Jako

JAKOB LOEWENBE

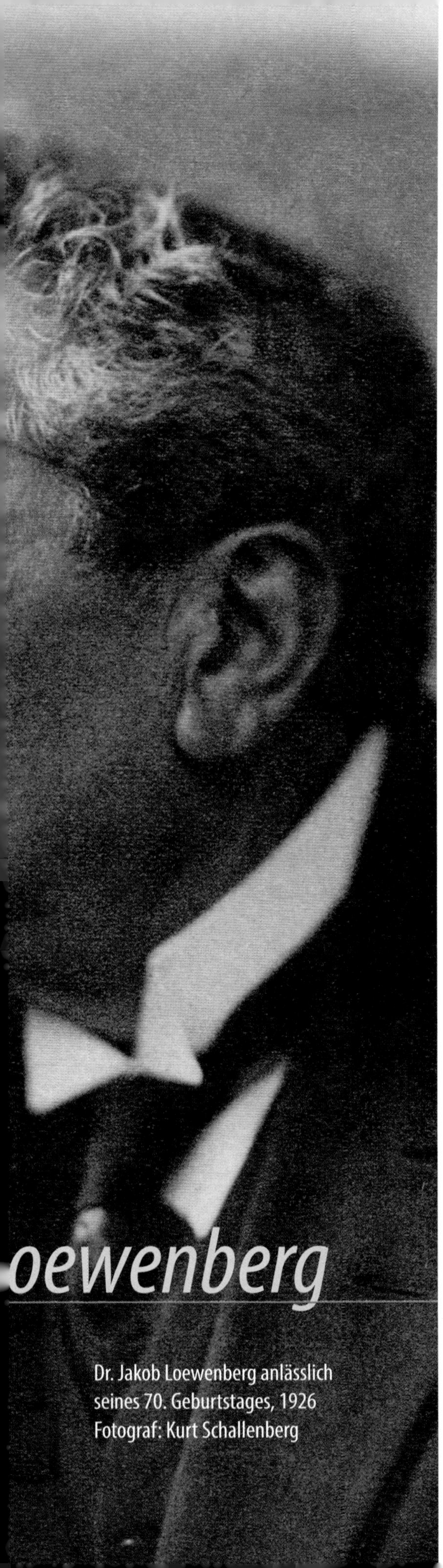

oewenberg

Dr. Jakob Loewenberg anlässlich seines 70. Geburtstages, 1926
Fotograf: Kurt Schallenberg

9.3.1856	*Geburt in Niederntudorf bei Paderborn; Besuch zweier jüdischer und einer katholischen Schule*
1870 - 1873	*Ausbildung zum Lehrer und Vorbeter in Münster*
1873 - 1876	*Lehrer in Padberg und Rendsburg*
1877 - 1881	*Lehrer an jüdischer Privatschule, Mittelschullehrer- und Rektoratsprüfung*
1881 - 1884	*Bildungsreisen nach London und Paris*
1884 - 1885	*Studium der Germanistik und Sprachwissenschaften in Marburg und Heidelberg*
1886	*Promotion in Heidelberg; Umzug nach Hamburg*
1886 - 1892	*Lehrer an der Realschule der Reformierten Gemeinde in Hamburg*
1889	*Beginn der schriftstellerischen Arbeit*
1891	*Mitbegründer der „Literarischen Gesellschaft“*
ab 1892	*Leitung einer privaten Höheren Töchterschule (seit 1912 als Lyzeum anerkannt)*
1895	*Heirat mit Jenny Stern*
seit 1918	*Engagement im Lehrerrat und in der Lehrerkammer*
11.3.1926	*Feier in der Hamburger Universität zum 70. Geburtstag Jakob Loewenbergs*
7.2.1929	*Tod in Hamburg*

Jakob Loewenberg

Nach einer Ausbildung zum Elementarlehrer und einigen Jahren Berufspraxis begann Jakob Loewenberg ein Studium der Philosophie und Sprachwissenschaften, das er mit der Promotion abschloss.
1886 ließ er sich in Hamburg nieder und arbeitete erneut als Lehrer.
Seit 1892 leitete er mit reformpädagogischem Elan eine private Höhere Töchterschule, die ab 1912 als staatliches Lyzeum seinen Namen trug.
Jakob Loewenberg war Gründungsmitglied der „Literarischen Gesellschaft“; zu seinem Freundeskreis zählten Richard Dehmel, Gustav Falke, Detlev von Liliencron und Otto Ernst.
1896 regte er die Gründung der „Lehrervereinigung zur Pflege der künstlerischen Bildung“ an.

Neben seinem pädagogischen Engagement machte sich Loewenberg über Hamburg hinaus einen Ruf als vielbeachteter Dichter und Autor.
Schon vor der Jahrhundertwende erschienen Gedichtbände wie „Lieder eines Semiten“ (1892), und das Buch „In Gängen und Höfen“ (1893). Diese „Hamburger Erzählung“ thematisierte die bedrückenden Lebensverhältnisse im sogenannten Gängeviertel der Stadt. Die von Loewenberg zusammengestellte Gedicht-Anthologie „Vom goldnen Überfluss“ (1902) erfuhr mehrere Auflagen und wurde hunderttausendfach verkauft.
Loewenbergs autobiografisch gefärbter Roman „Aus zwei Quellen“ (1914) unterstrich die Verbundenheit des Autors mit seiner Heimat und der jüdischen Geschichte. Zugleich drückte er Loewenbergs Hoffnung aus, dass durch Bildung und Toleranz religiöse wie soziale Schranken überwunden werden können. Fest an eine deutsch-jüdische Symbiose glaubend, war er ein engagierter Vermittler zwischen Juden und Nichtjuden.
Entschieden focht er gegen den wachsenden Antisemitismus und wies zionistische Angriffe gegen ihn ab.

Neben seinen pädagogischen Schriften wie „Geheime Miterzieher. Studien und Plaudereien für Eltern und Erzieher“ (1903) oder „Aus der Welt des Kindes. Ein Buch für Eltern und Erzieher“ (1911), von ihm herausgegebenen Gedichten und Balladen erschienen Märchen wie „Rübezahl“ (1904), zauberhaft illustrierte Kinderbücher wie „Bittegrün“ (1913) oder die posthum erschienene Geschichte „Mutschi“ (1931).

Als die von seinem Sohn Ernst weitergeführte Schule 1931 aus wirtschaftlichen Gründen schließen mußte, erinnerte der damalige Schulsenator an den zwei Jahre zuvor verstorbenen Jakob Loewenberg und würdigte ihn als einen „Führer des kulturellen Lebens“ in Hamburg.

After training as an elementary teacher and gathering several years of professional experience, Jakob Loewenberg studied philosophy and linguistic sciences, which he completed with a thesis. He moved to Hamburg in 1886 where he worked once again as a teacher. In 1892, he was appointed headmaster of a private girls' school and was an enthusiastic proponent of progressive teaching. In 1912, it became a state-run secondary school for girls that was named after him.

Jakob Loewenberg was a founding member of the „Literarische Gesellschaft". His circle of friends included Richard Dehmel, Gustav Falke, Detlev von Liliencron and Otto Ernst. In 1896, he encouraged the establishment of the „Lehrervereinigung zur Pflege der künstlerischen Bildung". In addition to his educational committment, Loewenberg was well-known and highly respected as an author and poet also outside of Hamburg.

Poetry volumes including „Lieder eines Semiten" (1892), and his book „In Gängen und Höfen" (1893) appeared before the turn of the century. This „Hamburg narrative" focused on the oppressive living conditions in the so-called „alleyway neighborhood" of the city. Compiled by Loewenberg, an anthology of poems, „Vom goldnen Überfluss" (1902), was reprinted in several editions and hundreds of thousands of copies were sold.

Loewenberg's autobiographically tinged novel, „Aus zwei Quellen" (1914), underlined the author's ties to his native country and to Jewish history. At the same time, it expressed Loewenberg's hope that education and tolerance could help overcome religious as well as social barriers. A firm believer of a German-Jewish symbiosis, he was a dedicated mediator between Jews and non-Jews, decisively fighting the growing anti-Semitism and dismissing Zionist attacks directed at him.

In addition to his educational writings such as „Geheime Miterzieher. Studien und Plaudereien für Eltern und Erzieher" (1903) or „Aus der Welt des Kindes. Ein Buch für Eltern und Erzieher" (1911), he also published poems and ballads as well as fairy tales such as „Rübezahl" (1904), beautifully illustrated childrens books such as „Bittegrün" (1913) or „Mutschi" (1931) that appeared after his death.

After Jakob Loewenberg's death in 1929, the school was run by his son Ernst, however, it was forced to close for financial reasons in 1931. The school senator at the time commemorated Jakob Loewenberg and honored him as a „leader of cultural life" in Hamburg.

oewenberg

WENBERG

Deutsche Dichter-Abende.
Eine Sammlung von Vorträgen
über neuere deutsche Literatur
von Dr. J. Loewenberg.
Mit einem Bildnis Detlevs von Liliencron.
Hamburg: Gutenberg-Verlag
Dr. Ernst Schultze 1905.
Zweite Auflage. 200 S., gebunden,
219 x 148 mm.
Druck: Oscar Brandstätter, Leipzig.

Die gedruckte Widmung lautet: „Meinem Freunde Léon Goldschmidt". Der Buchhändler Léon Goldschmidt (1862-1930) war Inhaber des Hamburger Verlages M. Glogau jun., Mitbegründer und langjähriger Vorsitzender der Literarischen Gesellschaft. In seinem im Herbst 1904 verfassten Vorwort schrieb Jakob Loewenberg: „Mit Ausnahme des Aufsatzes über Friedrich Wilhelm Weber sind in diese Sammlung nur Essays aufgenommen, die ich ursprünglich als freie Vorträge in der Literarischen Gesellschaft zu Hamburg gehalten habe. Sie waren so für einen Kreis von 1000-2000 Zuhörern bestimmt. Das schloß naturgemäß jede gelehrte Untersuchung, jede ins Einzelne gehende Erörterung aus. Sie sollten nur anregen, tiefer einführen in das Verständnis der Dichter und die Wege zeigen, die zu dem Genuß ihrer Dichtungen leiten können."

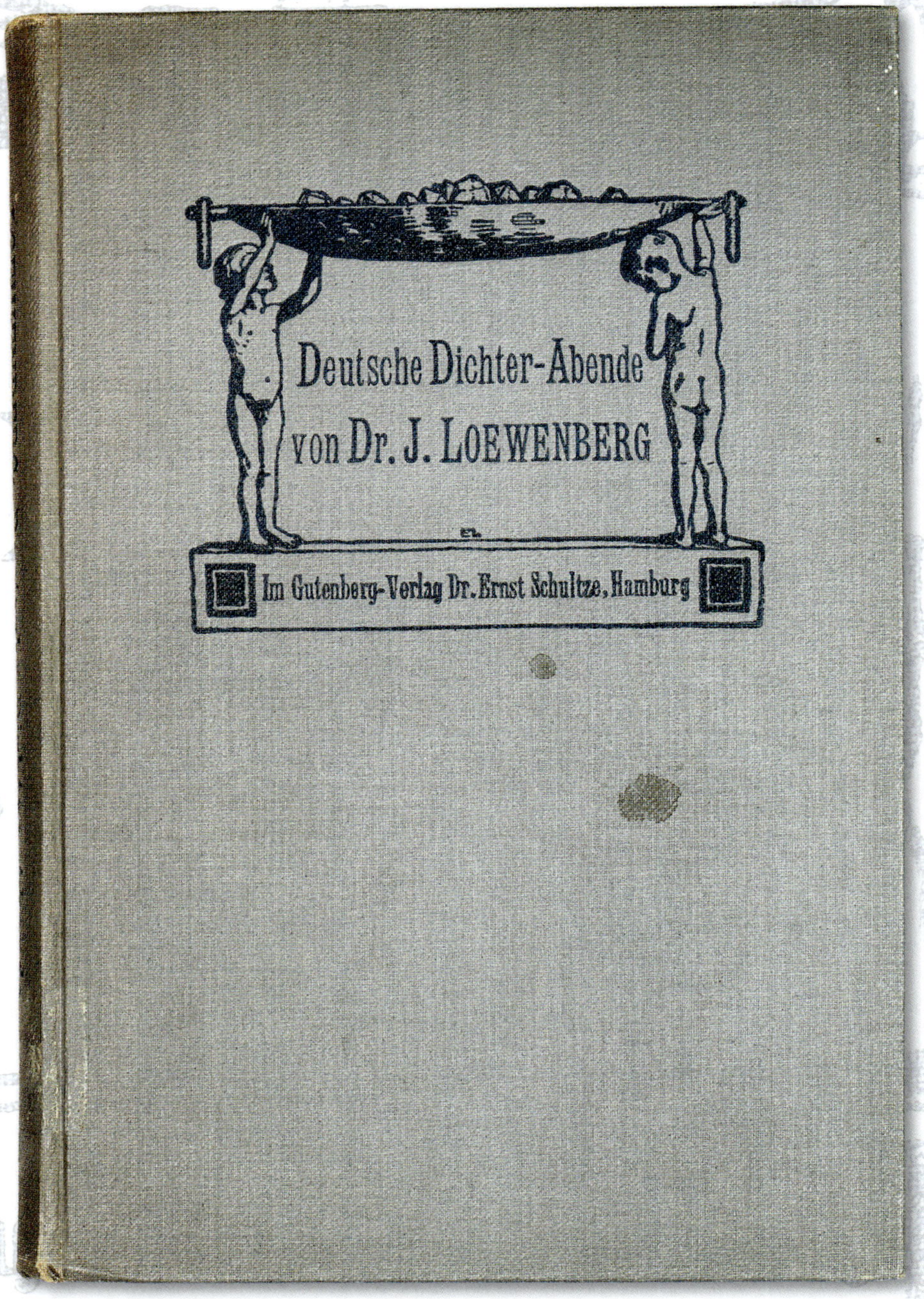

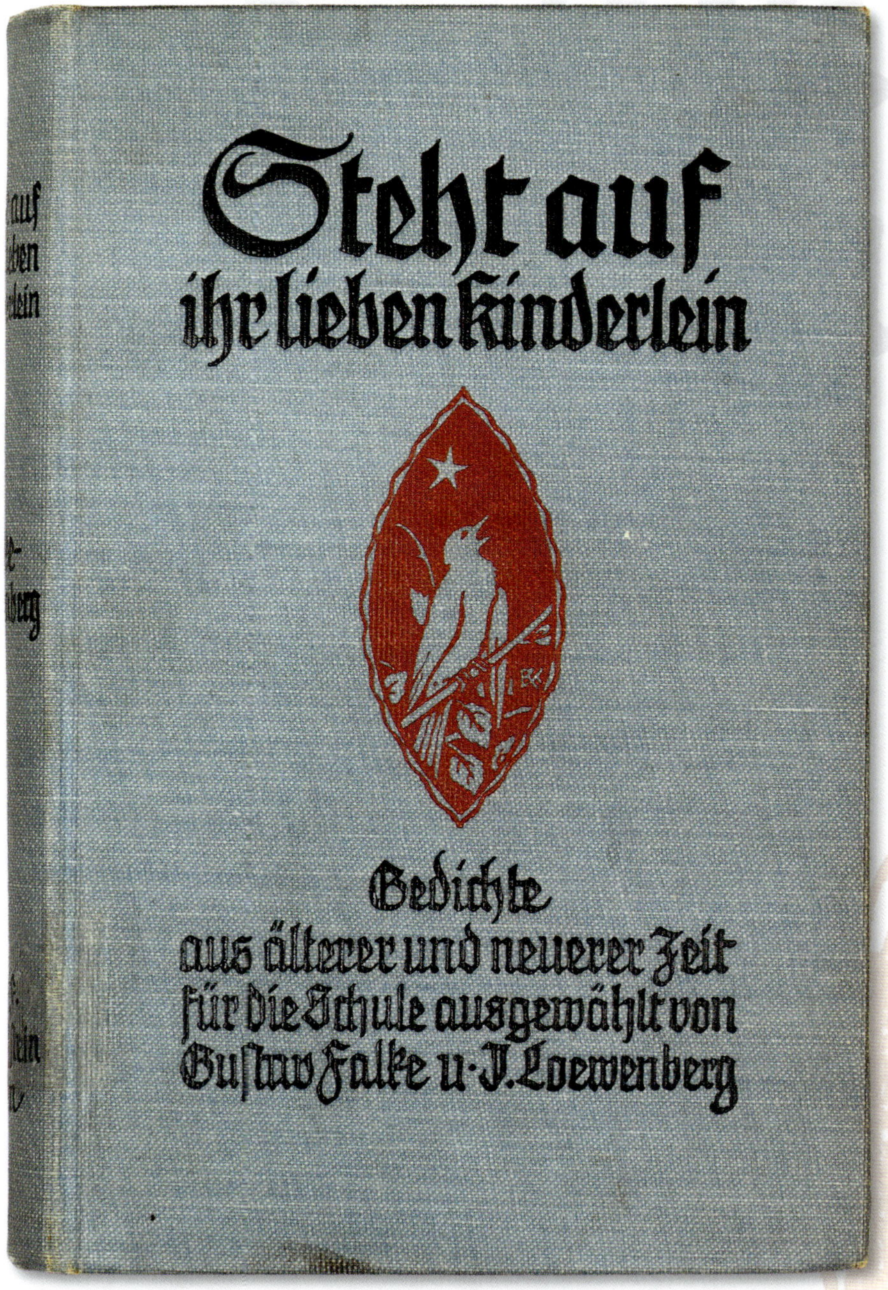

Steht auf, ihr lieben Kinderlein. Gedichte aus älterer und neuerer Zeit für die Schule ausgewählt von Gustav Falke u. J. Loewenberg.
Köln: Hermann u. Friedrich Schaffstein o.J. (1906) 223 S., gebunden, 181 x 120 mm.

In ihrer Vorrede schrieben die beiden Herausgeber:

„Diese Gedichte sind für das jüngere Kindesalter bestimmt. Durch die eingeschobenen Scherzgedichte, Sprüche und Rätsel sind zwei Abteilungen entstanden, von denen die erste sich etwa für das 6. u. 7. Lebensjahr, die zweite für das 8. u. 9. eignen wird, ohne daß die Grenzen nach unten und oben genau abgesteckt sind...

Aber auch so wie das Büchlein ist, wird es den Schulen, die sich keines eigentlichen Lesebuches mehr bedienen, willkommen sein und anderen vielleicht nicht minder, und so mag es wie ein heller Sonnenschein in die Welt der Kinder leuchten und mit goldenem Finger an die Scheiben klopfen: Steht auf, ihr lieben Kinderlein!

Stille Helden.
Novellen von J. Loewenberg.
Hamburg: Gutenberg-Verlag
Dr. Ernst Schultze 1906.
224 S., gebunden, 184 x 130 mm.
Druck: Grimme & Trömel, Leipzig.

Das Buch trug die gedruckte Widmung „Seinen Freunden Dr. Hans Ferdinand Gerhard und Frau Annie zu eigen". Hans Ferdinand Gerhard (1868-1930) war Journalist und Theaterkritiker der Tageszeitung „Hamburgischer Correspondent"

Vom goldnen Überfluss.
Eine Auswahl aus neuern deutschen Dichtern für Schule und Haus im Auftrag und unter Mitwirkung der Literarischen Kommission der „Hamburger Lehrervereinigung zur Pflege der künstlerischen Bildung" herausgegeben von Dr. J. Loewenberg. Zeichnungen zum Einband, Schutzumschlag und Vorsatzpapier: Käthe Roman-Försterling, Karlsruhe.
Leipzig: R. Voigtländers Verlag
o.J. (1906). (3. Auflage). 312 S.,
gebunden, 188 x 127 mm.
Druck: Oscar Brandstetter, Leipzig.

Das Motto der 1902 erstmals erschienenen Anthologie stammte von Gottfried Keller und lautete: „Trinkt, o Augen, was die Wimper hält/Von dem goldnen Überfluß dieser Welt!".

Schon vor Beginn des Ersten Weltkrieges waren von dieser Lyrik-Auswahl fast 130.000 Exemplare verkauft worden.

In Gängen und Höfen.
Eine Hamburger Erzählung
von J. Loewenberg.
Hamburg: Verlag von M. Glogau jr. 1910.
(3. Auflage). 96 S., gebunden,
190 x 132 mm.
Druck: Hesse & Becker, Leipzig.

Zu seiner kurz nach der Cholera-Epidemie in Hamburg veröffentlichten Erzählung schrieb er im September 1892:

„...nunmehr halt' ich es für meine Pflicht, sie zu veröffentlichen. Sind auch die Verhältnisse und Zustände, die sie schildert, durch die trüben Ereignisse der letzten Wochen in weiteren Kreisen bekannt geworden, so ist doch vielleicht das dichterische Wort noch imstande, manche Eindrücke jener Tage zu verstärken und jene Stimmung zu erzeugen und festzuhalten, die lebhaft zur Bethätigung drängt. - Es ist jetzt keine Zeit zu beruhigen und zu schweigen; es gilt aufzuregen und aufzurütteln, damit gebessert werde, und so verstanden, - ich höre den Vorwurf schon und ertrage ihn gern - gebe ich willig zu, daß mein Buch ein Tendenzwerk sei."

Bittegrün.
Ein Kinderbuch von Jakob Loewenberg
mit Bildern von Else Raydt.
Leipzig: Verlag von Julius Klinkhardt o.J.
(1913). 52 S., gebunden, 288 x 228 mm.

*Das Buch trug die gedruckte Widmung:
„Meinen Kindern".*

Auf der Straße.

Auf der Straße, auf der Straße,
Nirgends kann es schöner sein!
Lieber Regen auf der Straße
Als im Hause Sonnenschein.

Drinnen — eins, zwei, drei, vier Schritte,
Und die Bahn ist schon verstellt,
Immer kehrt und wieder kehren,
Aber draußen liegt die Welt!

Wege gibt es ohne Ende,
Freuden gibt es ohne Zahl.
Jeder Baum fragt: Kannst du klettern?
Jeder Stein ruft: Wirf mich mal!

Und da kommt's zum Spiel gesprungen,
Nachbars Fritz und Hans und Hein,
Auf der Straße, auf der Straße,
Nirgends kann es schöner sein!

13

In der Muschel.

Wo ist denn mein Annchen?
Wo ist meine Maus?
Ist nicht im Garten
Und ist nicht im Haus.

Da liegt eine Muschel,
Eine große am Strand.
Drin sitzt eine Perle,
Die kostet ein Land.

So komm doch, mein Annchen!
Ich weiß, was ich tu.
Ich schenk dir die Perle
Und das Land noch dazu.

Auf brech ich die Schale.
Wo steckt nur mein Kind?
Da springt's aus der Muschel
In den Arm mir geschwind!

36

Ferien.

Sonne lacht vom blauen Himmel:
Junge, was rennst du so?
Wind springt flink durch Busch und Bäume:
Junge, nun sei doch froh! —
Nein, er darf nicht die Welt besehn,
Junge muß zur Schule gehn.
Ätsch, ätsch, ätsch!

Bächlein kichert: Willst nicht baden?
Ach, mein Wasser ist kühl!
Vöglein zwitschert aus grüner Hecke:
Bleib doch hier und spiel! —
Nein, er bleibt nicht einmal stehn,
Junge muß zur Schule gehn.
Ätsch, ätsch, ätsch!

„Wartet", ruft der Junge grimmig,
„Wenn erst Ferien sind,
Hei, da fliegen meine Bücher
Schneller als der Wind!
Spiel von früh bis abends drauß,
Sing und spring und lach euch aus.
Ätsch, ätsch, ätsch!"

14

Der Kapitän.

Hurra! jetzt bin ich Kapitän,
Der Stuhl hier ist mein Steuer,
Ich laß die Fahnen lustig wehn,
Leg Kohlen auf das Feuer.

Du bist der Schornstein, du stehst da,
Nun geht es vorwärts, Trude,
Nach Afrika, Amerika
Und auch nach Buxtehude.

Das Schiff ist von der besten Art,
Keins von den alten Kuffen.
Wir machen eine weite Fahrt,
Nun mußt du tüchtig puffen.

Da kommt der Sturm herangebraust,
Ich glaub die Welt geht unter.
Und da ein Walfisch, hu, mir graust!
Duck dich, der schluckt dich runter.

Da sind wir, pudelnaß mein Rock.
Zu Hause ist's doch netter.
Nun brau mir einen steifen Grog.
Verflucht, war das ein Wetter!

10

Jakob Loewenbergs „Bittegrün" enthielt neben Erzählungen und Märchen großzügig illustrierte Gedichte und Lieder.

Geheime Miterzieher. Studien und Plaudereien für Eltern und Erzieher von Dr. J. Loewenberg.
Hamburg: Gutenberg-Verlag Dr. Ernst Schultze 1906. (5. Auflage). 201 S., gebunden, 188 x 128 mm. Druck: Grimme & Trömel, Leipzig.

Die gedruckte Widmung lautet: „Herrn und Frau Dr. M. Caro in herzlicher Freundschaft". In seinem im Mai 1903 geschriebenen Vorwort zur ersten Auflage erläuterte Jakob Loewenberg seinen Lesern das Zustandekommen und die Absicht seiner Veröffentlichung:

„Die meisten der nachfolgenden Studien und Plaudereien sind aus Vorträgen erwachsen, die ich im Laufe des letzten Jahrzehnts den Eltern meiner Schülerinnen gehalten habe... Ein größerer Teil dieser Vorträge wurde später in Zeitungen und Zeitschriften veröffentlicht. Die lebhafte Zustimmung, die sie bei vielen Lesern fanden, hat mich veranlaßt, sie nun als Buch herauszugeben... Wissenschaft und Gründlichkeit sind nicht darin verstaut. Es möchte nur als ein kleiner Kahn den mitfahrenden Leser in die Nebenarme des großen Heerstromes Pädagogik tragen und ihm da Einblicke und Ausblicke in das weite, bunte Gefild der Kinderseele gewähren, die ihm sonst vielleicht verschlossen bleiben."

Jakob Loewenberg: Kriegstagebuch einer Mädchenschule.
Berlin: Egon Fleischel & Co. o.J. (1916). Die Feldbücher. 140 S., gebunden, 159 x 113 mm. Druck: F. E. Haag, Melle i. H.

Zu dieser Veröffentlichung schrieb Loewenberg im Sommer 1916: „Die nachfolgenden Blätter sollen Zeugnis davon ablegen, wie sich die gewaltige Zeit des Weltkrieges in unseren Kindern widergespiegelt hat. Ich weiß es wohl: In Tausenden von Schulen wird dasselbe oder doch Ähnliches erlebt und geschehen sein wie bei uns; doch nur wenige werden es festgehalten haben. Sind aber dieselben Erfahrungen und Beobachtungen allerorten gemacht worden, so ist das Bild, das diese Aufzeichnungen geben, kein vereinzeltes, sondern ein allgemeingültiges. Und dann um so besser."

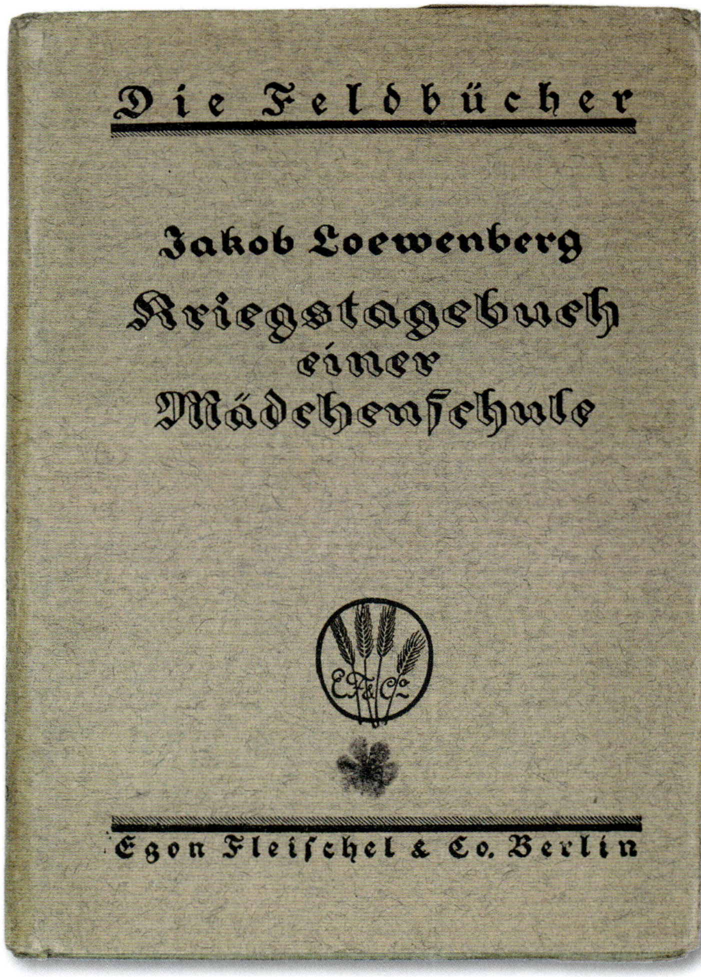

Ansicht der Höheren Mädchenschule
von Dr. J. Loewenberg, Hamburg, Johnsallee 33,
abgedruckt in der Festschrift zum 50jährigen Bestehen der Schule.

Anerkannte Höhere Mädchenschule
Lyzeum von Dr. J. Loewenberg.
Festschrift zum 50jährigen Bestehen
der Schule 1863 -1913.
Hamburg: Verlag von M. Glogau jr. 1913.
32 S., broschiert, 225 x 145 mm.
Druck: Fremdenblatt-Druckerei, Hamburg.

Nach einem Abriss zur historischen Entwicklung der Schule lieferte Jakob Loewenberg unter der Überschrift „Aus der Schule geplaudert" einen Einblick in die Struktur der Schule und ihres pädagogischen Alltags. Am Ende des Schlusswortes stand sein Dank an die Oberschulbehörde, an das Kollegium, die Eltern, vor allem aber an seine Schülerinnen, „die uns gegeben, was nur Kinder geben können: die reine Freude, wachsen und werden zu sehen, und den frohen Blick in die Zukunft."

Jakob Loewenberg: Aus zwei Quellen.
Berlin: Egon Fleischel & Co. 1914.
Die gedruckte Widmung lautete:
„Meinen Freunden M. Spanier, Berlin
und Fritz v. Borstel, Hamburg".
296 S., gebunden, 189 x 138 mm.
Druck: Buchdruckerei Roitzsch
Albert Schulze, Roitzsch.

Meier Spanier (1864-1942) war Lehrer in Altona und in Hamburg, übernahm danach eine Tätigkeit am Lehrerseminar in Münster und wurde später Leiter einer jüdischen Mittelschule für Mädchen in Berlin. Fritz von Borstel (1864-1924) war Volksschullehrer und von 1919 bis 1924 Schulinspektor in Hamburg.

Aus jüdischer Seele.
Gedichte von J. Loewenberg.
Hamburg: Verlag von M.
Glogau jr. o.J. (1911). Dritte
vermehrte Auflage. 108 S.,
gebunden, 193 x 140 mm.
Druck: Oscar Brandstetter,
Leipzig.

Die 1901 erstmals erschienene Anthologie gliederte sich in die Kapitel „Lieder eines Semiten", „Gestalten" und „Zu Hause" und trug die gedruckte Widmung „Dem Andenken meines Vaters". Einen Vierzeiler hatte Loewenberg seinen Gedichten als Motto vorangestellt:

„Aus j ü d i s c h e r Seele?
hör ich es staunend fragen,/
Als sei es Hochmut, der dies
Wort sich wähle./
Und ist nur eines wunden
Herzens Klagen,/
Ein Schrei um Recht aus
einer Menschenseele."

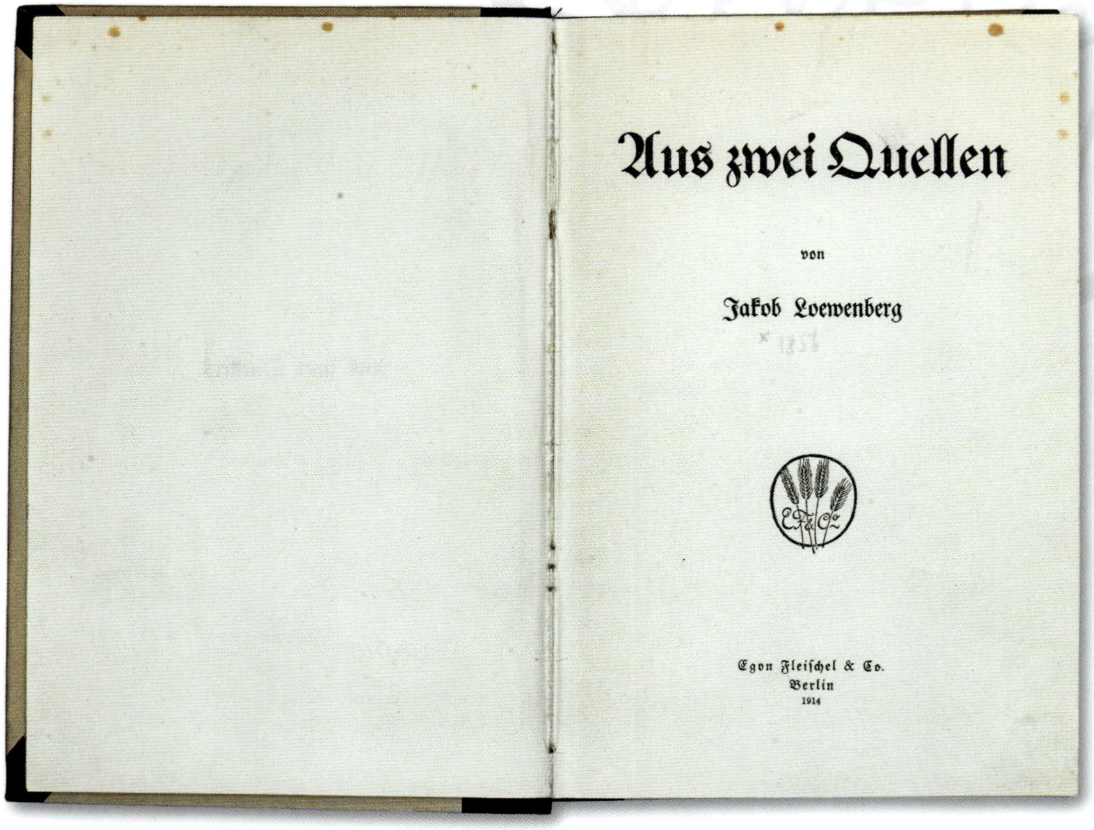

Jakob Loewenberg: Kämpfen und Bauen. Der Gedichte „Aus jüdischer Seele" vierte vermehrte Auflage. Hamburg: Verlag von M. Glogau jr. 1925. 108 S., gebunden, 191 x 130 mm.

Die gedruckte Widmung lautete: „Dem Andenken meines Vaters".

Jakob Loewenberg: Der gelbe Fleck. Berlin: Philo-Verlag und Buch-Handlung G.m.b.H. 1924.

144 S., gebunden, 200 x 138 mm. Druck: Gehring & Reimers G.m.b.H., Berlin.

Schlagzeile der „Jüdisch-liberalen Zeitung", Berlin, 5. Jg., Nr. 42, 16.10.1925 zu einer Rundfrage, so die Redaktion, an eine „Anzahl hervorragender Vertreter der deutschen Literatur, die zugleich Bekenner des Judentums sind".

Jakob Loewenberg schrieb in seiner Antwort:

„Niemals habe ich einen Zwiespalt zwischen dem Juden und dem Deutschen in mir gefühlt. Dem zersetzenden Verstand mag sich vielleicht Trennendes zwischen ihnen auftun, aber das Gefühl - und das entscheidet hier - empfindet sie in sich als eine Einheit. Die Heimat meiner Seele ruht in beiden. Und wenn ich jemals auf etwas stolz war, so war es darauf: Deutscher und Jude zu sein."

Jüdisch-liberale Zeitung

Organ der Vereinigung für das liberale Judentum e. V.

Bezugspreis durch die Geschäftsstelle 1/4 jährlich M. 2.50 Einzelnummer 0,20. Bei freier Zusendung i. Inland 0,25
Für die Mitglieder der Vereinigung ist der Bezugspreis im Mitgliedsbeitrage enthalten.
Chefredakteur: Dipl.-Ing. Bruno Woyda.

Die „Jüdisch-liberale Zeitung" erscheint jeden Freitag.
Redaktion u. Geschäftsstelle: Berlin SW, Wilhelmstr. 147.
Fernruf: Amt Lützow Nr. 9160-61
Postscheckkonto: Berlin NW7 Nr. 137069 (Vereinigung für das liberale Judentum
Nachdruck sämtlicher Original-Beiträge nur mit vorheriger Genehmigung der Redaktion gestattet.

Anzeigenpreise: Die 12gespaltene Nonpareillezeile 0,45 Goldmark, die Reklamezeile 3,00 Goldmark, bei Wiederholungen Rabatt.
Anzeigenannahme: „Jüdisch-liberale Zeitung" Inseratenabteilung: Berlin SW 48, Wilhelmstraße 147 (Lützow: 9160–61), sowie sämtl. AnnoncenExpeditionen

Nr. 42 — Berlin, 16. Oktober 1925 — 5. Jahrgang

Das Jüdische in meinem Wesen und Schaffen.

Antworten auf eine Rundfrage von: Max Brod, Kurt Walter Goldschmidt, Georg Hermann, Kurt Hiller, Siegfried Jacobsohn, Isidor Landau, Ernst Lissauer, Jakob Loewenberg, Arthur Silbergleit, Ernst Toller, Arnold Zweig, Stefan Zweig.

Mutschi und andere Scherzmärchen. Nachwort: Karl Henniger. Einband: Professor Fritz Loehr. Federzeichnungen: Otto Ubbelohde. Köln: Hermann Schaffstein Verlag o.J. (1930). 6. Blaues Bändchen. 72 S., broschiert, 170 x 117 mm. Druck: Butzon & Bercker, Kevelaer.

An erster Stelle dieser Auswahl von Kinder- und Volksmärchen von August Ey, der Brüder Grimm, Adalbert Kuhn, Heinrich Pröhle, Theodor Storm u.a. stand das Märchen „Mutschi" von Jakob Loewenberg.

Mutschi.
Eine lustige Geschichte
von Jakob Loewenberg.
Bilder von Eva Schönberg.
Mainz: Verlag Jos. Scholz 1931.
14 unpaginierte Seiten,
gebunden, 220 x 185 mm.

Jüdischer Jugendkalender. Zweiter Jahrgang. Herausgegeben von Emil Bernhard Cohn. Umschlagzeichnung: Nina Brodsky, Berlin.

Berlin: Jüdischer Verlag 5690-1929/30.
128 S., gebunden, 212 x 177 mm.
Druck: Mänicke & Jahn AG., Rudolstadt.

„Goldener Sonnenschein lagerte auf der von winterlichem Weiß bedeckten Erde, als Hunderte von Leidtragenden auf dem Hamburger Friedhof Jakob Loewenberg das letzte Geleit gaben…

Mit Ergriffenheit, aber auch mit Genugtuung vernahm man an der Bahre die Worte des Senatsvertreters, des Herrn Senator Krause, Präses der Oberschulbehörde, der unter Niederlegung eines Kranzes des Senats in seiner Ansprache hervorhob, daß er durch sein Schaffen in Schule und Öffentlichkeit das Kulturleben Hamburgs, seiner zweiten Heimat, außerordentlich bereichert habe. So bedeuten, und das ist der Gewinn dieses reichen Lebens für die religiöse Gemeinschaft, der er in hingebender Treue anhing, Name und Wirksamkeit Jakob Loewenbergs einen Kiddusch haschem. Wie selten einer hat dieser starkgeistige, gefühlstiefe Mann das Ansehen der Judenheit in Hamburg und darüber hinaus gehoben und gemehrt."

Josef Feiner, Hamburg: Jakob Loewenberg. In: Israelitisches Familienblatt für Groß-Berlin, 14.2.1929.

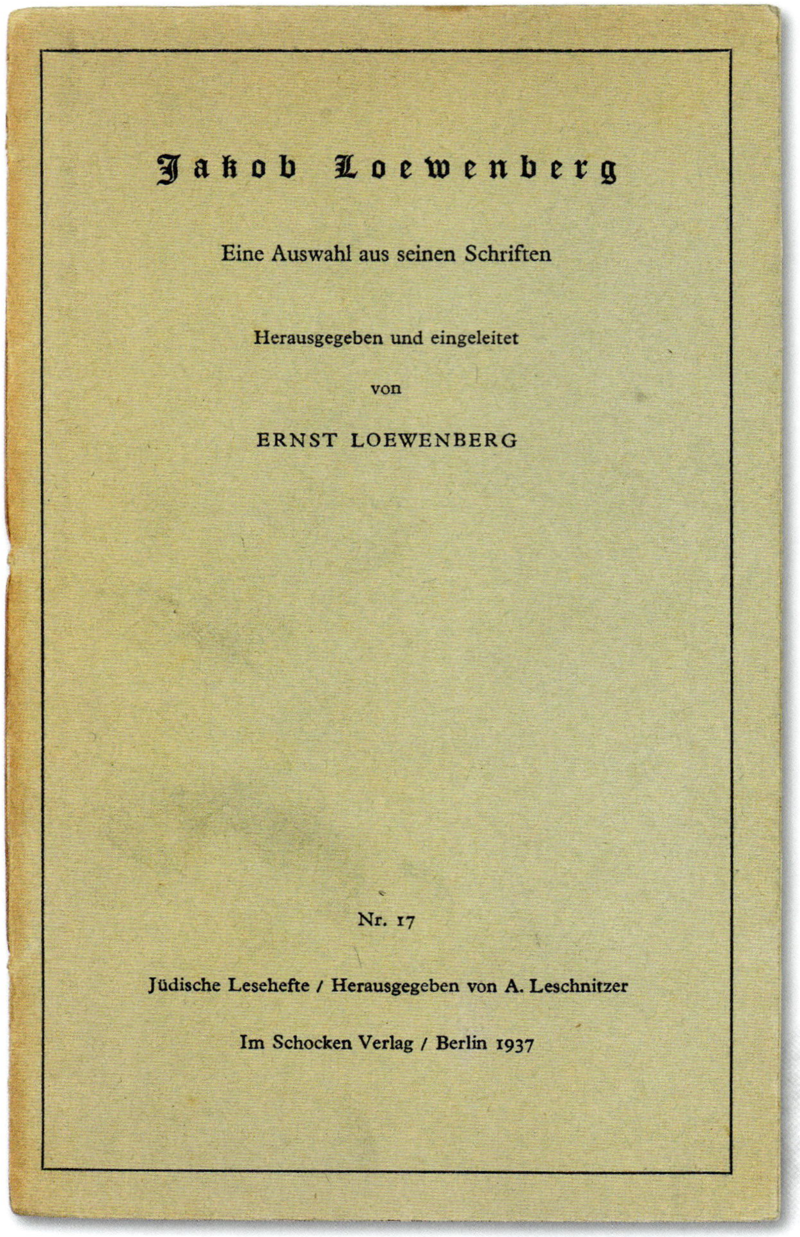

Jakob Loewenberg. Eine Auswahl aus seinen Schriften. Herausgegeben und eingeleitet von Ernst Loewenberg. Berlin: Schocken-Verlag 1937. Jüdische Lesehefte, Nr. 17. Herausgegeben von Adolf Leschnitzer. 33 S., broschiert, 193 x 118 mm.

Jakob Loewenberg

Jakob Loewenberg. Aus zwei Quellen. Die Geschichte eines deutschen Juden. Mit je einem Nachwort von Peter Frielingsdorf und Karl-Martin Flüter.

Paderborn: Igel Verlag Literatur 1993. 233 S., gebunden, 215 x 155 mm. Herstellung: Druckpartner Rübelmann, Hemsbach.

Jakob Loewenberg. Aus jüdischer Seele. Ausgewählte Werke. Mit einem Vorwort von Günter Kunert herausgegeben von Winfried Kempf.

Paderborn: Igel Verlag Literatur 1995. 172 S., broschiert, 210 x 148 mm. Herstellung: Janus Druck, Borchen.

Der Pädagoge und Schriftsteller Jakob Loewenberg und sein Werk bietet sich uns als Demonstrationsobjekt dar... Er entwickelt sich zu einem erfolgreichen, vielgelesenen Schriftsteller und stirbt – zu seinem Glück – 1929, so dass ihm erspart bleibt, seine Bücher auf Hitlers Scheiterhaufen brennen zu sehen. Das Feuer, in dem eine Epoche untergeht, verzehrt auch jede Erinnerung an Jakob Loewenberg...

Erst jetzt, nach fünfzig Jahren, findet seine verdienstvolle Wiederentdeckung statt...

Denn angesichts dieses fast archäologischen Vorganges setzt sofort die Überlegung ein: Wieviele Loewenbergs harren noch unter dem Schutt der Gegenwart ihrer ‚Auferstehung'? Wieviele Autoren jüdischen Glaubens oder jüdischer Abstammung warten eigentlich noch darauf, in das Gedächtnis unserer Zeitgenossen zurückgerufen zu werden? Die Ausrottungsmaschinerie hat ja nicht allein die Menschen erfasst und beseitigt, sondern zugleich auch eine nicht abschätzbare Zahl ihrer künstlerischen Bekundungen."

Günter Kunert, Vorwort zu: Jakob Loewenberg, Aus jüdischer Seele. Ausgewählte Werke, herausgegeben von Winfried Kempf. Paderborn 1995, S. 9f.

CARL VON

1889 - 1938

Carl von Ossietzky

OSSIETZKY

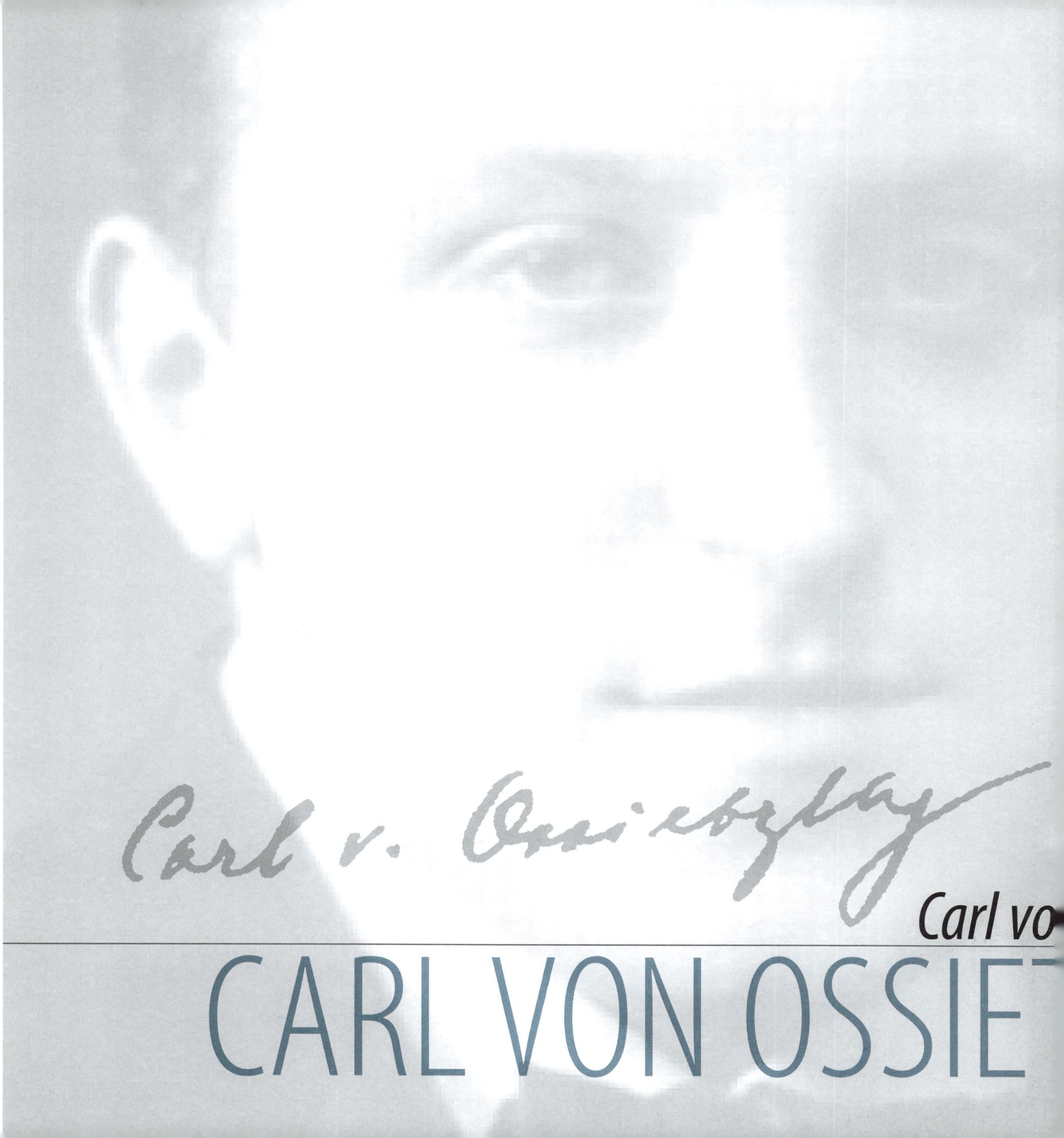

Carl vo

CARL VON OSSIET

ssietzky

ZKY

3.10.1889	*Geburt in Hamburg*
1904	*Ende der Schulzeit an der Rumbaumschen Schule*
1907	*Hilfsschreiber beim Amtsgericht Hamburg*
19.8.1913	*Heirat mit Maud Hester Woods*
1916 - 1918	*Teilnahme am Ersten Weltkrieg*
1919 - 1920	*Sekretär der „Deutschen Friedensgesellschaft" in Berlin*
1922 - 1924	*Redakteur der „Berliner Volks-Zeitung"*
1. April 1926	*Redakteur der „Weltbühne"; seit Oktober 1927 Leitung der Wochenschrift*
23.11.1931	*Verurteilung im „Weltbühne-Prozess" zu 18 Monaten Gefängnis*
10.5.1932	*Haftantritt im Strafgefängnis Berlin-Tegel*
27./28.2.1933	*Verhaftung und Inhaftierung im Polizeigefängnis Spandau*
6.4.1933	*Einlieferung in das Konzentrationslager Sonnenburg*
Februar 1934	*Verlegung in das Konzentrationslager Esterwegen*
30.5.1936	*Verlegung in ein Berliner Polizeikrankenhaus*
23.11.1936	*Zuerkennung des Friedensnobelpreises für das Jahr 1935*
4.5.1938	*Tod in Berlin*

Friedensnobelpreis-Urkunde für Carl von Ossietzky, 420 x 620 mm.

(Carl von Ossietzky-Archiv der Universität Oldenburg)

Carl von Ossietzky, um 1904.
Fotograf: Hermann Tietz, Hamburg.

(Carl von Ossietzky-Archiv der Universität Oldenburg)

Carl von Ossietzky, um 1916.
Fotograf: Heinrich Haas, Hamburg.

(Carl von Ossietzky-Archiv der Universität Oldenburg)

Carl von Ossietzky als Fünfzehnjähriger mit einem Verwandten in Hamburg, undatiert.

(Carl von Ossietzky-Archiv der Universität Oldenburg)

Verabschiedung von Freunden vor dem Gefängnis in Tegel, 10.5.1932. Carl von Ossietzky (links), Ernst Toller (rechts), dazwischen im hellen Mantel und dunklem Anzug: C. Z. Kloetzel.

(Bildarchiv Preußischer Kulturbesitz, Berlin)

Carl von Ossietzky

Nach dem frühen Tod seines Vaters konnte der in Hamburg geborene Carl von Ossietzky dank der Fürsprache des Senators Max Predöhl die Rumbaumsche Schule besuchen.
Trotz mäßiger Schulleistungen wurde er 1907 Hilfsschreiber im Amtsgericht, später arbeitete er im Grundbuchamt.

Erste journalistische Beiträge erschienen ab 1911. Ossietzky wurde Mitglied der „Demokratischen Vereinigung“, publizierte in deren Organ „Das freie Volk“.

Schon vor dem Ersten Weltkrieg überzeugter Pazifist, musste er von 1916 bis 1918 am Ersten Weltkrieg teilnehmen. Seit 1917 veröffentlichte er regelmäßig Artikel in den Organen des freidenkerischen „Deutschen Monistenbundes“, wurde nach der Rückkehr aus dem Krieg Mitarbeiter des „Pfadweiser-Verlages“ in Hamburg.

Seit 1919 lebte Ossietzky mit Frau und Kind in Berlin, arbeitete zuerst als Sekretär der „Deutschen Friedensgesellschaft“, von 1922 bis 1924 als Redakteur der „Berliner Volks-Zeitung“, später für die Zeitschrift „Das Tage-Buch“ und beim Berliner „Montag Morgen“.

Seit 1926 zuerst als Redakteur bei der „Weltbühne“ leitete Ossietzky, nach dem Tod ihres Herausgebers Siegfried Jacobsohn, unter Mitarbeit von Kurt Tucholsky die „Wochenschrift für Politik, Kunst, Wirtschaft“, das wichtigste Periodikum der radikaldemokratischen bürgerlichen Linken in der Weimarer Republik.

Entschieden pro-republikanisch und demokratisch geißelte „Die Weltbühne“ unter Leitung Ossietzkys jede Form des Militarismus.

Ein 1929 in der Zeitschrift veröffentlichter Artikel, der die geheime Aufrüstung der Reichswehr aufdeckte, führte zum „Weltbühne-Prozeß“. Ossietzky wurde im November 1931 wegen Hochverrats zu 18 Monaten Gefängnis verurteilt, kurz vor Weihnachten 1932 amnestiert.

Nach der Machtübergabe an die Nationalsozialisten wurde Ossietzky in der Nacht des Reichstagsbrandes erneut verhaftet, in die Konzentrationslager Sonnenburg und Esterwegen verschleppt und schwer misshandelt. Auf Druck der Weltöffentlichkeit wurde er in ein Berliner Krankenhaus verlegt. Dort erfuhr er, dass ihm rückwirkend der Friedensnobelpreis der Jahres 1935 zugesprochen worden war.
Die persönliche Entgegennahme wurde ihm jedoch verweigert.
Ständig von der Gestapo bewacht, starb Carl von Ossietzky im Mai 1938 an den Folgen der KZ-Haft.

Carl vo

CARL VON

convinced pacifist

Carl von Ossietzky was born in Hamburg. After the early death of his father, the senator Max Predöhl vouched for him and he attended the Rumbaum-sche school. Despite mediocre grades, in 1907 he became an assistant secretary in a local court, and later he worked in the land registry.

Early journalistic essays started to appear in 1911. Ossietzky became a member of the „Demokratischen Vereinigung" and published in their paper, „Das freie Volk". Already a convinced pacifist even before the First World War, he was nonetheless forced to participate in the war from 1916 to 1918. From 1917 on he regularly wrote pacifist articles for the various publications of the Free-Thinker group „Deutschen Monistenbundes". After the war he returned home and worked for the publishing house „Pfadweiser -Verlag" in Hamburg.

After 1919, Ossietzky lived with wife and child in Berlin, first working as secretary of the pacifist society „Deutschen Friedensgesellschaft". From 1922 to 1924 he became an editor of the Berlin „Volks-Zeitung", and later wrote for the magazine „Das Tage-Buch" and the Berlin „Montag Morgen". Beginning in 1926 as an editor of the „Weltbühne", after the death of its publisher and editor-in-chief Siegfried Jacobsohn, Ossietzky, together with Kurt Tucholsky, assumed leadership in 1927 of the paper that was the most important periodical of the radical democratic left in the Weimar Republic.

Decidedly pro-republic and democratic, under Ossietzky's leadership the weekly paper criticized every form of militarism. An article published in 1929 that revealed the Reich's army's secret military build-up lead to a court case, the "Weltbühne-Prozeß".

Ossietzky was arrested in November 1931 and sentenced to 18 months in prison for high treason. He received amnesty just before Christmas in 1932.

After the National Socialists took power, Ossietzky was once again arrested on the same evening of the Reichstag fire. He was brought to the concentration camps Sonnenburg and Esterwegen, and maltreated there. International pressure assured that he was transfered to a hospital in Berlin. There he learned that he had been retroactively awarded the Nobel Peace Prize for 1935. He was not allowed to accept this in person. Under constant surveillance by the Gestapo, Carl von Ossietzky died in May 1938 as a result of his imprisonment in the concentration camp.

Nobel Peace Prize

Die Weltbühne.
Der Schaubühne XXVII. Jahr,
Wochenschrift für Politik-Kunst-Wirtschaft.
Berlin, XXVII. Jg., Nr. 47,
24. November 1931.
215 x 145 mm

Diese Ausgabe enthielt ein eingeklebtes, einseitig bedrucktes Blatt mit dem Urteil des Reichsgerichts gegen Carl von Ossietzky wegen vermeintlichen „Verrats militärischer Geheimnisse". Der Kommentar der Redaktion war selbstbewusst: „Die Arbeit der ‚Weltbühne' wird fortgesetzt."

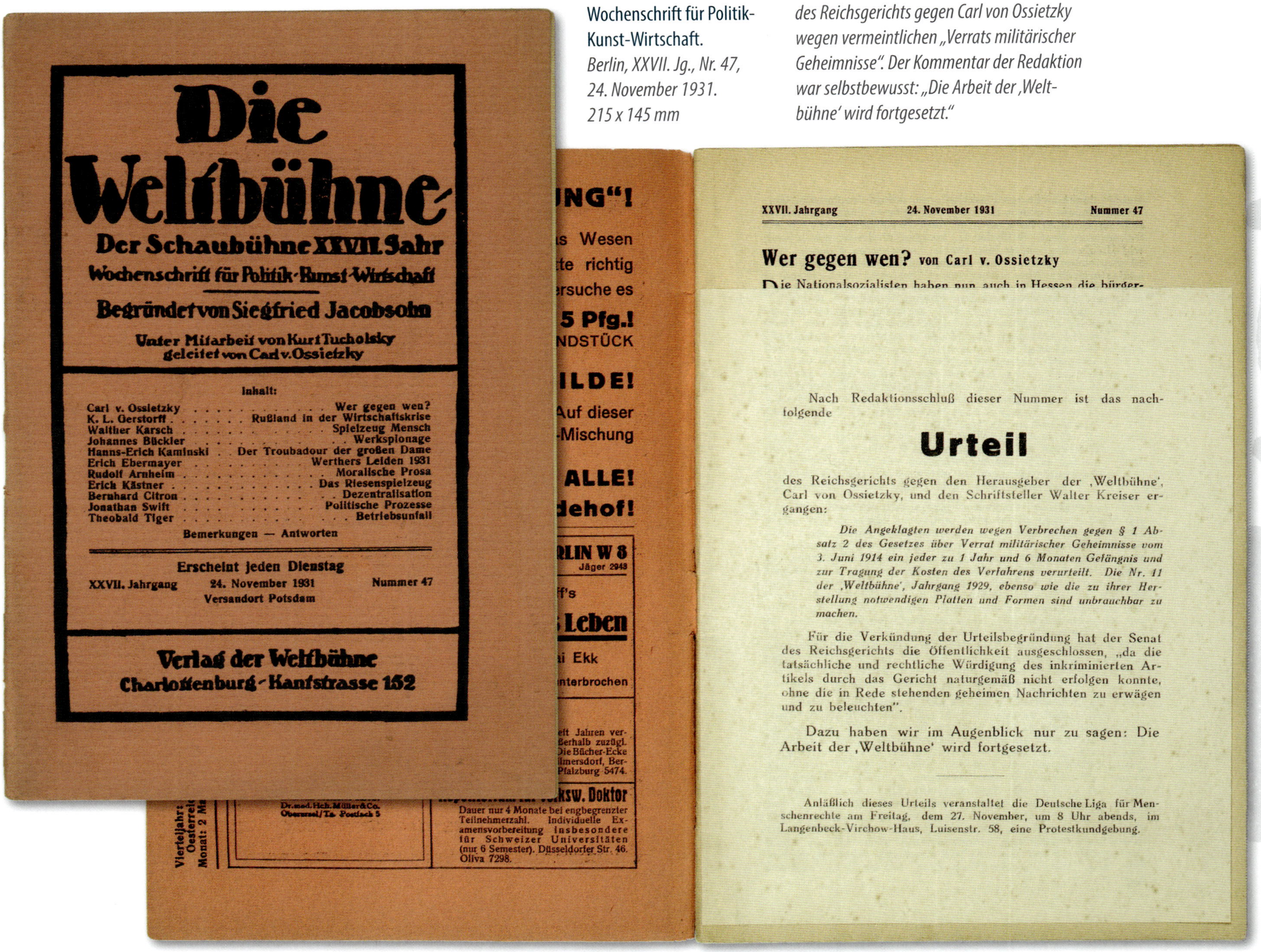

Die Weltbühne

Der Schaubühne XXVII. Jahr

Wochenschrift für Politik · Kunst · Wirtschaft

Begründet von Siegfried Jacobsohn

Unter Mitarbeit von Kurt Tucholsky
geleitet von Carl v. Ossietzky

Inhalt:

Carl v. Ossietzky . . . . Der Weltbühnen-Prozeß
Fragen und Meinungen
Hellmut v. Gerlach . . . . Hitlers Vorläufer
Robert Breuer . . . . Über den Schutzverband
Hermann Kesser . . . . Der Flieger kommt!
Hans Reimann . . . . Marathon-Tanz
Theobald Tiger . . . . Sie, zu ihm
Jan Bargenhusen . . . . . Einer muß geschlachtet werden!
Bemerkungen — Antworten

Erscheint jeden Dienstag

XXVII. Jahrgang — 1. Dezember 1931 — Nummer 48

Versandort Potsdam

Verlag der Weltbühne
Charlottenburg · Kantstrasse 152

Die Weltbühne.
Der Schaubühne XXVII.
Jahr, Wochenschrift für
Politik-Kunst-Wirtschaft.
Berlin, XXVII. Jg., Nr. 48,
1. Dezember 1931.
215 x 145 mm

Schon in der auf das Urteil folgenden Ausgabe der „Weltbühne" kommentierte Carl von Ossietzky auf neun Seiten das gegen ihn erlassene Urteil.

„Anderthalb Jahre Freiheitsstrafe?

Es ist nicht so schlimm, denn es ist mit der Freiheit in Deutschland nicht weit her. Mählich verblassen die Unterschiede zwischen Eingesperrten und Nichteingesperrten. Jeder Publizist, der in bewegter Zeit seinem Gewissen folgt, weiß, dass er gefährdet lebt.

Die beste politische Publizistik wurde stets heimlich in Dunkelkammern geschrieben, nächtlich an Mauern geklebt, während Denunzianten durch die Straßen schlichen und auf den großen Plätzen die Soldaten in Karrees standen.

Wer, wie der Schriftsteller, an die immaterielle Kraft des in die Welt hinausgeschleuderten Wortes glaubt, der wird also nicht jammern, wenn dieses, Körper geworden, als Gummiknüppel oder Stahlmantel oder Gefängnishaft wieder auf ihn zurückprallt."

Carl v. Ossietzky,
Der Weltbühnen-Prozeß.
In: Die Weltbühne, XXVII.
Jg., Nr. 48, 1. 12. 1931

Fotovorsatz und Innentitel von: Weltbürger Ossietzky. Ein Abriss seines Werkes zusammengestellt und mit einer Biographie Ossietzkys versehen von Berthold Jacob. Vorwort von Wickham Steed. Paris: Editions du Carrefour 1937. 122 S., gebunden, 220 x 143 mm. Druck: Coopérative Etolle, Paris.

Der britische Journalist und Historiker Henry Wickham Steed (1871-1956) beendete sein am 17. Dezember 1936 in London geschriebenes Vorwort mit den Worten:

„Hier ist ein Deutscher, hier ist der Beweis für das, was ein Deutscher sein kann, hier ist wahrer deutscher Charakter und wahre Kultur, ein Beispiel jener Aufrechten und Furchtlosen, die eines Tages für ihr Vaterland einen gesicherten und rechtmässigen Platz in der Familie der Nationen verlangen und erhalten werden!"
Das Buch trägt auf dem Innentitel den Stempel: „BIBLIOTHEEK EN LEESZALEN DER GEMEENTE ROTTERDAM".

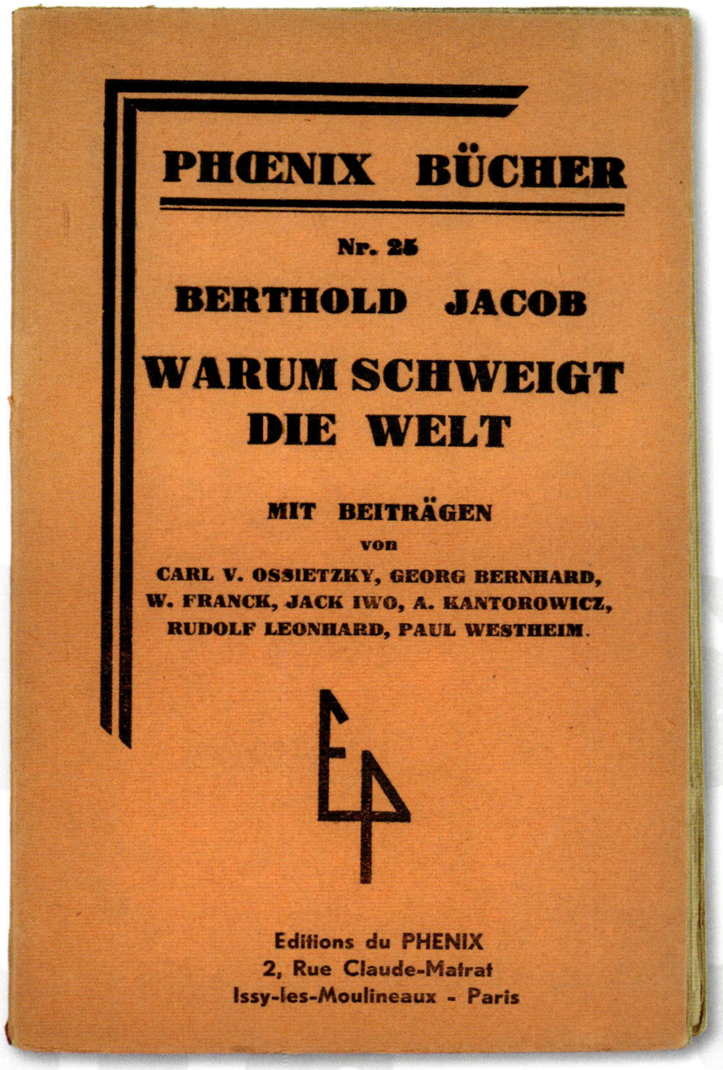

Berthold Jacob: Warum schweigt die Welt? Mit Beiträgen von Carl von Ossietzky, Georg Bernhard, W. Franck, Jack Iwo, A. Kantorowicz, Rudolf Leonhard, Paul Westheim. Paris: Editions du PHENIX 1936. (Phoenix-Bücher, Nr. 25) 64 S., broschiert, 190 x 120 mm. Druck: HALOUA, Paris.

Berthold Jacob (1898-1944) hieß eigentlich: Berthold Jacob Salomon. Aus dem Ersten Weltkrieg kehrte er als Pazifist zurück. Er arbeitete als Journalist und schrieb mehrere Jahre für die „Weltbühne". Gemeinsam mit Kurt Grossmann hatte Berthold Jacob 1934 die Nobelpreiskampagne für Carl von Ossietzky initiiert.

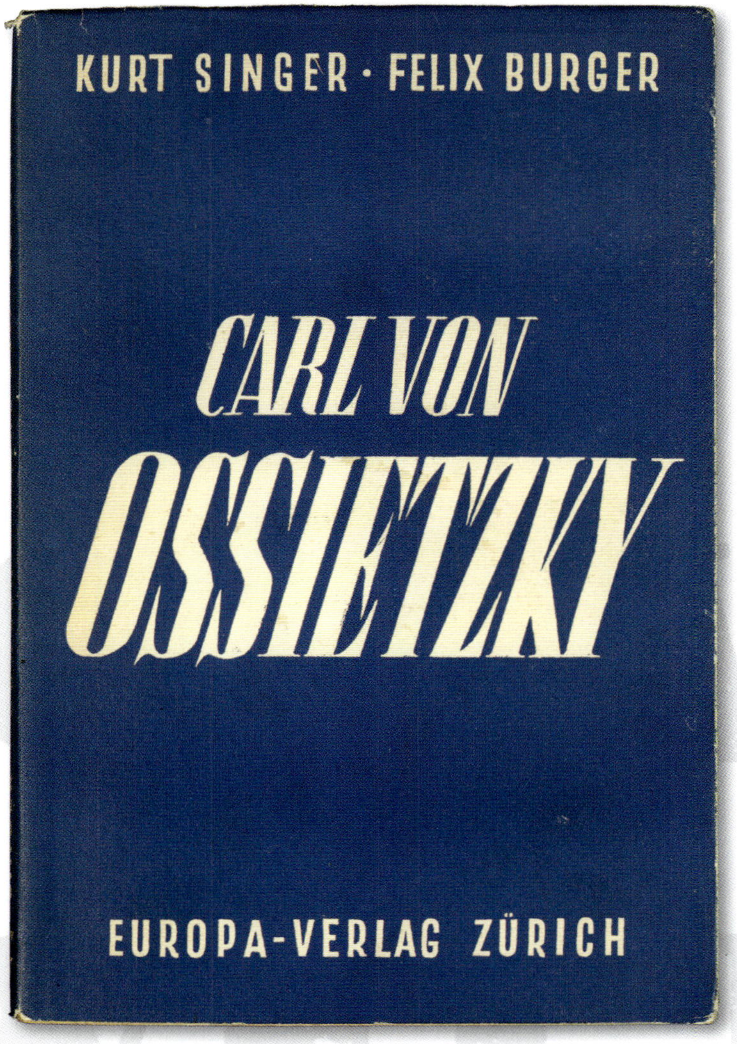

Kurt Singer, Felix Burger: Carl von Ossietzky. Zürich: Europa-Verlag 1937. 143 S., broschiert, 208 x 140 mm.

Das Buch trug die gedruckte Widmung:

„Den politischen Gefangenen in Deutschland gewidmet".

Der österreichische Publizist und Schriftsteller Kurt Singer (1911-2005), dessen ursprünglicher Name Kurt Deutsch war, war gemeinsam mit Kurt R. Grossmann (Pseudonym: Felix Burger) Herausgeber dieses Buches. Kurt R. Grossmann (1897-1971), langjähriger Generalsekretär der „Deutschen Liga für Menschenrechte", hatte Carl von Ossietzky zu seinem Strafantritt in der Strafanstalt Berlin-Tegel begleitet.

Aus Teutschland Deutschland machen. Ein politisches Lesebuch zur „Weltbühne". Herausgegeben von Friedhelm Greis und Stefanie Oswalt. Mit einem Vorwort von Heribert Prantl.
Berlin: Lukas Verlag 2008.
Gestaltung: Ursula Steinhoff, Kassel.
540 S., gebunden, 240 x 170 mm.
Druck: Elbe Druckerei Wittenberg.

Bis in unser Jahrtausend reicht die Beschäftigung mit dieser politischen Wochenschrift, über die Heribert Prantl urteilte:

„Die ‚Weltbühne' ist kein Lehrbuch für politische Ausgewogenheit; sie ist wie ein Vulkan, von dem man Generationen später noch spürt, wie aktiv er war."

Carl von Ossietzky
1889-1938.
Briefmarke der
Deutschen Bundespost Berlin
anlässlich des 100. Geburtstages.
Berlin, 1989. 27 x 43 mm.
(Vergrößerung)

Alexander Gallus: Heimat „Weltbühne". Eine Intellektuellengeschichte im 20. Jahrhundert.
Göttingen: Wallstein Verlag 2012.
421 S., gebunden, 228 x 150 mm.
(Hamburger Beiträge zur Sozial- und Zeitgeschichte, Bd. 50).

Die „Weltbühne" war Forum wie „Heimat" der intellektuellen, bürgerlichen Linken in der Weimarer Republik. An den vier Biografien ihrer ehemaligen Mitarbeiter Axel Eggebrecht, Kurt Hiller, William S. Schlamm und Peter Alfons Steiniger untersucht Gallus das „geistige Erbe" der „Weltbühne" über den Nationalsozialismus, das Exil und das geteilte Deutschland hinaus.

Aus
Teutschland
Deutschland
machen
Ein politisches Lesebuch
zur »Weltbühne«
Die Weltbühne

Die
Weltbühne
Der Schaubühne XXIII. Jahr
Wochenschrift für Politik-Kunst-Wirtschaft
Begründet von Siegfried Jacobsohn
Herausgeber: Kurt Tucholsky
Inhalt:
Carl v. Ossietzky: Die Belange von Kuhschnappel
Ernst Toller: Der Brüssler Kolonial-Kongreß
Kurt Hiller: Masaryk
Rudolf Leonhard: Das letzte Ziel
Berthold Jacob: Der Jürgens-Prozeß
Theobald Tiger: Geschworene
Axel Eggebrecht: Der Malik-Verlag
Peter Panter: Dank an Frankreich
Arthur Eloesser: In tyrannos
David Luschnat: Zwei Gedichte
Alfred Polgar: Flucht
Wolf Zucker: Das Büro
Morus: Lustige Woche
Beiträge von I. Wrobel, A. Seehof, H. Wiegand, A. Weißlingen
Antworten
Erscheint jeden Dienstag
XXIII. Jahrgang 1. März 1927 Nummer 9
Versandort: Potsdam
Verlag der Weltbühne
Charlottenburg - Königsweg 33
ALEXANDER GALLUS
HEIMAT »WELTBÜHNE«
Eine Intellektuellengeschichte
im 20. Jahrhundert
Wallstein

Hans A. Reyersbach

HANS A. REYERSBA

1898 - 1977

Hochzeitsanzeige von Hans Reyersbach und Frau Margarete, geb. Waldstein, August 1935.
(H.A. and Margret Rey Collection, de Grummond Children's Literature Collection, The University of Southern Mississippi, Hattiesburg)

Hans A. Reyersbach

HANS A. REYERSBA

16.9.1898	*Geburt in Hamburg*
1907 - 1916	*Besuch des Wilhelm-Gymnasiums*
1916 - 1918	*Teilnahme am Ersten Weltkrieg*
1919 - 1923	*Studium der Philosophie, Naturwissenschaften und Sprachen in München und Hamburg*
1920 - 1922	*Plakatgestaltung für die Hamburger Druckerei Adolph Friedländer*
1924	*Auswanderung nach Brasilien; Arbeit als Buchhalter in einer Import- und Exportfirma:*
1935 **16.8.1935**	*Besuch von Margarete Waldstein in Rio de Janeiro; Heirat mit Margarete Waldstein; Gründung einer gemeinsamen Werbeagentur*
1936	*Hochzeitsreise nach Europa, Stationen in England, Deutschland und Frankreich*
1936 - 1940	*Aufenthalt in Paris;*
Juni 1940	*vor der Besetzung von Paris gemeinsame Flucht auf Fahrrädern aus der Stadt; Emigration über Spanien, Portugal, Brasilien in die USA*
Oktober 1940	*Ankunft in New York*
1946	*amerikanischer Staatsbürger*
26.8.1977	*Tod in Boston*

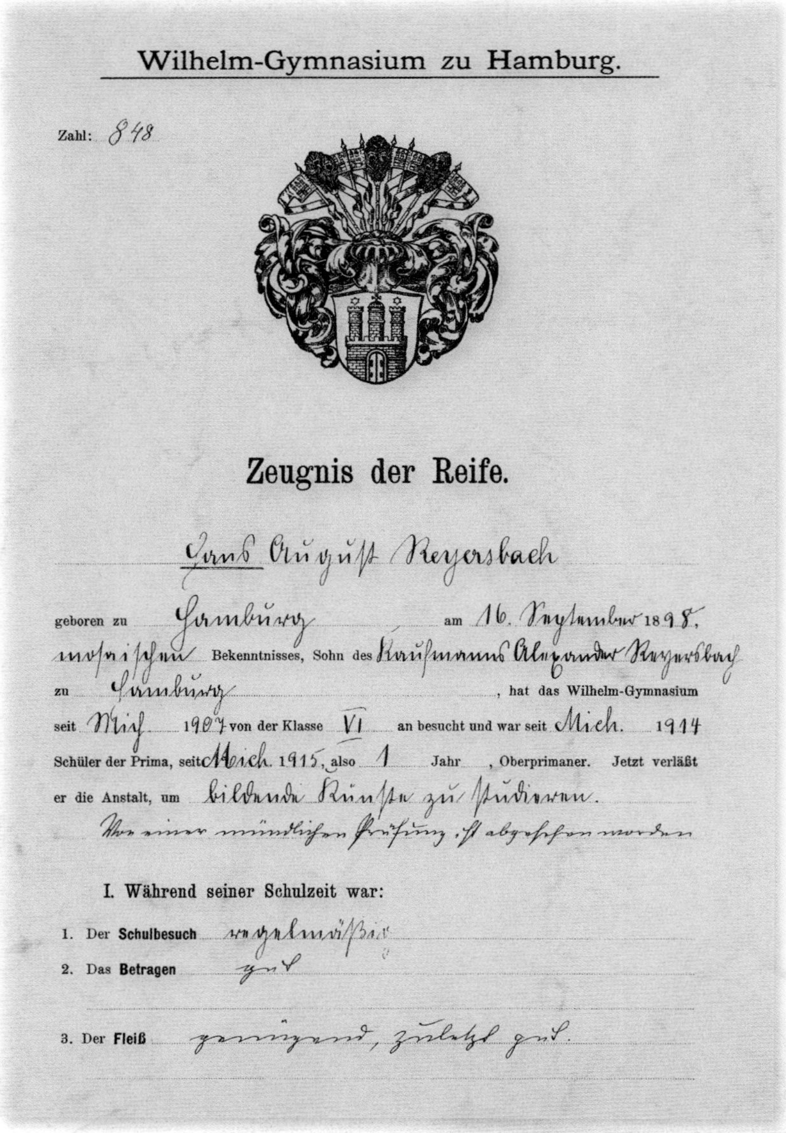
Wilhelm-Gymnasium zu Hamburg.

Zahl: 848

Zeugnis der Reife.

Hans August Reyersbach

geboren zu Hamburg am 16. September 1898, mosaischen Bekenntnisses, Sohn des Kaufmanns Alexander Reyersbach zu Hamburg, hat das Wilhelm-Gymnasium seit Mich. 1907 von der Klasse VI an besucht und war seit Mich. 1914 Schüler der Prima, seit Mich. 1915, also 1 Jahr, Oberprimaner. Jetzt verläßt er die Anstalt, um bildende Künste zu studieren.

Von einer mündlichen Prüfung ist abgesehen worden.

I. Während seiner Schulzeit war:

1. Der Schulbesuch regelmäßig
2. Das Betragen gut
3. Der Fleiß genügend, zuletzt gut.

Zeugnis der Reife, ausgestellt Michaelis 1916.

In: Wilhelm-Gymnasium Hamburg 1881-1981

Eine Dokumentation über 100 Jahre Wilhelm-Gymnasium, herausgegeben von Peter-Rudolf Schulz. Hamburg 1981, S. 81.

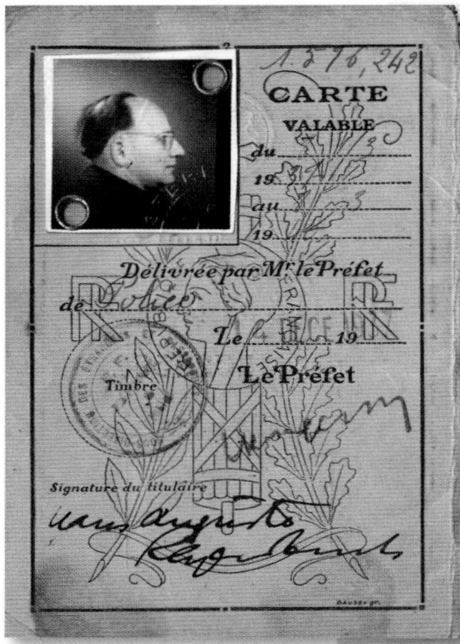

Carte d'identité für Hans Augusto Reyersbach, Dezember 1937.

(H.A. and Margret Rey Collection, de Grummond Children's Literature Collection, The University of Southern Mississippi, Hattiesburg)

H.A. Rey in einem Pariser Café, Ende der dreißiger Jahre.

(H.A. and Margret Rey Collection, de Grummond Children's Literature Collection, The University of Southern Mississippi, Hattiesburg)

Hans Reyersbach (x) als Soldat des Ersten Weltkrieges, um 1916.

(H.A. and Margret Rey Collection, de Grummond Children's Literature Collection, The University of Southern Mississippi, Hattiesburg)

H.A. Rey in seinem Arbeitszimmer in New York, 1945.
(H.A. and Margret Rey Collection, de Grummond Children's Literature Collection, The University of Southern Mississippi, Hattiesburg)

Margret und H.A. Rey, Weihnachtsgruß, um 1940.
(H.A. and Margret Rey Collection, de Grummond Children's Literature Collection, The University of Southern Mississippi, Hattiesburg)

Hans A. Reyersbach

Hans August Reyersbach, Sohn eines Hamburger Kaufmanns, besuchte von 1907 bis 1916 das Wilhelm-Gymnasium. Nach zweijährigem Militärdienst in Frankreich und Russland studierte er Philosophie, Naturwissenschaften und Sprachen in München und Hamburg.

Ohne je eine künstlerische Ausbildung absolviert zu haben, fand Reyersbach schon 1921 in dem Hamburg gewidmeten Sonderheft der Zeitschrift „Das Plakat“ Erwähnung; als Plakatkünstler hatte er für den Hamburger „Circus Busch“ Plakate entworfen. 1923 erschien im Hamburger Kurt Enoch Verlag das Buch „12 Lithographien zu Christian Morgensterns Grotesken“.

Das in nummerierter, signierter und limitierter Auflage erschienene Werk enthielt zwölf zum Teil surreal anmutende Zeichnungen Reyersbachs.

1924 verließ er Deutschland, wanderte nach Brasilien aus und arbeitete dort als Buchhalter in einer Im- und Exportfirma.
Seit 1930 verwendete er den Namen Hans A.(ugusto) Rey. 1935 besuchte ihn die ebenfalls aus Hamburg stammende Margarete Waldstein; beide gründeten in Rio de Janeiro eine Werbeagentur.

Nach ihrer Heirat führte sie ihre Hochzeitsreise 1936 wieder nach Europa, zunächst nach England, Deutschland, schließlich nach Paris, wo sie die nächsten vier Jahre lebten.

Englische und französische Verleger publizierten seine liebevoll illustrierten Kinderbücher „Zebrology“ (1937), „How the Flying Fishes Came into Being“ (1938), „L’aeroport“ und „Rafi et les 9 Singes“ (1939).

Kurz vor dem Einmarsch deutscher Truppen in Paris flohen Margret und H.A. Rey. Über Spanien, Portugal und Brasilien emigrierten sie in die USA und erreichten im Oktober 1940 New York.

In den USA gelang es Rey, seine erfolgreiche Tätigkeit als Illustrator fortzusetzen. Sein auf der Flucht gerettetes Manuskript über einen neugierigen Affen erschien 1941 unter dem Titel „Curious George“ und startete eine bis heute anhaltende, internationale Erfolgsgeschichte.

Son of a Hamburg merchant, Hans August Reyersbach attended the Wilhelm-Gymnasium from 1907 until 1916. After two years of military service in France and Russia, he studied philosophy, natural sciences and languages in Munich and Hamburg.

Although he had no previous artistic training, Reyersbach was mentioned in the 1921 special Hamburg issue of the magazine „Das Plakat"; he had designed posters for the Hamburg based „Circus Busch".
In 1923, his book „12 Lithographien zu Christian Morgensterns Grotesken" appeared in the Hamburg Enoch Verlag. Published in a numbered, signed and limited edition this work contained twelve surrealistic drawings by Reyersbach.

He left Germany in 1924, immigrated to Brazil and worked as an accountant for an import and export company there. In 1930, he began using the name Hans A.(ugusto) Rey. Margarete Waldstein, also a native of Hamburg, visited him in 1935. They founded an advertizing agency together in Rio de Janeiro.

After marrying, their honeymoon trip in 1936 took them back to Europe; first to England, then Germany and finally to Paris where they spent the next four years. English and French publishers printed his beautifully illustrated childrens' books „Zebrology" (1937), „How the Flying Fishes Came into Being" (1938), „L'aeroport" and „Rafi et les 9 Singes" (1939).

Margret and H.A. Rey fled shortly before German troops marched into Paris. The couple immigrated to the United States via Spain, Portugal and Brazil; they reached New York in October 1940.
Rey was able to pursue his successful career as an illustrator in the United States. A manuscript about a curious monkey they carried with them during their escape was published in 1941 as „Curious George" and launched an international success story that continues until today.

Reyersbach

REYERSBACH

Zwölf Lithographien zu Christian Morgensterns Grotesken von Hans Reyersbach. Neue Folge. *Hamburg: Verlag Dr. Kurt Enoch, 1925. 28 unpaginierte Seiten, Kordelbindung, 320 x 238 mm. Druck: Kunstanstalt (vormals Gustav W. Seitz) A.-G., Wandsbek- Hamburg.*

Die gedruckte Widmung lautete: „Dem Andenken Christian Morgensterns !"

Insgesamt wurden 400 nummerierte und vom Künstler signierte Exemplare hergestellt. Die Blätter der hundert ersten Exemplare wurden auf der Handpresse abgezogen und vom Künstler einzeln signiert. Eine erste, ebenfalls auf 400 Exemplare limitierte Auflage war schon 1923 im Verlag Kurt Enoch erschienen.

Im Tierkostüm. 1. (Palmström liebt es, Tiere nachzuahmen....)

...So z.B. hockt er gern als Rabe auf dem oberen Aste einer Eiche und beobachtet den Himmel...

Drei Lithographien von Hans Reyersbach.
Alle Lithographien sind unten rechts mit einem schlichten „R" signiert.

Der Gingganz.
... Ein Stiefel wandern und sein Knecht
Von Knickebühl gen Entenbrecht.

Die Oste.
... Er ersann zur Weste eines Nachts die Oste...

„Die Gedanken gehen auch zurück an Mitschüler, die wir nicht, zumindest noch nicht wiedergefunden haben. So vermisst der Schreiber dieser Erinnerungen den um ein Jahr älteren Mitschüler Hans Reyersbach, dem er gleich vielen anderen seine Bewunderung für Christian Morgenstern verdankt.
Reyersbach, der dem Vernehmen nach ein sehr geschätzter Illustrator amerikanischer Jugendbücher wurde, veröffentlichte noch in Hamburg ein Album mit Linolschnitten zu Morgensterngedichten, das im Verlag Kurt Enoch erschien. Besonders sehenswert für Schüler des WG war die Illustration des Gedichts ‚Palmström schläft vor zwölf Experten den berühmten Schlaf vor Mitternacht, seine Heilkraft zu erhärten.' Die zwölf Experten waren leicht karikierte Porträts der Mitglieder des damaligen Lehrerkollegiums.
Ich würde mein Exemplar der Schulbibliothek gern zur Verfügung stellen, aber es verfiel dem Beschlagnahmeeifer während der deutschen Besetzung der Niederlande."

Bernhard Karlsberg, Licht und Schatten. Erinnerungen eines jüdischen Schülers um 1915. In: Peter-Rudolf Schulz (Hg.),Wilhelm-Gymnasium Hamburg 1881-1981. Eine Dokumentation über 100 Jahre Wilhelm-Gymnasium. Hamburg 1981, S. 80.

H. A. Rey: Zebrology.
London: Chatto & Windus o.J. (1937).
8 unpaginierte Seiten,
Kordelbindung, 175 x 230 mm.
4. Auflage.
Druck: W.S. Cowell, Ltd., Ipswich.

ZEBROL

Hans A. Reyersbach

HANS A. REYERSBACH

Dieses Kinderbuch, in dessen Mittelpunkt die Freundschaft einer Giraffe mit einer Affenfamilie und deren gemeinsame Erlebnisse stehen, war zuvor unter dem Titel „Rafi et les 9 Singes“ im Pariser Verlag „Nouvelle Revue française“ erschienen.

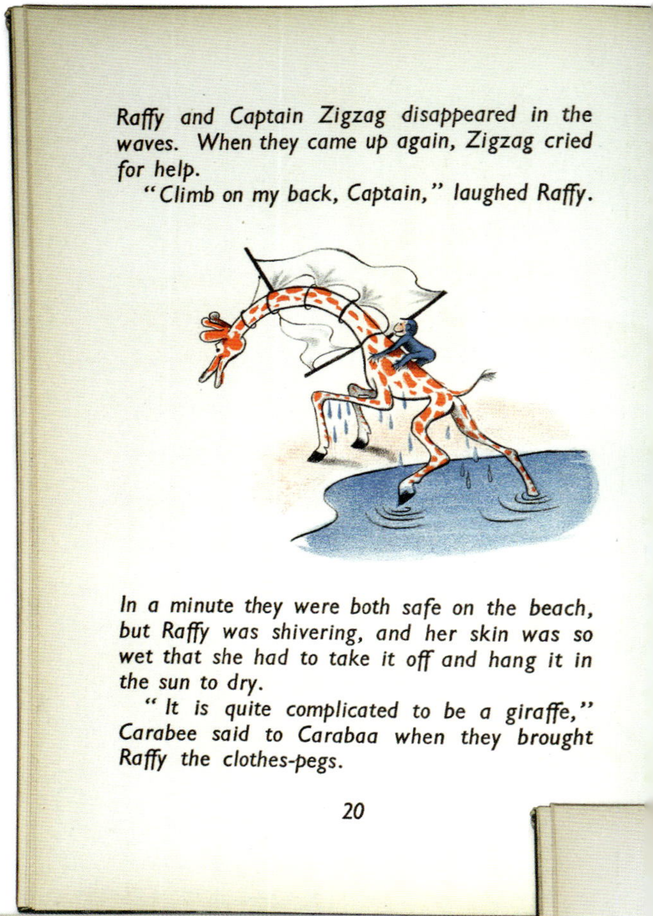
Raffy and Captain Zigzag disappeared in the waves. When they came up again, Zigzag cried for help.
"Climb on my back, Captain," laughed Raffy.

In a minute they were both safe on the beach, but Raffy was shivering, and her skin was so wet that she had to take it off and hang it in the sun to dry.
"It is quite complicated to be a giraffe," Carabee said to Carabaa when they brought Raffy the clothes-pegs.

20

H.A. Rey:
Raffy and the 9 monkeys.
London: Chatto & Windus 1939.
32 S., gebunden, 322 x 235 mm.

HANS A.

long legs. But what is your name and why do you look so unhappy?"

"My name is Raffy. I am unhappy because..." and Raffy told her sad story. The tears rolled down her cheeks until little Zozo, who was very sensitive, began to cry too.

"We are unhappy, too," said Sirocco, "because they have cut down the forest where we used to live, and now we don't know where to go."

"Then why don't you stay with me for a while?" Raffy said. "My house is empty now

7

direct the others. But when all the work was done, it was he who proudly carried the stilts to Raffy

and showed her how to use them.

A giraffe on stilts is an amazing sight. Unfortunately the page is not large enough to show all of it. The stilts were as good as seven-league boots to Raffy, and almost as much fun.

"Three cheers," cried Fifi jumping up and down. "If anyone tries to catch us now we'll show them! We'll all climb on Raffy's back and leave them miles behind."

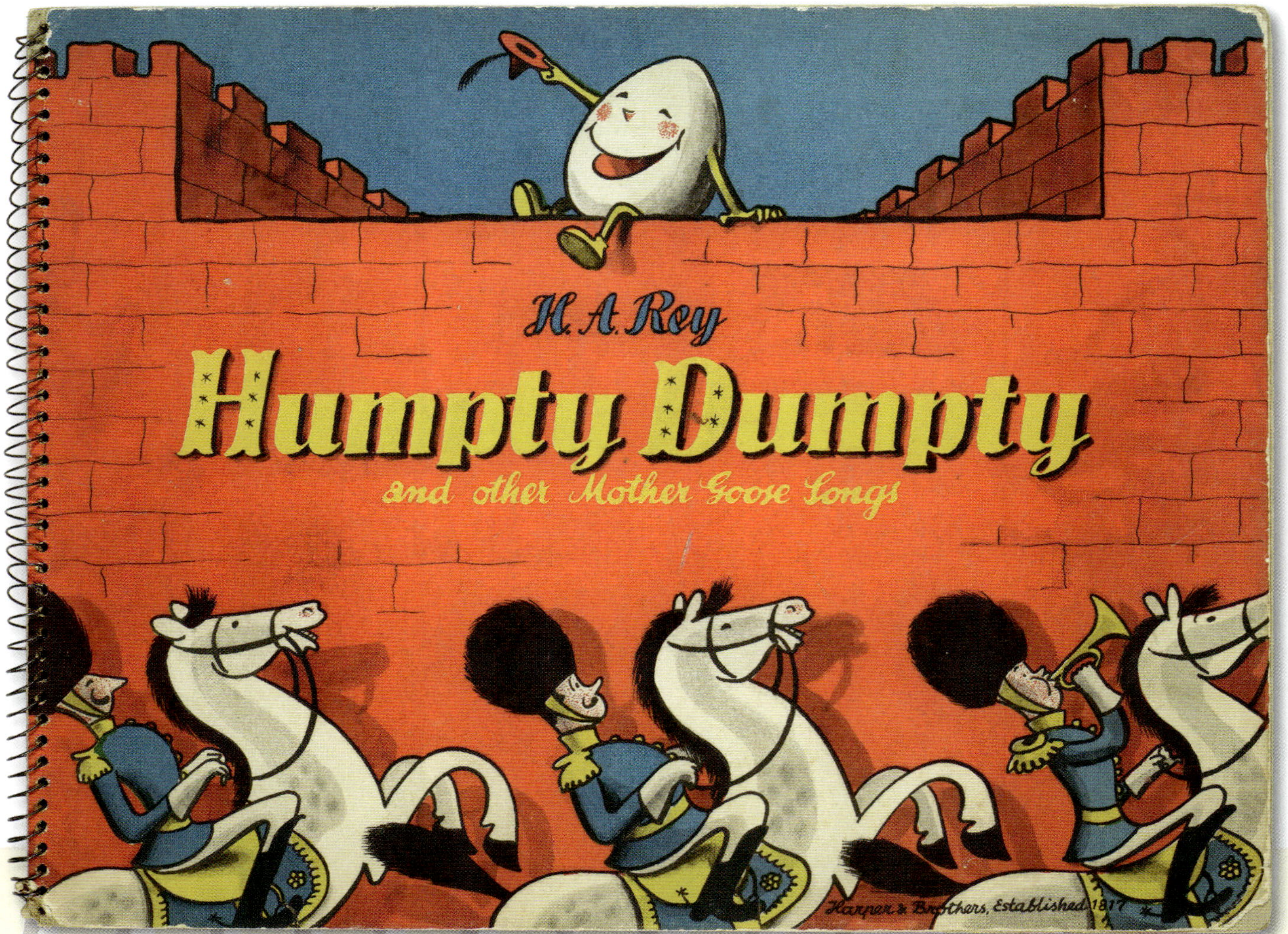

H.A. Rey:
Humpty Dumpty and
other Mother Goose Songs.
New York, London:
Harper & Brothers 1943.
23 unpaginierte Seiten,
Spiralbindung, 214 x 277 mm.

Der Titel dieses Kinderliederbuches stammt aus einem britischen Kinderreim. Humpty Dumpty ist eine eiförmige Figur mit einem Gesicht sowie Armen und Beinen. Der Ausdruck „Humpty Dumpty" kann eine kleine, rundliche Person bezeichnen, aber auch als Synonym für etwas Zerbrechliches benutzt werden.

Der Reim ist im englischen Sprachraum Allgemeingut und hat folgenden Wortlaut:

*„Humpty Dumpty sat on a wall,/
Humpty Dumpty had a great fall;/
All the king's horses and all the king's men/
Couldn't put Humpty Dumpty together again."*

Hans A. Reyersbach

HANS A. REYERSBACH

nd Mice
mice ! Three blind mice ! See how they run ! See how they
They all run af-ter the far-mer's wife, who cut off their tails with a car-ving knife. Did
ou ev-er see such a sight in your life as three blind mice !
Little Miss Muffet
Lit-tle Miss Muf-fet, she sat on a tuf-fet
curds and whey; —
Down came a spi- der and
Ding, Dong, Bell
Ding, dong, bell, Pus-sy's in the well.
Who put her in ? Lit-tle Tom-my Green.
Who pulled her out ?

„In the years since the first book was published in the United States in 1941, ‚George' has become an industry. The books have sold more than 27 million copies. There have been several ‚Curious George' films... and theater productions, not to mention the ubiquitous toy figure...

But in truth, ‚Curious George' almost didn't make it onto the page. A new book, ‚The Journey That Saved Curious George: The True Wartime Escape of Margret and H.A. Rey'... tells of how George's creators, both German-born Jews, fled from Paris by bicycle in June 1940, carrying the manuscript of what would become ‚Curious George' as Nazis prepared to invade."

Dinitia Smith,
How Curious George Escaped the Nazis. In: The New York Times, Sept. 13, 2005.

Christian Morgenstern.
The Daynight Lamp And Other Poems.
Translated, with an Introduction, by Max Knight.
With twenty lithographs by H.A. Rey.
Boston: Houghton Mifflin Company 1973. 65 S., gebunden, 260 x 185 mm.

50 Jahre nach der deutschen Erstveröffentlichung erschienen Christian Morgensterns Gedichte mit den markanten Illustrationen von H.A. Rey auch auf dem amerikanischen Buchmarkt.

H. A. Rey: Curious George.
Boston: Houghton Mifflin Company o. J. (1957). 55 unpaginierte Seiten, gebunden, 265 x 222 mm.

Die erste Ausgabe von „Curious George" erschien 1941, erfuhr unzählige Neuauflagen, wurde in zwanzig Sprachen übersetzt und erzielte weltweit eine millionenfache Gesamtauflage. „Curious George" zählt heute zu den größten Kinderbucherfolgen.

H.A. Rey: Zwilling, Stier und Großer Bär. Sternbilder erkennen auf den ersten Blick. Mit einem Vorwort von Thomas W. Kraupe. Übersetzt von Ebi Naumann. Zürich, Hamburg: Arche Literatur Verlag AG 2009. 178 S., gebunden, 285 x 217 mm.

Druck: Offizin Andersen Nexö, Leipzig.

Die Erstausgabe dieses Buches erschien 1952 unter dem Titel „The Stars. A New Way to See Them." Albert Einstein soll über dieses Buch geurteilt haben: „Ein höchst erhellendes Buch!"

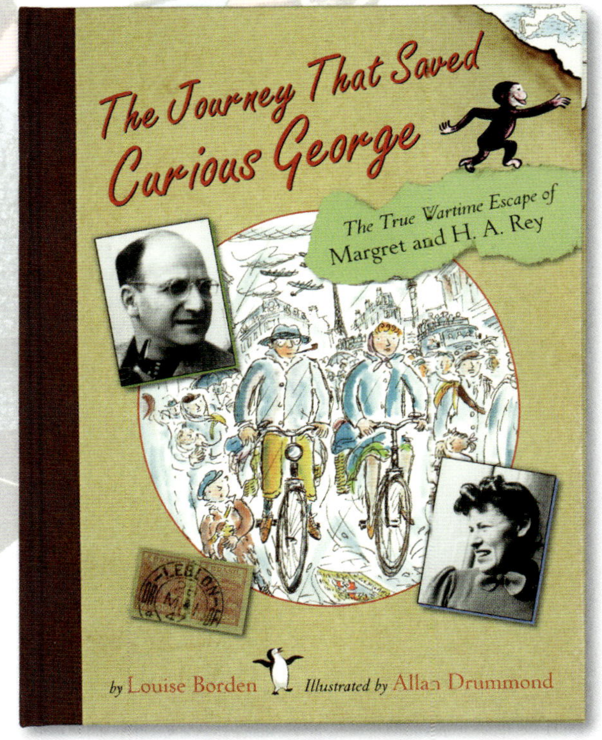

Louise Borden: The Journey That Saved Curious George. The True Wartime Escape of Margret and H.A. Rey. Illustrated by Allan Drummond.

Boston: Houghton Mifflin Company 2005. 73 S., gebunden, 283 x 223 mm.

„Es macht Riesenspaß, den Erklärungen von Rey zu folgen, bei denen immer größter Wert auf Verständlichkeit und Einfachheit gelegt wird. Hier und da scheint der Kinderbuchautor durch, weil dies manchmal etwas betulich geschieht...

Der Autor will keine Stubengelehrsamkeit befördern. Ganz ausdrücklich ruft er dazu auf, mit seinem Buch nach draußen zu gehen...

Bei wem hat sich in das Staunen bei der Betrachtung des wunderbaren Sternenhimmels nicht schon einmal Bedauern darüber eingemischt, dass man über die Sternenbilder, die in der Kulturgeschichte eine so große Rolle spielen, so wenig weiß und dass man so unbeholfen seine Blicke wandern lassen muss.

Mit dem Buch von H.A. Rey hat nun jeder die Möglichkeit, diese Lücke zu schließen und kenntnisreicher als früher in den funkelnden Nachthimmel zu schauen."

Peter Kirsten, Ein Himmelsklassiker. Deutschlandradio Kultur, 7.12.2009.

Arthu

ARTHUR SAKHEIM

1884 – 1931

akheim

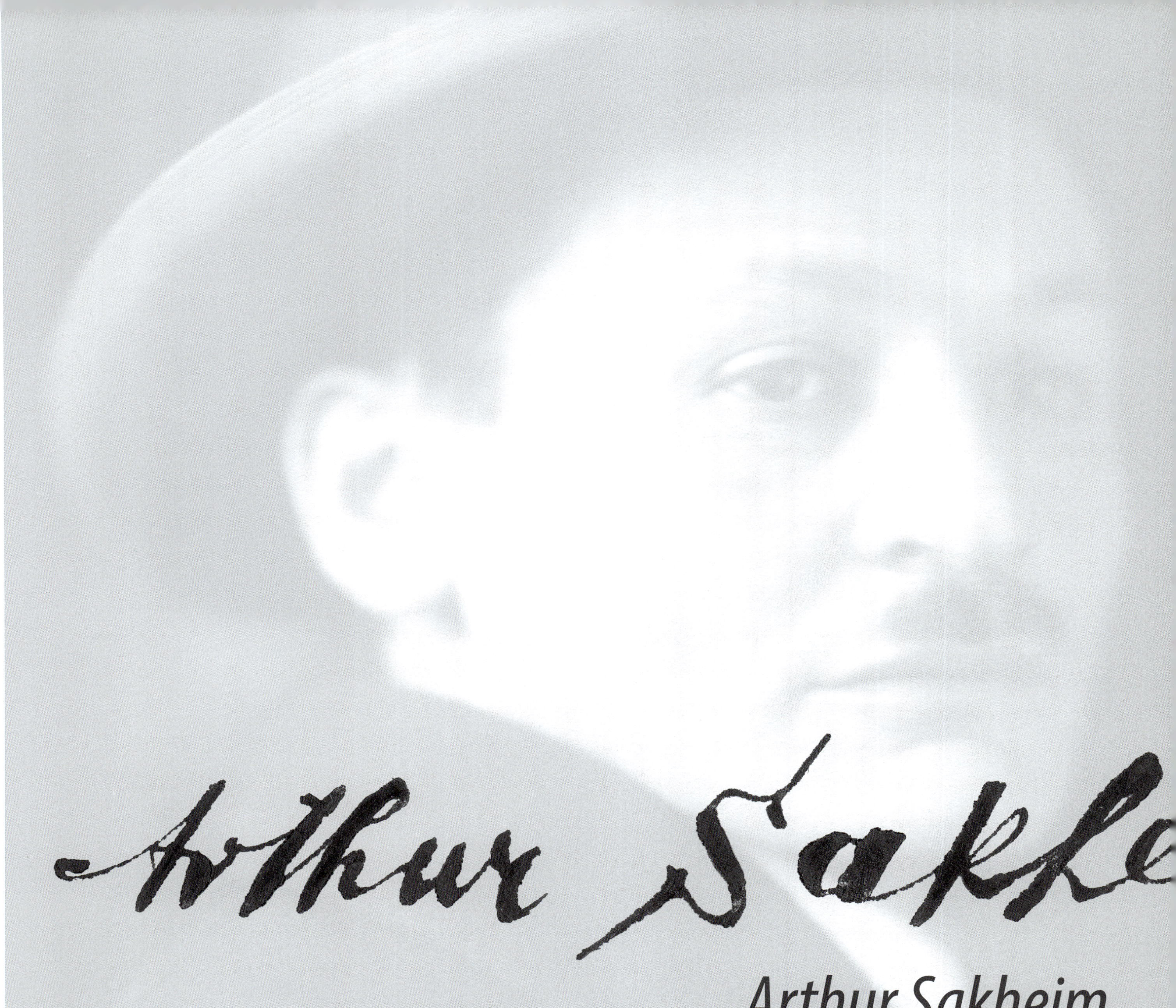

Arthur Sakheim

ARTHUR SAKHEIM

27.10.1884	*Geburt in Libau/Lettland*
	Studium der Philosophie, Philologie und Theaterwissenschaften in Berlin, Leipzig und Zürich
1908	*Promotion in Zürich;* *Arbeit als Theaterkritiker, Schriftsteller und Bühnenautor*
Juni 1921	*Hamburger Staatsbürger*
27.9.1921	*Heirat mit Anuta Plotkin*
1921 - 1926	*Dramaturg und Regisseur an den „Hamburger Kammerspielen“;* *Schriftleiter der Theaterzeitung „Der Freihafen“*
12.6.1923	*Geburt des Sohnes Ruben Gabriel*
1926 - 1931	*Arbeit als dramaturgischer Regisseur und künstlerischer Leiter an den Städtischen Bühnen in Frankfurt am Main*
1930	*Angebot der „Habima“ in Palästina für die Dramatisierung eines Stückes von Schalom Asch*
23.8.1931	*Tod in Berlin*
1933	*Flucht von Anuta Sakheim mit ihrem Sohn Ruben nach Palästina;* *Arbeit als Touristenführerin und Taxifahrerin*
April 1938	*Abreise des Sohnes Ruben nach New York*
August 1939	*Selbstmord von Anuta Sakheim in Tel Aviv*

Arthur Sakheim, undatiert.
Fotograf: Rudolf Dührkoop, Hamburg.
(Privatbesitz)

Arthur Sakheim, undatiert.
Fotograf: Pieperhoff, Frankfurt.
(Privatbesitz)

Arthur Sakheim, undatiert.
Fotograf: Heinrich Haas, Hamburg.
(Privatbesitz)

Arthur und Anuta Sakheim,
rückseitige Datierung:
25. Mai 1924.
(Privatbesitz)

Arthur Sakheim

SAK

Ruben Gabriel Sakheim, undatiert.
Fotograf: W. Fenyes, Berlin.
(Privatbesitz)

Anuta Sakheim als Taxifahrerin,
Jaffa, März 1934.
(Privatbesitz)

Anuta Sakheim,
undatiert.
(Privatbesitz)

Arthur Sakheim

Arthur Sakheim war Spross einer jüdischen Familie, deren Stammbaum Rabbiner und Gelehrte aufwies. Geprägt durch Wissen und Erziehung des Vaters, der ihn schon früh in die hebräische Sprache und das jüdische Schrifttum einführte, studierte er Philosophie, Philologie und Theaterwissenschaften. 1908 promovierte er in Zürich.

Zugleich begann Arthur Sakheim journalistische wie schriftstellerische Arbeiten. Pointierte Theaterkritiken aus seiner Feder erschienen in der Berliner „Schaubühne“, in der „Vossischen Zeitung“, dem „Berliner Tageblatt“ und in der „Frankfurter Zeitung“.
Noch vor dem Ersten Weltkrieg trat Arthur Sakheim auch als Schriftsteller hervor.

Seit 1921 Hamburger Staatsbürger wirkte er als Dramaturg und Regisseur an den von Erich Ziegel geleiteten „Hamburger Kammerspielen“.

Er galt sehr bald als „literarischer Eckart“ des Theaters, eine Zuschreibung, die auch auf seine Schriftleitung der hauseigenen Theaterzeitung „Der Freihafen“ zurückzuführen war. Nicht nur als Dramatiker, Lyriker und Essayist fand er vielfache Anerkennung, sondern auch als Vortragender der „Hamburger Sezession“ und Mitglied der „Hamburger Tafelrunde“, einer zwanglosen Gemeinschaft der künstlerischen Avantgarde der Hansestadt.

Ausweis seines umfassenden Wissens jüdischer Kultur- und Literaturgeschichte war sein 1924 in Hamburg verlegter Vortragszyklus „Das Jüdische Element in der Weltliteratur“. Arthur Sakheim beherrschte mehrere Sprachen und schuf sich auch einen Namen als Übersetzer.

Im Sommer 1926 folgte Sakheim einem Angebot nach Frankfurt am Main, um dramaturgischer Regisseur und künstlerischer Leiter der Städtischen Bühnen zu werden.

1930 bot die Theatergruppe „Habima“ in Palästina Sakheim an, Schalom Aschs Roman „Heiliger Name“ zu dramatisieren.
Doch dieses Angebot konnte er ebenso wenig realisieren wie den geplanten Wechsel an das von Max Reinhardt geleitete „Deutsche Theater“ in Berlin.
Nach einer Blinddarmoperation und anschließender Lungenentzündung starb Arthur Sakheim im August 1931 in der Berliner Charité.
Nach der Machtübertragung an die Nationalsozialisten flohen seine Witwe Anuta und ihr 10jähriger Sohn Ruben nach Palästina.
Als Touristenführerin und erste weibliche Taxifahrerin des Landes kämpfte sie unter schwierigsten Bedingungen um eine neue Existenz. Nachdem sie ihren Sohn 1938 zur Ausbildung in die USA schicken konnte, nahm sich Anuta Sakheim, gequält von gesundheitlichen und finanziellen Problemen, im August 1939 das Leben.

poet and essayist

Arthur Sakheim was the offspring of an old Jewish family, whose ancestors included rabbis and scholars. Formed by an intellectual upbringing and a father who valued knowledge and taught him Hebrew from an early age, as well introducing him to Jewish writings, Sakheim studied philosophy, philology, and theater. He received a doctorate in Zurich in 1908.

Arthur Sakheim immediately began working as a writer, both as journalist and storyteller. The pointed theater criticism he penned appeared in the Berlin „Schaubühne", in the „Vossischen Zeitung", and the „Berliner Tageblatt", as well as the „Frankfurter Zeitung". Even before the First World War, Arthur Sakheim had established a solid professional profile as a writer.

Having moved to Hamburg in 1921, he was active as playwright and director for the „Hamburger Kammerspiele", a theater lead by Erich Ziegel. He soon became known as the theater's literary "Eckart", a loyal supporter. This reputation went back to Sakheim's guidance of the theater's own publication, „Der Freihafen". He was not only recognized as a dramatist, a poet and an essayist, Sakheim was also an official of the advisory board of the „Hamburger Sezession", and a member of the „Hamburger Tafelrunde", a relaxed group of the artistic avant-gardists of the city.

Proof of his comprehensive knowledge of Jewish culture and literary history can be found in his 1924 lecture series, later published in Hamburg, under the title „Das Jüdische Element in der Weltliteratur" Arthur Sakheim spoke several languages and made a name for himself as a translator.

In summer 1926 Sakheim accepted an offer to become the director and artistic manager of the „Städtischen Bühnen", the city sponsored stages of Frankfurt am Main. In 1930, the theater group „Habimah" from Palestine offered Sakheim a job dramatizing Schalom Asch's novel „Heiliger Name". However, he was not able to accept this offer, nor was he able to affect a planned move to Berlin, to the „Deutsche Theater" lead by Max Reinhardt. After having an appendectomy followed by a pneumonia, Arthur Sakheim died in August 1931 in the Berlin hospital Charité.

After the National Socialists take-over, his widow Anuta and their 10 year old son Ruben fled to Palestine. She fought for a new existence under extremely difficult circumstances, working as a tourist guide, and as the first female taxi driver in the country. After sending her son off to the United States for his education in 1938, Anuta Sakheim, plagued by health and financial problems, took her own life in August 1939.

akheim

SAKHEIM

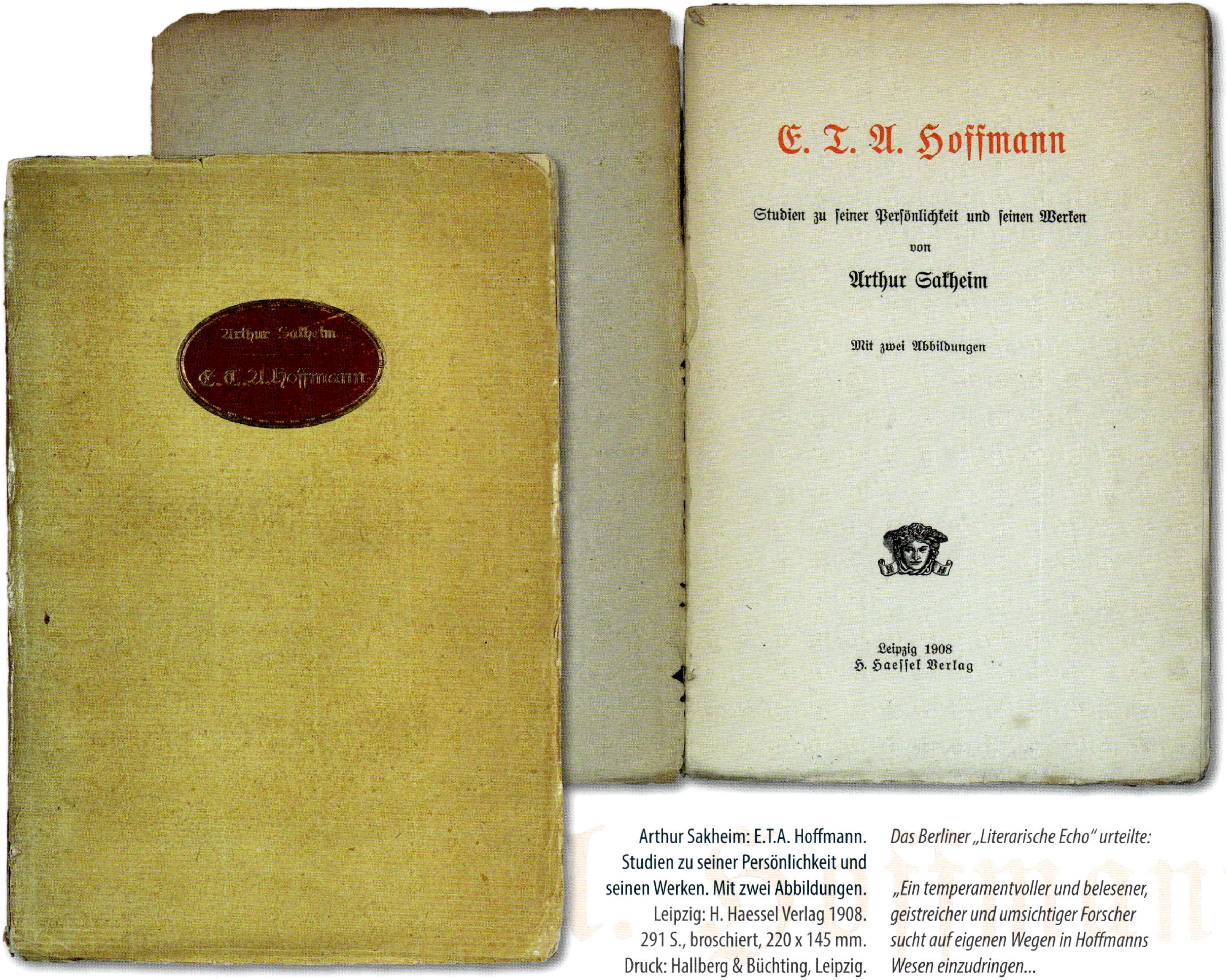

Arthur Sakheim: E.T.A. Hoffmann.
Studien zu seiner Persönlichkeit und seinen Werken. Mit zwei Abbildungen.
Leipzig: H. Haessel Verlag 1908.
291 S., broschiert, 220 x 145 mm.
Druck: Hallberg & Büchting, Leipzig.

Das Buch trug die gedruckte Widmung „Meinen Eltern und Geschwistern in Liebe gewidmet".

Das Berliner „Literarische Echo" urteilte:

„Ein temperamentvoller und belesener, geistreicher und umsichtiger Forscher sucht auf eigenen Wegen in Hoffmanns Wesen einzudringen...

Er gräbt tiefer als viele andere und holt aus der Tiefe manches Stück vollwertigen Metalls."

Arthur Sakheim: Masken.
Hamburgische Schauspieler
Bildnisse.
Einband und Ausstattung:
C.O. Czeschka, Hamburg.
Hamburg: Alfred Janssen 1911.
72 S., gebunden, 240 x 175 mm.
Druck:
Spamersche Buchdruckerei,
Leipzig.

Diese Erstausgabe wurde von Arthur Sakheim im Sommer 1926 signiert.

In seiner Rezension im „Hamburg-Altonaer Generalanzeiger" schrieb Alexander Zinn: „Nirgends ist auch nur ein Hauch jenes Fachmenschentums zu spüren, das heutigestags eine Kunstphilologie geschaffen hat. Alles ist Flamme und Flut. Sakheim läßt jedes einzelne Bildnis zu einem Selbstbekenntnis werden, und darin liegt die mutige Künstlerschaft dieser kritischen Malereien…

Es ist wie die Niederschrift einer Reise in den Jahren stärkster Empfindsamkeit."

Arthur Sakheim:
Marion in Rot.
Ein kleiner Roman.
München: Georg Müller o. J. (1913).
120 S., gebunden, 190 x 135 mm.
Druck: M. Müller & Sohn, München.

Arthur Sakheim: Pilger und Spieler. Eine Komödie in zehn Bildern (Vier Akten). Titelzeichnung und Buchschmuck: Hans Leip (Hamburg). Hamburg: Bimini-Verlag 1920. Zweite und Dritte Auflage. 63 S., geheftet, 230 x 154 mm.

Der „Berliner Börsen-Courier" berichtet von der Erstaufführung: „Aphoristisch geschaffene Dialoge, lyrische Bekenntnisse, Aufschreie, Gelächter, belächelte Bitternisse und durch mondäne Gesten maskierte Schmerzen. Sakheims unbürgerliche Komödie, die schon vor Jahren im Thaliatheater der schillernden Dialogkunst und den kultivierten Gestalterfähigkeiten des Autors verdiente Auszeichnung gebracht hat, wurde auch bei ihrer Erstaufführung in den Hamburger Kammerspielen zu einem Erfolg geführt."

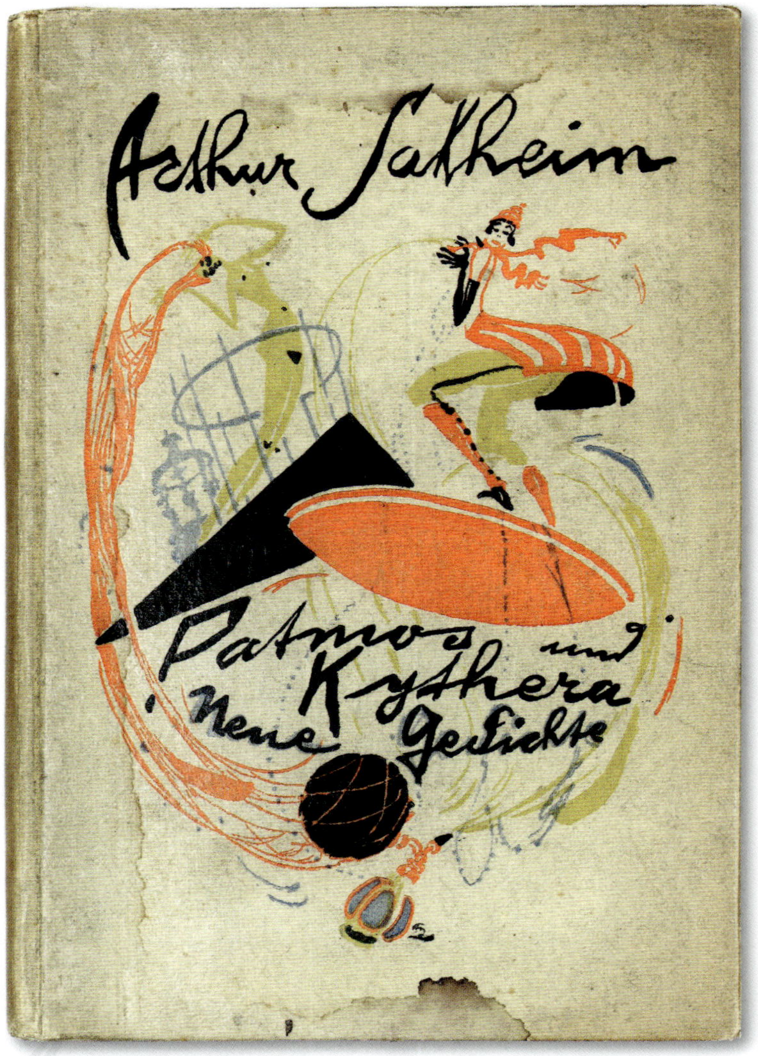

Arthur Sakheim: Patmos und Kythera. Neue Gedichte. Titelzeichnung und Buchschmuck: Hans Leip, Hamburg. Hamburg: Verlag Konrad Hanf D.W.B. 1920. 56 S., gebunden, 188 x 130 mm. Druck: Verlag Konrad Hanf.

Die gedruckte Widmung lautete:

„Dem Kantchen, den Musen und den Pompadours"

Arthur Sakheim:
Expressionismus. Futurismus.
Aktivismus. Drei Vorträge.
Hamburg: Bimini-Verlag 1920.
(Zweite Auflage) 27 S., geheftet, 208 x 140 mm. Druck:
Ackermann & Wulff Nachflg.,
Grosardt & Gowa, Hamburg.

Die gedruckte Widmung lautete:

„Meinem Bruder".

Arthur Sakheim:
Kunst und soziale Revolution.

Hamburg: Konrad Hanf Verlag
DWB 1921. 26 S., geheftet,
215 x 143 mm.
Druck: Konrad Hanf Verlag,
Hamburg.

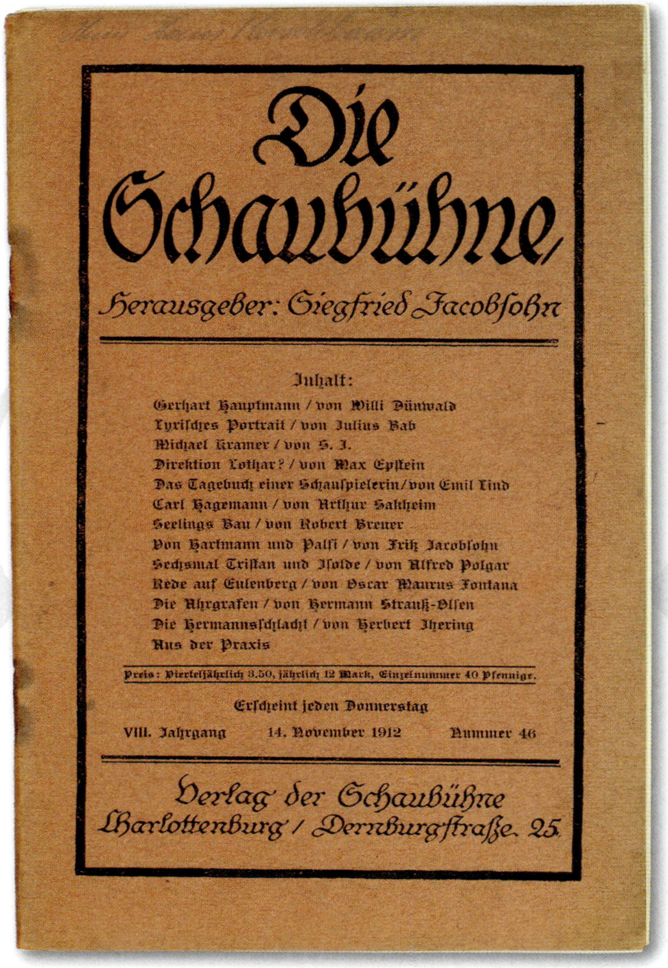

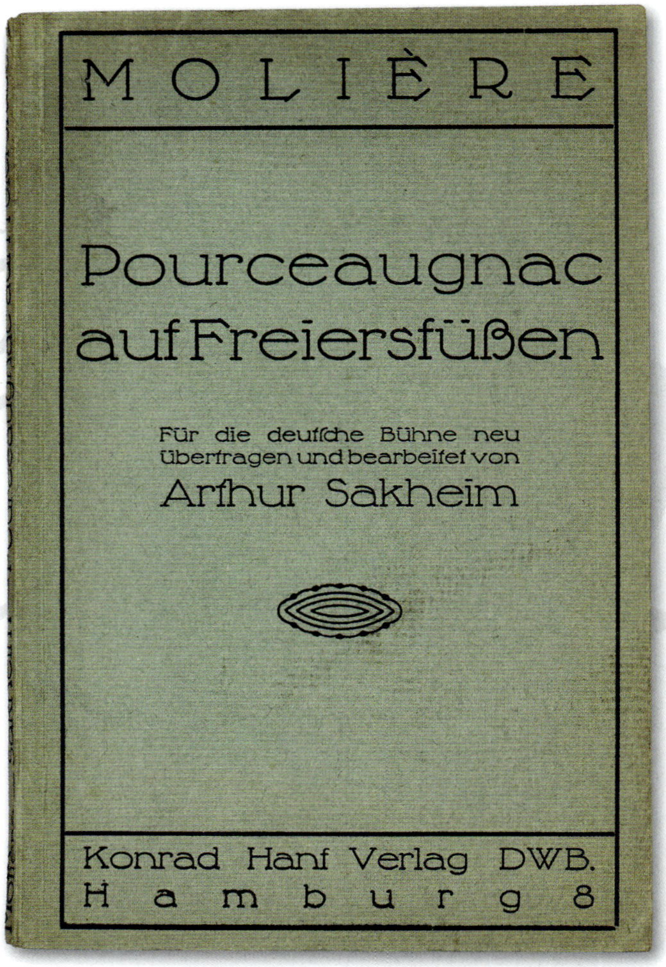

Die Schaubühne. Herausgeber: Siegfried Jacobsohn. Charlottenburg, VIII. Jg., Nr. 46, 14. November 1912. 215 x 140 mm. Druck: Alsberg & Hentrich, G.m.b.H., Berlin.

Schon vor dem Ersten Weltkrieg veröffentlichte Arthur Sakheim in der „Schaubühne". In seinem Artikel setzte er sich kritisch mit der Arbeit des künstlerischen Leiters des Deutschen Schauspielhauses Carl Hagemann auseinander.

Sein Text erschien neben Beiträgen von Julius Bab, Max Epstein, Alfred Polgar und Herbert Jhering.

Molière. Pourceaugnac auf Freiersfüßen. Ein Lustspiel in 3 Akten. Für die deutsche Bühne neu übertragen und bearbeitet von Arthur Sakheim.
Hamburg: Konrad Hanf Verlag DWB 1921. 110 S., broschiert, 190 x 124 mm. Druck: Konrad Hanf Verlag, Hamburg.

Die gedruckte Widmung lautete:

„Anuta und Jeanette zugeeignet".

Mit Anuta war Arthur Sakheims Frau, mit Jeanette seine Schwester gemeint.

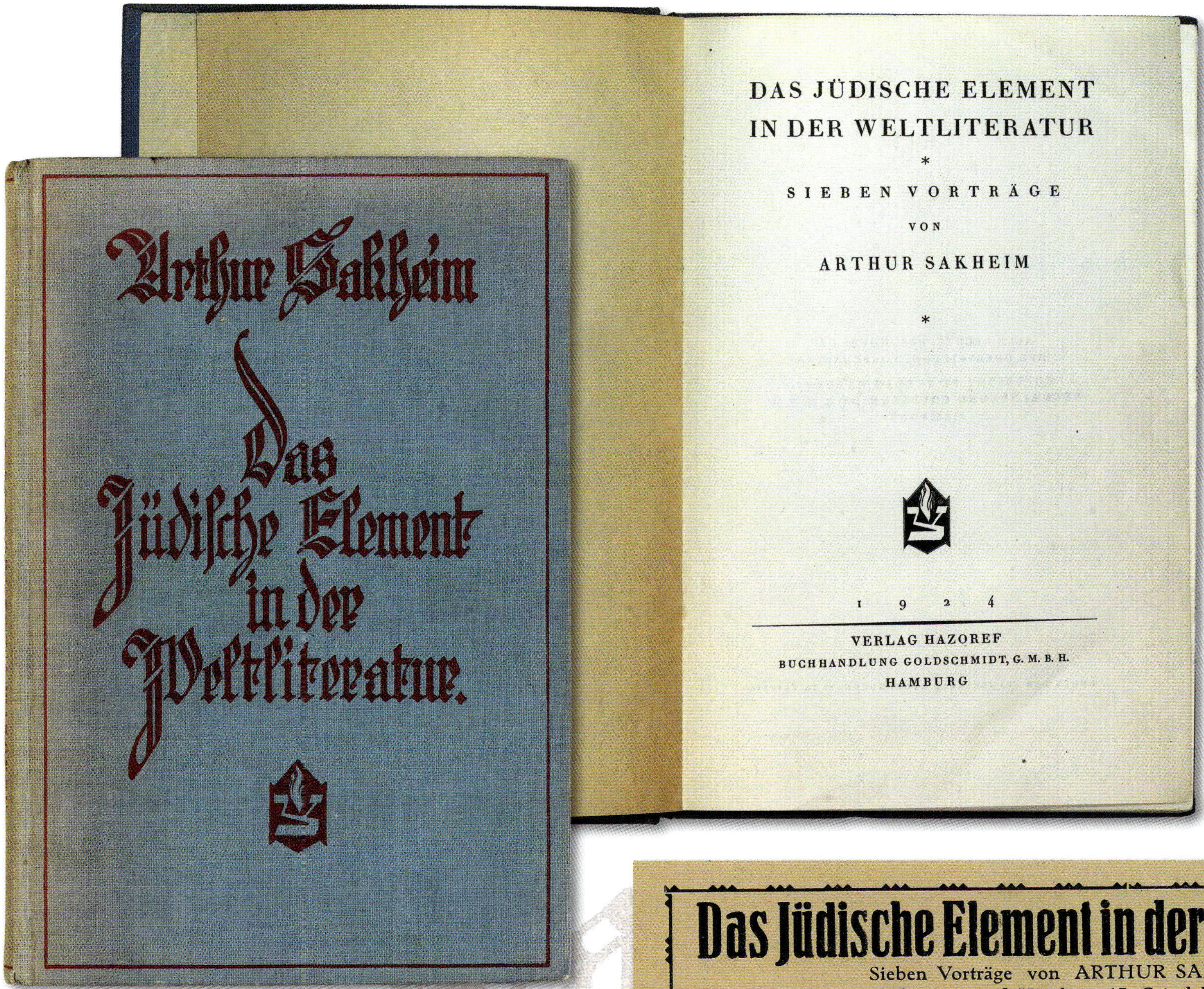

Arthur Sakheim:
Das Jüdische Element in der Weltliteratur. Sieben Vorträge.
Hamburg: Verlag Hazoref Buchhandlung Goldschmidt, G.M.B.H 1924. 191 S., gebunden, 220 x 145 mm. Druck: Spamersche Buchdruckerei, Leipzig.

Die gedruckte Widmung lautete:

„Ich widme dieses Buch dem Andenken meines Großvaters Abraham Ben Joseph Sakheim."

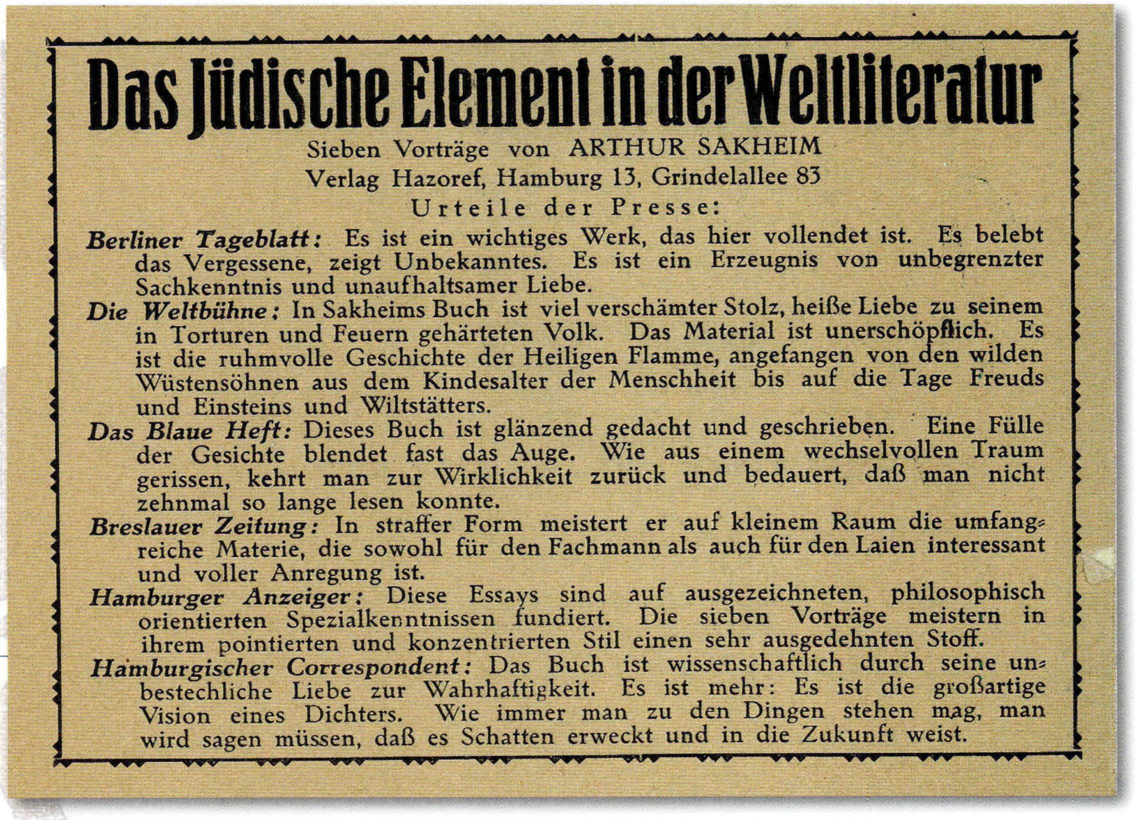

Das Jüdische Element in der Weltliteratur

Sieben Vorträge von ARTHUR SAKHEIM
Verlag Hazoref, Hamburg 13, Grindelallee 83

Urteile der Presse:

Berliner Tageblatt: Es ist ein wichtiges Werk, das hier vollendet ist. Es belebt das Vergessene, zeigt Unbekanntes. Es ist ein Erzeugnis von unbegrenzter Sachkenntnis und unaufhaltsamer Liebe.

Die Weltbühne: In Sakheims Buch ist viel verschämter Stolz, heiße Liebe zu seinem in Torturen und Feuern gehärteten Volk. Das Material ist unerschöpflich. Es ist die ruhmvolle Geschichte der Heiligen Flamme, angefangen von den wilden Wüstensöhnen aus dem Kindesalter der Menschheit bis auf die Tage Freuds und Einsteins und Wiltstätters.

Das Blaue Heft: Dieses Buch ist glänzend gedacht und geschrieben. Eine Fülle der Gesichte blendet fast das Auge. Wie aus einem wechselvollen Traum gerissen, kehrt man zur Wirklichkeit zurück und bedauert, daß man nicht zehnmal so lange lesen konnte.

Breslauer Zeitung: In straffer Form meistert er auf kleinem Raum die umfangreiche Materie, die sowohl für den Fachmann als auch für den Laien interessant und voller Anregung ist.

Hamburger Anzeiger: Diese Essays sind auf ausgezeichneten, philosophisch orientierten Spezialkenntnissen fundiert. Die sieben Vorträge meistern in ihrem pointierten und konzentrierten Stil einen sehr ausgedehnten Stoff.

Hamburgischer Correspondent: Das Buch ist wissenschaftlich durch seine unbestechliche Liebe zur Wahrhaftigkeit. Es ist mehr: Es ist die großartige Vision eines Dichters. Wie immer man zu den Dingen stehen mag, man wird sagen müssen, daß es Schatten erweckt und in die Zukunft weist.

Anzeige zu Arthur Sakheims „Das Jüdische Element in der Weltliteratur". In: Der Freihafen. Blätter der Hamburger Kammerspiele. Jg. 8, Heft Nr. 2. Herausgegeben von Erich Ziegel. 100 x 133 mm. Druck: Conrad Kaysers Buchdruckerei und Verlagsanstalt, Hamburg.

Die Ausgabe enthielt neben Beiträgen von Carl Müller-Rastatt, Stefan Zweig, Hans Harbeck und Arthur Sakheim auch den Artikel „Über Klaus Mann" von Gustav Gründgens.

Allgemeine Künstler-Zeitung
11. Jahrgang.
Originalscherenschnitt für die „A. K.-Z." von Marga Santelmann
Eine Beratung in den Kammerspielen
Erich Ziegel Mirjam Horwitz Arthur Sakheim
Organ für das gesamte Kunstleben
Nr. 4
Preis 2.50 Mk.

**Allgemeine Künstler-Zeitung.
Organ für das gesamte Kunstleben.
Hauptschriftleitung: Karl Goldfeld.**
Hamburg, 11. Jg., Nr. 4,
15. Februar 1921.
Unpaginiert, geheftet,
310 x 232 mm.
Druck: August Wettigs
Druckwerke, Hamburg.

Das Titelblatt schmückte ein Scherenschnitt mit dem Titel „Eine Beratung in den Kammerspielen". Von links nach rechts wurden benannt: Erich Ziegel, in der Mitte stehend: Mirjam Horwitz und unter dem Lampenschirm mit Papier und Feder: Arthur Sakheim. Die Bildunterschrift informierte darüber, dass der Originalscherenschnitt für die „A.K.Z." von Marga Santelmann stammte.

Der Freihafen. Blätter der Hamburger Kammerspiele. Jg. 8, Heft Nr. 5. Herausgegeben von Erich Ziegel. 16 S., geheftet, 220 x 143 mm. Druck: Conrad Kaysers Buchdruckerei und Verlagsanstalt, Hamburg.

Der „Freihafen", für dessen Schriftleitung Arthur Sakheim mehrere Jahre verantwortlich war, veröffentlichte in diesem Heft seinen Aufsatz „E.T.A. Hoffmann zum 150. Geburtstag".

Bühnen-Almanach Hamburg und Altona 1926. Schriftleitung: Paul Alexander-Kleimann. Leipzig, Hamburg, Stuttgart: Max Beck Verlag o.J. (1926). 176 S., broschiert, 238 x 169 mm. Druck: Christiansdruck, Hamburg.

Der Almanach enthielt den Beitrag „Achtunddreißigstes Stück meiner ungeschriebenen Dramaturgie", in dem Arthur Sakheim die siebenjährige Tätigkeit Erich Ziegels an den „Hamburger Kammerspielen" würdigte.

„Dr. Arthur Sakheim ist, noch nicht siebenundvierzig Jahre alt, gestorben… Sakheim war ein ausgezeichneter Schriftsteller und ein ausgezeichneter Dramaturg. Er hatte als Schriftsteller weniger Erfolg, seine Dramen und Erzählungen, so gut sie geschrieben sind, waren wohl für das grosse Publikum zu abseitig, zu herb, zu eindringlich.

Als Dramaturg war Sakheim einige Jahre in Hamburg bei Ziegel, und das Niveau der Hamburger Kammerspiele war nicht zuletzt seiner Arbeit zu danken. Er wusste die wirklichen Künstler zu gewinnen, er verstand es, auch Stücke durchzusetzen, die keine gängige Marktware waren, sondern Dichtungen…

Im Theaterleben spielte Sakheim, seiner sehr sympathischen Eigenart entsprechend, eine besondere Rolle. Er pflegte nicht viel von sich herzumachen, aber man wusste ihn zu schätzen und man hörte auf ihn, da er etwas zu sagen hatte. Es reizte ihn, verschollene Schätze aufzuspüren, aber er war nicht bloss der Gelehrte der Studierstube, er hatte merkwürdigerweise zugleich den Sinn für das Bühnenmässige.
Er arrangierte nicht nur die literarischen Veranstaltungen des Frankfurter Schauspielhauses, sondern er führte auch mit Geschmack und Leidenschaft Regie."

Arthur Sakheim † In: Berliner Tageblatt, 25.8.1931.

Mitte Juli · Heft 13 Jahrgang 1925

DAS STACHELSCHWEIN

HERAUSGEBER HANS REIMANN

AUS DEM INHALT:

H. R. . . . . Bremen, ein Städtebild
H. R. . . . . Jass Minell, ein Reise-Erlebnis
H. R. . . . . Ein 8 Uhr-Abendblatt
H. R. . . . . Serenade, Gänseleber, Bumerang
H. R. . . . . Juli-Kalender
H. R. . . . . „Es muß gelingen"
HANS REIMANN & HANS HARBECK . . . . Lebenslied
KLABUND . . . . . Akt aus einem unveröffentlichen Drama
ARTHUR SAKHEIM Bausteine einer Komödie der Berühmtheit

Kleine Geschichten – Lieber Gott spielen – Das Begräbnis – Theateridyllen – Zeichnungen von Laszlo Boris, Carl Josef, Fred Knab und vom Onkel Richter – Holzschnitte von Willi Geißler

PREIS DES HEFTES 75 PFENNIG

R. TH. HAUSER & Co · VERLAG · FRANKFURT A M
BERLIN – LEIPZIG – WIEN

Das Stachelschwein. Herausgeber: Hans Reimann. Frankfurt am Main, Jahrgang 1925, Heft 13, Mitte Juli. 64 S., broschiert, 242 x 188 mm. Druck: R. Th. Hauser & Co., Frankfurt am Main.

Dieses Heft enthielt Arthur Sakheims Beitrag „Bausteine einer Komödie der Berühmtheit".

VI. Jahrgang, Heft 1
Berlin, Januar 1926

PREIS: M 1,50

DER QUERSCHNITT

THEATER-HEFT

IM PROPYLÄEN-VERLAG / BERLIN

Der Querschnitt. Theater-Heft. Berlin (Propyläen-Verlag), VI. Jg.,Heft 1, Januar 1926. 88 S., broschiert, 247 x 182 mm. Druck: Ullsteinhaus, Berlin.

Neben Beiträgen von Franz Blei, Egon Friedell, Alfred Flechtheim, Max Osborn hatte die Redaktion auch Arthur Sakheims Artikel „Siebenunddreißigstes Stück meiner ungeschriebenen Dramaturgie" in dieses „Theater-Heft" aufgenommen.

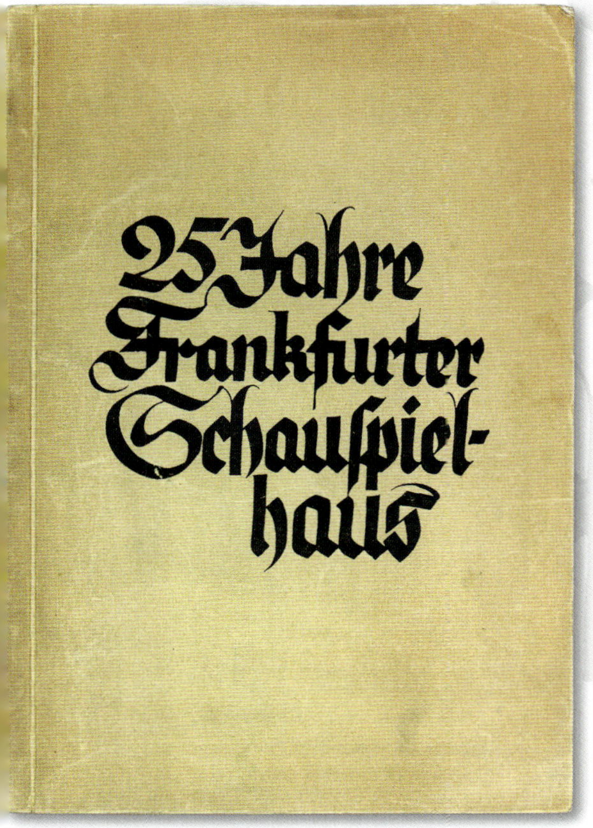

25 Jahre Frankfurter Schauspielhaus. Herausgegeben von der Städtischen Bühnen A.-G., Frankfurt am Main 1927.
Verantwortlich für die Schriftleitung: Dr. Arthur Sakheim, Dramaturg u. Regisseur am Schauspielhaus, Frankfurt-M. 102 S., broschiert, 254 x 173 mm. Druck: HELLERDRUCK A.-G.

Die Festschrift enthielt Arthur Sakheims Beitrag „Der Dreizehnte bei Tisch", ein Artikel, in dem er sich mit der Rolle des Dramaturgen beschäftigte.

Arthur Sakheim:
Der Zaddik. Ein Drama.
Frankfurt am Main: J. Kauffmann Verlag 1929. 92 S., gebunden, 240 x 165 mm. Druck: Druck und Verlagsanstalt Frankfurt a.M. A.G.

Das Buch trug die gedruckte Widmung:-

„Meinem Vater und meinem Sohn".

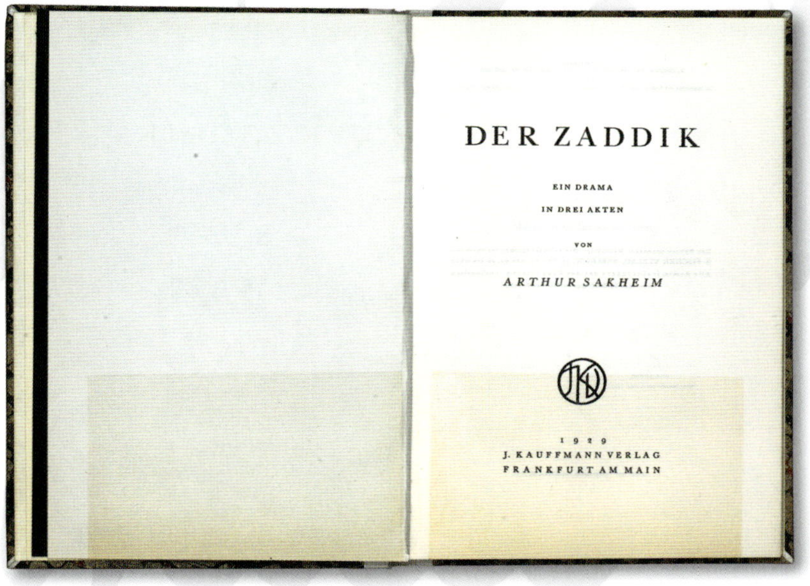

Arthur Sakheim †

„Auf der Heimreise vom Sommerurlaub nach Frankfurt am Main, wo er seit seinem Fortgang von Hamburg als erster Dramaturg und Regisseur an den Städtischen Bühnen tätig war, ist am 23. August in Berlin Dr. Arthur Sakheim plötzlich und unvermittelt an den Folgen einer Operation gestorben.

Der Verstorbene war fünf Jahre lang, von 1921 bis 1926 erster Dramaturg und Leiter der Matineen an den Hamburger Kammerspielen und Schriftleiter dieser Blätter. Auch als Dramatiker und Lyriker von eigenem Gesicht und als kluger Essayist ist Arthur Sakheim in Hamburg bekannt. Wir brauchen nicht seine hohen Verdienste um die Hamburger Kammerspiele aufzuzählen, alle unsere Freunde wissen um sie. Wir wollen uns nur des wahrhaft profunden Wissens und der brennenden Liebe, deren dieser Kopf und dieses Herz fähig waren, dankbar erinnern. Wir werden ihn nicht vergessen."

In: Der Freihafen.
Blätter der Kammerspiele im Lustspielhaus.
Herausgeber: Erich Ziegel.
Hamburg, Jahrgang 14,
Heft Nr. 2, 1931.

„Mein Vater sagte: Wartet die nächsten Wahlen ab“

Ilse Sakheim und ihr Mann George Arthur erzählten in der Ernst-Reuter-Schule I von den Schrecken der NS-Zeit

Von Sonja Thelen

Das städtische Besuchsprogramm, bei dem ehemalige jüdische Frankfurter in ihre alte Heimatstadt zurückkehren, hat auch Ilse und George Sakheim an den Main geführt. In der Ernst-Reuter-Schule I berichteten sie von Terror, Schrecken und Demütigung im nationalsozialistischen Deutschland.

FRANKFURT A.M. „Wir haben Glück gehabt.“ Wenn Ilse Sakheim das sagt, ist das nicht eine leicht dahergesagte Floskel. Während andere bei den Erzählungen von ihr und ihrem Ehemann George Arthur Sakheim über ihr erlebtes Leid überhaupt nicht an Glück denken, empfinden die beiden es wirklich so: Sie haben Glück gehabt. Die beiden jüdischen Deutschen konnten der nationalsozialistischen Verfolgung entkommen, leben heute in den USA, haben einen Sohn und eine Tochter.

Von der schmerzvollen Zeit unter der Diktatur, erzählten der knapp 80-Jährige und seine 78-jährige Frau in einem Zeitzeugengespräch. Dieses führten sie mit den Schülern zweier Geschichts-Kurse der Jahrgangsstufe zwölf an der Ernst-Reuter-Schule. Die Gelegenheit dazu ergab sich während des von der Stadt organisierten Besuchprogramms ehemaliger jüdischer Frankfurter. Zuvor hatten die beiden Geschichtslehrerinnen Birgit Ausbüttel und Judith Prager den Kontakt zu dem Psychologen und der Sozialarbeiterin geknüpft und mit den Schülern das Thema vorbereitet.

Fünf Jahre hat der 1923 in Hamburg geborene George in Frankfurt gelebt, bis nach dem plötzlichen Tod des Vaters 1931 seine Mutter mit ihm nach Berlin umzog. Erinnerungen an „eine glückliche Kindheit“ waren für den Steppke etwa der Besuch des Schauspielhauses, wo Arthur Sakheim Erster Dramaturg und Regisseur war. Der Blick hinter die Kulissen des Theaters ist für ihn unvergessen. Eingebrannt in sein Gedächtnis hat sich auch ein Bericht seines Vaters. Schockiert war dieser von einer Aufführung von Bertolt Brechts „Dreigroschenoper“ im Schauspielhaus nach Hause gekommen und erzählt: „Nazis haben im Publikum geschrien, gepfiffen und mit Eiern geworfen.“

In Berlin erlebte der Junge die Straßenkämpfe zwischen Nazis und Kommunisten, war nach der Machtübernahme im Januar 1933 der zunehmenden propagandistischen Hetzjagd gegen die Juden ausgesetzt, wurde von Hitlerjungen verprügelt. Im April 1933 floh er mit seiner Mutter, die ihre Stelle im Ullstein-Verlag verloren hatte, weil sie Jüdin war, zunächst nach Italien, später emigrierten sie nach Palästina. Alles mussten sie zurücklassen: Die Möbel, das Silber, „alles, was sich in 15 Jahren Ehe angesammelt hatte“.

„Meine Mutter hat mit ihrer Weitsicht uns das Leben gerettet“, sagte George Sakheim. Aber ihr blieben nur noch wenige Jahre. Anuta Sakheim starb 1939 an Krebs, ein Jahr vorher hatte sie ihren Sohn zu seiner Tante nach New York geschickt. Doch er kehrte nach Deutschland zurück, zunächst 1944 als US-Soldat. Später war er von 1945 bis 1946 Dolmetscher bei den Nürnberger Kriegsverbrecher-Prozessen. Interessiert schauten sich die Schüler Fotos aus dem Gerichtssaal an, wo sein Platz unterhalb des Richters war, während Göring und Hess auf der Anklagebank saßen.

Wie Repression und Entrechtung immer mehr zunahmen, wie die Freiheit immer mehr beschnitten wurde, wie die Menschenwürde immer mehr getreten wurde, wie die Demütigung und Ausgrenzung immer schmerzhafter wurden: Davon erzählte Ilse Sakheim, die erst 1939 durch einen Kindertransport Deutschland verlassen konnte, während ihre Eltern in Auschwitz getötet wurden. 1945 kam sie für zwei Jahre nach Offenbach, um für die amerikanischen Behörden zu arbeiten.

1925 war Ilse Oschinsky im schlesischen Grottkau auf die Welt gekommen. Wenige Tage nach der Machtübernahme musste sie als Achtjährige mitansehen, wie SA-Männer in dem kleinen Seifenhaus ihrer Eltern Angst und Schrecken verbreiteten und die Menschen aufforderten, jüdische Geschäfte zu boykottieren. Sie erlebte die Pogromnacht, die Verschleppung jüdischer Jungen und Männer, auch die ihres Vaters, der aber noch einmal für kurze Zeit nach Hause zurückkehrte. Fast bis zuletzt hatten ihre Eltern gehofft. „Mein Vater war Optimist. Er hat immer gesagt, wartet nur die nächsten Wahlen ab.“

Das Misstrauen vor allem gegen die älteren Deutschen sei geblieben. Erst 1991 sind die Sakheims das erste Mal für ein paar Tage wieder in Deutschland gewesen. „Wir fragen uns immer, was haben sie in der Zeit gemacht, waren sie für oder gegen das Regime.“ George Sakheim nutzte das Gespräch auch, um an das Verantwortungsgefühl eines jeden zu appellieren, und zitierte den Politiker und Publizisten Edmund Burke: „Der Preis für die Freiheit ist die ewige Wachsamkeit.“

Nachdenklichkeit herrschte in der Ernst-Reuter-Schule I, wo die Zeitzeugen Ilse und Arthur George Sakheim vom Schrecken der Diktatur in Deutschland erzählten. (FR-Bild: P. Welzel)

In:
Frankfurter Rundschau,
Rhein-Main-Teil
5.6.2003.

Zeitzeugen berichteten: Schweigen gefährdet die Freiheit

Von Desirée Hahnemann

Nordweststadt. Zwei Stunden besonderer Art erlebten die Geschichtskurse der 12. Klassen der Ernst-Reuter-Schule 1. Im Rahmen des von der Stadt organisierten Besuchsprogramms für politisch oder religiös verfolgte ehemalige Frankfurter besuchten George Arthur Sakheim (80) und Frau Ilse (78) das Gymnasium. Beim Zeitzeugengespräch schilderten sie ihre Erlebnisse im Dritten Reich, ihre Flucht und ihre Rückkehr nach Deutschland. Das alles hatten sie schon den Produzenten von Schindlers Liste erzählt.

1923 in Hamburg geboren, zog Sakheim mit drei Jahren mit seinen Eltern nach Frankfurt. Vater Arthur war von 1926 bis 1931 Regisseur am Schauspielhaus. Als Junge durfte Sakheim junior den Vater ab und an ins Theater begleiten. „Ich hatte eine glückliche Kindheit in Frankfurt", sagt Sakheim. Als Siebenjähriger erlebte er, wie sein Vater empört nach Hause kam. Nazis hatten eine Aufführung eines Stücks von Berthold Brecht gestört, indem sie Schauspieler mit Eiern bewarfen, laut schrien und pfiffen. „So etwas hatte es vorher in einem deutschen Theater nicht gegeben.“ 1931 zog die Familie nach Berlin, im selben Jahr starb Sakheims Vater.

„Die Weimarer Republik war eine schwache Demokratie. Ich habe auf dem Schulweg erlebt, dass sich Kommunisten und Nazis prügelten. Polizisten standen daneben und griffen nicht ein“, erinnert sich Sakheim. Und die Nazis hätten mehr und mehr das Sagen übernommen. Deshalb beschloss seine Mutter, Deutschland zu verlassen. Zunächst fuhren sie bis Meran, warteten dort auf ein Visum nach Palästina. „Meine Mutter hat uns das Leben gerettet“, weiß er.

Seine Frau Ilse wurde 1925 in Grottkau (Schlesien) geboren. Die Eltern betrieben in Leobschütz ein gut gehendes Seifenhaus – bis die Nazis die Macht übernahmen. Eines morgens standen zwei SA-Leute im Geschäft und forderten Kunden auf, nicht bei Juden einzukaufen. „Wir saßen in unserem Geschäft, hatten Angst und wussten nicht was passieren würde“, sagt sie. Nach einigen Tagen kam die SA nicht mehr, allerdings auch keine Kunden mehr. Der Laden musste geschlossen werden, der Vater reiste fortan als Vertreter durchs Land. „Selbst als er später Gleise verlegte und unter der ungewohnten körperlichen Arbeit litt, glaubte er noch, man müsse nur die nächste Wahl abwarten.“

Frau Sakheim erzählte auch von der Reichskristallnacht, der Ausgrenzung, weil sie Jüdin war, und der Rückkehr des Vaters nach seiner Deportation nach Buchenwald. „Ich wartete auf einen Bescheid, dass ich nach Holland ausreisen durfte,“ erinnert sie sich. „Als es an der Tür klingelte, stand da ein mir fremder Mann. Erst bei näherem Hinsehen erkannte ich meinen völlig abgemagerten Vater.“

Dieser kümmerte sich um ihre Auswanderung, die in Richtung England erfolgte. Die Eltern blieben zunächst in Deutschland, denn eine Ausreise nach Amerika war nicht so einfach. Man brauchte einen Bürgen in den USA, der Geld hinterlegte. Viele überlebten das Warten nicht. Frau Sakheims Eltern kamen in Ausschwitz ums Leben. „Bevor ich nach England gıng nahm mich mein Vater beiseite und erzählte mir vom KZ.“ Sie sollte den Menschen in England davon berichten. „Aber die Leute in Birmingham glaubten mir nicht.“

Georg Arthur Sakheim diskutierte mit den Ernst-Reuter-Schülern über seine Erlebnisse im Dritten Reich. Foto: Hahnemann

George Sakheim kehrte 1944 als amerikanischer Soldat nach Deutschland zurück. Seine Mutter hatte 1938 dafür gesorgt, dass er in die USA reisen konnte und bei einer Tante lebte. Seine Einheit befreite das KZ in Nordhausen (Harz). „Wir haben dort halb Verhungerte und tote Menschen gesehen und mit Fotos dokumentiert.“ Nach dem Krieg arbeitet er als Dolmetscher bei den Nürnberger Prozessen. Unter anderem dolmetschte er eine Vernehmung von Rudolf Hess, SS Brigarde General und Kommandant des KZ in Ausschwitz. Auf die Frage, ob sie die Deutschen hassten, antwortete das Ehepaar, sie fühlten sich heute sehr wohl in Frankfurt und hätten keine Probleme mit Menschen, die im Dritten Reiche selbst noch Kinder oder Jugendliche gewesen wären. „Aber wir fragen uns doch oft, was die Leute dachten, die als Erwachsene in dieser Zeit lebten und hinterher behaupteten, sie seien völlig unpolitisch gewesen“, so Herr Sakheim.

„Wir waren sehr froh, dass sich Deutschland nicht am Irak-Krieg beteiligen wollte. Und wir haben bei unseren Besuchen Deutschland als ein friedliebendes Land erlebt", schloss Sakheim seinen Vortrag. Es sei wichtig immer wachsam zu sein und auf die Demokratie aufzupassen, denn das Gefährlichste für die Freiheit seien die guten Menschen, die schweigen und sich abwenden, wenn Unrecht geschieht.

Wie sie die Politik von Bush beurteilen, wollten die Schüler wissen. „Für uns ist es eine schwere Zeit. Nach den schlechten Erfahrungen hört man sofort ein Klingeln, wenn ein Land angegriffen wird, das uns nicht angegriffen hat.“ Er hoffe auf die nächste Wahl“, fügte ihr Mann an.

In:
Frankfurter Rundschau,
Lokalteil,
3.6.2003.

In: Süddeutsche Zeitung, 20.11.2015

Wie kann der Mensch so werden?

70 Jahre nach Beginn der Nürnberger Kriegsverbrecherprozesse erinnert sich George Sakheim, wie er als junger Mann mit Rudolf Höß im Raum sitzen musste, um zu dolmetschen: „Es war kaum auszuhalten", sagt der 92-Jährige

VON OLAF PRZYBILLA

Nürnberg – George Sakheim war 22, als er mit einem Massenmörder in einem Zimmer saß. Vor genau 70 Jahren war das, Sakheim hatte sich eigentlich schon darauf eingestellt, dass sein Einsatz in Europa zu Ende sein würde. Bis er in einer Zeitungsanzeige sah, dass sie Dolmetscher brauchen im Prozess gegen die NS-Hauptkriegsverbrecher. Sakheim war 1923 in Hamburg zur Welt gekommen, als Sohn eines Journalisten und Theaterdramaturgen. 1935, sein Vater war vier Jahre zuvor gestorben, floh er mit seiner Mutter nach Palästina. Drei Jahre später wanderte er nach Amerika aus und wurde 1943 US-Soldat im Kampf gegen sein früheres Heimatland. Deutsch ist seine Muttersprache, also meldete sich Sakheim auf die Annonce hin und machte sich auf den Weg nach Nürnberg.

In Saal 600 gibt es nur noch drei Gegenstände von damals: zwei Bänke und der Schaltschrank

70 Jahre später blickt er sich im Saal 600 um, und nein, es ist nicht alles so, wie es damals war. Oben, wo vor fünf Jahren das Memorium Nürnberger Prozesse eingerichtet wurde, war 1945 eine Tribüne für die Presse. Die Richter saßen dort, wo heute in Schwurgerichtsprozessen der Staatsanwalt, die Nebenkläger und Gerichtsgutachter Platz nehmen. Der jeweilige Angeklagte des NS-Regimes gab an der Seite des Saals Auskunft, an der heute die Richter des Landgerichts sitzen. Und die heutige Ausstattung des Raumes mit Bänken, Tischen, Kronleuchtern ist ebenfalls nicht historisch. Im Nachkriegsdeutschland endete das Mobilar des Kriegsverbrecherprozesses auf dem Müll, und das wohl auch deshalb, weil es nicht wenige gab, die in den ersten Jahren danach den ganzen Prozess auf den Müll der Geschichte wünschten. Genau drei Gegenstände blieben vom großen Aufräumen verschont, vermutlich auch das eher aus Zufall: zwei Holzbänke und der Elektroschaltschrank.

Sakheim aber war ohnehin eher sporadisch im Saal 600 zugange, ihn hatte man ausgewählt, um Einzelgespräche zu übersetzen. Für eines dieser Gespräche wurde er in einen Raum zu einem Massenmörder gerufen, zu einem Mann, der im Prozess kurioserweise als Entlastungszeuge aussagen sollte: Rudolf Höß, der Lager-Kommandant von Auschwitz. In einem Raum also mit einem der wohl skrupellosesten Schlächter der Weltgeschichte, „es war kaum auszuhalten", sagt Sakheim. „Ich war da ja erst 22", ein wütender junger Mann. „Aber was hätte ich tun sollen? Ich hatte einen Job auszuführen."

Ein Stockwerk höher kann man sich im Memorium anhören, wie das klang, wenn Höß den Mund aufmachte. Man hört einen Mann mit extrem heller Stimme, der Sätze sagt, die sich so anhören, als würde ein Beamter eine Verordnung vom Blatt ablesen. Höß gehörte in dem Prozess nicht zu den Angeklagten, er sollte aus Sicht der Verteidigung darlegen, dass er – wie der Angeklagte und frühere Chef der Sicherheitspolizei, Ernst Kaltenbrunner – lediglich Befehle ausgeführt habe. Ob es stimme, dass er, Höß, 1941 zu Himmler bestellt worden sei, wird er gefragt. Er könne das nur „dem Sinne nach sagen", nicht wörtlich zitieren, antwortet Höß. Aber ja, Himmler habe ihm mitgeteilt: „Der Führer hat die Endlösung der Judenfrage befohlen. Wir, die SS, haben diesen Befehl durchzuführen." Werde dies zu diesem Zeitpunkt nicht getan, hört man Höß fisteln, „so wird später das jüdische Volk das deutsche Volk vernichten". Ob er, Rudolf Höß, als Familienvater je Mitleid empfunden habe mit den Schicksalen von Frauen und Kindern, wird er gefragt. „Jawohl", antwortet Höß, „aber bei allen diesen Zweifeln war immer ausschlaggebend: der Befehl, der unbedingte Befehl. Und die dazugehörige Begründung."

George Sakheim, geboren in Hamburg, wanderte 1938 nach Amerika aus. 1945 arbeitete er beim NS-Kriegsverbrecherprozess als Dolmetscher. FOTO: OLAF PRZYBILLA

Das, sagt Sakheim, habe ihn am meisten erschüttert als jungen Mann: „Dass diese Menschen keinerlei Einsicht in ihre Schuld zeigten, unfassbar." Und ja, er sei damals unglaublich wütend gewesen, als der Prozess am 20. November 1945 begann. Aber auch voller Hoffnung, dass diesen Männern Gerechtigkeit widerfahren, dass auf Schuld Sühne folgen werde. Der Prozess endete mit drei Freisprüchen, sieben langjährigen oder lebenslangen Haftstrafen und zwölf Todesurteilen. Zum Tod durch den Strang, death by hanging, wurde auch Kaltenbrunner verurteilt, der Mann, den Höß mit seinen Aussagen reinwaschen wollte. Ein faires Urteil? Sakheim überlegt. Und sagt: „Ich habe es so empfunden."

Ihn zog es nach dem Prozess zurück in seine neue Heimat, in den USA studierte er Psychologie. Die Monate in Nürnberg aber hätten sein ganzes Leben geprägt, sagt Sakheim. Immer wieder habe er sich mit der Frage beschäftigt, wie der Mensch so werden kann. Wie wird einer zum Kaltenbrunner? Wie zum Höß? Das waren wohl, das sage er nun als Psychologe, psychopathische Persönlichkeiten. Was aber noch nicht die Frage beantworte, wie man so wird. Im Grunde, sagt Sakheim und schaut zu Boden, beschäftige ihn die Frage bis heute. Eine Gewissheit indes habe er mitgenommen aus Nürnberg: „Solche Menschen muss man stoppen. Mit allen Mitteln."

Es ist nicht das erste Mal, dass Sakheim zurückgekehrt nach Deutschland. Gemeinsam mit seiner Frau, die 1939 einem Kindertransport entkam, hat er sich das Land immer wieder angeschaut: „Wir mögen die Deutschen." Er sei sehr beeindruckt davon, wie sich dieses Land in den vergangenen 70 Jahren gewandelt habe.

Womöglich hat er den Saal 600 beim jetzigen Besuch zum letzten Mal als Gerichtssaal erlebt. In fünf Jahren, zum 75. Jahrestag, dürfte der Saal bereits komplett als Museum dienen. Seine Erinnerungen an das Nürnberg des Jahres 1945? Vor allem zweierlei, sagt Sakheim. „Es hat sehr gestunken", wohl der vielen unter Schutt vergrabenen Leichen wegen. Die Oper aber habe beeindruckend früh wieder funktioniert.

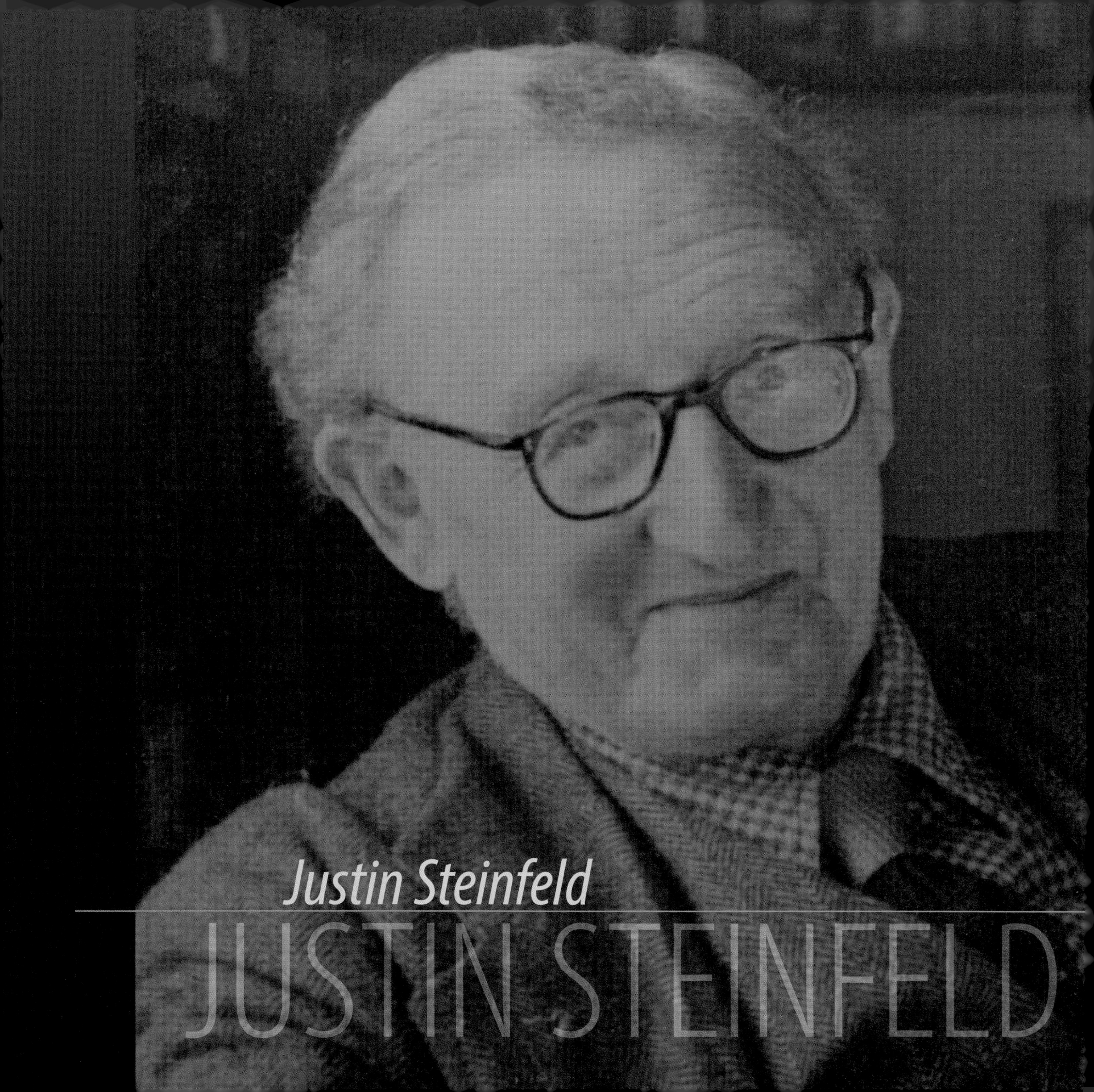
Justin Steinfeld
JUSTIN STEINFELD

1886 - 1970

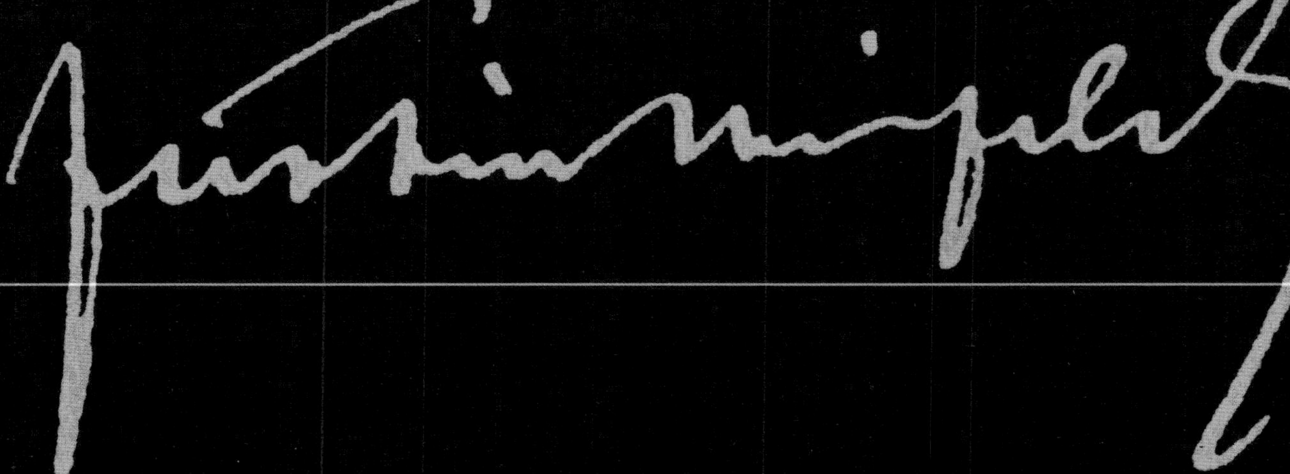

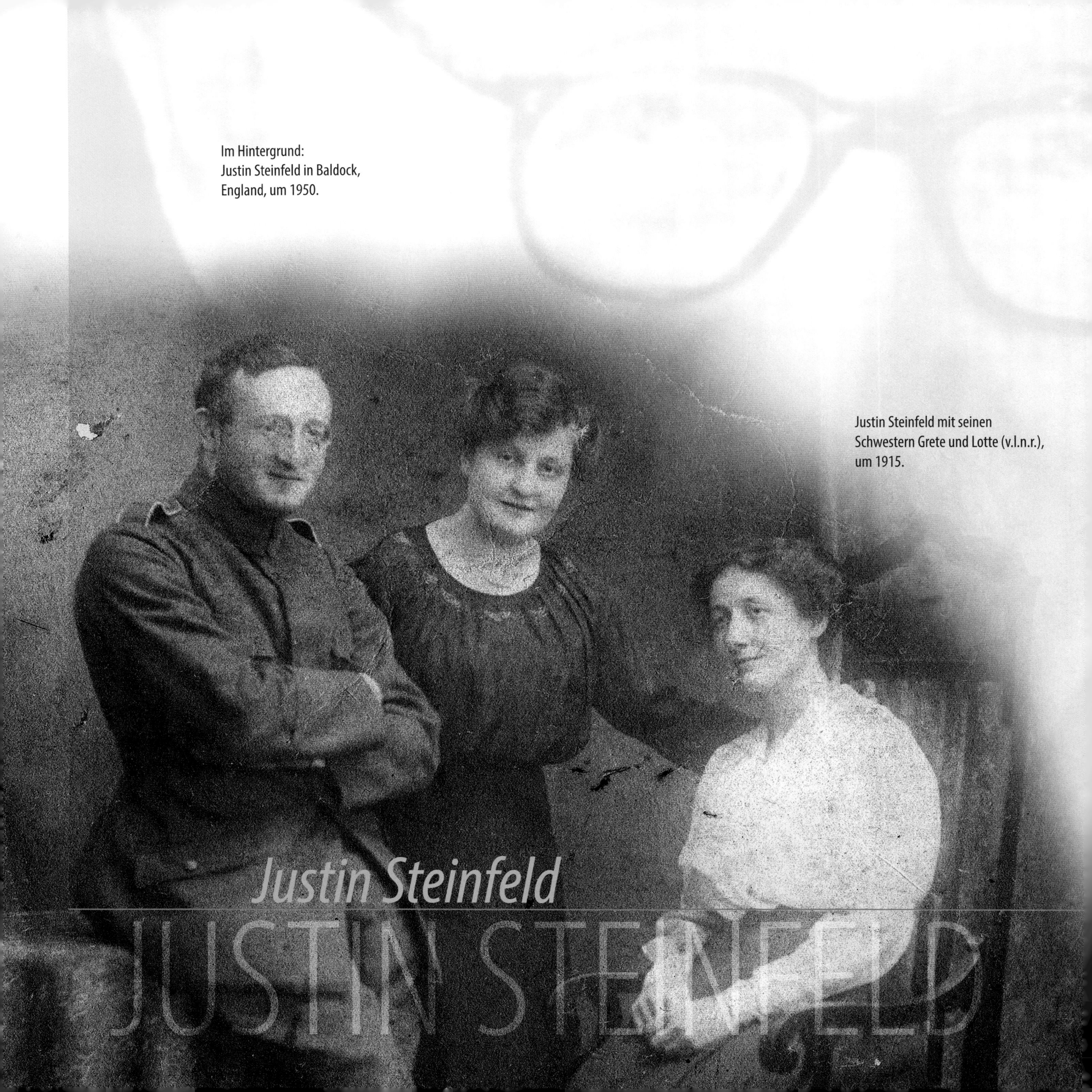

Im Hintergrund:
Justin Steinfeld in Baldock,
England, um 1950.

Justin Steinfeld mit seinen
Schwestern Grete und Lotte (v.l.n.r.),
um 1915.

Ansicht der Fröbelstraße 9 in Hamburg.
Im 4. Stock wohnte Justin Steinfeld.

27.2.1886	*Geburt in Kiel*
1892	*Umzug der Familie nach Hamburg*
1914 - 1918	*Teilnahme am Ersten Weltkrieg;*
	Arbeit als Journalist und Theaterkritiker
1926	*Kauf der Hamburger „Allgemeinen Künstler-Zeitung“ (seit 1927: „Die Tribüne“)*
1931	*Mitbegründer des „Kollektivs Hamburger Schauspieler“; Autor politischer Revuen*
1932	*Leitung des Untersuchungsausschusses zum „Altonaer Blutsonntag“*
31.3.1933	*Rauswurf aus dem „Altonaer Stadttheater“*
August 1933	*Entlassung aus der „Schutzhaft“ im Konzentrationslager Fuhlsbüttel; Flucht nach Prag*
1933 - 1938	*Redakteur der Zeitschrift „Die Wahrheit“*
8.6.1935	*Aberkennung der deutschen Staatsbürgerschaft*
Oktober 1938	*seit Einmarsch deutscher Truppen in Prag Leben in der Illegalität*
April 1939	*Flucht über Polen nach England*
21.6.1939	*Heirat mit Käte Behrens in London*
Juli 1940	*auf dem Truppentransporter „Dunera“ nach Australien transportiert; mehrmonatige Internierung im Wüstenlager Hay*
August 1941	*Rückkehr nach England*
1948 - 1952	*Hilfslehrer des englischen „Further Education Department“*
15.5.1970	*Tod in Baldock/Hertfordshire*

Justin Steinfeld

Der in Kiel geborene Justin Steinfeld lebte seit seinem sechsten Lebensjahr in Hamburg. Nach der Teilnahme am Ersten Weltkrieg und Studienjahren erwarb er 1926 die Hamburger „Allgemeine Künstler-Zeitung“ und wurde ihr Herausgeber.
Seit 1927 erschien die Zeitung, in der er unter verschiedenen Pseudonymen veröffentlichte, mit dem neuen Titel „Die Tribüne“.

Justin Steinfeld engagierte sich innerhalb der KPD und ihrem politischen Umfeld.
Er war Mitbegründer des „Kollektivs Hamburger Schauspieler“, schrieb für diese Schauspielergruppe zeitkritische, politische Revuen, die in Hamburg viel Beachtung fanden.

Nach dem „Altonaer Blutsonntag“ vom 17.7.1932 leitete er den überparteilichen Untersuchungsausschuss zu den tödlichen Schießereien in Altona.

Am Vorabend des „Judenboykotts“ vom 1.4.1933 wurde Justin Steinfeld Opfer antisemitischer Pöbeleien und aus dem Altonaer Stadttheater verwiesen.
Nach kurzer „Schutzhaft“ im Konzentrationslager Fuhlsbüttel floh er in die Tschechoslowakei. Dort arbeitete er als Auslands- und Theaterredakteur der Wochenzeitung „Die Wahrheit“. Gleichzeitig schrieb er für andere Exilzeitungen wie die „Arbeiter-Illustrierte-Zeitung“, „Das Blaue Heft“ und „Die Neue Weltbühne“.

Nach der Okkupation Prags durch deutsche Truppen musste Justin Steinfeld untertauchen. Mit seiner Lebensgefährtin und ihrem Kind floh er unter dramatischen Umständen über Polen nach England.

Dort als „enemy alien“ eingestuft, wurde er im Juli 1940 mit anderen deutschen und österreichischen Flüchtlingen nach Australien deportiert und im Wüstenlager Hay interniert. 1941 kehrte er nach England zurück, wo er bis zu seinem Tod 1970 in äußerst bescheidenen Verhältnissen lebte.

Sein schon im Prager Exil begonnener Roman „Ein Mann liest Zeitung“ erschien erst 14 Jahre nach seinem Tod.

Justin Steinfeld, though born in Kiel, lived in Hamburg from the age of six. His father's desire to see his son become a businessman was disappointed.

In 1926, after having fought in the First World War and finished his studies, Justin Steinfeld purchased the Hamburg newspaper „Allgemeine Künstler-Zeitung", and became its publisher. From 1927 on the paper appeared under the name „Die Tribune", and in it he wrote many articles under various pseudonyms.

Justin Steinfeld was active in the KPD (Communist Party Germany) and its political sphere of influence.
He was a founder of the Hamburg actors' ensemble „Kollektiv Hamburger Schauspieler", and wrote for this company a number of critical, political revues which received acclaim.

After the July 17th, 1932 event known as „Altona's Bloody Sunday", he lead the non-partisan investigative committee looking into the fatal shootings in Altona.

The evening before the „Judenboykott" of April 1st, 1933, Justin Steinfeld fell victim to anti-Semitic ranting and was let go from the Altona Stadttheater. After a short stay in so called „Schutzhaft" in the concentration camp in Hamburg Fuhlsbüttel, he fled to Czechoslavakia.

There he soon worked as a foreign correspondent and theater critic for the weekly newspaper „Die Wahrheit". At the same time he wrote for other German language exile newspapers like „Arbeiter-Illustrierte-Zeitung", „Das Blaue Heft" und „Die Neue Weltbühne".

After German troops occupied Prague, Justin Steinfeld had to go into hiding. He fled again, this time with his girlfriend and her child through Poland to England. There, classified as an "enemy alien", he was deported to Australia in July 1940, along with other German and Austrian refugees. They were placed in Australia's internment camp Hay. In 1941 he returned to England, where he lived until his death in 1970 in extremely simple circumstances.

His novel „Ein Mann liest Zeitung", which he began while in exile, appeared 14 years after his death.

teinfeld

STEINFELD

Die Tribüne.
Halbmonatsschrift für
alle Interessen unseres
geistigen Lebens.
Herausgeber:
Justin Steinfeld.
16. Jg. der Allgemeine
Künstler-Zeitung,
Nr. 24, 15. Dezember
1927. 20 S., geheftet,
310 x 240 mm.
Druck: Ernst Kabel,
Hamburg.

Hamburgisches Welt-Wirtschafts-Archiv Abt.: Zeitschr.-Verwaltung 19. Dez. 1927

Die Tribüne

16. Jahrgang der Allgemeine Künstler-Zeitung

AKZ

Halbmonatsschrift für alle Interessen unseres geistigen Lebens

Herausgeber: Justin Steinfeld. Verlag: Hamburg 36, Neuerwall 16

Aus dem Inhalt:

Wunschzettel . . . . Justin Steinfeld
Revision des Versailler Vertrages . . . . . Armand Charpentier
Kurzer Brief des Preußischen Ministers für Wissenschaft, Kunst und Volksbildung
Die Wertverminderung des Talents . . . . Stephan Steinhardt
Theater, Musik, Film, Tanzkunst, kleine Beiträge
Prolog der schönen Frau . . . . Heinz Liepmann
Vogel Strauß und Rundfunk
Bedenkliche Anekdote . . . . Jürgen Anders
Trostgründe bei dem zunehmenden Mangel des Geldes

JAHRG. 16 NO. 24 PREIS 50 PFG.

Justin Steinfeld

JUSTIN STEINFELD

Hamburg, den 24. Januar 1931 Einzelpreis 25 Rpf.

DIE HAMBURGER TRIBÜNE

20. Jahrgang der „Allgemeinen Künstler-Zeitung“. Herausgeber Justin Steinfeld

Wochenschrift für alle Interessen unseres geistigen Lebens

Nr. 3

AUS DEM INHALT:

Die Hamburger Tribüne. Wochenschrift für alle Interessen unseres geistigen Lebens. Herausgeber: Justin Steinfeld. 20. Jg. der „Allgemeinen Künstler-Zeitung“, Nr. 3, 24. Januar 1931. 20 S., geheftet, 218 x 143 mm. Druck: Victoria-Buchdruckerei Herm. Göpner, Hamburg.

Diese Ausgabe enthielt u.a. einen Beitrag des später ebenfalls nach England emigrierten Journalisten und Übersetzers Carl Brinitzer (1907-1974).

„Justin Steinfeld war ein wenig besser dran als viele seiner Schicksalsgenossen, denn er arbeitete für mehrere Zeitschriften. Aber wenn dieser rothaarige, fast immer erregte und Erregung hervorrufende Mann noch in Begleitung seiner gleichfalls rothaarigen, lustigen und temperamentvollen Frau auftauchte, war geraume Zeit an Arbeit gar nicht zu denken."

Lenka Reinerová: Die Premiere. Erinnerungen an einen denkwürdigen Theaterabend und andere Begebenheiten. Berlin, Weimar 1989, S. 119.

Die Schriftstellerin Lenka Reinerová (1916-2008) arbeitete damals in der Redaktion der „AIZ", der „Arbeiter-Illustrierten-Zeitung".

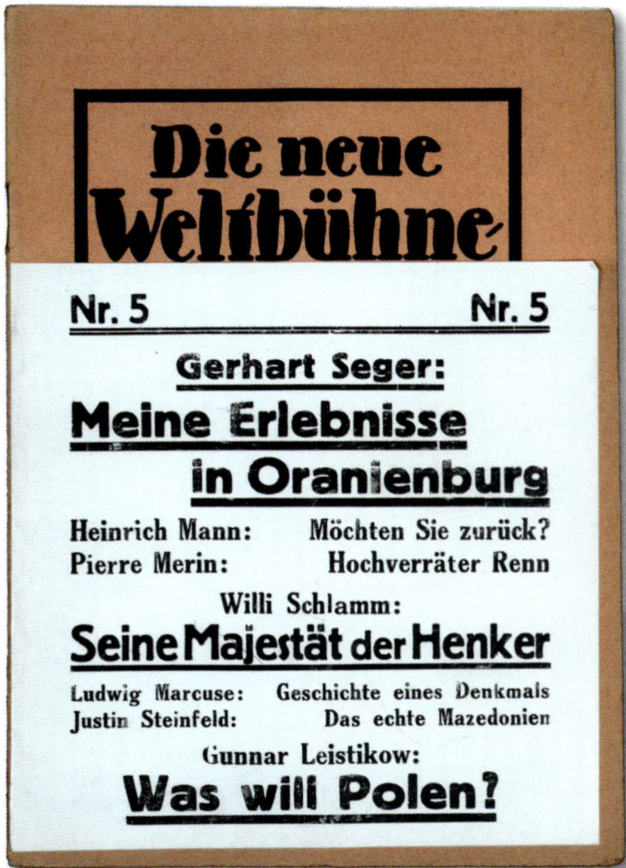

Die neue Weltbühne

Nr. 5 Nr. 5

Gerhart Seger:

Meine Erlebnisse in Oranienburg

Heinrich Mann: Möchten Sie zurück?

Pierre Merin: Hochverräter Renn

Willi Schlamm:

Seine Majestät der Henker

Ludwig Marcuse: Geschichte eines Denkmals

Justin Steinfeld: Das echte Mazedonien

Gunnar Leistikow:

Was will Polen?

Die neue Weltbühne. Wochenschrift für Politik, Kunst, Wirtschaft. 3. Jg. Der Wiener Weltbühne. Verantwortlicher Redakteur: Dr. Ernst Fröhlich. Prag, Zürich, III. Jg. Nr. 5, 1. Februar 1934. 44 S., geheftet, 215 x 148 mm. Druck: A. Haase, Prag.

Diese Ausgabe enthielt neben einem Beitrag von Justin Steinfeld einen Vorabdruck aus dem Tatsachenbericht des sozialdemokratischen Reichstagsabgeordneten Gerhart Seger (1896-1967) über seine „Schutzhaft" im KZ Oranienburg, einen Brief Heinrich Manns an Gerhart Seger sowie einen Beitrag von Ludwig Marcuse zur Geschichte der Heine-Denkmäler in Deutschland.

JAHRGANG I NUMMER 6

Probenummer

EUROPÄISCHE HEFTE

WOCHENSCHRIFT FÜR POLITIK, KULTUR, WIRTSCHAFT

Nr. 6 | Preis: 3 Kč – 2,50 Frcs – 50 Rappen | 24. Mai

Hitler in Sofia und Riga

WILLI SCHLAMM: Versteht uns die Jugend?

GUSTAV LANDAUER: Ein Lebendiger spricht

FRANK HORRABIN:

Behält England Kolonien?

Geheimrat Frobenius – Roosevelt und die Milch

Ein Taschendieb berichtet – Dürre als Segen

LUDWIG MARCUSE:

Fichte und Schacht

BERN PRAG PARIS

Europäische Hefte. Wochenschrift für Politik, Kultur, Wirtschaft. Bern, Prag, Paris, Jg. 1, Nr. 6, 24. Mai 1934. 32 S., geheftet, 230 x 155 mm. Druck: Heinrich Mercy Sohn, Praha.

Neben Beiträgen von Gustav Landauer, Ludwig Marcuse und Willi Schlamm erschien Justin Steinfelds Beitrag „Roosevelt und das Milchkarussell".

Die Weltbühn

Justin Steinfeld

Die Wahrheit.
Herausgeber: Dr. Adalbert Rév.
Prag. Jg. XIII, Nr. 20, 19. Mai 1934. 12 S., 305 x 230 mm.
Druck: Heinr. Mercy Sohn, Prag.

Diese Ausgabe der Prager Wochenschrift enthielt in einer Sonderbeilage drei Seiten der „Ritualmord-Nummer" der antisemitischen Wochenzeitung „Der Stürmer". Als Kommentar stellte die Redaktion den Artikel „Ich liebe und verehre die jüdische Rasse" der dänischen Schriftstellerin Karin Michaelis voran. Neben Justin Steinfelds Kolumne „Weltwochenschau" enthielt diese Ausgabe auch seinen Beitrag „Palästina: von London gesehen".

Nr. 20 Jahrgang XIII Prag, 19. Mai 1934

die Wahrheit

Sonderbeilage: Die Originalseiten

Hfl -.20

Preis 30 Pfennig

Ritualmord-Nummer

Stürmer

utsches Wochenblatt zum Kampfe um die Wahrheit

HERAUSGEBER: JULIUS STREICHER

Sonder-Nummer 1 | Nürnberg, im Mai 1934 | 12. Jahr 1934

Karin Michaelis:
„Ich liebe und verehre die jüdische Rasse"

E. L.:
Die Geburt des Pogroms aus der Pleite

Julius Epstein:
Der Preis der Autarkie

Nietzsche über die Juden

Justin Steinfeld:
Palästina: von London gesehen

Film von heute

Fragen und Antworten

Kleine Wahrheiten

12. Fortsetzung der Klotz-Memoiren

Tagebuch eines Reichswehrgenerals

„So kam ich, unter Umständen, die einer Wildwesterzählung nichts nachgibt, in die C.S.R. Da waren schon eine ganze Anzahl Emigranten, auch Schriftsteller und Journalisten, so war ich einer davon...

Nach zwei Wochen Prag saß ich auf dem Redaktionsstuhl einer Prager in deutscher Sprache erscheinenden Wochenschrift „Die Wahrheit", wo ich dann bis über München hinaus die Außenpolitik und - meine alte Leidenschaft - Theaterkritik gemacht habe...

In Prag konnte ich mir einen guten und schönen Kreis schaffen. Ich habe dort viel mehr Anerkennung, Freundschaft und Güte gefunden, als jemals in meiner Vaterstadt Hamburg."

Brief von Justin Steinfeld, England, an Hans Henny Jahnn vom 8. Januar 1946.
(Staats- und Universitätsbibliothek Hamburg - Carl von Ossietzky -, Nachlass Hans Henny Jahnn)

Die Volks-Illustrierte.
Redakteur: Erwin Kubiček.
Prag, Nr. 1, 5. Januar 1938.
16 S., 380 x 270 mm.

In dieser Ausgabe erschien Justin Steinfelds Artikel „Zwischen Rif und Kongo". Auf der vorhergehenden Doppelseite druckte die Redaktion einen Beitrag von Klaus Mann mit dem Titel „Stimmungen in den USA".

Moscheen zwischen Sudan und Elfen
küste. In den Kreisen von links
rechts: die Moschee von Djenné in
dan. — Wie ein seltsamer, stach
Bienenkorb sieht die Moschee von S
aus. — Man denkt an westliche K
dralen, aber es ist die Moschee von
an der Elfenbeinküste.

Uraltes Handwerk in Westafrika. Von oben nach unten: Das Fischerboot, die Pirooge, wird ausgebessert; sie wurde in ihre zwei Hälften zerlegt und bekommt Pflaster aus Rinde; nachher näht sie der Fischer mit Bast zusammen. — Goldschmiedewerkstatt. — Baumwolle wird gesponnen; das Gefäß mit den Baumwollflocken ist aus Elfenbein und dient als Opfergefäß bei bestimmten Kulthandlungen.

Von den marokkanischen Rifgebirgen am Mittelländischen Meer bis weit über den Äquator zu den Urwäldern des Kongo reicht das afrikanische Kolonialreich Frankreichs. In diesem gewaltigen Reich ist Französisch-Westafrika wiederum das Mittelstück, ein Reich für sich, von 3,738.100 Quadratkilometern Ausmaß, mit freilich nur insgesamt 14 Millionen Einwohnern. Und nur etwa 15.000 Weiße (zum großen Teil französische Verwaltungsbeamte und Offiziere) leben dort — ein Beweis dafür, daß afrikanischer Kolonialbesitz durchaus nicht Siedlungsmöglichkeit für Europäer bedeuten muß. Die Namen der acht großen Kolonien, die Französisch-West-Afrika bilden, geben einen Begriff von der Ausdehnung: Dahome, Elfenbeinküste, Französisch Guinea, Französisch Sudan, Mauretanien, Niger, Obervolta und Senegal. Die Hauptstadt der französischen Verwaltung ist Dakar, am Atlantischen Ozean. Aber auch die bekannte Stadt Timbuktu, tief im Lande, hart am Rande der Riesenwüste Sahara, gehört dazu. An der atlantischen Küste liegen, eingesprengt in diesen französischen Besitz, englische, portugiesische, spanische Besitzungen und auch das Land „Liberia", die Negerrepublik, die einmal ein Land der „Freiheit" für alle Neger sein sollte, es aber heute nicht mehr ist, weil sich auch in Liberia längst eine Herrenklasse

schwarzer Großgrundbesitzer ge
hat, die ihre schwarzen Brüder, die
bauern und landwirtschaftlichen Arb
unterdrücken.
Vom abessinischen Hochland, quer
ganz Afrika, bis an die Gestade de
lantischen Ozeans geht der Sudan m
Elfenbeinküste. Sudan — das Wort i
dem Arabischen: „Bilad as Sudan"
heißt „Land der Schwarzen" — we
uns den Begriff des heißen Afrika
Recht. Von der regenlosen Sahar
streckt sich der Sudan bis in die äq
riale Urwaldzone mit ihren gewa
Regenstürzen. In der heißen Zeit —
rem Winter — herrschen oft woche
Temperaturen von 40 Grad. In der k
Zeit der Sommerregen geht das Th
meter nicht unter 10 Grad. Die Elfen
küste — wo es gar nicht so viel Elfe
mehr gibt, weil die Europäer frühe
der Elfenbeinzähne willen die Elefa
herden zusammengeschossen und n
ausgerottet hatten — besitzt ein ung
feuchtes Klima bei einer Temperatu
etwa 26 Grad das ganze Jahr hin
Die Bewohner des Landes sind durc
Neger. Prachtvolle schwarze Gest
kräftig und gerade gewachsen. Hi
ben die Aschanti, die Kua-Kua, die
Alles Namen von Negerstämmen, vo
nen man schon gehört oder gelese
deren Namen für uns gleichsam
„schwarzen Erdteil" repräsentieren
scheidene Menschen, auf besche
Stufe der Kultur, die sie seit Jahrhund
vielleicht seit Jahrtausenden unverä
innehaben. Die meisten treiben Lan
schaft, bauen Hirse, Mais, Erdnüsse
nen, Tabak, Baumwolle. In manche
genden Kakao, Bananen, steller
auch Gerste und Weizen, Reis un
nioca. Die reicheren Viehzüchter, zumeist arabischen Ursp
weiden in den Steppen Rinder und Ziegen, Schafe, auch
und natürlich Kamele, die „Schiffe der Wüste", auf den
Karawanenstraßen. Diese Karawanenstraßen durchziehe
ganze Land. Früher sind alle Orte kleinere oder größere
delsplätze gewesen, an denen die Bewohner ihre Produk
tereinander austauschten. Da, wo Eisenbahnen und Autos
den modernen Verkehr hinbrachten — es sind noch nicht
viele — sind nicht nur die alten Karawanenstraßen ver
aber auch viele kleinere Orte haben ihre Handelsbede
verloren. Auch das Handwerk folgt heute noch den Brä
von alters her. Töpferei, Holzarbeiten, Lederarbeiten, W
und Färberei, Eisen- und Bronzegießer, alle arbeiten n
ziemlich primitiver Form. Im Welthandel spielt das Land
keine sehr große Rolle, von den landwirtschaftlichen Pro
wird etwas ausgeführt, Kakao, Baumwolle, Erdnüsse vor
Dann auch etliche Nutz- und Edelhölzer, zum Beispiel
ein großer Teil des Mahagoniholzes von hier. Auch etwas
wird ausgeführt. Auf allen diesen Gebieten sind zwar
Möglichkeiten vorhanden, das Land muß aber erst ersch
werden.

Justin
JUSTIN STE

ISCHEN RIF UND KONGO

Dazu wäre aber vor allem eines wichtig: daß für das Bildungswesen der Bevölkerung mehr getan würde. Im ganzen Französisch-West-Afrika, in den acht Kolonien zusammen, gehen heute etwa 75,000 Eingeborenenkinder in Schulen. Auf dem Gebiet bleibt noch sehr viel, fast alles zu tun. In dem ganzen Riesenreich gibt es 14 Zeitungen und auch das sind Wochenblätter.

Der arabische Teil der Bevölkerung bildet eine dünne Oberschicht und ist mohammedanisch. Die eigentlichen Neger sind Heiden. Die mohammedanischen Araber kamen etwa um das Jahr Tausend zuerst als Nomaden in das Land. Damit trat die bisher unbekannte Gegend des schwarzen Erdteils in die sogenannte Weltgeschichte ein. Nach primitiven Gesetzen, wie Ackerbau, Viehzucht, Handwerk getrieben wird, bcut man auch Hütten und Häuser. In der Hauptstadt Dakar gibt es natürlich aus Stein, Beton, Ziegeln gebaute Häuser. Die Sudanesen kannten und kennen diese Technik der Baukunst nicht. Ihr Material war: Lehm und Erde, das zum Mauerwerk hochgeklebt wird. Geglättete Palmstämme geben als Querhölzer einen Halt und dienen bei turmartigen Aufbauten zugleich als primitive Zier. Fenster und Türen werden hineingeschnitten und dann wird das Ganze von der Sonne fertig gebacken.

Kong heißt ein muselmanisches Zentrum, Korogko ist eine Negerstadt, Djenne ein größeres Dorf und Sudanresidenz der französischen Verwaltung. So wie diese Namen, so fremdartig ist für uns heute noch dieses Land. Justin Steinfeld

Hoch über die strohgedeckten Lehmhütten von Korogko (Elfenbeinküste) erhebt sich der Palast der Negerfürsten Mbangko.

„Justin Steinfeld ist im letzten Augenblick nach England entkommen und dort bis zu seinem Tode 1970 geblieben. Sein Metier war die Theaterkritik, und es scheint nur diesen einen Roman von ihm zu geben. Jahrzehntelang hat sich niemand für das Manuskript interessiert...

Lesen müssten das Buch vor allem diejenigen, die sich vorstellen, es könne so etwas wie Versöhnung mit den Juden geben.
Lesen müssten es gleichfalls diejenigen, die sich immer mit der Gewalt arrangiert haben und sich nicht vorstellen können, dass auch sie einmal ein Asyl brauchen könnten. Sie werden es nicht lesen. Dann also wenigstens die, die Erinnerung wollen."

Walter Boehlich, Exil im Prager Kaffeehaus. In: DER SPIEGEL, Hamburg, Nr. 5, 28.1.1985.

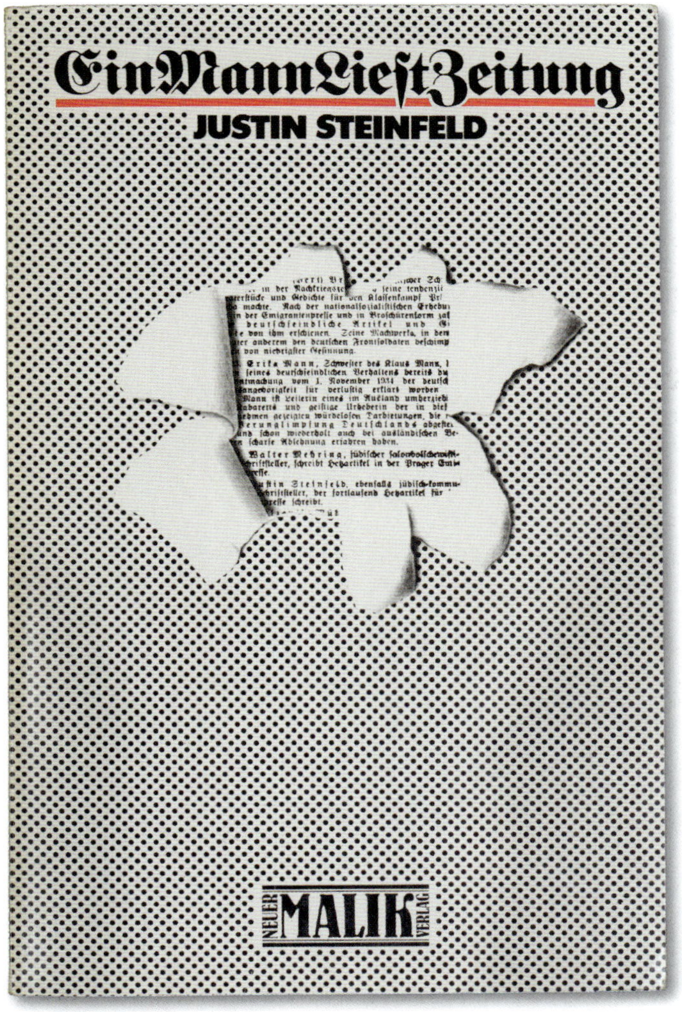

Justin Steinfeld: Ein Mann liest Zeitung. Umschlaggestaltung und Ausstattung: Holger Schiebat & Ingo Wulff.
Kiel: Neuer Malik Verlag 1984. 352 S., kartoniert, 205 x 135 mm. Druck: Franz Spiegel Buch GmbH, Ulm.

Hans J. Schütz: „Ein deutscher Dichter bin ich einst gewesen". Vergessene und verkannte Autoren des 20. Jahrhunderts. Umschlagentwurf: Bruno Schachtner, Dachau.
München: C. H. Beck'sche Verlagsbuchhandlung 1988. 334 S., gebunden, 228 x 150 mm. Druck: May & Co, Darmstadt.

›Ein deutscher Dichter bin ich einst gewesen

Justin Steinfeld

JUSTIN STEINFELD

AUTOREN

Serie »Ein deutscher Dichter bin ich einst gewesen« (Folge 64): Justin Steinfeld (1886–1970), linker Romancier von Format, hat sich allein schon durch seinen Roman »Ein Mann liest Zeitung« einen festen Platz in der Literaturgeschichte erschrieben; den Vergleich mit Feuchtwanger oder Winder braucht er keinesfalls zu scheuen

Justin Steinfeld – polemisch und oft bösartig, jedoch nie gegen die Opfer

Ein Zeitalter besichtigt und mit der Zeit abgerechnet

Im Jahre 1984 veröffentlichte der Neue Malik Verlag den Roman »Ein Mann liest Zeitung« aus dem Nachlaß des kommunistischen Journalisten und Theatermannes Justin Steinfeld, ein verlegerisches Wagnis, das die deutsche Exilliteratur um eines ihrer besten Bücher bereicherte, um einen Roman, in dem sich linker Sarkasmus, politisches Engagement und Lust am Fabulieren vereinen. Obgleich die »Exilwelle« verebbt war, fand das Buch weithin Aufmerksamkeit und ein positives Echo. Die Entdeckung des Romanciers Steinfeld ist einem jener glücklichen Zufälle zu danken, die schon so manches Werk aus dem reichen Fundus der Exilliteratur zutage gefördert haben. Steinfeld hatte das autobiografisch gefärbte Buch im Prager Exil begonnen, während der Internierung in Australien weitergeführt und in England zu Ende geschrieben. Justin Steinfeld erwies sich mit seinem Roman als ein ungewöhnlicher Erzähler, der politischen Scharfblick in der Zeitanalyse mit vitaler Gestaltungskraft, bitterer Ironie und scharfem Witz verband.

Steinfeld wurde am 27. Februar 1886 als Sohn einer gutbürgerlichen jüdischen Kaufmannsfamilie in Kiel geboren. 1892 zog die Familie nach Hamburg um, wo Steinfeld, von den Jahren des Ersten Weltkrieges und des Studiums abgesehen, bis 1933 lebte. Zwar hatte ihm die Familie den Beruf des Kaufmanns zugedacht, doch es zog ihn mehr zum Theater und zum Journalismus. 1932 war Steinfeld Mitbegründer des Kollektivs Hamburger Schauspieler, für das er inszenierte und Stücke schrieb. Das Theater spielte bis zum März 1933. Bald nach der Machtergreifung der Nazis wurde Steinfeld in »Schutzhaft« genommen, konnte sich jedoch 1934 absetzen und nach Prag durchschlagen. Dort wurde er Auslands- und Theaterkorrespondent der Zeitschrift »Die Wahrheit«, war aber zugleich Mitarbeiter der Exilzeitschriften »Die neue Weltbühne«, »Das Wort«, »AIZ«, »Gegenangriff« etc. Er beteiligte sich aktiv am politischen und kulturellen Leben der deut-

3364 89/8.11.1988 **Börsenblatt**

Hans. J. Schütz: Ein Zeitalter besichtigt und mit der Zeit abgerechnet. Börsenblatt für den Deutschen Buchhandel, Frankfurt, Nr. 89, 8.11.1988, S. 3364-3366. *Dieser Artikel erschien in der Serie „Ein deutscher Dichter bin ich einst gewesen", die später auch in Buchform veröffentlicht wurde.*

„Steinfeld hat auf seine Weise sein Zeitalter besichtigt und mit seiner Zeit abgerechnet, mit der Verblendung, der Feigheit und dem Egoismus Europas...

Sein Buch gehört zu den besten Romanen des Exils. Den Vergleich mit den Büchern von Feuchtwanger, Weiskopf, Winder oder Sommer braucht es nicht zu scheuen, und sein Autor hat einen festen Platz in der Literaturgeschichte verdient."

Hans J. Schütz: „Ein deutscher Dichter bin ich einst gewesen". Vergessene und verkannte Autoren des 20. Jahrhunderts. München 1988, S. 258.

Susman
Margaret
MARGARETE

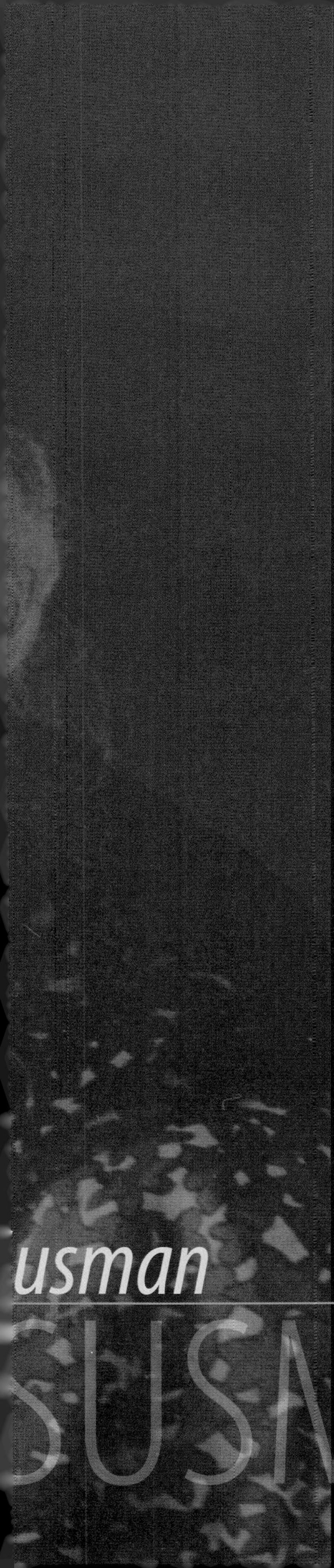

1872 - 1966

usman

SUSMAN

Margarete Susman (rechts) mit
ihrer Schwester Paula, um 1877.
Fotografin: Emilie Bieber, Hamburg.
(Deutsches Literaturarchiv Marbach)

MARGARETE

Im Hintergrund:
Margarete Susman
in Zürich, Juli 1965.
Fotografin:
Agathe Kunze.
(Deutsches Literaturarchiv Marbach)

Margarete von Bendemann,
um 1917.
(Deutsches Literaturarchiv Marbach)

14.10.1872	*Geburt in Hamburg*
1882	*Umzug der Familie nach Zürich;* *Besuch der Volks- und Höheren Töchterschule*
	nach dem Tod des Vaters *Studium der Philosophie in München und Berlin*
1906	*Heirat mit dem Maler und Kunsthistoriker* *Eduard von Bendemann;* *Geburt des Sohnes Erwin*
1912 - 1917	*erneut in der Schweiz wohnhaft*
1928	*Scheidung von Eduard von Bendemann*
1929 - 1933	*Übersiedlung nach Frankfurt am Main*
1933	*Emigration in die Schweiz*
1939	*Rede- und Publikationsverbot;*
16.1.1966	*Tod in Zürich*

SUSMAN

Margarete Susman

Margarete Susman, die Tochter eines Kaufmanns, lebte bis zu ihrem neunten Lebensjahr in Hamburg.
In Zürich, wohin die Familie 1882 umgezogen war, besuchte sie zuerst die Volks-, später eine Höhere Töchterschule. Ein ihr vom Vater verbotenes Studium konnte sie erst nach dessen Tod beginnen; sie studierte Philosophie in München und Berlin.
Dort lernte sie den Philosophen Georg Simmel kennen, traf Ernst Bloch und Martin Buber.

Seit 1906 mit dem Maler und Kunsthistoriker Eduard von Bendemann verheiratet, lebte sie von 1912 bis 1917 erneut in der Schweiz, nach Ende des Ersten Weltkrieges zuerst in Säckingen am Rhein, später, nach der Scheidung von ihrem Mann, in Frankfurt am Main.

1933 emigrierte Margarete Susman in die Schweiz.

Schon früh war sie als Lyrikerin hervorgetreten und hatte mehrere Gedichtbände veröffentlicht.

Über zwei Jahrzehnte lang publizierte die „Frankfurter Zeitung“ in ihrem Feuilleton Margarete Susmans Gedichte, Aufsätze und Rezensionen. Auch die „Basler Nachrichten“, die „Neue Zürcher Zeitung“, „Die literarische Welt“, „Der Morgen“ und „Die neue Rundschau“ schätzten ihre Beiträge.

Ihre Arbeiten als Schriftstellerin betrachtete Margarete Susman weniger als literarische, vielmehr als wissenschaftliche Publikationen; hierzu zählten „Das Wesen der modernen deutschen Lyrik“ (1910), „Vom Sinn der Liebe“ (1912), „Frauen in der Romantik“ (1929).

Obwohl sie in der Schweiz seit 1939 mit einem Rede- und Publikationsverbot belegt war, setzte sie ihre publizistische Arbeit unter dem Pseudonym „Reiner“ fort. In der Schweiz, die sie als zweite Heimat empfand, entstand ihr Alterswerk „Das Buch Hiob und das Schicksal des jüdischen Volkes“ (1946), eine komplexe religionsphilosophische Darstellung der Verfolgung des jüdischen Volkes vor dem Hintergrund des Holocaust. Zwei Jahre vor ihrem Tod veröffentlichte Margarete Susman ihre Autobiographie „Ich habe viele Leben gelebt“ (1964), Erinnerungen, die die fast erblindete Schriftstellerin nur mit fremder Hilfe fertig stellen konnte.

Die Freie Universität Berlin verlieh ihr 1959 die Ehrendoktorwürde. Margarete Susman starb 1966 in Zürich.

Margaret

MARGARETE

Margarete Susman, daughter of a businessman, lived in Hamburg until she was nine years old. In Zurich, where the family moved in 1882, she went first to elementary school, and then to an elite school for girls. Her father had forbidden her to attend university, so it was only after his death that she was able to matriculate. She studied philosophy in Munich and Berlin. During her studies she got to know the philosopher Georg Simmel, and met Ernst Bloch and Martin Buber.

Married to the painter and art historian Eduard von Bendemann in 1906, she lived in Switzerland again from 1912 to 1917. After the First World War ended the couple moved to Säckingen at the river Rhine. After divorcing her husband, Susman relocated to Frankfurt am Main, but the National Socialists seizure of power forced her to move again, back to Switzerland in 1933.

Early on Margarete Susman became known as a poet and published several volumes of poems. The „Frankfurter Zeitung" published her poems, essays and reviews for over two decades in their arts section.
Other papers - „The Basler Nachrichten", the „Neue Zürcher Zeitung", „Die literarische Welt", „Der Morgen" and „Die neue Rundschau" – valued her work. Her writings were something she understood more as academic than literary publications, which included „Das Wesen der modernen deutschen Lyrik" (1910), „Vom Sinn der Liebe" (1912), „Frauen in der Romantik" (1929).

Although she was forbidden from publishing or speaking in Switzerland starting in 1939, she continued to voice her thoughts by using a pseudonym „Reiner".

In Switzerland, where she felt as much at home as in Germany, she wrote the work of her old age, „Das Buch Hiob und das Schicksal des jüdischen Volkes" (1946). This book was a complex philosophical depiction of the oppression of the Jews against the background of the Holocaust. Two years before her death Margarete Susman published her autobiography „Ich habe viele Leben gelebt" (1964), a memoire put together with the help of others, since she was nearly blind by then.

The Freie Universität Berlin awarded her an honorary doctorate in 1959. Margarete Susman died 1966 in Zurich.

usman

SUSMAN

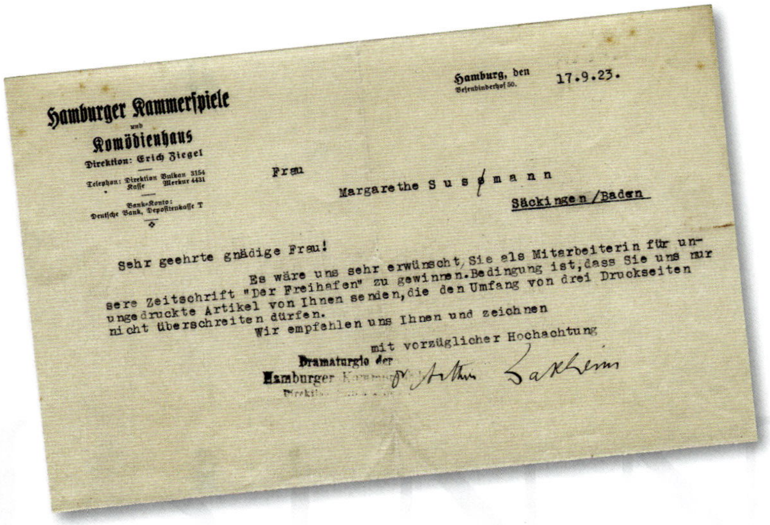

Hamburger Kammerspiele
und
Komödienhaus
Direktion: Erich Ziegel

Telephon: Direktion Vulkan 3154
Kasse Merkur 4431

Bank-Konto:
Deutsche Bank, Depositenkasse T

Hamburg, den 17.9.23.
Besenbinderhof 50.

Frau
Margarethe Susmann
Säckingen/Baden

Sehr geehrte gnädige Frau!

Es wäre uns sehr erwünscht, Sie als Mitarbeiterin für unsere Zeitschrift "Der Freihafen" zu gewinnen. Bedingung ist, dass Sie uns nur ungedruckte Artikel von Ihnen senden, die den Umfang von drei Druckseiten nicht überschreiten dürfen.

Wir empfehlen uns Ihnen und zeichnen

mit vorzüglicher Hochachtung

Dramaturgie der
Hamburger Kammerspiele
Dr. Arthur Sakheim

Schreiben von Arthur Sakheim an Margarete Susman, 1923.
(Deutsches Literaturarchiv Marbach)

Margarete Susman:
Vom Sinn der Liebe. Innentitel.
Jena: Eugen Diederichs 1912.
143 S., gebunden, 193 x 145 mm.
Druck: Poeschel & Trepte, Leipzig.

Die gedruckte Widmung lautete: „Gertrud Simmel zugeeignet".

Der Morgen.
Zweimonatsschrift.
Herausgeber und Schriftleitung: Professor Dr. Julius Goldstein, Darmstadt.

Berlin: Philo Verlag, Jg. 5, No. 1, April 1929. 104 S., broschiert, 247 x 190 mm. Druck: Roetherdruck G.m.b.H., Darmstadt.

Dieses Heft enthielt Margarete Susmans Beitrag „Das Hiob-Problem bei Franz Kafka."

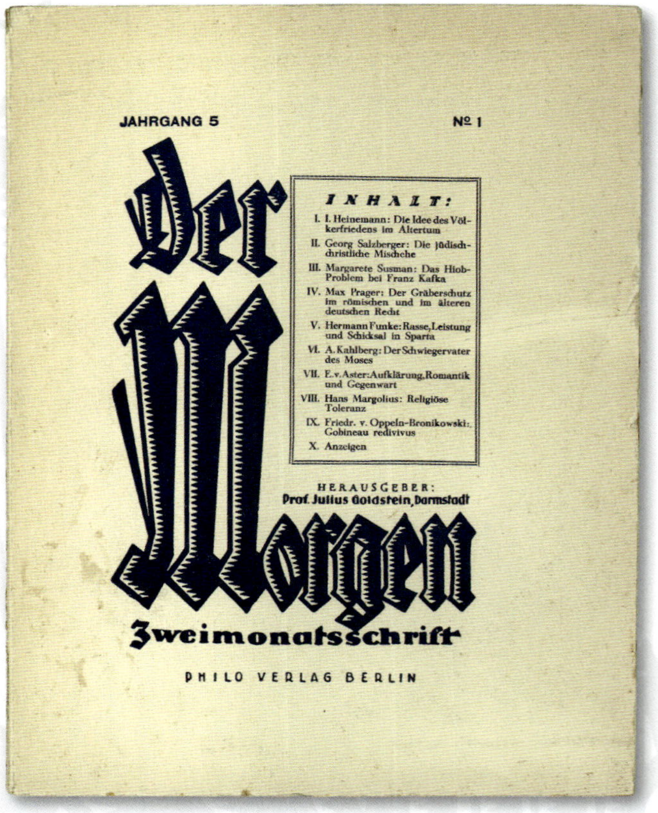

Du.
Schweizerische Monatsschrift.
Redaktion: Arnold Kübler.
Zürich, 5. Jg., Nr. 3, März 1945.
57 S., broschiert, 325 x 247 mm.
Druck: Conzett & Huber, Zürich.

Die Redaktion druckte ein Kapitel aus Margarete Susmans Manuskript „Das jüdische Schicksal im Spiegel der Hiobdichtung". Das Heft widmete sich der Situation von Flüchtlingen und Menschen im Exil.
Die Titelillustration stammt von Heinrich Altherr und trägt den Titel „Die Schiffbrüchigen".

Margarete Susman:
Das Buch Hiob und das Schicksal des jüdischen Volkes.
Zürich: Steinberg-Verlag 1948.
219 S., gebunden, 205 x 138 mm.

Die Erstausgabe dieses Buches erschien 1946.

„Deutschland, das mir so lieb, so vertraut gewesen war, nahm ein anderes Antlitz an...

Das ganze ‚Land ohne Hoffnung' löste sich in eine Verwesung der Begriffe und Wahrheiten auf. Ich möchte keine Namen nennen, weil auch die Größten darunter waren, die ihre jüdischen Lehrer und Gefährten verrieten. Die Verwesung der Wahrheit hatte weithin auch die ‚Wahrheitssucher' ergriffen.

Noch heute wäre aber die Macht dieses keineswegs mächtigen Menschen unverständlich, wenn nicht inzwischen klargeworden wäre, daß die Macht und das Geld der Groß- und Schwerindustrie hinter diesem erbärmlichen Kleinbürger stand...

Als ich im Sommer 1933 meine eigentliche Heimat verließ, tat ich es vor allem als Deutsche, die dieses neue Deutschland nicht ertragen konnte."

In: Margarete Susman,
Ich habe viele Leben gelebt.
Erinnerungen.
Stuttgart 1964, S. 132f.

Margarete Susman:
Ich habe viele Leben gelebt.
Erinnerungen.
Stuttgart:
Deutsche Verlags-Anstalt 1964.
Schutzumschlag- und Einbandgestaltung: Atelier Frick-Kirchhoff.
187 S., gebunden, 235 x 158 mm.

Margarete Susman

Margarete Susman:
Vom Geheimnis der Freiheit.
Gesammelte Aufsätze 1914 - 1964.
Herausgegeben von Manfred Schlösser.
Umschlag: Ingeborg Zanotelli.
Darmstadt.
Zürich: Agora 1965.
(Agora - Eine humanistische
Schriftenreihe, Band 19)
339 S., gebunden, 210 x 137 mm.
Druck: Peter-Presse
Christoph Kreickenbaum,
Darmstadt.

„Margarete Susman gehört zu den bedeutendsten, noch lebenden Frauengestalten des deutsch-jüdischen Geisteslebens, die sich um die deutsche Sprache ebenso wie um die Aufhellung philosophischer, soziologischer als auch literarischer Probleme verdient gemacht hat. Als jahrelange Kritikerin der ‚Frankfurter Zeitung' hat sie sich in den Zwanziger Jahren besonders für die damals moderne Lyrik eingesetzt, sie hat gegen den Krieg wie gegen soziale Ungerechtigkeit gekämpft, ebenso wie sie für die Emanzipation der Frau in unzähligen Vorträgen und Aufsätzen eingetreten ist.

Margarete Susman war in den revolutionären Jahren und der Zeit der Auflösung eine der wenigen Gestalten, die in jeder Zeile, in jedem Wort die gegenseitig sich befehdenden Gruppen zur Einsicht und Einkehr aufforderte, um sie auf den Sinn des Daseins zu verweisen: das Recht jedes einzelnen auf Freiheit und Frieden."

In: Klappentext von Margarete Susman. Vom Geheimnis der Freiheit. Gesammelte Aufsätze 1914 - 1964. Herausgegeben von Manfred Schlösser. Darmstadt, Zürich 1965.

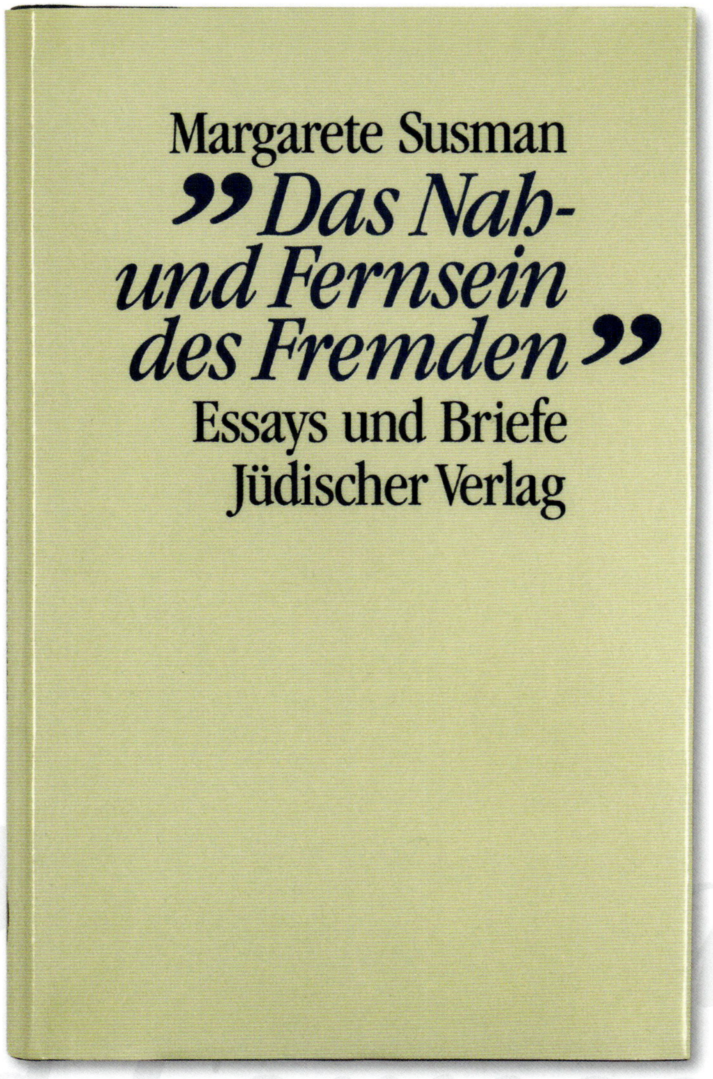

Margarete Susman.
„Das Nah- und Fernsein
des Fremden."
Essays und Briefe.
Herausgegeben und
mit einem Nachwort
versehen von
Ingeborg Nordmann.

Frankfurt am Main:
Jüdischer Verlag 1992.
275 S., gebunden,
205 x 130 mm.
Druck: Nomos Verlags-
gesellschaft, Baden-Baden.

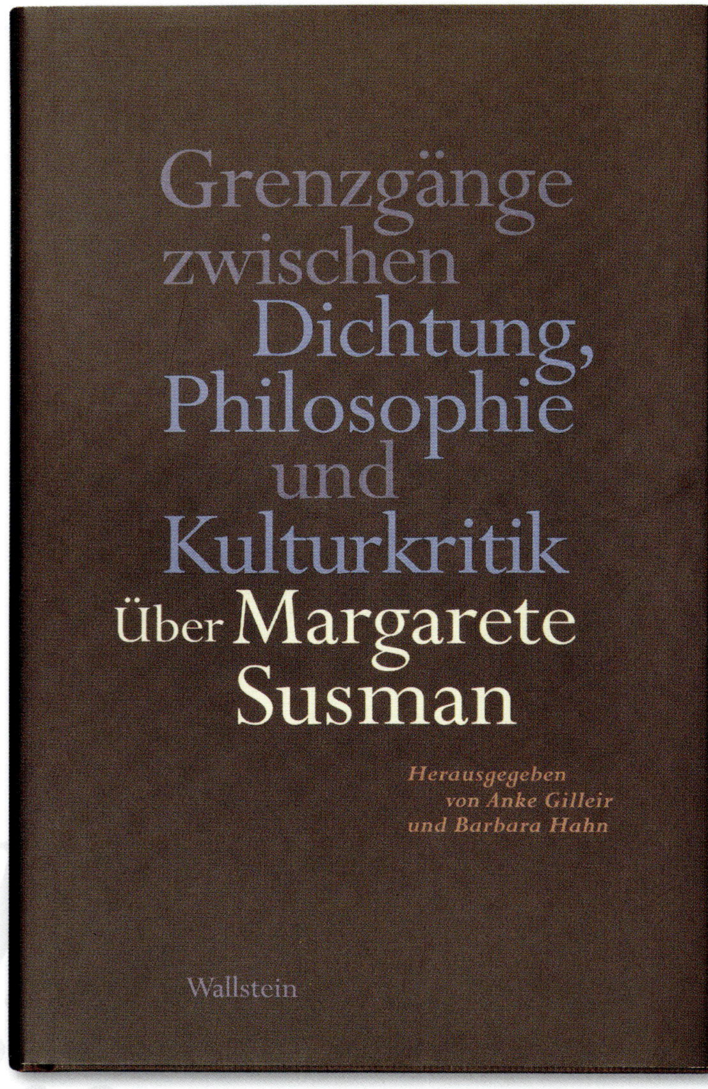

Grenzgänge zwischen Dichtung,
Philosophie und Kulturkritik.
Über Margarete Susman.
Herausgegeben von Anke Gilleir
und Barbara Hahn.
Umschlaggestaltung:
Susanne Gerhards, Düsseldorf.

Göttingen:
Wallstein Verlag 2012.
268 S., gebunden,
228 x 145 mm.
Druck: Hubert & Co,
Göttingen.

Elisa Klapheck:
Margarete Susman und ihr jüdischer Beitrag zur politischen Philosophie.
Gestaltung: Michaela Weber.
Berlin: Hentrich & Hentrich 2014.
408 S., gebunden, 240 x 170 mm.

Rolf Tietgens

ROLF TIETGENS

1911–1984

Rolf Tietgens

Rolf Tietgens

ROLF TIETGENS

8.11.1911	*Geburt in Hamburg;* *Besuch der Oberrealschule in Blankenese*
1929	*Beginn einer kaufmännischen Lehre in Hamburg*
1933	*Reise nach Chicago zur Vervollständigung* *der kaufmännischen Ausbildung;* *mehrere Reisen in die Reservate nordamerikanischer Indianer*
1934	*Beginn der Freundschaften zu dem Maler Eduard Bargheer* *und dem Fotografen Herbert List*
Februar 1935	*Umzug nach Berlin; Besuch einer Fotografen-Schule*
Sommer 1936	*Hilfsoperateur in dem von Leni Riefenstahl* *geleiteten Team zur Herstellung des „Olympia"-Films*
Januar 1938	*Entzug der Mitgliedschaft in der Reichsschrifttumskammer*
Dezember 1938	*Emigration nach New York;* *Veröffentlichung von Fotos in amerikanischen* *Fotomagazinen*
Februar/März 1939	*Foto-Ausstellung an der Princeton University,* *später in der „New School of Social Research" in New York*
1942	*Beginn der Freundschaft zu der Schriftstellerin* *Patricia Highsmith*
1944	*amerikanischer Staatsbürger*
1964	*Ende der Arbeit als Fotograf; Hinwendung zur Malerei*
11.12.1984	*Tod in New York*

Rolf Tietgens, um 1933.
(Privatbesitz)

Rolf Tietgens, um 1955.
(Privatbesitz)

Rolf Tietgens, um 1945.
(Privatbesitz)

Rolf Tietgens

Der gebürtige Hamburger Rolf Tietgens stammte aus einer wohlhabenden Patrizierfamilie.
Nach einer kaufmännischen Lehre sollte er die Firma des Vaters weiterführen.
Eine Reise in die USA, die dortige Begegnung mit nordamerikanischen Indianern, Besuche in ihren Reservaten bestärkten ihn in seinem eigentlichen Berufswunsch, Fotograf und Autor zu werden.
Ein Entschluss, der auch durch seine Freunde, den Maler Eduard Bargheer und den Fotografen Herbert List, beeinflusst worden war.
Als 1936 sein Buch „Die Regentrommel" erschien, arbeitete Rolf Tietgens in Berlin als Kameraassistent von Leni Riefenstahl bei den Dreharbeiten zu ihrem „Olympia"-Film.

Im Januar 1938 wurde ihm die Mitgliedschaft in der Reichsschrifttumskammer entzogen, danach gab es für ihn keine Möglichkeit mehr, selbstbestimmt als Fotograf in Deutschland zu arbeiten.

Angesichts zunehmender Repressalien der Nationalsozialisten gegen Homosexuelle emigrierte Rolf Tietgens Ende Dezember 1938 in die USA.
Als sein zweites Fotobuch „Der Hafen" vom Hamburger Ellermann Verlag veröffentlicht wurde, lebte er schon in New York.

Sein Start in den USA war erfolgreich, sehr bald konnte er Fotografien und Texte in Fachzeitschriften und Periodika, wie „U.S. Camera" oder „Minicam" veröffentlichen.

Als Mitglied der Fotografen-Organisation „Photo League" beteiligte er sich 1939 an deren Wanderausstellung „Photographing New York City".

Als er 1944 amerikanischer Staatsbürger wurde, war Rolf Tietgens als „wellknown commercial photographer and writer" bekannt.
Nach Ende des Zweiten Weltkrieges arbeitete er als Berufsfotograf für Magazine wie „Mademoiselle", „Harper's Bazaar" und „House and Garden".
1964 beendete er seine Arbeit als Fotograf und wandte sich der Malerei zu.

Als Rolf Tietgens 1984 starb, charakterisierten ihn Freunde in einem Nachruf als „poet with a camera".

A native son of Hamburg, Rolf Tietgens, came from a well-to-do patrician family. After a business apprenticeship he was supposed to take over his father's company. However, a trip to the United States, his encounter with native peoples on their reservations reinforced his own desire to become an author and a photographer. His friends, the painter Eduard Bargheer and the photographer Herbert List, helped influence him in this decision.

When his book „Die Regentrommel" appeared in 1936, Rolf Tietgens was working in Berlin as a camera assistant to Leni Riefenstahl during the filming of „Olympia". In January 1938 his membership in the Reichsschriftumskammer was withdrawn, and he was no longer able to work as a photographer in Germany.

In the face of growing reprisals against homosexuals by the National Socialists, Rolf Tietgens emigrated to the United States at the end of December 1938. When his second photo book „Der Hafen" appeared, published by the publishing house „Ellermann" in Hamburg, he was already living in New York.

His start in the United States was successful. Very soon after emigrating he was able to get both his pictures and theoretical texts included in such publications as „U.S. Camera" and „Minicam". As a member of the organization „Photo League", he participated in their 1939 traveling exhibition „Photographing New York City".

When he became an American citizen in 1944, Rolf Tietgens was well known as a commercial photographer and writer. After the end of the Second World War he worked as a professional photographer for magazines like „Mademoiselle", „Harper's Bazaar" and „House and Garden". In 1964 he gave up his work as a photographer and turned to painting. When Rolf Tietgens died in 1984, his friends characterized him as a „poet with a camera."

ietgens

TIETGENS

Rolf Tietgens:
Die Regentrommel.
(Innentitel)
Berlin: Der Graue Verlag 1936.
96 S., gebunden, 280 x 220 mm.
Druck: Paul Freier,
Maximilian-Druck, Berlin.

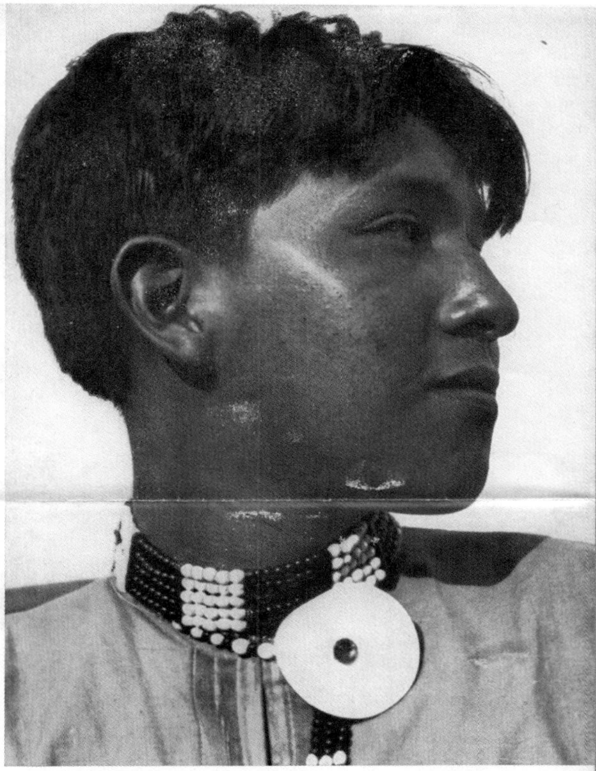

„Es ist verboten, daß du langes, glänzendes Haar hast und ein leuchtendes rotes Tuch um den Kopf! Es ist verboten, daß du silberne Armringe trägst und Türkisstücke als Ohrgehänge, Indianerjunge! Ziehe deine Mokassins mit den silbernen Knöpfen aus und lasse die schwere Türkishalskette zuhause, die du vom Großvater geerbt hast! Hier kannst du sie nicht gebrauchen. Ihr alle lernt nun Schreiben und Lesen, Mathematik und Kirchengeschichte, die ihr später benötigt, denn ihr sollt brauchbare Staatsbürger werden.

Vergeßt die Sprache eures Stammes, sie kann euch im Leben nichts nützen!
Wir schneiden euch das Haar kurz, wie ein anständiger Mensch es trägt!
Wir waschen euch sauber!
Wir geben euch blaue Overalls als gute dauerhafte Kleidung, jedem von euch einen gleichen!
Tawa-yao-ma, Federngeschmückte Sonne, von heute an ist dein Name Gerald Williams und du bist geboren am 5. September und wohnst im Zimmer 114 zusammen mit Bill und Sam."

In dieser Vorschrift einer amerikanischen Indianerschule ist die Tragödie einer Weltrasse eingefangen. Noch zählen fünfzehn Millionen Menschen zu ihr; längst aber haben sie ihr Bestes verloren: die Freiheit. Ihre Kulturen sind versunken, ihre Prärien von Eisenbahnen durchschnitten, ihre Götter in den Türkispalästen regenloser Wolken verschollen. Die Zivilisation der weißen Rasse feiert ehrfurchtslose Triumphe. Eins jedoch hat sie den Enkeln Winnetous nicht zu nehmen vermocht: den Adel ihrer Seele.
Von ihm berichtet ein junger Deutscher, der dorthin vorgedrungen ist, wohin Reporter sonst nicht gelangen. Sein Buch — das Vermächtnis einer Freundschaft zu einem Häuptlingssohn — ist das Schicksalsbuch der indianischen Rasse geworden. In seinen Bildern, Schilderungen und Gesängen sind die Quellen der großen magischen Verbundenheit mit der Erde spürbar, deren Beschwörungssymbol die Regentrommel ist. Die hervorragenden Aufnahmen, die der Verfasser von seiner Reise mitgebracht hat, vermitteln ein einprägsames Bild vom Leben der heutigen Indianer und geben den visionären Hintergrund von dem stolzen Abgang eines todgeweihten Volkes.

Kunstdruck mit 74 großenteils ganzseitigen Bildern · Format 22 x 28 cm
Farbiger Schutzumschlag · Umfang: 96 Seiten · Preis: Leinen 4.80 RM

Zu beziehen durch alle Buchhandlungen

WALDEMAR HOFFMANN VERLAG
Berlin-Steglitz **ABTEILUNG DER GRAUE VERLAG**

Druck: Paul Freier, Maximilian-Druck, Berlin SW 68

Vierseitiges Werbeblatt
zu Rolf Tietgens
„Die Regentrommel".
300 x 210 mm.
Druck: Paul Freier,
Maximilian-Druck, Berlin.

Der Querschnitt.
Herausgeber:
E.F. v. Gordon.
Berlin, XVI. Jahrgang,
Heft 9,
September 1936.
245 x 182 mm.
Druck: Hofbuchdruckerei
C. Dünnhaupt, K.-G.,
Dessau.

Wiederholt erschienen in der Kulturzeitschrift Fotografien von Rolf Tietgens; diese Ausgabe enthielt seine Aufnahme „Luftschaukel". Im letzten Jahrgang des „Querschnitt" von 1935 bis 1936 war Tietgens der Fotograf mit den meisten Fotos.

Fotografien, wie diese von der Jannowitzbrücke in Berlin und von einem Zeitungsstand am Potsdamer Platz, ebenfalls veröffentlicht im „Querschnitt", verdeutlichen, wie sehr Rolf Tietgens vom „Neuen Sehen" beeinflusst war.

Rolf Tietgens

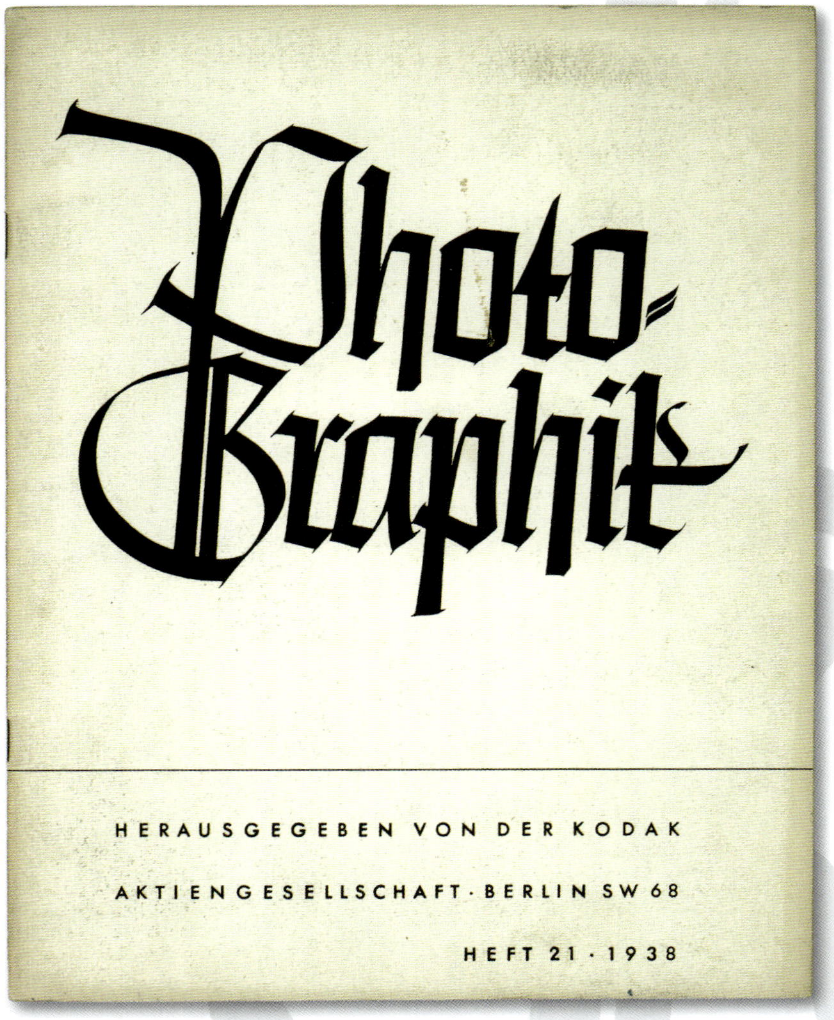

Ganzseitige Illustrationen zu dem Artikel „Hamburger Hafenbilder. Zu den Bildern von Rolf Tietgens, Hamburg“ von Dr. Eberhard Hölscher, Berlin.
In: Photo-Graphik. Herausgegeben von der KODAK Aktiengesellschaft, Berlin, Heft 21, Oktober 1938, S. 17 und 18.
310 x 245 mm.
Druck und Klischeeherstellung: Förster & Borries, Zwickau.

Rolf Tietgens

„Wer dieses reiche und von so vielfältigen Bewegungsvorgängen erfüllte Hafenleben mit seiner Kamera bildnerisch zu erfassen versucht, der wird sich vor keine ganz leichte Aufgabe gestellt sehen…

Rolf Tietgens, der in Hamburg wirkt, und von dem hier einige Aufnahmen aus dem Hafen seiner Heimatstadt gezeigt werden, gehört ganz offensichtlich zu jenen Lichtbildnern, die ein sehr feines Gefühl für den gewaltig pulsierenden Arbeitsrhythmus eines so internationalen und bewegten Wirtschaftsbereiches besitzen, und dem es daher auch in erster Linie um die bildnerische Sichtbarmachung dieses großen und alle Einzelvorgänge umfassenden rhythmischen Schwunges geht."

Dr. Eberhard Hölscher, Berlin: Hamburger Hafenbilder.
Zu den Bildern von Rolf Tietgens, Hamburg. In: Photo-Graphik. Herausgegeben von der KODAK Aktiengesellschaft, Berlin, Heft 21, Oktober 1938, S. 15.

„Der künstlerische Photograph hat zweierlei Möglichkeiten, seine Kamera zu benutzen. Einmal als Werkzeug, mit dem er ein möglichst getreues Abbild der Natur auf Schwarz-Weiß übersetzt, in einem besonderen und eigen gesehenen Ausschnitt schafft; zum anderen als das Mittel, mit dem er einer in ihm lebendigen Vorstellung Ausdruck verleihen kann. Einer Vorstellung oder Empfindung, die in ihm geweckt wird durch die Erscheinungen der Außenwelt.- Er hat vielleicht einen Gegenstand oder ein Stück Landschaft in einer besonderen Beleuchtung wahrgenommen oder von einem ungewöhnlichen Standpunkt aus gesehen, so daß sie ihm zum Symbol wurden für einen ihm eigenen Empfindungs- oder Gedankenkreis; dann versucht er, die von ihm gefundene Ansicht festzuhalten durch die Kamera...

Ihm geschieht es z.B., daß er von einer Abendstimmung die Einsamkeit großer Landstrecken empfindet, in denen ein paar Bäume vorm hellen Himmel kahl und wartend stehen. Ihm würde es nichts helfen, naturgetreu die weiten Wiesenstrecken mit den Einzelheiten des Grases abzubilden...

Rolf Tietgens: Der Hafen.
Geleitwort von Hans Leip.
Einband: Th. Knaur-Hübel & Denck, Leipzig.
Hamburg: Verlag Heinrich Ellermann, 1939. 95 S., gebunden, 250 x 184 mm.
Druck: Buchdruckerei A. Wohlfeld, Magdeburg.

Tietgens Absicht war es, „Augenblicke aus der unbeständigen Erscheinungswelt des Hafens, deren Grundbild jedoch immer gleich bleibt" fotografisch einzufangen. So sei laut Tietgens „ein Bilderbuch entstanden, durch das vermittelt werden kann, was HAFEN bedeutet; abgesehen davon, daß versucht wurde, in ihm das Leben und die Einmaligkeit des Hafens von Hamburg zu veranschaulichen."

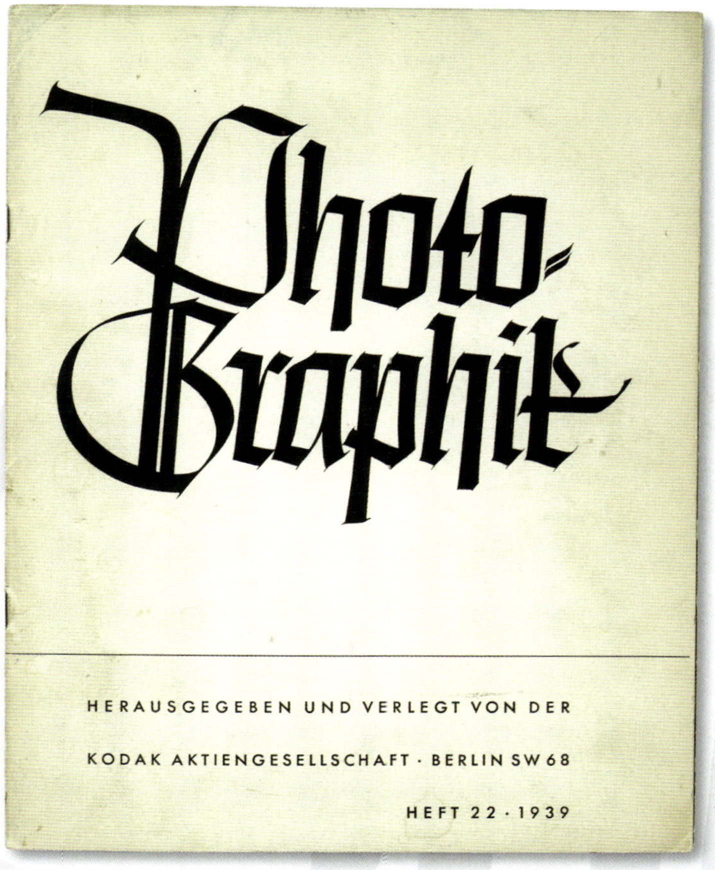

Photo-Graphik. Herausgegeben von der KODAK Aktiengesellschaft, Berlin, Heft 22, Januar 1939, S. 7. 24 S., geheftet, 310 x 245 mm. Druck und Klischeeherstellung: Förster & Borries, Zwickau.

Das Heft enthielt Rolf Tietgens' Beitrag „Über photographische Gestaltung". Den Text illustrierten sechs großformatige Fotografien von Rolf Tietgens. Als Wohnort von Rolf Tietgens wurde Hamburg-Blankenese angegeben, im Januar 1939 lebte er jedoch schon in New York.

Er muß eingreifen und gestalten. Und so läßt er die Wiesenflächen ganz schwarz werden, nur der schnurgerade Graben bleibt hell bis dorthin, wo er an den eisig weißen Streifen eines Flusses stößt. Ähnliches muß er tun, um einem Karussellpferd jenes erschreckend Irre im Ausdruck zu geben, das ihn berührte, als er es betrachtete. Er muß das Licht führen und die Schwärzen verteilen, damit konzentriert gezeigt wird, was ihm selbst widerfahren ist. Nichts wäre erreicht, wenn der in der Natur ebenfalls beleuchtete Hintergrund des Karussells mit abgebildet wäre."

Rolf Tietgens, Hamburg-Blankenese: Über photographische Gestaltung. In: Photo-Graphik. Herausgegeben und verlegt von der KODAK Aktiengesellschaft, Berlin, Heft 22, Januar 1939, S. 7.

Photographie 1940.
Paris: Arts et Métiers Graphiques 1939.

Ohne Paginierung (62 Bll.),
Spiralbindung, 313 x 250 mm.

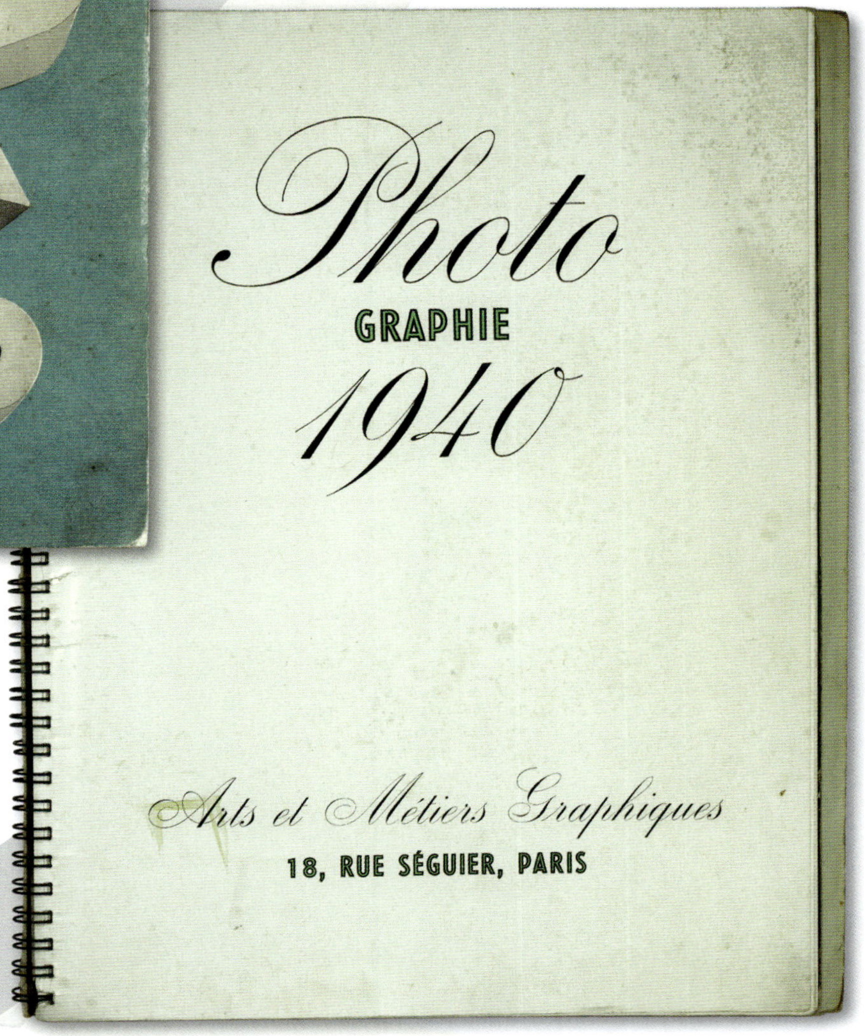

Neben den Beiträgen von André Lejard „La Photographie au service de l'Art" und Robert Auvillain „Les Nouveautés techniques de l'année photographique" enthielt diese Veröffentlichung eine Farbtafel von Gisèle Freund sowie bestechende Kupfertiefdrucke von Fotografen wie Erwin Blumenfeld, Bill Brandt, Brassai, Philippe Halsman. Neben Fotografien seines Freundes Herbert List erschien auch eine surrealistische anmutende Fotografie von Rolf Tietgens, der Blick in das Schaufenster eines Schlachterladens in New York.

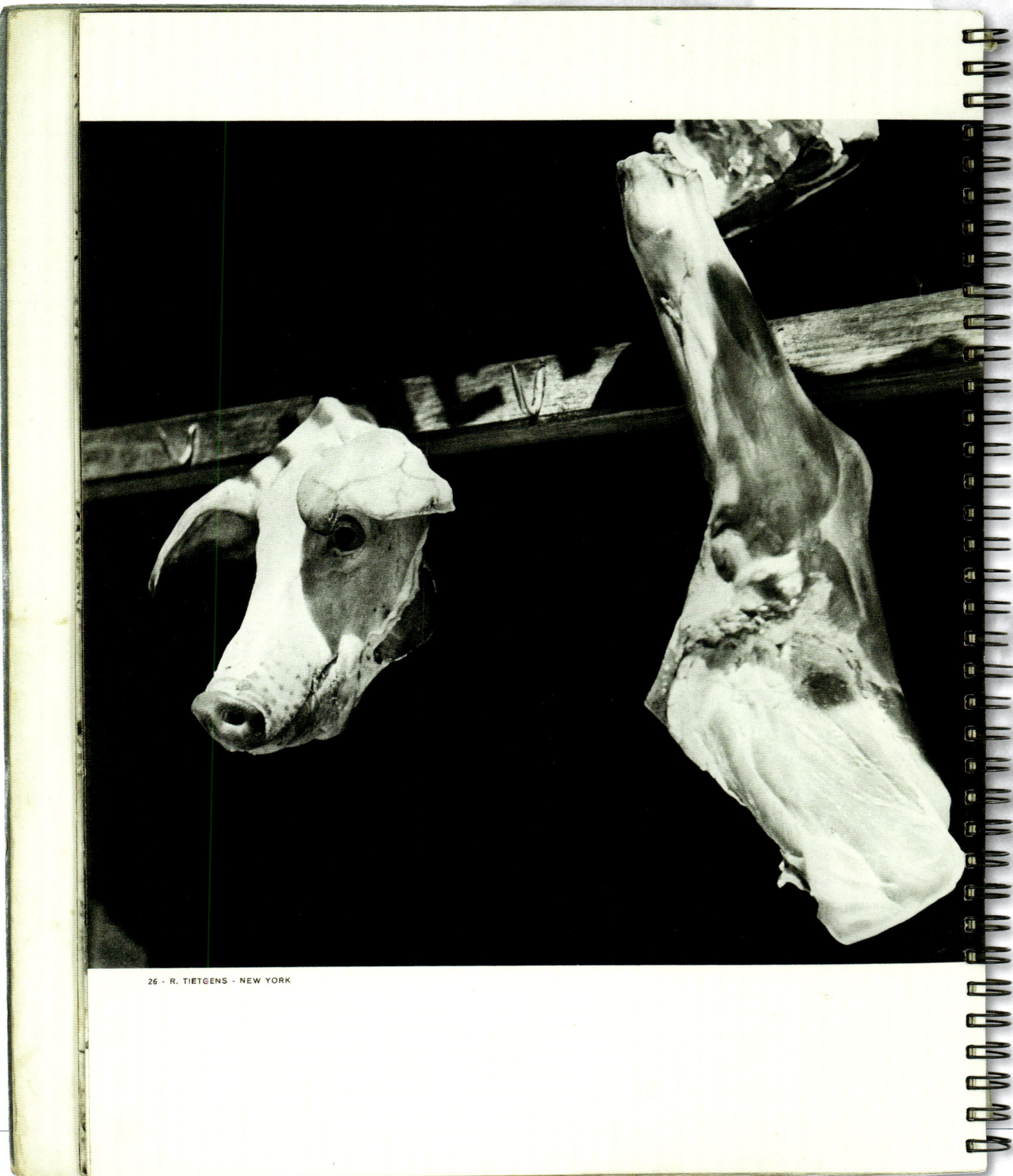

Die Bildunterschrift zu dieser Fotografie lautete: „R. TIETGENS - NEW YORK“. Zu dieser Fotografie schrieb Rolf Tietgens im Januar 1940 in seinem Beitrag „Capture the ‚Life‘ of the Object.“ für die Fachzeitschrift „Minicam“:

„Take a walk and watch things, even if you are not carrying your camera. In a butcher's window, the head of a pig appears. It is alive. This impression, of course, is created through the light which falls on it. The picture was taken in the show window of a butcher, while the morning sun only struck the meat and the interior of the store remaines in darkness.“

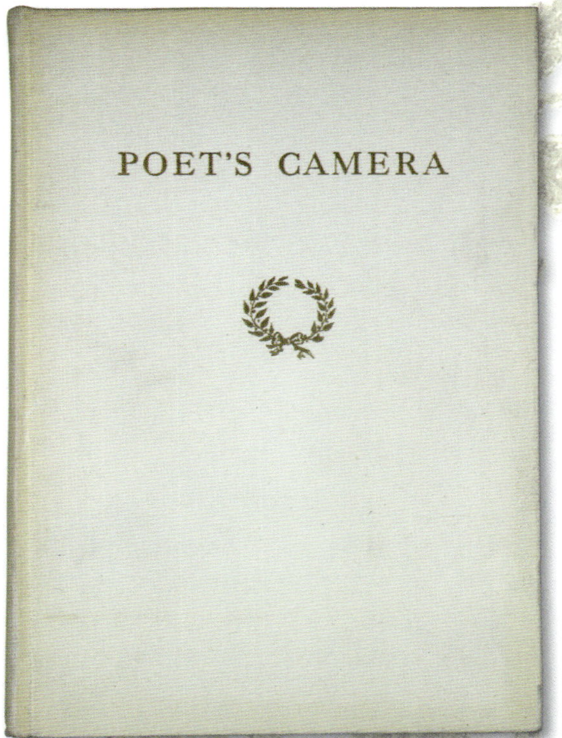

Vier surrealistische Bildmotive von Rolf Tietgens. In: Poet's Camera. Selection of Photographs by Bryan Holme. Selection of Poetry by Thomas Forman. New York und London: Holme Press Incorporated 1946. Unpaginiert, gebunden, 258 x 185 mm.

Photography. Chicago, Volume I, Number I, Fall 1947.
Die vierteljährlich erschienene Photo-Zeitschrift veröffentlichte Rolf Tietgens' Foto „Dream of Perfection" und bezeichnete ihn als „one of photography's best known exponents of surrealism".

„Ich kann nicht dorthin zurück, denn ich muss hier bleiben, wo ich aufgewachsen bin und selbst wenn die schlimmsten Zeiten kommen. Hier gehöre ich hin und nirgendwo anders und drüben sind wir Europäer verloren ohne unsere Kultur...

Für wen und wozu sollte ich in New York arbeiten, hier jedenfalls Raum auf den Anspruch darauf zu erheben, dass mein Leben und meine Arbeit anerkannt wird, drüben bin ich fremd und heimatlos...

Europa, wie es auch kommen mag, ist die Heimat."

Brief von Rolf Tietgens an seinen in der Schweiz lebenden Freund Paul Sacher vom 10.9.1938. In: Eckhardt Köhn: Rolf Tietgens – Poet mit der Kamera. Zug 2011, S. 49f..

Anne Wilkes Tucker, Claire Cass, Stephen Daiter: This Was the Photo League. Compassion and the Camera from the Depression to the Cold War.
Chicago: Stephen Daiter Gallery 2001. 176 S., gebunden, 285 x 240 mm.

Über Rolf Tietgens, der nach seiner Ankunft in den USA Mitglied der amerikanischen Fotografen-Organisation „Photo League" wurde, heißt es in diesem Katalogbuch: „Tietgens emigrated to New York, where he worked as a magazine and advertising photographer, operating out of his own studio."

Eckhardt Köhn: Rolf Tietgens - Poet mit der Kamera. Fotografien 1934 -1964. Poet with a camera. Photographs. (Deutsch/Englisch).

Einband: Lachenmaier, Reutlingen. Zug: Die Graue Edition 2011. 382 S., gebunden, Druck: Kraft Druck GmbH, Ettlingen.

„Ich hätte Euch so gerne in meiner Heimatstadt mit meiner mythologischen Träumerei und guter Kenntnis der alten Hammer-burg Interessantes und Amüsantes zum Besten gegeben...

Die Häuser der Familie sind zerstört, die Menschen nicht mehr und der einzige Erbe jenes Geistes im Exil, abgewandt, doch verbunden. Ich möchte Dir mitteilen, dass ich besser mit dem Leben hier fertig werde, ohne meine ‚Seele' zerstört zu finden. Da ist wohl etwas in mir, das unanfechtbar ist."

Brief von Rolf Tietgens an seinen in der Schweiz lebenden Freund Paul Sacher vom 14.10.1956. In: Eckhardt Köhn: Rolf Tietgens – Poet mit der Kamera. Zug 2011, S. 85.

15. Mai - 28. Juni 2013

Ausstellung in der Staats- und Universitätsbibliothek Hamburg
- Carl von Ossietzky -

„Wo man Bücher verbrennt..."

Verbrannte Bücher, verbannte und ermordete Autoren Hamburgs

Die Ausstellung steht unter der Schirmherrschaft
des „Zentralrats der Juden in Deutschland"

Ausstellungort:
Lichthof im Altbau der Bibliothek,
Eingang Edmund-Siemers-Allee/Ecke Grindelallee,
Öffnungszeiten: Mo.-Fr. 10-18 Uhr

Die Ausstellung wird unterstützt und gefördert von:

Einladung

Eine Ausstellung von Wilfried Weinke in Kooperation mit
der Staats -und Universtitätsbibliothek - Carl von Ossietzky -

Dienstag, 14. Mai 2013, 19 Uhr

Eröffnung der Ausstellung
„Wo man Bücher verbrennt . . ."
Verbrannte Bücher, verbannte und ermordete Autoren

Begrüßung: Prof. Dr. Gabriele Beger
Direktorin der Bibliothek

Grußwort: Dr. Dorothee Stapelfeldt
Senatorin für Wissenschaft und Forschung

Grußwort: Dr. Dieter Graumann
Präsident des Zentralrats der Juden in Deutschl

Einführung in die Ausstellung: Wilfried Weinke

Ort: Vortragsraum, 1. Etage.
Von-Melle-Park 3, 20146 Hamburg
Um Anmeldung wird gebeten: grau@sub.uni-ham

Ausstellungseröffnung „Wo man Bücher verbrennt…“ am 14. Mai 2013 in der Staats- und Universitätsbibliothek

„Schwerer ist es, das Gedächtnis der Namenlosen zu ehren als das der Berühmten.
Dem Gedächtnis der Namenlosen ist die historische Konstruktion geweiht."
Walter Benjamin, 1939

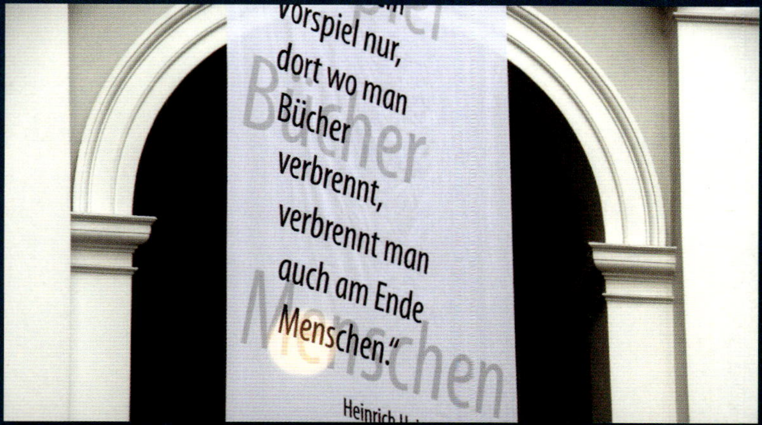
Vorspiel nur, dort wo man Bücher verbrennt, verbrennt man auch am Ende Menschen."

wider
Geist.
Studenten

Der Freihafen
Das Vaterland
Fedrelandet
MURDER
MADE IN GERMANY
HEINZ LIEPMANN

Mittwoch, 15. Mai 2013

16 Hamburger Abendblatt **KULTUR**

Späte Ehre für verfemte Schriftsteller

... deren Bücher verbrannt wurden

Mai 2013, Nr. 87 **diegemeinden** www.jzeit.de Seite 13

Papier brennt ungeduldig

Zur Erinnerung an den 80. Jahrestag der Bücherverbrennung

UG. Eröffnung der Kabinettausstellung am 7. Mai, 11 Uhr, Veranstaltungsort: Jüdisches Museum Berlin, Lindenstraße 9–14, 10969 Berlin, Eintritt frei

Programm in Hamburg

Die Staatsbibliothek zeigt eine Ausstellung; sie ist keine klassische Bücherschau, in der Schriftsteller ein zweites Mal unter Glas begraben werden, sondern eine inszenierte Ausstellung, die vor allem Schriftstellerinnen und Schriftsteller würdigt, die nach 1945 aus dem Gedächtnis der Stadt gestrichen worden sind. Sie heißt:

«Wo man Bücher verbrennt…» Verbrannte Bücher, verbannte und ermordete Autoren Hamburgs

Am 10. Mai jährt sich zum achtzigsten Mal die Bücherverbrennung der Nationalsozialisten. Die von der «Deutschen Studentenschaft» reichsweit organisierte Aktion «Wider den undeutschen Geist» gipfelte in der öffentlich inszenierten Verbrennung von Büchern missliebiger Autoren. Die Scheiterhaufen waren Fanale, die die vollkommene Beseitigung jeder demokratischen und freiheitlichen Kultur in Deutschland zum Ziel hatten.

Die von dem Historiker und Publizisten Wilfried Weinke konzipierte Ausstellung zeigt die Vorgänge in Hamburg in Wort und Bild. Die symbolischen Feuer vom Mai 1933 sind zugleich Anlass, um an die Verfolgung und Ausgrenzung von 18 fast vergessenen Hamburger Autorinnen und Autoren zu erinnern. Zu ihnen zählten Literaturwissenschaftler ebenso wie Kinderbuchautoren, Rabbiner und Verleger, Journalisten, Illustratoren und Fotografen.

Die eindrucksvolle Schau wird im Lichthof der Staatsbibliothek präsentiert, der bis 1964 das Zentrum des «Wilhelm-Gymnasiums» bildete. Drei der in der Ausstellung gewürdigten Autoren waren Schüler dieses Gymnasiums. Die Ausstellung steht unter der Schirmherrschaft des Zentralrats der Juden in Deutschland.

Ort: Staatsbibliothek Hamburg, Lichthof im Altbau der Bibliothek, Eingang Edmund-Siemers-Allee / Ecke Grindelallee, Sonderöffnungszeiten: 15.Mai-28.Juni 2013 Mo-Fr 10-18 Uhr

Am Dienstag, 14. Mai um 19 Uhr findet die Eröffnung der Ausstellung «„Wo man Bücher verbrennt…" Verbrannte Bücher, verbannte und ermordete Autoren Hamburgs» statt. Nach der Begrüßung durch die Direktorin der Bibliothek, Prof. Dr. Gabriele Beger, folgen Grußworte von Dr. Dorothee Stapelfeldt, der Hamburger Senatorin für Wissenschaft und Forschung und Dr. Dieter Graumann, Präsident des Zentralrats der Juden in Deutschland.

Eine Einführung in die Ausstellung bietet: Kurator Wilfried Weinke

Ort: Staatsbibliothek Hamburg, Vortragsraum, 1. Etage. Um Anmeldung wird gebeten: grau@sub.uni-hamburg.de

Programm in Westfalen

Am Donnerstag, den 16. Mai um 19.30 Uhr findet ein Vortrag und Gespräch unter dem Titel «80 Jahre danach – Die Bücherverbrennungen im Mai 1933» statt, Referent ist Dr. Jan-Pieter Barbian (Duisburg). «...dort wo man Bücher verbrennt, verbrennt man auch am Ende Menschen» (Heinrich Heine) – Die Bücherverbrennungen, die am 10. Mai 1933 nicht nur in Berlin, sondern in fast allen Hochschulstädten des Deutschen Reiches stattfanden, wurden von vielen Zeitgenossen im In- und Ausland als Symbol für den Beginn einer Kulturbarbarei verstanden. Verantwortlich für die Organisation dieser «Aktion wider den undeutschen Geist» war nicht – wie lange angenommen – Joseph Goebbels als neuer «Reichsminister für Volksaufklärung und Propaganda», sondern die Deutsche Studentenschaft als Dachverband der Studentenschaften an deutschen Universitäten. Wie konnte es dazu kommen? Welches Ziel verfolgten die Studenten und welche Unterstützung erhielten sie bei ihrem reichsweiten Vorgehen? Wie verhielten sich die betroffenen Autoren, Verleger und Buchhändler? Der Vortrag zeichnet Entstehung, Verlauf und Hintergründe dieser Bücherverbrennungen nach. Dabei geht es auch darum, was nach der öffentlichen Inszenierung weiter geschah.

Dr. Jan-Pieter Barbian ist Historiker und Germanist; er leitet die Stadtbibliothek Duisburg und hat zahlreiche Publikationen vorgelegt zur Literatur- und Kulturpolitik der NS-Zeit, zur jüdischen Regionalgeschichte, über Film und Politik in der Weimarer Republik, zur Geschichte und Literatur des Ruhrgebiets im 20. Jahrhundert, u.a. „Literaturpolitik im NS-Staat" (2010). Eine Veranstaltung in Zusammenarbeit mit der Volkshochschule Dorsten (Gebühr: 5 Euro).

Ort: Jüdisches Museum Westfalen, Julius-Ambrunn-Straße 1, 46282 Dorsten

JZ

In: Jüdische Zeitung, Berlin, Nr. 87, Mai 2013

In: Die Welt, 15.5.2013.

Aderlass unter den kreativen Geistern

Eine Ausstellung in der Staatsbibliothek erinnert an den 80. Jahrestag der Bücherverbrennung

KATJA ENGLER

Bisher wurden die tatsächlichen Zuschauer bei der Bücherverbrennung am Kaiser-Friedrich-Ufer am 15. Mai 1933 noch nie gezeigt. Heute wird aus vielen der Bücher hier vorgelesen

HAMBURGER ANZEIGER

Rolf Tietgens hatte viel Talent. Die damals schon sehr erfolgreiche Leni Riefenstahl, Hitlers Propaganda-Fotografin, war auf ihn aufmerksam geworden und hatte ihn 1936 als Kamera-Assistenten für ihren suggestiven „Olympia“-Film gewonnen. Sie wusste, wer gut war. Tietgens hervorragendes Hamburg-Buch „Der Hafen“ erschien 1938. Da war der Homosexuelle zu seinem Glück schon nach New York ausgewandert, wo seine beachtliche Karriere begann. In Deutschland verfolgten die Nationalsozialisten nicht nur Juden, sondern auch Homosexuelle, Kommunisten, Sozialisten und Pazifisten. Tietgens war seinem Schicksal entronnen

Eine sehr schön inszenierte Ausstellung im Lichthof der Staats- und Universitätsbibliothek erinnert jetzt nicht nur an den hier völlig vergessenen Fotografen Rolf Tietgens, sondern an weitere 17 Autoren, Literaturwissenschaftler, Lyriker, Journalisten, Rabbiner, Verleger, Anwälte und Illustratoren, deren Bücher im Mai 1933 am Hamburger Kaiser-Friedrich-Ufer verbrannt wurden, getragen von der Deutschen Studentenschaft. Dem Kurator der Ausstellung, Wilfried Weinke, ist das Kunststück gelungen, keine reine Dokumentation abzuliefern, die ausschließlich ein bleischweres Betroffenheits-Gefühl hinterlässt, sondern eine sehr lebendig inszenierte Schau. Vor der „Bühne“ mit einem breit aufgezogenen Originalfoto von der damaligen Bücherverbrennung stehen nicht nur, erstmals im Bild zu sehen, die Rückensilhouetten der tatsächlichen damaligen Zuschauer, die sich nun nicht mehr wegducken können. Sondern es erheben sich lauter übermannshohe, begehbare Bücher mit den 18 Biografien. Historiker Weinke hat in mehr als vier Jahren Vorbereitungszeit Fotos und Dokumente von Angehörigen der ermordeten oder verbannten Autoren beschafft. Dem „Verniemandungsprozess“ hat er damit ein Ende gesetzt: „Ich will versuchen, die Vielfalt des künstlerischen und literarischen Schaffens im Gedächtnis der Stadt zu verankern“, sagt Weinke. Ein Zitatenhimmel schwebt über den Tafeln, hier im ehemaligen Wilhelm-Gymnasium, wo immerhin drei der Verfolgten zur Schule gegangen sind. Als Eingang wurde für die Dauer der Ausstellung bis zum 28. Juni der Eingang Edmund-Siemers-Allee/Ecke Grindelallee geöffnet.

Jeder, der sich mit „Entarteter Kunst“ beschäftigt hat, weiß, wie tief ein Künstler getroffen war, wenn seine Bilder aus dem Museum entfernt wurden. Hier ging es nicht nur darum, Papier zu verbrennen, sondern es wurde Geist vernichtet und reale Existenz. Grete Berges etwa kennt heute kaum noch jemand. 1932 veröffentlichte sie ihr in Eppendorf spielendes Jugendbuch „Lieselott diktiert den Frieden“. Als verfolgte Jüdin floh sie nach Dänemark, dann verhalf ihr Selma Lagerlöf nach Schweden. Bittbriefe an das Hamburger Amt für Wiedergutmachung nach dem Krieg zermürbten sie, sie starb 1957. Ihr Bruder Max Ludwig, der mit seiner Frau Anna von Hamburg über Sibirien nach Shanghai floh, um dann 1938 in die USA zu emigrieren, verarbeitete sein Flucht-Trauma 1939 in dem packenden Roman „Cold Pogrom“.

Kurt Enoch war dagegen in Hamburg Verleger gewesen, der ein anspruchsvolles Programm herausgab, unter anderem zwölf Lithografien zu Christian Morgensterns Grotesken und den Bildband „Hamburg“ von Albert Renger-Patzsch. 1936 emigrierte er nach Frankreich, 1940 in die USA, wo ihm ein erstaunlicher Neustart gelang. Als er 1982 starb, nannte ihn die „New York Times“ einen Pionier des Taschenbuchs. Diese Lebensleistung, Weltliteratur für wenig Geld unter die Leute zu bringen, hätte er, wenn es keine Nazis in Deutschland gegeben hätte, viel früher hier, im Herzen Europas, weiterentwickelt, so viel Energie, wie er hatte ... Auch ein Rechts- und Staatswissenschaftler taucht in der Ausstellung auf: Bernhard Karlsberg, der auch ins Wilhelm-Gymnasium gegangen war. Mutig setzte er sich immer wieder für die Verteidigung politischer Gefangener ein, tauchte mit seinen drei Kindern in den Niederlanden unter und überlebte. Für seine Verdienste bei der Durchsetzung niederländischer Schadenersatz-Ansprüche für geraubten Hausrat und Vermögen wurde er 1965 geehrt. Die Universität Hamburg rehabilitierte Karlsberg erst im Jahre 1991. Jakob Loewenberg dagegen schrieb selbst, gab Gedichtbände heraus und schilderte in seinem Buch „In Gängen und Höfen“ die desaströsen Zustände im Gängeviertel. Auch an ihn erinnert die Ausstellung, ebenso wie an den Lebenskünstler und überaus talentierten Autor und Illustrator Hans A. Reyersbach, der unter dem griffigen Namen H.A. Rey in Frankreich und den USA Karriere machte. Sein Buch „Curious George“ erschien 1941 und trat einen bis heute anhaltenden, internationalen Siegeszug an. Nicht alle, aber immerhin viele Bücher der hier vorgestellten Autoren kann man in der Staatsbibliothek ausleihen. Was für ein Glück.

Am Mittwoch, 15. Mai, findet von 11 bis 18 Uhr am Kaiser-Friedrich-Ufer/Ecke Heymannstraße eine Marathon-Lesung aus den verbrannten Büchern statt. Vorträge in der Universitätsbibliothek zum Thema: 7. Juni über Grete Berges. 14. Juni über Leben und Werk von Rolf Tietgens. 21. Juni über den Schriftsteller Cheskel Zwi Kloetzel. Alle Vorträge um 19 Uhr im Vortragssaal.

aber wenn ich die [illegible] L. R.

28. Juni 2013

Dank und Respekt der Bibliothek, dem Kurator und den Gestaltern!

Uwe Naumann

Rowohlt-Verlag

Ich bin sehr dankbar für diese gelungene Ausstellung, auch für die Gunst des Schicksals, die mich heute zum Telefon greifen ließ, um die Öffnungszeiten zu erfahren: „Letzter Tag"! Ich bin sofort zum Zug gerannt... Warum nicht längere Ausstellungszeit? Aber nochmals: herzlichen Dank.

N. [illegible] 28.6.13

Eine sehr gelungene Ausstellung! Die großen Bücher sind toll und anschaulich. Die Mischung aus Büchern, Aufstellern und Textfahne macht die Ausstellung sehr lebendig.

Petra [illegible]

Dieser beeindruckenden Ausstellung wünschen wir die Resonanz, die sie verdient: frische junge Köpfe sollten sich die Exponate anschauen, aber auch die älteren Graumköpfe, die sich mit der Vergangenheit immer noch „schwer tun"! W. + N. Noetzel

Vielen Dank für die hervorragende Ausstellung! Nicht nur informativ, sondern auf kreative Weise eindringlich und höchst anschaulich! Wir dürfen nicht aufhören zu erinnern! Christel [illegible] 22.5.13

Eine erlesene Ausstellung, wahrhaftig! Ich habe viele neue Anregungen erhalten, für die ich sehr danke!

Bastian [signature]

Bastian Sick

Sie geben mit dieser Ausstellung der „Geschichte" konkrete Gesichter und machen sie damit persönlicher. Eine wunderbare Ausstellung haben Sie hier geschaffen, vielen Dank für Ihr Engagement! Es darf nicht vergessen werden.

[illegible] 26.06.2013

Eine sehr informative und nachdenklich stimmende Ausstellung, die im Bezug auf Hamburg hat. Es ist zu erahnen, welche Dimension sich dahinter verbirgt, wenn die Auswirkungen der Bücherverbrennung auf das gesamte Deutsche Reich hochgerechnet werden. Und das bereits im Mai 1933.

H.-P. [illegible] 18.6.2013

Das erste Opfer einer Diktatur ist meist die Wahrheit. Diese Ausstellung zeigt sachlich u. auf den Punkt, wie organisiert u. rücksichtslos die NS-Führung das Ausschalten anderer Meinungen plante u. unzählige „normale Bürger" nur zu gerne diesem Auftrag eilfertig nachkamen. So passierte es, dass binnen eines knappen Jahres nach der Machtergreifung, dieser Verbrecher, nur noch wenige Dinge an die erloschene Republik erinnerten. Eine Republik, die nicht an ihren Feinden, sondern an ihren Freunden scheiterte, weil sie es nicht vermochten sich zu vereinen gegen die braune Gefahr, die noch viel mehr verbrennen wollte u. auch tat.

S. Leya 24.06.13

Auszüge aus dem Besucherbuch der Ausstellung in der Staats- und Universitätsbibliothek Hamburg

Vielen Dank für diese ausgezeichnet gestaltete und mit Details aufgestellte Ausstellung. Sehr verdienstvoll! B. Ma

Lieber Wilfried,

ich gratuliere Dir zu dieser beeindruckenden Ausstellung. Besonders fasziniert hat mich die optische/technische Umsetzung des Themas „Bücherverbrennung", die dem Besucher Leben und Werk der vorgestellten Autoren und Künstler auf geradezu „unterhaltsame" Weise in Erinnerung ruft. Vielen Dank!

Rolf-G. [illegible] 27. Mai 2013

Very, very interesting exhibition. Congratulations!

Soledad Andrés
University of Alcalá
20 May 2013

Literaturverzeichnis

Dietrich Aigner: Die Indizierung „schädlichen und unerwünschten Schrifttums" im Dritten Reich. Frankfurt am Main 1971 (Archiv für Geschichte des Buchwesens, Bd. XI).

Akademie der Künste (Hg.): „Das war ein Vorspiel nur...". Bücherverbrennung Deutschland 1933: Voraussetzungen und Folgen. Ausstellung der Akademie der Künste vom 8. Mai bis 3. Juli 1983. Berlin, Wien: Medusa-Verlag 1983.

Andrea Albrecht, Claudia Löschner (Hg.): Käte Hamburger. Kontext, Theorie und Praxis. Berlin, Boston: Walter de Gruyter 2015.

Friedrich Andrae, Jan Hans (Hg.): Schädlich und unerwünscht, verboten und verbrannt. Die Bücherverbrennung vom 10. Mai 1933 und ihre Folgen. Hamburg: Verlag Lütcke und Wulff o.J. (1983).

Archiv Bibliographia Judaica: Lexikon deutsch-jüdischer Autoren. 21 Bde. München, London, New York, Paris, Berlin: K.G. Saur Verlag/De Gruyter Verlag 1992 – 2013.

Wolfgang Benz, Hermann Graml, Hermann Weiß (Hg.): Enzyklopädie des Nationalsozialismus. Stuttgart: Klett-Cotta Verlag 1997.

Werner Berthold, Brita Eckert, Frank Wende: Deutsche Intellektuelle im Exil. Ihre Akademie und die „American Guild for German Cultural Freedom". Eine Ausstellung des Deutschen Exilarchivs 1933-1945 der Deutschen Bibliothek, Frankfurt am Main. München, London, New York, Paris: K.G. Saur Verlag 1993 (Die Deutsche Bibliothek: Sonderveröffentlichungen, Nr. 18).

Bibliothek verbrannter Bücher. Eine Auswahl der von den Nationalsozialisten verfemten und verbotenen Literatur. Im Auftrag des Moses Mendelssohn Zentrums für europäisch-jüdische Studien herausgegeben von Julius H. Schoeps. Hildesheim, Zürich, New York: Georg Olms Verlag 2008.

Margrid Bircken, Helmut Peitsch (Hg.): Brennende Bücher. Erinnerungen an den 10. Mai 1933. Potsdam: Brandenburgische Landeszentrale für politische Bildung 2003.

Börsenverein des Deutschen Buchhandels und der Stadt- und Universitätsbibliothek Frankfurt am Main (Hg.): Verbrannte Bücher. Verfemte Dichter. Deutsche Literatur: 1933-1945 unterdrückt und verboten, heute lieferbar. Zusammengestellt von Margot Wiesner. Frankfurt am Main: Buchhändler-Vereinigung o.J. (1983).

Anne Bohnenkamp, Sonja Vandenrath (Hg.): Wort-Räume. Zeichen-Wechsel. Augen-Poesie. Zur Theorie und Praxis von Literaturausstellungen. Mit einer Dokumentation der Ausstellung >Wie stellt man Literatur aus? Sieben Positionen zu Goethes >Wilhelm Meister<< (Frankfurter Goethe-Haus 2010). Göttingen: Wallstein Verlag 2011.

Louise Borden: The Journey That Saved Curious George. The True Wartime Escape of Margret and H. A. Rey. Boston: Houghton Mifflin Company 2005.

Johanna Bossinade, Angelika Schaser (Hg.): Käte Hamburger. Zur Aktualität einer Klassikerin. Göttingen: Wallstein Verlag 2003 (Querelles. Jahrbuch für Frauen- und Geschlechterforschung 2003, Bd. 8).

Andreas Brämer: Joseph Carlebach. Hamburg: Ellert & Richter Verlag 2007.

Willy Brandt, Aus dem Bewusstsein verdrängt. Vom deutschen Umgang mit Widerstandskämpfern und Emigranten. In: Tribüne. Zeitschrift zum Verständnis des Judentums. Frankfurt am Main, Jg. 23, 1984, Heft 91, S. 130-142.

Volker Dahm: Kulturelles und geistiges Leben. In: Wolfgang Benz (Hg.): Die Juden in Deutschland 1933-1945. Leben unter nationalsozialistischer Herrschaft. München: Verlag C.H. Beck 1988, S. 75-267.

Volker Dahm: Das jüdische Buch im Dritten Reich. München: Verlag C.H. Beck 1993.

Klaus von Dohnanyi, Walter Jens, Armin Sandig: Zum 50. Jahrestag der Bücherverbrennung. Ansprachen anlässlich der Gedenkveranstaltung am 10. Mai 1983 im großen Festsaal des Hamburger Rathauses und eine Dokumentation der Ausstellung Alfred Kantorowicz. Photographien , Tagebuchauszüge und Briefe in den Räumen der Freien Akademie der Künste in Hamburg. Hamburg: Hans Christians Druckerei 1983 (Schriften der Freien Akademie der Künste).

Richard Drews, Alfred Kantorowicz (Hg.): Verboten und verbrannt. Deutsche Literatur - 12 Jahre unterdrückt. Berlin, München: Heinz Ullstein-Helmut Kindler Verlag 1947.

Lucille Eichengreen: Von Asche zum Leben. Erinnerungen. Hamburg: Konkret Literatur Verlag 2009.

Stefanie Endlich: „Vernichtung", „Giftschrank", „Zweifelhafte Fälle". Vorgeschichte und Folgen der Bücherverbrennung für jüdische Autoren, Verleger, Buchhändler und Bibliothekare. Berlin: Verlag Hentrich & Hentrich 2007 (Gegen Vergessen und Verdrängen, Bd.3).

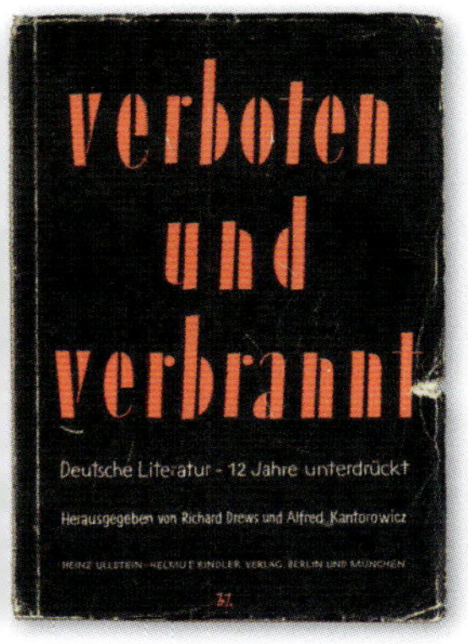

Bernt Engelmann (Hg.): Literatur des Exils. Eine PEN-Dokumentation. München: Wilhelm Goldmann Verlag 1981.

Ernst Fischer: Verleger, Buchhändler & Antiquare aus Deutschland und Österreich in der Emigration nach 1933. Ein biographisches Handbuch. Elbingen: Verband Deutscher Antiquare e.V. 2011.

Hans W. Fischer: Hamburger Kulturbilderbogen. Eine Kulturgeschichte 1909 -1922. Neu herausgegeben und kommentiert von Kai-Uwe Scholz, Mathias Mainholz und Rüdiger Schütt. Mit einem Vorwort von Paul Theodor Hoffmann. Hamburg: Dölling und Galitz Verlag 1998 (Schriftenreihe der Hamburgischen Kulturstiftung, Bd. 8).

Förderkreis Denkmal für die ermordeten Juden Europas e.V.: Verbrannte Bücher. Von den Nazis verfemte Schriftsteller/

Burned Books. Ostracized Writers in Nazi Germany. Text: Volker Weidermann. Berlin o. J. (Sonderausstellung im Jahre 2012 am Denkmal für die ermordeten Juden Europas in Berlin).

Werner Fuld: Das Buch der verbotenen Bücher. Universalgeschichte des Verfolgten und Verfemten von der Antike bis heute. Berlin: Verlag Galiani 2012.

Alexander Gallus: Heimat „Weltbühne". Eine Intellektuellengeschichte im 20. Jahrhundert. Göttingen: Wallstein Verlag 2012 (Hamburger Beiträge zur Sozial- und Zeitgeschichte, Bd. 50).

Detlef Garz, David Kettler (Hg.): Nach dem Krieg ! – Nach dem Exil ? Erste Briefe. First letters. Fallbeispiele aus dem sozialwissenschaftlichen und philosophischen Exil. München: edition text + kritik 2012.

Anke Gilleir, Barbara Hahn (Hg.): Grenzgänge zwischen Dichtung, Philosophie und Kulturkritik. Über Margarete Susman. Göttingen: Wallstein Verlag 2012.

Miriam Gillis-Carlebach: Jüdischer Alltag als humaner Widerstand 1939-1941. Dokumente des Oberrabbiners Dr. Joseph Carlebach aus den Jahren 1939-1941. Hamburg 1990 (Beiträge zur Geschichte Hamburgs, hrsg. vom Verein für Hamburgische Geschichte, Bd. 37).

Angela Graf, Hans-Dieter Kübler (Hg.): Verbrannte Bücher. Verbrannte Ideen. Verbrannte. Zum 60. Jahrestag eines Fanals. Hamburg: Buchverlag Otto Heinevetter 1993.

Jan Hans: Die Bücherverbrennung in Hamburg. In: Eckart Krause, Ludwig Huber, Holger Fischer (Hg.): Hochschulalltag im „Dritten Reich". Die Hamburger Universität 1933 – 1945. Berlin, Hamburg: Dietrich Reimer Verlag 1991, S. 237 – 254 (Hamburger Beiträge zur Wissenschaftsgeschichte, Bd. 3, Teil I).

Hans Harbeck: Hamburg. Was nicht im Baedeker steht. München: Verlag R. Piper & Co. 1930.

Dirk Hempel, Friederike Weimar (Hg.): „Himmel auf Zeit". Die Kultur der 1920er Jahre in Hamburg. Neumünster: Wachholtz Verlag 2010.

Dirk Hempel, Hans-Ulrich Wagner (Hg.): Das literarische Feld in Hamburg 1933 – 1945. Hamburg: Verlag Dr. Kovač 2012 (Schriften zur Literaturgeschichte, Band 16).

Dirk Hempel, Ingrid Schröder (Hg.): Andocken. Hamburgs Kulturgeschichte 1848 bis 1933. Hamburg: DOBU Verlag 2012 (Beiträge zur Hamburgischen Geschichte, Bd. 4).

Himmel und Hölle zwischen 1918 und 1989. Die verbrannten Dichter. Sammlung Jürgen Serke. Leihgabe der Else-Lasker-Schüler-Stiftung mit einer Einführung von Prof. Dr. Hans-Dieter Zimmermann und Nachworten von Hajo Jahn, Jürgen Kaumkötter und Jürgen Serke. Berlin: Damm und Lindlar Verlag 2008.

Helge-Ulrike Hyams, Klaus Klattenhoff, Klaus Ritter, Friedrich Wißmann (Hg.): Jüdisches Kinderleben im Spiegel jüdischer Kinderbücher. Eine Ausstellung der Universitätsbibliothek Oldenburg mit dem Kindheitsmuseum Marburg. 2 Bde. Oldenburg: BIS-Verlag 2001.

In jenen Tagen…
Schriftsteller zwischen Reichstagsbrand und Bücherverbrennung. Eine Dokumentation. Zusammengestellt von Friedemann Berger, Vera Hauschild und Roland Links unter Mitarbeit von Sigrid Bock. Mit einem Geleitwort von Jürgen Kuczynski. Leipzig und Weimar: Gustav Kiepenheuer Verlag 1983.

Institut für die Geschichte der deutschen Juden (Hg.): Das Jüdische Hamburg. Ein historisches Nachschlagewerk. Göttingen: Wallstein Verlag 2006.

Roland Jaeger: Kurt Enoch (1895-1982) und der Gebrüder Enoch Verlag (1913-36). In: Aus dem Antiquariat. Jg. 2000, Nr. 5, A 288 – A 300.

Roland Jaeger: H.A. und Margret Rey. In: John M. Spalek u.a. (Hg.): Deutschsprachige Exilliteratur seit 1933, Bd. 3: USA, Teil 2. Bern und München: K.G. Saur Verlag 2001, S. 351 - 360.

Erich Kästner: Über das Verbrennen von Büchern. Zürich: Atrium Verlag 2013.

Andreas B. Kilcher (Hg.): Metzler Lexikon der deutsch-jüdischen Literatur. Jüdische Autorinnen und Autoren deutscher Sprache von der Aufklärung bis zur Gegenwart. Stuttgart, Weimar: Verlag J.B. Metzler 2012.

Elisa Klapheck: Margarete Susman und ihr jüdischer Beitrag zur politischen Philosophie. Berlin: Verlag Hentrich & Hentrich 2014.

Ernst Klee: Das Kulturlexikon zum Dritten Reich. Wer war was vor und nach 1945. Frankfurt am Main: S. Fischer Verlag 2007.

Cary Kloetzel: Aus meinem Leben. (Privatdruck).

Eckhardt Köhn: Rolf Tietgens - Poet mit der Kamera. Fotografien 1934 – 1964. Poet with a Camera. Photographs. Zug: Verlag Die Graue Edition 2011 (Die Graue Reihe 57).

Herlinde Koelbl: Jüdische Portraits. Photographien und Interviews. Frankfurt am Main: S. Fischer Verlag 1989.

Franklin Kopitzsch, Dirk Brietzke (Hg.): Hamburgische Biografie. Personenlexikon. Bd. 1–2. Hamburg: Christians Verlag 2001–2003; Bd. 3-6. Göttingen: Wallstein Verlag 2006 - 2012.

Gerhard Kraiker, Elke Suhr: Carl von Ossietzky. Reinbek bei Hamburg: Rowohlt Taschenbuch Verlag1994.

Heinrich Landahl: Verboten und verbrannt. Zur Eröffnung einer Buchausstellung. In: Neues Hamburg. Heft XIII: Die Türen nach draußen. Herausgegeben von Erich Lüth. Hamburg: Verlag Hammerich & Lesser 1959, S. 84-85.

Björn Laser: Fluchtpunkt Bangkok - Alice Ekert-Rotholz. In: Andreas Stoffers (Hrsg.): Sawasdee. 150 Jahre Deutsch-

Thailändische Freundschaft. 50 Jahre Deutsch-Thailändische Gesellschaft. Rosenheim: Rosenheimer Verlagshaus 2012, S. 92 - 96.

Ernst L. Loewenberg: Jakob Loewenberg. Excerpts from his Diaries and Letters. In: Leo Baeck Institute Year Book XV. London, Jerusalem, New York: East and West Library/ Horovitz Publishing Company 1970, S. 183 - 209.

Erich Lüth: Hamburger Theater 1933-1945. Ein theatergeschichtlicher Versuch. Herausgegeben von der Theatersammlung der Hamburgischen Universität. Einleitung von Dr. Diedrich Diederichsen. Hamburg: Verlag der Werkberichte Justus Buckschmitt 1962.

Ursula Madrasch-Groschopp: Die Weltbühne. Portrait einer Zeitschrift. Augsburg: Bechtermünz-Verlag 1999.

Heinrich Christian Meier: Fünfzig Jahre Literatur in Hamburg. Herausgegeben im Oktober 1969 zur Jubiläumswoche „Hamburg schreibt" anlässlich des fünfzigjährigen Bestehens des Hamburger Schriftstellerverbandes unter wechselnden Namen. Hamburg: Hans Christians Verlag 1969.

Cassie Michaelis, Heinz Michaelis, W.O. Somin: Die braune Kultur. Ein Dokumentenspiegel. Zürich: Europa-Verlag 1934.

Claudia von Mickwitz: Walter Arthur Berendsohn - Vom Emigranten zum Exilforscher. Germanistisches Wirken unter den spezifischen Bedingungen des schwedischen Exils. Frankfurt am Main: Peter Lang Verlag 2010 (Europäische Hochschulschriften, Reihe I, Deutsche Sprache und Literatur).

Helmut Müssener: Exil in Schweden. Politische und kulturelle Emigration nach 1933. München: Carl Hanser Verlag 1974.

Edith Oppens: Der Mandrill. Hamburgs zwanziger Jahre. Hamburg: Seehafen-Verlag Erik Blumenfeld 1969.

Peter Reichel (Hg.): Das Gedächtnis der Stadt. Hamburg im Umgang mit seiner nationalsozialistischen Vergangenheit.

Hamburg: Dölling und Galitz Verlag 1997 (Schriftenreihe der Hamburgischen Kulturstiftung, Bd. 6).

Gerhard Sauder (Hg.): Die Bücherverbrennung 10. Mai 1933. Frankfurt/Main, Berlin, Wien: Verlag Ullstein 1985.

Gustav Schiefler. Eine Hamburgische Kulturgeschichte 1890-1920. Beobachtungen eines Zeitgenossen. Bearbeitet von Gerhard Ahrens, Hans Wilhelm Eckardt und Renate Hauschild-Thiessen. Hamburg: Verlag für Verein für Hamburgische Geschichte 1985 (Veröffentlichungen des Vereins für Hamburgische Geschichte, Bd. XXVII).

Klaus Schöffling (Hg.): Dort wo man Bücher verbrennt. Stimmen der Betroffenen. Frankfurt am Main: Suhrkamp Verlag 1983.

Julius H. Schoeps, Werner Treß (Hg.): Orte der Bücherverbrennungen in Deutschland 1933. Hildesheim, Zürich, New York: Georg Olms Verlag 2008.

Julius H. Schoeps, Werner Treß (Hg.): Verfemt und verboten. Vorgeschichte und Folgen der Bücherverbrennungen 1933. Hildesheim, Zürich, New York: Georg Olms Verlag 2010.

Rüdiger Schütt u.a.: Bohemiens und Biedermänner. Die Hamburger Gruppe 1925 bis 1931. Anlässlich der Ausstellung in der Staats- und Universitätsbibliothek Hamburg Carl von Ossietzky, 6.August bis 14. September 1996. Hamburg: edition fliehkraft 1996.

Rüdiger Schütt: Dichter gibt es nur im Himmel. Leben und Werk von Hans Leip. Biographie und Briefedition 1893 -1948. Hamburg, München: Dölling und Galitz Verlag 2001.

Hans J. Schütz: „Ein deutscher Dichter bin ich einst gewesen". Vergessene und verkannte Autoren des 20. Jahrhunderts. München: C.H. Becksche Verlagsbuchhandlung 1988.

Egon Schwarz, Matthias Wegner (Hg.): Verbannung. Aufzeichnungen deutscher Schriftsteller im Exil. Hamburg: Christian Wegner Verlag 1964.

Otto Seifert: Die große Säuberung des Schrifttums. Der Börsenverein der Deutschen Buchhändler zu Leipzig 1933 bis 1945. Schkeuditz: GNN Verlag 2000.

Jürgen Serke: Die verbrannten Dichter. Berichte. Texte. Bilder einer Zeit. Weinheim, Basel: Beltz & Gelberg Verlag 1979.

Richard von Soldenhoff (Hg.): Carl von Ossietzky 1889 -1938. Ein Lebensbild. Weinheim, Berlin: Quadriga Verlag 1988.

Inge Stephan, Hans-Gerd Winter (Hg.): „Liebe, die im Abgrund Anker wirft". Autoren und literarisches Feld im Hamburg des 20. Jahrhunderts. Hamburg: Argument-Verlag 1990 (Literatur im historischen Prozess)

Guy Stern: Nazi Book Burning and the American Response. Distinguished Lecture to The Friends of the Wayne State University. Detroit, Michigan 1989.

Hans-Wolfgang Strätz: Die studentische „Aktion wider den undeutschen Geist" im Frühjahr 1933. In: Vierteljahrshefte für Zeitgeschichte, Jg.16, Heft 4, (1968), S. 347 –372.

Armin Strohmeyer: Verlorene Generation. Dreißig vergessene Dichterinnen & Dichter des „anderen Deutschland". Zürich: Atrium Verlag 2008.

Ralf Thies: Ethnograph des dunklen Berlin. Hans Ostwald und die „Großstadt-Dokumente" (1904-1908). Köln, Weimar, Wien: Böhlau Verlag 2006.

Birte Tost: Moderne und Modernisierung in der Kinder- und Jugendliteratur der Weimarer Republik. Frankfurt am Main: Peter Lang Verlag 2005 (Kinder- und Jugendkultur, -literatur und-medien. Theorie - Geschichte - Didaktik, Bd. 35).

Werner Treß: „Wider den undeutschen Geist!" Bücherverbrennung 1933. Berlin: Parthas Verlag 2003.

Ulrich Tukur, Ulrich Waller (Hg.): Nichts als Theater. Die Geschichte der Hamburger Kammerspiele. Hamburg: Christians Verlag 2003.

Verboten und Verbrannt. Deutsche Literatur im Exil 1933-45. Katalog der Ausstellung anlässlich der XI. Internationalen Buchmesse Jerusalem 1983. Nach einer Dokumentation des Arbeitskreises Literatur im Kunstverein Elmshorn und in Zusammenarbeit mit der Firma Georg Lingenbrink. Hamburg o.J. (1983)

Ulrich Walberer (Hg.): 10. Mai 1933. Bücherverbrennung in Deutschland und die Folgen. Frankfurt am Main: Fischer Taschenbuch Verlag. 1983.

Renate Wall: Lexikon deutschsprachiger Schriftstellerinnen im Exil 1933-1945. Gießen: Haland & Wirth/ Psychosozial-Verlag 2004.

Ursula Wamser, Wilfried Weinke (Hg.): Eine verschwundene Welt. Jüdisches Leben am Grindel. Springe: Zu Klampen Verlag 2006.

Matthias Wegner: Ja, in Hamburg bin ich gewesen. Dichter in Hamburg. Hamburg: Christians Verlag 2000.

Volker Weidermann: Das Buch der verbrannten Bücher. Köln: Kiepenheuer & Witsch 2008.

Wilfried Weinke:
„...im Herzen Australiens, wo die Savanne aufhört und die Wüste beginnt.“: Deutsch-jüdische Emigranten, nach England geflohen, in Australien interniert.
In: Anthony Grenville (Ed.): German-speaking Exiles in Great Britain. Amsterdam, Atlanta: Editions Rodopi 2000, S. 231-258 (The Yearbook of the Research Centre for German and Austrian Exile Studies, Vol. 2)

Wilfried Weinke: „Ich werde vielleicht später einmal Einfluß zu gewinnen suchen...“
Der Schriftsteller und Journalist Heinz Liepman (1905-1966).
In: Erich Maria Remarque Jahrbuch/Yearbook XVI, Göttingen: V & R unipress 2006, S. 7-24.

Wilfried Weinke: „Der Weg zurück ist mir unmöglich.“
Die Kinderbuchautorin, Übersetzerin und Literaturagentin Grete Berges. In: Zeitschrift des Vereins für Hamburgische Geschichte, Bd. 95, 2009, S. 69-89.

Wilfried Weinke:
„Dieser rothaarige, fast immer erregte und Erregung hervorrufende Mann“: Justin Steinfeld und Die Wahrheit.
In: Charmian Brinson, Marian Malet (Ed.): Exile in and from Czecholslovakia during the 1930s and 1940s. Amsterdam, New York: Editions Rodopi 2009, S. 63–82 (The Yearbook of the Research Centre for German and Austrian Exile Studies, Vol. 11)

Wilfried Weinke: „Wie Keime und Samen der Freiheit wehen sie über die Grenzen“: Hamburger Autorinnen und Autoren im Exil.
In: Dirk Hempel, Hans-Ulrich Wagner (Hg.): Das literarische Feld in Hamburg 1933-1945. Hamburg: Verlag Dr. Kovač 2012, S. 189-210 (Schriften zur Literaturgeschichte, Band 16)

Wilfried Weinke: „Ich werde vielleicht später einmal Einfluß zu gewinnen suchen...„
Der Schriftsteller und Journalist Heinz Liepman (1905-1966)
- Eine biografische Rekonstruktion. Göttingen: V & R unipress 2017 (Schriften des Erich Maria Remarque-Archivs, Bd. 32).

F.C. Weiskopf:
Unter fremden Himmeln.
Ein Abriß der deutschen Literatur im Exil 1933-1947.
Mit einem Anhang von Textproben aus Werken exilierter Schriftsteller.
Berlin: Dietz Verlag 1947.

Reiner Wild (Hg.):
Dennoch leben sie.
Verfemte Bücher, verfolgte Autorinnen und Autoren.
Zu den Auswirkungen nationalsozialistischer Literaturpolitik. München:
edition text + kritik 2003.

Wilhelm-Gymnasium 1881-1981. Eine Dokumentation über 100 Jahre Wilhelm-Gymnasium. Im Auftrag der Schulkonferenz, des Schulvereins und der Vereinigung der Ehemaligen zusammengestellt, redigiert und herausgegeben von Peter-Rudolf Schulz, Lehrer am Wilhelm-Gymnasium.
Hamburg: Hower Verlag 1981.

Susanne Wittek:
Absprung über Niemandsland.
Hamburger Exil-Biografien im 20. Jahrhundert. Bremen: Edition Temmen 2014.

Zweifache Vertreibung.
Erinnerungen an Walter A. Berendsohn.
Nestor der Exil-Forschung.
Förderer von Nelly Sachs.
In Verbindung mit Jakob Hessing und Helmut Müssener herausgegeben von Hermann Zabel.
Essen: Klartext Verlag 2000 (Beiträge zur Förderung des christlich-jüdischen Dialogs, Bd. 18).

Danksagung

Prof. Dr. Miriam Gillis-Carlebach,
Ramat Gan, Israel
Prof. Dr. Frank Meir Loewenberg, Efrat, Israel
Prof. Dr. Michael Naumann, Hamburg
Dr. George Sakheim, Gwynedd, PA
Ilse Sakheim, Gwynedd, PA
Yissakhar Ben-Yaacov, Ramat Gan, Israel

Lorenz Andräs, Frankfurt am Main
Dr. Sylvia Asmus, Frankfurt am Main
Jan Barent Bontjes van Beek, Hamburg
Prof. Dr. Gabriele Beger, Hamburg
Esther Bejarano, Hamburg
Rolf Martin Berendsohn, Hamburg
Ulf Bollmann, Hamburg
Hildegard Borngräber, Hamburg
Kim Braun, Oldenburg
Dr. Henning Burk, Frankfurt am Main
Gesche-M. Cordes, Hamburg
Dr. Lothar Dittmer, Hamburg
Dr. Lucille Eichengreen, Oakland, CA
Martin Eichengreen, El Cerrito, CA
Regine Falk, Zell-Unterentersbach
Roland Fisher, Cheam, Surrey
Dorette Flach-Bäuml, Hamburg
Joachim W. Frank, Hamburg
Mechthild Führbaum, Hamburg
Marianne Geernaert, Colchester
Dr. Johannes Gerhardt, Hamburg
Prof. Dr. Michael Göring, Hamburg
Dr. Dorothee Gremliza, Hamburg
Dr. Marlene Grau, Hamburg
Dr. Dieter Graumann, Berlin
Susanne Grimme, Hamburg
Dr. Roni Grosz, Jerusalem
Ruth Gruenthal. New York
Matthias Grunwald, Lübeck
Ingrid Guderian, Hassendorf
Sönke Guderian, Hassendorf
Heinrich Hannover, Worpswede
Carsten Heine, Hamburg
Dr. Renate Heuer, Frankfurt am Main
Kai-Uwe Hübner-Dahrendorf, Hamburg
Caroline Jessen, Jerusalem
Markus Jochem, Stuttgart
Elke A. Jung-Wolff, Berlin
Kerstin Kaden, Hamburg
Vera Kaldewey, Hamburg
Olaf Kaldewey, Hamburg
Evelyn Karlsberg, Edinburgh, Schottland
Thomas Kemme, Marbach am Neckar
Eberhard Kemmer, Hamburg
Prof. Barbara Kisseler, Hamburg
Prof. Dr. Eckhardt Köhn, Frankfurt am Main
Herlinde Koelbl, Neuried
Katrin Kokot, Frankfurt am Main
Cary Kloetzel, Jerusalem
Chris Korner, Marbach am Neckar
Elizabeth La Beaud, Hattiesburg, MS
Dr. Björn Laser, Lauterstein
Annette Luckey, Hamburg
Dr. Dieter Ludwig, Hamburg
Norbert Ludwig, Berlin
Prof. Dr. Angela Martini, Witten/Herdecke
Claudia von Mickwitz, Berlin
Andreas Mink, Pawcatuck/CT
Dr. Uwe Naumann, Lüneburg
Christine Neuhaus, Hamburg
Günther Peterlein, Hamburg
Prof. Dr. Rainer Nicolaysen, Hamburg
Helga Obens, Hamburg
Marut Perle, Hamburg
Julia Rauner, Hamburg
Andrew Redwood, Felixstowe, Suffolk

Heinz Redwood, Felixstowe, Suffolk
Volker Reißmann, Hamburg
Stephanie Reuter, Hamburg
Helmut Rödner, Haarlem
Ellen Hunter Ruffin, Hattiesburg, MS
Prof. Dr. Gerhard Saur, München
Gudrun Scharbau, Hamburg
Rolf- G. Schierhorn, Hamburg
Kerstin Schoof, Oldenburg
Hannah Schubert-Dannel, Berlin
Karl-Otto Schütt, Hamburg
Dr. Dorothee Stapelfeldt, Hamburg
Magnus Steinwedel, Betzendorf
Sven Tetzlaff, Hamburg
Dr. Michele K. Troy, Hartford/CT
Grit Ulrich, Berlin
Michael Ullrich, Bad Arolsen
Carola Veit, Hamburg
Dr. Regula Venske, Hamburg
Dr. Peter Vier, Berlin
Oliver Vornfeld, Hamburg
Dr. Matthias Wegner, Hamburg
Stephanie Wimmer, Baden-Baden
Prof. Dr. Hans-Gerd Winter, Hamburg

Akademie der Künste, Berlin
Antiquariat Die Schmiede, Amsterdam
Archiv Bibliographia Judaica,
Frankfurt am Main
Behörde für Schule und Berufsbildung,
Hamburg
Behörde für Wissenschaft und Forschung,
Hamburg
Bezirksversammlung Eimsbüttel
Bildarchiv Preußischer Kulturbesitz, Berlin
Bundesarchiv Berlin-Lichterfelde
Deutsches Exilarchiv 1933-1945 der Deutschen Nationalbibliothek, Frankfurt am Main
Deutsches Literaturarchiv Marbach,
Marbach am Neckar
Einheit 42, Lübeck
Hessisches Hauptstaatsarchiv, Wiesbaden
International Tracing Service, Bad Arolsen
Körber-Stiftung, Hamburg
Kulturbehörde Hamburg
Rudolf Augstein Stiftung, Hamburg
Senatskanzlei Hamburg
Staats- und Universitätsbibliothek Hamburg
– Carl von Ossietzky –

Staatsarchiv Hamburg
Süddeutscher Verlag, München
SWR Media Services, Stuttgart
Transit Film GmbH, München
Ullstein Bilderdienst, Berlin
Universitätsbibliothek Oldenburg,
Carl von Ossietzky-Archiv
University of Southern Missisipi,
McCain Library & Archives, Hattiesburg
ZEIT-Stiftung Ebelin und Gerd Bucerius,
Hamburg
Zentralrat der Juden in Deutschland,
Berlin

Impressum

Bei jedem präsentierten Buch, jeder Broschüre, Zeitung oder Zeitschrift, jedem Dokument oder Foto verweisen die Angaben in Klammern auf die jeweilige Herkunft aus Privatbesitz, Archiv oder Bibliothek. Objekte ohne Klammern stammen aus der Sammlung Weinke, Hamburg.

Titelfoto: Bücherverbrennung am Kaiser-Friedrich-Ufer, Hamburg, am 15.5.1933. Fotograf: Joseph Schorer, Hamburg. (bpk-Bildagentur, Berlin)

Recherche, Texte:
Wilfried Weinke, Hamburg

Scan- und Reproarbeiten, Gestaltung:
Uwe Franzen, atelier hand-werk2.0,
www.hand-werk20.de
Bardowick

Lektorat:
Dorette Flach-Bäuml, Hamburg
Rolf- G. Schierhorn, Hamburg
Ursula Wamser, Hamburg

Übersetzungen:
Maria Lanman, Hamburg
Janis Mink, Pawcatuck, CT

Buchproduktion:
Druckhaus AJSp, Vilnius
Auflage: 1.000 Stück

ISBN: 978-3-00-056388-1

Uwe Franzen,
Grafiker, Fotograf und Ausstellungsgestalter, Szenograf: Konzeptionierung und Realisierung von Ausstellungen zu zeitgeschichtlichen und naturkundlichen Themen, zuletzt: „Mensch - Modell - Maschine“ im Elbschifffahrtsmuseum Lauenburg“ (2014); „Äpfel im Seewind“(2017).

Wilfried Weinke, Dr. phil.,
Historiker, Publizist und Kurator, Veröffentlichungen zu deutsch-jüdischer Geschichte, zur Fotogeschichte und Exilliteratur, zuletzt: „ Ich werde vielleicht später einmal Einfluß zu gewinnen suchen...„ Der Schriftsteller und Journalist Heinz Liepman (1905-1966) - Eine biografische Rekonstruktion (2017).